# 언어 정책

# 언어 정책

사회언어학의 핵심 주제

LAN
GUAGE
POLICY

버나드 스폴스키 지음
김일환 · 이상혁 옮김

KU PRESS
고려대학교
출판문화원

*Language Policy*
by Bernard Spolsky

가족의 언어 정책을 협의하는 엘리샤바, 요나탄, 엘리아후, 그리고
데이비드와 야이르를 위하여

## 역자 서문

우리는 단일 민족국가로서 한국어라는 하나의 언어를 사용하고 있다. 적어도 불과 몇 십 년 전만 하더라도 이는 의심할 여지 없는 당연한 사실이었다. 그러나 최근 들어 상황이 급변했다. 한국에 거주하는 외국인만 하더라도 2백만 명을 넘어섰고 그 밖에 통계에 잡히지 않는 불법 체류자들까지 포함한다면 우리 사회가 다문화사회에 접어들었음을 부인하기 어렵게 되었다.

다문화사회로 접어들면서 가장 먼저 대두되는 문제는 바로 "언어"에 대한 것이다. 외국인 학습자들에게 한국어를 어떻게 교육할 것인지에 대한 즉각적인 문제 이외에도 한국어의 위상에 대한 공식적인 정립이 정책적으로 필요하게 되었다. 즉 언어에 대한 정책적인 측면이 그 어느 때보다 중요한 문제로 떠오르게 된 것이다.

한편 언어에 대한 정책적인 측면이 중요하게 부각되었음에도 불구하고 우리는 언어 정책에 대한 진지한 고려가 매우 미흡했다는 사실도 자각하게 되었다. 특히 언어 정책에 대한 여러 이론적인 접근, 국외의 사례에 대한 포괄적이고 보편적인 이해가 부족했다. 우리는 지금까지 철자법, 외래어 표기법 등의 문제에만 국한하여 언어 정책을 논의하는 데 머물러 왔다. 그러나 이제는 시야를 확대해야 한다. 사회, 문화적 상황의 변화는 언어 정책에 대한 보편적이고 근본적인 검토가 시급히 이루어져야 함을 보여 준다.

버나드 스폴스키의 《언어 정책-사회언어학의 핵심 주제(Language Policy: key topics in sociolinguistics)》은 부제에서도 표현되고 있듯이 사회언어학적인 핵심적인 문제들을 포괄적으로 다루고 있다. 따라서 독자들이 언어 정책에 대해 폭넓게 이해하고 참고하기에 더없이 적절한 책으로 판단된다. 특히 2016년부터 고려대학교의 "한국어 정책"이라는 수업에서 이 책을 참고 교재로 활용한 바 있으며 매번 강의가 끝날 무렵에는 이른 시기 안에 이 책을 번역, 출간해서 학생들과 사회 언어학자들, 그 밖에 많은 사람들이 언어 정책 문제에 좀 더 쉽게 접근할 수 있도록 해야겠다는 계획을 세우곤 했다.

두 사람이 함께 한 공동 번역 작업 과정은 초기에는 매우 순조로웠으나 점차 초심을 잃어 가면서 작업이 지연되기 시작했다. 그러다가 시간만 한 해 두 해 보내고 다른 이러저러한 일들에 우선권을 내어 주게 되면서 어느덧 3년이라는 시간이 흘러 버렸다. 2018년 여름부터 다시 마음을 부여잡고 번역과 수정 작업을 진행한 끝에 이제서야 초판의 번역을 마무리하게 되었다.

오랜 시간 동안 믿고 인내해 준 고려대학교출판문화원에 감사드리며, 한국어판 번역을 허락해 준 스폴스키 교수에게도 감사의 말을 전하고 싶다. 또한 2016년부터 한국어 정책론 수업을 통해 어려운 내용을 발표하고 진지하게 토론에 참여해 준 고려대학교 학부생들에게도 감사드린다.

최근 들어 인공지능, 딥 러닝 등과 같은 정보 기술이 급격히 발전하면서 번역 분야에서도 기계의 침범이 예상되고 있다. 실제로 몇몇 분야에서는 기계번역의 품질이 놀라울 만큼 좋아지면서 앞으로 번역 작업은 컴퓨터에 맡기는 것이 더 효율적인 일이 될 수 있을 것이라는 전망도 나온다. 이러한 측면에서 보자면 본 번역서는 순전히 인간의 정성과 노력의 산물이라는 점에서 시대적 흐름을 거부하고 있다.

거칠고 성긴 그물이라도 없는 것보다는 나을 것이다. 아무쪼록 본 번역서를 통해 독자들이 언어 정책에 대한 시야를 넓히고 풍부한 정보를 접할 수 있는 계기를 마련할 수 있게 된다면 두 번역자는 더없이 기쁠 것이다. 번역상의 오류는 두 사람의 책임이다. 독자 여러분의 많은 질정을 바란다.

2020년 여름

역자를 대표하여 김일환

# 저자 서문

비교적 새로운 분야에 대해 글을 쓰는 데에는 특별한 도전이 필요하다. 언어 정책은 적어도 50년 동안 연구되어 왔으며 지난 20년 동안에는 이에 대한 관심과 출판이 증가했다. 그럼에도 언어 정책의 범위, 특성, 이론, 용어 등에 대해서는 일치된 합의에 이르지 못하고 있다. 따라서 나는 필요하다면 나 자신만의 용어로 언어 정책에 대한 정의를 시도하고 이론을 향한 첫 노력을 제시하며, 다른 의견들을 정당하게 살피고 발전시킬 것이다.

시작 부분에서 언급하고 싶은 두 가지 문제가 있다. 적어도 토마스 쿤이 그 문제를 제기한 이래, 과학자 개인의 관점 문제는 폭넓게 인정되어 왔다. 특히 사회과학에서 엄밀하게 중립적인 학자를 상정하기는 어렵다. 자원의 분할과 증가하는 빈부 격차의 도덕성에 대한 견해 없이 경제학에 대해 언급할 수 있는가? 민주주의의 가치와 전체주의의 위험에 대한 입장을 가지지 않은 채 정치 구조에 대해 논할 수 있는가? 언어 다양성(linguistic diversity)의 바람직한 상황에 대한 개인적인 견해 없이 언어 정책에 대해 기술할 수 있는가? 그러나 이 분야에 대한 소개에서 나의 과제는 이러한 견해들을 옹호하는 것이 아니라 이해하고 설명하려고 시도하는 것이다. 실용적인 자유주의자로서 나는 편향과 중립 사이를 구별할 필요를 인정한다. 그리고 이러한 방식으로 발전된 지식이 내가 공유하는 사회적 목적에 공헌할 것이라고 믿는다(Items 3:1-2, 2002년 봄호에 실린 케네스 프리윗Kenneth Prewitt의 에세이, "사회과학 프로젝트: Then, Now and Next"를 보라).

이 분야의 한 가지 중요한 한계는 내가 "언어-중심적"이라는 의미로 만들어 낸 용어인 '언어중심주의(linguicentrism)'에 대한 경향인데, "언어중심적(linguacentric)"이 오직 하나의 언어라는 관점에서 살펴본다는 의미를 가지고 있기 때문이다. 이 책은 언어 정책에 대한 것이므로, 그 주된 관심이 언어와 언어들에 초점이 있는 것이 적절하다. 동시에 언어 정책은 인간 생활의 모든 생태를 포괄하는 사회적, 정치적, 경제적, 종교적, 인구학적, 교육적, 문화적 요인들의 복잡한 집합 속에 존재한다. 이제는 많은 학자들이 경제적, 정치적, 그 밖의 다른 요인들과 언어 사이의 상호작용을 인정하고 있지만, 우리가 언어 문제에 집중할 때에는 이들은 너무 쉽게 무시된다. 내가 연구하려는 국가들의 언어 정책에 대한 기본적인 자료를 찾아보면서 나는 계속해서 문서를 통해 드러나는 현실에 갑작스런 충격을 받았다. CIA의 World Factbook(매년 업데이트되며 http://www.cia.gov/cia/publications/factbook/index.html에서도 확인할 수 있다)은 가장 최근의 인구 통계를 제공하지만, 많은 경우에 그 문서는 인구 통계가 "AIDS에 의한 초과 사망자"를 고려하고 있다고 설명한다. 우리도 초과 사망자를 고려하면서 프랑스어의 공식적인 사용과 토착어의 역할에 대해 궁금해 해야 할까? 최근 보스니아어 화자들이 대량 학살되었을 때의 보스니아어에 대한 전망은 어떠한가? 그러나 내 지식은 언어 정책에 대한 것에 한정된다. 즉 통사론이나 의미론, 에이즈나 인종 청소가 아니다. 나는 인간 사회의 이해에 대한 한계를 어느 정도 깨닫기를 희망한다.

나의 입장은 언어는 중요하며 언어를 배제한 사회에 대한 어떠한 연구도 한계가 있지만 언어와 언어 정책은 가장 넓은 문맥에서 관찰될 필요가 있으며 닫힌 공간에서 다루어져서는 안 된다는 것이다. 언어는 중심적인 요인이지만 언어중심주의로는 전망에 제한이 있다.

두 번째 문제는 나의 선각자들과 동료들에 대한 처지와 관련된 것이다. 이 분야는 매우 새로울 뿐 아니라 나는 내가 은퇴할 무렵에 이 책을 쓰고 있기 때문에 내가 인용하고 있는 수많은 동료들을 친구처럼 알고 있다(때로는 내가 논쟁하는 토브 스쿳납Tove Skutnabb과 로버트 필립슨Robert Philipson에 대해 반대하는 것이 이들의 업적과 근본적인 질문에 대한 존경심을 숨기지는 못한다). 인용과 참고문헌 목록이 내 '빚'을 청산해 주어야겠으나 내가 미처 다른 사람의 것인지 인지하지도 못하는 사이에 무의식적으로 다른 사람의 견해, 용어, 심지어는 구절까지도 가져다 쓴 경우가 있을 수 있다. 이런 일이 일어날 것을 생각하여 미리 양해를 구한다.

언어 정책 분야를 기술하려는 나의 첫 번째 시도가 진행되는 동안 나는 《언어 계획과 사회 변화(Language Planning and Social Change)》를 집필하고 있던 로버트 쿠퍼Robert Cooper와 정기적으로 만났고 그에게 특별한 신세를 졌다.

수년에 걸친 조슈아Joshua와 젤라 피쉬맨Gella Fishman과의 학문적, 개인적인 만남은 이 분야에서의 학문적, 개인적 관계에 대해 내가 말할 수 있는 것 이상을 나에게 가르쳐 주었다. 나에게 일정하게 자극을 주고 가르침을 주었던 여러 학자들을 언급하지 않을 수 없다. 리차드 램버트Richard Lambert는 언어 정책의 개념을 나에게 소개해 준 국립외국어센터로 나를 초대해 주었고, 엘라나 쇼하미Elana Shohamy는 이스라엘의 언어 정책을 설계하는 일을 나와 함께 했으며, 리차드 브렛Richard Brech과 로날드 월턴Ronald Walton은 미국의 언어 정책에 대해 열띤 토론을 전개해 주었다. 또한 크리스티나 브랫 폴스톤Christina Bratt Paulston은 계속해서 근본적인 질문들을 제기해 주었고, 존 트림John Trim은 내가 다루는 이슈들의 대부분에 대해 이미 생각해 왔으며 앨런 스폴스키Ellen Spolsky는 인지론, 회의론 그리고 문학 이론에 대한 선구적인 업적으로 내가 학제간 연구를 이해하도록 도왔고 또한 이 일을 지속적으로 수행하는 데 필요한 중요한 지원을 제공해 주었다. 나는 또한 학생들에게도 감사를 표하고 싶은데, 그들이 나의 언어 정책에 대한 첫 강의에서 보여 준 열정은 내가 이 분야를 계속 공부하게 한 자양분이 되었다.

나는 이 책을 쓰도록 제안해 준 앤드류 윈나드Andrew Winnard, 출판 준비를 도와준 헬렌 바튼Helen Barton 그리고 수많은 오류와 부적절함을 지적해 준 익명의 독자들에게 감사를 표한다.

# 차례

# 1 언어 관습, 이데올로기, 신념, 통제 그리고 계획

## 뉴스 속의 언어 정책

한 56세의 터키 여성이 하노버의 병원에서 심장 이식 수술을 거부당했다. 그녀의 부족한 독일어 능력이 회복 과정을 위험하게 할 수 있다는 이유였다. 병원은 의사의 결정을 지지했다. 환자가 의사의 지시를 이해하지 못할 수도 있고, 약을 잘못 먹을 수도 있으며, 합병증이 발생할 경우 도움을 받지 못할 수도 있다는 것이다. 보건 당국 장관은 앞으로 유사한 상황에서 병원이 좀 더 실제적인 해결책을 찾아야 할 것이라고 언급했다(Sunday Telegraph, 2000.8.27). 의사와 병원은 언어 다양성을 대처하는 방법을 결정하는 과정에서 일종의 언어 정책을 만든 것이다.

이와 유사한 사례들이 많이 있다. 언어 정책의 흔적은 공공 언어 표시에서도 유사하게 발견된다. 예루살렘의 구시가지에는 3개의 언어로 된 도로 표시가 있는데 언어의 순서(위에서부터 영어, 아랍어, 헤브루어)가 도시의 최근 역사(영국의 위임 통치, 요르단과 이스라엘의 규칙)를 따라 변화하고 있다. 그러나 이스라엘의 다른 도시들은 헤브루어와 영어만으로 도로 표시를 한다. 수년 간의 소송 끝에 법원은 최근에 유태인과 아랍인이 공존하는 도시에서는 도로 표시에 아랍어를 포함해야 한다고 결정했다. 지구 반대편에서 뉴질랜드 교통부는 영어로 된 도로와 장소 표시에 마오리어를 추가하기로 합의했다(2000년 3월 2일자 *The Dominion*; 뉴질랜드에 더 많은 마오리어 표시를 위해서). 퀘벡 법은 모든 공공 표시는 프랑스어로 되어야 하되, 다른 언어로 번역된 것을 작은 문자로 추가하는 것은 허용하고 있다. 웨일스의 카마던셔 주의회(Carmarthenshire County Council)에서는 장소와 도로 표시는 웨일스어로만 표시하도록 결정했다. 스완시 시의회(Swansea City Council)에서는 이에 반대했다: "의회로서 우리는 이중 언어 표시 정책을 수행한다 … 우리가 스완시를 관광의 중심으로 만들려면 모든 국적의 사람들을 끌어들어야 한다."(사우스 웨일스 이브닝포스트, 2000년 3월 3일자; 보다 많은 웨일스어 표시를 위해).

공공 표시의 언어는 사소한 지역적 문제로 보일 수 있다. 그러나 언어 문제는 주요 갈등으로 이어질 수 있다. 2001년 6월 말, 마케도니아에서 내전이 지속되고 있을 때 유럽의회는 마케도니아 정부가 알바니아 민족이 "마케도니아의 법정, 학교, 정부 기관에서 알바니아어를 사용하는 것을" 허용하도록 촉구했다(Agence France Presse, 2001년 6월 28일자). 실제 언어 전쟁이 가능했다.

언어가 자주 전쟁을 야기하지는 않지만 언어가 호로위츠(Horowitz 2001:1)에서 말한 결정적인 종족 폭동의 주요 요인임은 확실하다. 호로위츠는 종족 폭동이란 한 종족 집단에 속하는 사람들이 다른 종족 집단의 사람들을 공격하는 것이라고 정의한다. 폭동은 집단적, 인종적, 종교적, 언어적 혹은 부족적일 수 있다. 호로위츠는 많은 언어 폭동의 최근 사례들을 정리했다. 1960년과 1972년 아삼을 비롯해 1956년과 1958년 스리랑카Sri Lanka, 1967년 란치, 1966년 모리타니아Mauritania, 1972년 카라치-하이데라바드Karachi-Hyderabad, 그리고 방갈로르Bangalore 등에서 언어 폭동이 일어난 사례가 있다. 인도 북동부의 아삼 지방에서는 원어민들이 사회적 지위를 얻기에 유리하도록 아삼어를 그 주의 공식 언어로 지정하려 했다(호로위츠 2001:208f). 1960년의 폭동은 그 캠페인 도중에 일어났다. 아삼의 언어법은 아삼어를 필수적인 것으로 만들었다. 벵골 이민자 무슬림들이 아삼어를 학습함으로써 법의 효과는 부분적으로 무효화되었으며, 결국 인종적인 긴장과 폭력이 지속되고 있다(Misra 2000).

국가의 언어 정책은 보편적인 주제이다. 최근에 중국은 외국어 단어나 중국어 오용을 금지하는 새로운 언어 관련 법안을 통과시켰다. 이 법안에 의하면 보통화(Putonghua)는 법적으로 중국의 공식 언어이며, 라디오 아나운서, 교사, 공무원들은 모두 보통화의 철자와 발음을 습득해야 한다(The Straits Times, 싱가포르 2000년 11월 17일자). 2002년 8월 터키의회는 유럽 공동체의 동의를 구하면서, 사형 제도를 폐지하고 방송과 교육에서 쿠르드어의 사용을 허용하는 법안들을 통과시켰다. 같은 달 미국 대법원은 도서관이 포르노물과 외설적인 말을 걸러 내는 소프트웨어를 사용하도록 연방정부의 자금 지원을 받는 법안을 제정하는 것에 동의했다. 2002년 11월 15일 러시아의회(하원)는 러시아 연방의 주 언어와 러시아 연방 공화국의 주 언어의 문자들은 키릴 알파벳을 기반으로 해야 한다는 법안을  통과시켰다(Reuters). 또, 2002년 11월 14일, 유고슬라비아의회의 하원은 모든 주와 지역 자치 정부기관, 공기업, 교육기관, 문화기관, 미디어기관들이 키릴 문자를 사용하도록 촉구하는 결의안을 통과시켰다(Tanjug News Agency). 2002년 11월 21일, 연합통신사는 터키의 방송 공사가 하루에 45분까지는 라디오 방송에서 쿠르드어나 다른 지역 언어로 방송할 수 있는 권한을 부여했다고 보도했다.

교육에 있어서 언어가 갖는 중요성 때문에 많은 기사들이 교육, 지침의 매개가 되는 학교 언어의 선택에 관심을 갖는다. 2000년 11월, 아리조나의 유권자들은 이전의 캘리포니아 계획에 기반을 둔 법안203을 승인했는데, 이 법안은 이중 언어 교육을 영어 몰입 교육으로 대체한다는 것이었다. 말레이시아에서는 중국어로 교육하는 학교의 존재가 위협이 될 것이라는 데 대한 논쟁이 있었고(Agence France Presse, 2001년 6월 23일자), 영어 교육을 승인한다는 교육 당국의 새로운 계획이 발표되었으며(The Malaysian National News Agency, 2001년 5월 17일자), 새로운 이슬람 방송국은 하루 종일 24시간을 영어, 바하사 믈라유어Bahasa Melayu, 아랍어로 방송할 계획을 가지고 있다(New Straits Times, 2001년 7월 7일자). 그리고 말레이어로 배운 수학과 과학을 20년 후에 영어로 가르친다는 정부의 결정, 중국 학교에서는 표준 중국어뿐 아니라 영어로 수학, 과학을 가르친다는 절충안 등과 관련하여 치열한 공식적인 논쟁이 있었다(Malaysia General News, 2002년 10월 29일자). 가나에서는 교육부 장관이 첫 3학년까지는 토착어 사용을 금지하고 대신 영어가 사용되어야 한다고 결정했다(Africa News, 2002년 8월 16일자). 30여 년간의 논쟁 끝에 탄자니아의회는 중등학교의 언어를 영어에서 스와힐리어로 바꾸기로 결정했다(Xinhua National News Service, 2001년 1월 16일자). 남아프리카에서의 한 지방 교육부는 학교가 영어를 사용하는 학생의 입학을 거절할 수 없다고 했는데 왜냐하면 이들이 아프리칸스에 대한 언어적 균형을 해칠 수 있기 때문이었다(News24, 남아프리카, 2003년 1월 15일자).

비즈니스 역시 언어 정책과 관련이 있다. 아프리카의 동부와 남부 공동 시장은 잠비아로부터 수입된 유제품에는 짐바브웨의 공식 언어인 쇼나어와 은데벨레어Ndebele로 된 규정을 포장에 표시해야 한다는 짐바브웨의 정책을 지지했다(Times of Zambia, 2001년 7월 10일자). 세계화의 확대로 인해 웹에 다중 언어로 접근할 수 있게 해 주는 많은 번역 엔진들이 발표되고 있다. 여기에는 웹에서의 번역을 더 빠르게 수행해 주는 프로픽Proyphic이라는 플랫폼이 포함된다(Business Wire, 2001년 7월 10일자). 또한 원래 프랑스어로 된 웹사이트 플랫폼인데 영어로도 접근할 수 있으며 향후 독일어, 스페인어, 그리고 다른 언어들로도 접근할 수 있도록 계획하고 있다(The Gazette, 몬트리올 2001년 7월 9일자).

교회도 예외는 아니다. 브뤼셀 근처 마을인 웨짐벡-오펌Wezembeek-Oppem에서는 벨기에에서 네덜란드어를 쓰는 플랑드르 지역으로, 규모가 더 큰 프랑스어 화자 집단이 그 언어를 사용할 특별한 권리를 가진다. 이곳의 로마 카톨릭 신부는 자신의 교회에서 프랑스어로 미사를 보게 하는 것을 거절했다는 이유로 추기경으로부터 교구를 빼앗기기도 했다.

최근 언어 정책이라는 주제는 물론 새로운 것이 아니다: 창세기에 있는 두 가지 이야기는 언어 정책의 정의에 잘 맞는다. 아담은 에덴의 동산에서 동물들에게 명명해 주는 역할을 맡았는데, 그 역할이 지금은 주로 국립 언어 기관에 부여된다. 그리고 바벨 사람들의 행동에 직면한 신은 "그들의 언어를 어지럽게 하고", 개인적인 복수언어 사용자와 사회적인 다중언어 사용을 명령했다. 대체로 나는 다중언어(multilingual)라는 말을, 다양한 언어가 사용되는 사회를 지칭하는 용어로 사용할 것이고, 그런 사회의 구성원 개인이 여러 언어를 사용하는 것을 복수언어(plurilingual)라고 지칭할 것이다.

## 자료는 무엇인가?

언어 정책에 관한 논의는 부족하지 않지만, 어떻게 이들을 이론화할 수 있는 자료로 변환할 수 있을까? 나는 최근에 동료 교수와 해당 분야의 자료에 대해 이야기를 나눈 적이 있다. 동료 교수는 현장을 발굴하는 고고학자인데, 자신이 발견한 질그릇 조각들의 위치를 기록한다. 화학적인 분석을 수행한 후 그는 점토의 원료를 밝혀 내기 위해 통계적인 기술을 이용한다. 그는 계량화된 경험적 자료를 탈무드에 있는 갈리린 마을 관련 정보와 비교한다. 그러고 나면 현대의 유대인과 비유대인 마을 사이의 교역 관계에 대한 일반화가 가능해진다. 나는 언어 정책에서 직면하는 문제들을 설명하려고 했다. 어떤 국가들은 언어 정책을 헌법이나 법으로 기록하는 반면 또 다른 국가들은 그렇지 않다. 어떤 국가들은 성문화된 언어 정책을 시행하는 반면 다른 나라들은 그렇지 않다. 어떤 국가에서는 다양한 언어를 구사하는 인구수에 대한 정보를 제공할 수 있는 반면 어떤 국가는 국가적인 인구 조사에서 그러한 질문조차 하지 않는다. 질문이 있더라도 다른 방식으로 시행된다. 예를 들어 미국의 인구 조사에서는 영어가 아닌 다른 언어를 사용하는 사람이 몇 명인 가정에서 자랐느냐고 질문한다. 캐나다에서는 집에서 영어에 유창한 사람이 몇 명인지를 묻는다. 이렇게 기본적인 자료조차 부정확한 상황에서 어떻게 우리는 내 고고학자인 동료가 기대할 수 있는 신뢰성 있는 일반화를 도출할 수 있겠는가?

언어 정책, 언어 계획과 관련한 질문들과 씨름하는 한편, 사회언어학자들은 이러한 질문들에 의해서 곤란을 겪기도 하지만, 이들은 또한 개발도상국의 언어 문제를 해결하는 것에도 많은 관심이 있다. 동아프리카의 언어 상황에 대한 선구적인 업적과 같은 일련의 연구에서는 데

이터베이스를 구축하려고 노력하고 있다. 또 다른 사회언어학자들은 자신들이 국제단체들이 특정한 정책을 채택하도록 권장할 수 있다는 근거에 기반하여, 언어에 대한 인권 모델을 개발하는 데에 많은 관심이 있다. 그러나 모든 층위의 언어 정책에서 사용할 수 있는 자료를 모으려는 체계적인 시도는 빠져 있다. 이 책은 그러한 시도들이 이제 이루어지고 있다는 점을 활용한 것이다.

## 언어 정책이란 무엇인가?

1960년대 초기에 캐나다의 몬트리올을 방문한 사람들은 표지판과 대형 상점에는 영어가 널리 공식적으로 쓰이고 있다는 사실과 시 인구의 80%는 프랑스어를 사용한다는 사실 사이의 명백한 불균형을 접하고 매우 당황했을 것이다. 40여 년이 지난 후에는 프랑스어가 좀 더 공식적인 지위를 획득했음이 명백하다. 이제는 언어적인 관점에서는 압도적으로 프랑스어가 우세하다. 이와 같은 공식적인 실제의 변화 배후에는 결정적이고도 명확한 정책의 변화가 있었는데, 이러한 정책의 변화는 정부 당국에 의해 시행되었으며, 법으로 보장, 강화된 일련의 개입이 있었음을 보여 준다.

언어 선택의 관습(practices)에서 나타나는 다른 변화들은 설명하기에 더 어렵다. 파푸아 뉴기니의 작은 고립된 마을에서는 90명의 거주민이 다른 언어와 관련이 거의 없는 타이압어를 사용하는데, 쿨릭(Kulick 1992)은 10살 이하의 어린이들이 마을의 고립이 지속되는 상황에서도 타이압어를 사용하지 않는다는 점을 발견했다. 대신에 이제는 모든 아이들이 이중 언어 화자인 부모가 사용하는 영어 기반의 크레올인 뉴기니아어, 토크 피진Tok Pisin을 사용한다. 어른들은 오랜 시간에 걸쳐 자신들의 언어 사용 패턴이 단일언어인 타이압어에서 타이압어와 토크 피진 사이에서 정기적인 '코드 스위칭'이 일어나는 이중 언어로 바뀌었는지를 알지 못했는데, 토크 피진은 멀리 떨어진 농장에서 일을 하고 마을로 돌아온 젊은 남자들에 의해 유입된 것이었다. 쿨릭은 어른들의 언어 실제에서 토크 피진만이 어른과 아이들 사이의 의미 있는 의사소통에 사용되는 반면 타이압어는 특별한 의미 없이 아이를 달래는 용도로만 사용되고 있다는 점을 발견했다. 이 사례는 명확한 언어 정책의 결정에 의해서 발생한 것이 아니라—부모들이 아이들의 언어 실제에서 변화가 일어날 것을 알고는 깜짝 놀랐다—부모조차 인식하지 못한 상황, 조건, 압력 등에서 비롯된 교체의 결과로 보인다.

이를 비롯한 여러 사례들을 이해하기 위한 첫 번째 단계는 언어 공동체의 언어 정책에 대한 세 부문들을 구별하는 것이다: 언어 관습—언어적 레퍼토리를 구성하는 변종들(varieties) 가운데 어떤 것을 선택하는 습관적인 패턴. 언어 신념 혹은 이데올로기—언어와 언어 사용에 대한 신념. 언어 개입(intervention)—언어 계획, 언어 통제 등에 의해 언어 관습을 수정하거나 영향을 주려는 특정한 노력들.

호겐(Haugen 1966b)에서는 이 분야가 네 개의 주제로 구성될 수 있다고 제안했다: 첫 번째 두 주제는 "언어 문제"를 누군가가 인식했을 때 어떤 규범(norm)을 선택할 것이냐 하는 선택(selection)과, 문어 형태(혹은 구어), 문법과 어휘부의 체계화(codification)이다. 클로스(Kloss 1969)는 선택을 "지위 계획(status planning)", 체계화를 "언어자료 계획(corpus planning)"이라고 불렀다. 호겐이 제안한 나머지 두 주제는 실행(implementation, 언어 정책이 해당 언중들에게 수용되고 이해되는지를 확인하는 것)과 정교화(elaboration, 현대화와 개발이라는 요구 사항을 충족시키기 위해 기준을 지속적으로 수정하는 것)이다.

퀘벡에서 일어난 1950년대의 언어 문제는 언어 관습을 살펴봄으로써 이해할 수 있다. 즉 문제는 다수의 프랑스어 화자가 영어만을 사용하는 소수의 단일어 화자와 소통하기 위해 영어를 배워야 한다는 점이었다(소수의 영어 화자는 그 지역의 비즈니스를 지배하고 있었다). 정치적인 힘을 이용함으로써 프랑스어 화자들은 이 정책을 바꾸기 시작했다. 일련의 법들은 영어 학교에 대한 접근을 제한했고 공식적인 행사에서 프랑스어 사용을 요구했다. 정부 기관을 통해서, 표면적으로는 언어 문제와 관련한 개입에 의해 언어 관습에서의 변화가 통제되었지만, 이는 주요한 경제적, 정치적, 사회적, 문화적 원인과 결과가 되었다.

그러나 가푼Gapun에서는 언어 정책에 변화를 가져올 만한 명시적인 통제가 없었다. 변화는 오히려 두 가지 가치 있는 아이템을 갖고 고립된 마을로 농장에서 돌아온 젊은이들과 관련이 있다. 이들이 가지고 온 두 아이템은 "적재함(cargo box)"이라는 물리적인 것과 새로운 언어에 대한 유창함(이는 그들의 지위가 높아졌음을 나타낸다)이었다. 다른 마을사람들과 가장 쉽게 공유되는 것은 새로운 언어였다. 왜냐하면 언어는 특별한 유형의 경제적 상품으로서, 해당 언어에 노출된 사람이라면 누구나 배울 수 있으며 다른 사람과 공유할수록 손해보다는 이익이 많았기 때문이다.

이러한 사례를 통해 우리는 언어와 언어 정책이 엄청난 복잡함(언어 통제가 고심해야 하는), 상호작용, 역동적인 상황, 일부분의 수정으로 다른 부분에 영향을 미칠 수도 있는 문제들 속에 존재한다는 것을 이해하게 된다. 다수의 비언어적 요인들(정치적, 인구학적, 사회적, 종교적, 문화적, 심리적, 관료적 요인 등)은 개인이나 단체들이 다른 개인이나 단체의 언어 관습과 언어 신념에 간섭하려는 시도, 그리고 이를 통해 일어나거나 일어나지 않는 변화들을 설명해 왔다. 피시맨, 솔라노, 맥코넬

(Fishman, Solano, McConnel 1991:28)에서는 "아주 작은 변수만을 관찰함으로써 호도되거나 지적으로 형편없어지기 쉬우며, 실세계의 환경은 훨씬 더 다양한 변수들 사이의 복잡한 상호 작용을 포함하고 있다."고 지적했다.

언어와 관련된 자료만을 사용하는 원인-영향에 대한 단순한 접근법은 "실세계"의 상황적인 변수들을 포함하고 있는 언어 정책을 설명하는 데 그다지 유용하지 못하다.

### ❙ 언어생태학

호겐(Haugen 1971)에서는 생태학을(문맥과 관련된 유용한 비유인) "주어진 언어와 그 환경 사이의 상호작용에 대한 연구"로 정의한다. 호겐은 이 용어가 보겔린(Voegelin), 보겔린과 슈츠(Voegelin and Shutz 1967)와 보겔린과 보겔린(Voegelin and Voegelin 1964)에서 먼저 사용되었음을 인정하고 있는데, 이들에 의하면 "언어 생태학에서는 하나의 특정한 언어와 함께 시작하는 것이 아니라 하나의 지역과 함께 시작한다."고 제안한다. 이 개념은 트림(Trim 1959)에서 이미 나타나기 시작했는데 그는 이 개념이 블룸필드(Bloomfield 1935:345)와 폴(Paul 1909:37-45)까지 거슬러 올라간다고 했다. 생태학의 비유는 마이클 할러데이Michael Halliday가 2002년 12월 16일 싱가포르의 AILA 금메달 수상 연설에서 언급한 바와 같이 매우 신중하게 다루어져야 한다. 왜냐하면 언어 생태학의 단위들이 무엇인지 분명하지 않으며, 생명 다양성을 보존하기 위한 요구에서 언어들의 다양성을 보존하려는 요구까지 논쟁할 이유가 없기 때문이다.

언어 생태학은 포스트게놈의 접근 방법으로 살펴볼 필요가 있는데, 이러한 접근에서 천성과 교육은 더 이상 인위적으로 구분되지 않는다(Spolsky 2001을 보라). 언어는 문화적인 체계(이 체계는 신체로부터 유도되는 설계적 특성과 뇌 구조에 의해 결정되는 구조적인 특성과 같은 기본적인 생물학적 단위들 위에 만들어진다)를 형성하는데 이 체계는 믿기 어려울 정도의 복잡함과 엄청난 유연성(나는 무엇이든지 말할 수 있고 이들은 엄청나게 다양한 방법으로 해석되거나 오해되기도 하지만 그럼에도 우리는 별 문제없이 살아간다)을 가진다. 우리는 이러한 언어 관습들을 사회적인 환경(인간과 자연 모두)과의 끊임없는 "구성적 상호작용"(Oyama 2000의 용어를 빌린다면)을 통해 습득하며, 따라서 언어 변수들의 변화는 비언어적인 변수들과 가장 깊이 관련되어 있는 듯하다.

트림(Trim 2002)은 언어 공동체의 일상적인 활동 속에서 작용하는 역동적인 힘이 의식적이고 이데올로기적으로 동기화된 정책들보다 훨씬 더 강력하다고 제안한다. 언어의 진화는 지리적인 고립에 의해서 강화된 무작위적인 작은 변이들에 의해서가 아니라 기능적, 사회적 선택에 의해서 설명된다. 니틀(Nettle 1999:79)에서는 다양한 "생태계의 체제는 다양한 종류의 사회적인 네트워크에 더 호의적이어서, 규모가 다른 언어 집단을 차례로 만들어 낸다."고 제안했다. 그의 모델에서 활성적인 요인은 "생태적인 위험"인데, 비산업사회에서 이 위험은 사람들이 서로 의사소통을 할 때 다양성을 감소시키는 사회 네트워크를 형성함으로써 통제되었다. 생태적인 위험이 크면 클수록 의사소통이 더욱 많아지며 해당 지역의 언어는 더 감소할 것이다. 수렵사냥꾼에서 농부나 목동으로의 변화는 유럽의 팽창이나 산업화와 마찬가지로 언어 다양성을 축소시켰다. 언어 다양성에 영향을 주는 것은 사회에서의 변화들이므로 언어 다양성을 유지하기 위해 필요한 것은 언어 정책이라기보다는 사회 정책이다. 무페네(Mufwene 2001:17)에서는 이를 매우 강력한 비유로 강조하고 있다: 종의 입장에서 보았을 때 언어는 기생적이며, "그 생명과 활력이 숙주(즉 화자)의 행동과 기질, 사회, 문화에 달려 있다."

## ❙ 간섭 (통제와 계획)

언어 정책을 연구할 때 일반적으로 우리는 단지 언어 변인들과 함께 변화하는 비언어적인 변인들이 무엇인지를 이해하는 데 중점을 둔다. 또한 언어 상황을 조작하려고 직접 노력한 사례들이 있다. 사람이나 단체가 그러한 간섭을 주도할 때 이를 언어 통제(language management)라고 부를 것이다(나는 계획, 엔지니어링, 처리 등의 용어보다 이 용어를 더 선호한다). 언어 통제자는 국가의 헌법을 작성하는 입법의회일 수도 있다. 세계의 헌법 가운데 약 125개에서 언어에 대한 언급을 하고 있는데 (Jones 2001), 그 가운데 약 100개의 헌법은 사용의 특권을 갖는 하나 혹은 그 이상의 언어를 공식적, 국가적 언어로 명명하고 있다. 언어 통제의 주체는 국립 기관이 될 수도 있는데 그 기관은 어느 언어가 공식 언어인지를 결정하는 법을 제정한다. 언어 통제자는 표시판의 언어를 결정하는 한 주, 지역, 혹은 다른 지방 정부 단체가 될 수도 있다. 또한 언어 통제의 주체는 헌법을 수정하거나 새로운 법안을 제정하도록 입법기관에 영향을 미치고자 하는 특정 이익 단체가 될 수도 있다. 또한 언어 통제의 주체는 그 법이 무엇인지를 결정하는 법정이 될 수도 있고, 언어에 대한 법을 실행하는 행정관이 될 수도 있다. 언어 통제의 주체는 어떤 언어를 사용할 것인지, 혹은 어떤 언어로 가르치거나 출판하거나 번역할 것인지를 결정하는 기관이나 사업체가 될 수도 있다. 언어 통제의 주체는 계승어(heritage langugae)를 사용하도록 가족 내의 다른 사람을 설득하려고 하는 가족의 구성원일 수도 있다.

하지만 언어 정책은 명시적으로 만들어지지 않았거나 권위를 가지고 성립되지 않은 경우에도 존재한다. 많은 국가들, 기관들, 사회단체들은 공식적이거나 성문화된 언어 정책을 가지고 있지 않은데, 따라서 이들의 언어 정책적 특성을 연구하기 위해서는 언어 관습이나 언어 신념들을 살펴보아야 한다. 심지어는 공식적이고 성문화된 언어 정책을 가지고 있는 경우라고 하더라도 언어 관습에 대한 정책의 영향이 보장되거나 변함이 없다고 말하기 어렵다.

이런 모두를 고려할 때 나는 언어 정책이 언어와 변이들뿐 아니라 언어에 대한 부분들도 모두 다룬다고 가정할 것이며, 결과적으로 언어 정책에는 나쁜 언어를 제한하고 좋은 언어를 권장하는 노력들도 포함될 것이다(2장과 3장을 보라).

## 언어와 언어 관습들

언어 관습은 하임즈(Hymes 1967; 1974)에서 "발화의 민족지학"이라고 언급한 광범위한 내용을 모두 아우르는 용어이다. 구어는 의미를 가진 단위를 형성하는 연관된 소리의 연속으로 구성되는데 이들을 결합함으로써 의미 있는 발화를 만들어 낸다. 체계 내에서의 변이형들은 의미를 변화시키지 않을 수도 있지만, 그 변이형을 쓰는 화자의 출신이나 사회적인 지위를 확인하는 것으로 청자에 의해 해석될 수 있다(Labov 1966). 이러한 유형의 변이는 어휘 속에서 이미 오래 전부터 인식되어 왔다. 약 5백 년 전 첫 번째 영국의 인쇄업자는 "eggs"라는 단어를 어떻게 쓸지, 즉 남부방언의 eggys를 선호할지, 북부방언의 eyren을 선호할지를 놓고 고민했다(Caxton 1490). 미국 영어의 화자들은 영국인들이 의사의 사무실을 왜 surgery라고 부르는지 의아해 하는 반면, 영국인들은 미국인들이 side walk를 걷는다고 비웃는다.

그렇다면 나는 언어 관습이 개별 화자가 만들어 내는 소리, 단어, 문법적인 선택의 총합이라고 정의할 것인데, 이러한 선택은 때로는 의식적으로, 때로는 덜 의식적으로 이루어지며, 언어 변이의 관습적, 무표적인 패턴을 형성한다. 변이들은 범주화될 수도, 표지를 붙일 수도 있다. 가장 높은 층위는 언어로서, 언어는 우리가 영어나 프랑스어, 또는 나바호어 등과 같은 알려진 언어 변이의 한 군집이다. 좀 더 정확히 말한다면 우리는 미국 영어, 영국 영어, 자메이카 영어를, 뉴욕 영어와 보스턴 영어를 구별할 수 있다. 범주화의 과정은 간단하지 않은데—그림즈(Grimes 2000)에서 언급된 거의 모든 언어와 언어 변이들은 여러 개의 이름을 갖고 있다—이는 사회적인 문맥과 더욱 깊이 관련되어 있다. 언어 관습은 소리, 단어, 문법보다 많은 것을 포함한다. 여기에는 발화의 공식성의 층위 사이에 있는 관습적인 차이들, 어떤 변이형이 상황에 따라 적절한지에 대한 합의된 규칙들도 모두 포함된다. 다중언어 사회에서는 각 언어의 적절성을 위한 규칙까지도 언어 관습에 포함된다.

발화 공동체의 구성원들이(같은 언어 관습과 신념을 공유하는 사람들의 단체) 발화의 일부를 들을 때, 또는 사회언어학자가 발화의 일부를 분석할 때 이들은 의미뿐 아니라 발화의 과정 중에 포함된 특정한 선택의 증거까지 파악할 수 있는데, 이러한 선택은 나이, 성별, 사회 계층, 출생지와 교육, 교육 수준, 그 밖에 화자에 대한 사실들, 태도 등을 특징지을 수 있으며, 상황과 문맥에 대한 단서도 제공해 준다. 이러한 선택은 문법적 규칙이 아니라 관습적인 규칙에 의해서 지배되고, 이러한 관습 규칙은 구성원들이 성장하는 과정에서 발화 공동체의 구성원으로부터 습득된다.

언어 정책은 한 공동체 또는 정치 단체의 언어 관습, 언어 신념, 통제 결정(management decision) 모두를 지시할 수도 있다. 서구화된 초등학교 교실을 생각해 보자. 학생들은 어떤 언어 선택(그리고 언어 항목도)이 적절하고 어떤 것이 권장되지 않거나 처벌받는지를 금방 알아챈다. 학생들은 선생님이 허용되는 화제뿐 아니라 누가 언제 말할 것인지, 사용한 표현 형태가 얼마나 적절한지를 결정하는 특권을 가지고 있다는 것을 배운다. 이 관습들이 외부적인 권위에 의해서 혹은 교사의 명시적인 교육에 의해서 표면화될 때, 이것이 언어 통제의 한 예가 된다.

### 층위들

언어 정책은 다양한 층위의 일반화에 적용할 수 있다. 언어 정책은 개인의 언어 단위에 적용될 수도 있고("그 추잡한 콧소리 쓰지 마!", "그 더러운 말 쓰지 마!", "완결된 문장으로 말해!" 등), 단위들의 군집인 변이들을 지시할 수도 있다("방언을 쓰지 마!", "영어로 말해라!").

언어 통제도 개인 언어의 세부 단위들(음성, 철자, 글자의 형태)이나 단위의 집합체(발음 또는 어휘부 또는 문자) 혹은 특정한 거대-변이형(한 언어 혹은 한 방언)에 적용될 수 있다. 언어와 다른 변이들은 습관적으로 합의된 언어 단위의 선택들을 형성하는데, 어느 한 층위에서의 언어 정책에 의한 변화는 필연적으로 모든 층위들과 관련된다. 어휘 항목의 교체는 변이형 교체를 향한 잠재적인 단계에 해당한다. 많은 언어 순혈주의자들(purists)은 다른 언어로부터의 단어 차용이 언어 손실의 첫 단계라고 간주하고 있다. 그러나 늘 그런 것은 아닌데, 영어와 같이 수용성이 강하고 유연한 언어는 단어들을 차용할 수 있는 능력 때문에 오히려 이득을 보고 있다.

종종 이웃하는 방언들 중에는 서로 이해할 수 있을 정도로 충분히 유사한 경우도 있다. 때로는 정치적인 경계선이 이러한 연결을 분리하기도 해서, 서로 이해할 수 있는 인접한 방언들이 2개의 다른 언어들로(프랑스어와 이태리어와 같이) 분류되기도 한다. 또한 정치적인 관심사로 인해 어떤 변이형이 하나의 언어인지 2개의 언어인지에 대한 논쟁이 유발하기도 한다. 언어학자들은 순전히 언어학적인 기준과 상호 의사소통력를 이용해서 세르보-크로아티아어가 하나의 단일한 언어라고 주장했지만 프란치코비치(Pranjkovic 2001)와 다른 크로아티아 학자들은 세르비아어와 크로아티아어는 스칸디나비아 언어만큼 구별되는 것이라는 점을 의심하지 않는다. 우르두어는 힌두어 화자와 의사소통이 가능하지만, 공식적인 어휘를 아랍어와 페르시아에서 가져온다. 반면에 힌두어는 산스크리트어에서 어휘들을 차용한다. 여기서도 변이들을 범주화하는 방법을 결정하는 데에 있어 정치적인 양상이 결정적으로 작용한다.

우리가 연구의 기본 단위로서 이름은 같지만 구별되는 한 언어를 취한다면 우리는 많은 중심적인 문제들을 예단하는 것이 된다. 다른 한편으로 우리가 기본 단위를 언어 요소로 선택한다면 '지위 계획'과 '언어자료 계획'을 인위적으로 구별할 필요가 없어진다. 물론 언어 정책에서의 많은 이슈들은 명명된 언어 변이들, 즉 언어 성분들의 군집을 다룬다(예를 들어 힌디어와 우르두어를 구별해 주는 자질들이나 미국 영어와 영국 영어를 구별해 주는 자질들). 하지만 언어 정책의 이슈들은 종종 보다 제한된 집합의 성분에 초점을 두기도 한다. 이를테면 Ms.와 총칭의 3인칭의 사용은 언어를 통제하려는 여성운동에서 중요한 이슈였다.

언어 항목(linguistic item)을 단위로 연구를 시작한다면 '지위 계획'과 '언어자료 계획' 사이의 차이를 지나치게 세심하게 구별하려는 데에서 발생하는 문제들을 피할 수 있다. "지위 계획"은 명명된 언어 변이들의 적절한 사용과 관련된다. "언어자료 계획"은 언어를 사용할 때 특정한 언어 성분을 선택하는 것과 관련되는데 세르비아인들이 크로아디어의 언어 성분들이 생략되는 것을 바랐는데, 이것이 바로 "언어자료 계획"이다. 하지만 카플란과 발도프(Kaplan and Baldauf 1997)에서도 언급된 바와 같이, 명백하게 이 두 활동은 분리가 불가능하다. "언어 특성의 어떠한 변화는 사용 환경의 변화를 일으키고, 사용 환경의 변화는 다시 언어 특성의 변화를 유도한다."

### 언어 정책과 그 사례

언어 통제는 언어의 사용에 대한 명시적인 계획이나 정책에 대한 공식화 혹은 선포를 뜻하지만 그렇다고 해서 반드시 공식 문서로 성문화될 필요는 없다. 앞으로 보게 되듯이, 그러한 명시적인 정책의 존재 여부가 정책이 실행될 것인지, 아니면 그 실행이 성공적일 것인지 등을 보장해 주는 것은 아니다.

"언어 정책"이라는 제목을 포함하고 있는 국회 도서관 최초의 도서는 세보렐로(Cebollero 1945)이다. 이 새로운 분야는 사회언어학과 함께 성장했는데, 사회언어학은 1960년대에 이르러서 학문적인 전문성을 획득했으며 주로 언어 발전의 실제적인 문제들과 관련된다. 시간이 지나면서 언어 정책은 정치과학, 행정, 교육(특히 교육언어학)과 서로 중첩되는 부분이 인식되었다.

언어 정책은 무엇과 비슷한가? 당신이 언어 정책을 접할 때 어떻게 그것을 인식하는가? 언어 정책을 인식하는 가장 쉬운 경우는 언어 정책이 공식 문서 속에 명확한 진술의 형태로 존재하는 경우이다. 예를 들어 언어 정책은 헌법에서 문장의 형태로 기술되거나 법 언어, 내각 문서 또는 행정 규제 등의 형태를 취할 수도 있다. 세계 헌법 중 약 125개에는 언어에 대한 정책들을 기술하고 있으며, 그 중 약 100개의 헌법에는 사용상의 특권을 가지는 하나 혹은 그 이상의 공식 언어 혹은 국가 언어를 지정하고 있다. 그중 절반 남짓(78)의 헌법에서는 하나의 공식 언어 혹은 국가 언어를 지정하고 있다. 예를 들면,

알바니아 공화국의 공식 언어는 알바니아어이다(1998년 수정 헌법).

이슬람교는 국가의 종교이다. 이슬람의 샤리아는 입법의 근원이다. 아랍어는 공식 언어이다(바레인 헌법 1973).

공화국의 언어는 프랑스어이다(1999년 수정 프랑스 헌법).

78개의 사례 중에는 소수 언어, 국가 언어 혹은 토착 언어를 보호하기 위해 다음의 예에서처럼 절대적인 기술을 수정하기도 했다.

가봉 공화국은 프랑스어를 공용어로 채택한다. 그러나 가봉은 자국의 언어를 보호하고 증진하기 위해 노력한다(가봉 헌법 1997).

과테말라의 공식 언어는 스페인어이다. 모국어는 국가 문화 유산의 일부이다(과테말라 헌법 1985).

인도네시아어의 국가 언어는 바하사 인도네시아 또는 인도네시아 언어이다. 자바어, 순다어, 마두라어 등과 같이 잘 보존된 지역어들은 해당 주에서 존중되고 유지될 것이다(인도네시아 헌법 1945).

18개의 사례에서는 2개의 공식 언어 혹은 국가 언어를 지정하기도 했으며(이 가운데 절반은 소수 언어를 보호하기 위한 목적이다), 5개의 사례에서는 3개 언어를, 4개의 사례에서는 4개 언어를 지정했다.

파시투어와 다리어가 공식 언어이다(1963년 아프가니스탄 헌법, 새 헌법이 작성될 때까지 유효함).

벨라루스어와 러시아어는 벨라루스 공화국의 공식 언어이다. 모든 사람은 모국어를 사용할 권리와 의사소통의 언어를 선택할 권리를 가지며, 정부는 교육과 교수의 언어를 선택할 자유를 보장한다(벨라루스 헌법 1996년).

> 벨기에는 4개의 언어 지역이 있다. 프랑스어 지역, 네덜란드어 지역, 수도 – 브뤼셀의 이중 언어 지역, 그리고 독일어 지역이다(벨기에 헌법 1970년).
>
> 카메룬 공화국의 공식 언어는 영어와 프랑스어이며 이 둘은 같은 지위를 가진다… 공화국은 국어를 보호하고 증진시키기 위해 노력할 것이다(카메룬 헌법 1996년).

콩고민주공화국의 1997년 헌법은 4개의 국어(Kikongo, Lingala, Swahili, Tshiluba)와 2개의 공식 언어(프랑스어와 영어)를 지정하고 있다. 남아프리카 신헌법은 11개의 언어를 지정하고 있다.

많은 국가들은 성문화된 헌법을 가지고 있지 않으며, 헌법이 있다고 해도 언어에 대한 언급은 없는 경우가 많다. 물론 체포되거나 재판 중인 사람들에게 통역을 제공한다거나 언어를 포함한 여러 특성들에 기반한 차별이 없다는 것을 표명하는 인권에 대한 부분은 논외로 하고 말이다. 이러한 국가 중에는 특정한 언어법들을 가지고 있는 경우가 있다(아삼 언어 법률이나 뉴질랜드의 공식 마오리어 법률과 같이). 현재 가장 정교하고 요구가 많은 국가 언어 정책을 가진 나라 중 하나인 프랑스는 1539년 이래 이러한 정책들을 기록해 왔다.

호주와 같은 국가의 언어 정책을 찾아 내는 것은 더 어려운 일인데, 호주에서는 재정 지원의 우선순위를 결정하는 내각 문서에 언어 정책들이 기록되어 있다. 심지어 인도에서처럼 연방 정부와 지역 정부의 언어 정책 사이에 갈등이 있는 경우에는 국가의 정책을 정의하는 것조차도 어렵다. 국가의 언어 정책을 찾아 내고, 기술하고, 이해하는 데 있어 가장 어려운 경우는 명시적인 문서가 하나도 없는 국가들이다. 영국이나 미국과 같은 국가가 이에 해당하는데, 이때 우리는 관행, 법률, 규제, 판례 등의 미로 속에서 언어 관습과 신념에 대한 암묵적인 실마리를 찾아 내야 한다.

이러한 변이와 복잡성의 기저에는 톡시어의 경우에서와 같이, 언어 관습과 정책들이 과도한 공식 개입 없이도 성장하는 경향이 있다는 점이다. 특별한 상황에서만 공식화가 필수적이다. 새로 독립한 국가를 위해 헌법을 작성하려는 사람들은 종종 경쟁하는 언어들의 역할을 규정할 것을 강요받기도 한다(비록 미국 헌법의회는 가까스로 이러한 요구에서 벗어나긴 했지만). 이러한 경우에는 언어 통제 과정이 매우 명백하며 따라서 연구하기에 매우 용이하다. 많은 경우에 현존하는 국가 혹은 지역의 언어 관습은 법률, 규제, 관습 등과 결합하여 조금씩 변화해 간다. 때때로 정치적으로 합심해서 새로운 언어 정책을 선언하기도 한다. 이러한 언어 정책은 1975년 프랑스의 언어법과 같이 법률일 수도 있고 미국에서 일어난 영어 단일화 운동에 의해 제안될 수도 있으며, 호주 국립 언어 정책의 다양한 형태와 같이 정부 문서가 될 수도 있다. 이러한 상황은 네덜란드의 국립 외국어 활동 프로그램이나 이스라엘의 교육 관련 언어 정책에서처럼, 교육부가 언어 정책 중 학교와 관련된 조항을 다시 정의하기로 착수하는 과정에서 발생할 수도 있다. 그러나 나머지의 경우 한 국가가 언어 정책을 가지는지 아닌지, 그 정책은 무엇인지를 결정하는 지난한 일은 종종 사회언어학자들에 의해 먼저 비판을 받기도 한다.

### 언어 이데올로기와 신념

발화 공동체의 구성원들은 합치된 이데올로기를 형성하거나 발화 공동체에서 사용되는 다양한 언어 변이의 양상에 가치나 특권을 부여함으로써 적절한 언어 관습에 대한 일련의 신념을 공유한다. 이러한 신념은 언어 관습에서 나오기도 하고 언어 관습에 영향을 미치기도 한다. 이러한 언어 신념은 이들을 확인하거나 수정하려는 언어 통제 혹은 통제 정책의 기반이 될 수 있다.

언어 이데올로기 혹은 신념은 언어 변이형(the language varieties)이나 명명된 언어 변이형(named language varieties) 각각에 어떤 가치가 부여되는가에 대한 합치된 의견이다. 대부분의 국가에는 다양한 언어 이데올로기가 있는데 그 종류는 발화 공동체 혹은 인종 공동체만큼이나 많다: 보통 그 가운데 하나가 지배적이다. 단순히 말해서 언어 이데올로기는 통제자가 생략된 언어 정책으로서 언중들이 실행해야 한다고 믿는 어떤 것이다. 그 반면에 언어 관습은 사람들이 실제로 행하는 것이다.

언어를 통제하려는 노력은 언어 공동체의 언어 사용에 내재한 일련의 신념과 가치, 그리고 언어 사용의 실제를 초월하기도 하고 상충되기도 한다. 언어 통제를 기술하기 위해서 우리는 분류 체계를 사용할 수 있는데 이것은 쿠퍼(Cooper 1989:31)가 언어 확산과 변화 연구에 착수하면서 제안한 문제에 기반을 두고 있다: "누가 무엇을, 어떻게, 누구를 위해 계획하는가?" 이러한 질문들을 고려함으로써 우리는 언어 통제의 개념을 더 깊이 할 수 있으며, 언어 통제가 수정하려고 하는 일반적인 언어 관습과 신념이 어떻게 구별되어야 하는지에 대해서도 알게 될 것이다.

## 어떤 조건 아래의 언어 정책?

에이저(Ager 1996:11)에서 논의한 바와 같이 정치학자들은 정책 입안 체계, 결정 체계, 조직망을 가정하는데 이들은 물리적(지리적), 정치적, 사회경제적 부문들이라는 환경 속에서 공존하며 이러한 부문 속에는 정책의 전개와 관련한 조건들이 포함되어 있다. 이러한 조건들을 제한하려는 시도들은 새로운 사례 혹은 예측하지 못한 상황의 전개 등에 의해 바로 도전을 받는다. 결정적인 요건들을 놓치지 않기 위해서는 가장 폭넓은 관점이 요구된다. 예를 들어 나바호어 보존을 위한 많은 연구가 있은 후에, 스폴스키(Spolsky 1974b)에서는 반농담삼아 인디언 보호 구역에 영어를 가르치는 가장 좋은 방법은 더 많은 도로를 건설하는 것이라고 제안하기도 했다. 사실은 나바호어 전이에 대한 이전의 설명에서는 지역 방송 중계 기지가 몇 년 후에 급속히 확산되었다는 점을 고려하지 않았다.

가장 폭넓은 범위의 조건들도 언어 정책에 영향을 미칠 수 있다. 퍼거슨(Ferguson 1977:9)에서는 "모든 언어 계획 관련 활동은 특정한 사회언어학적인 환경 속에서 발생하며, 언어 계획의 특성과 범위는 그 환경과 범위와 관련해서만 온전히 이해될 수 있다."고 논의했다. "사회언어학적 환경"은 언어 관습과 신념에 영향을 미치는 어떤 것, 개입을 유도하려는 노력과 관련된 어떠한 것도 포함하는 것으로 해석되어야 한다. 1960년대에 일어난 아삼 지방의 폭동은 언어에 초점이 맞춰진 것이긴 하지만, 폭동 이전에 일어난 인종 문제, 그 이후의 폭력 문제 등과 같이 보다 넓은 이슈와 함께 논의되어야 한다.

정부 구조와 관료 구조도 중요하다. 리슐리외가 목표로 삼았고 나폴레옹 혁명에 의해서 완성된 강력한 중앙 집권은 프랑스의 언어 정책이 지향하는 엄격한 구조가 가능하도록 만들었다. 루이스(Lewis 1972)가 추적한 소련 언어 정책의 변화는 중앙 집중화 정책(러시아어를 소련의 링구아 프랑카Lingua Franca[1]로서 강화하려는 것)과 지역 다원화 그리고 지역 언어들의 장려 정책의 균형 사이에서의 변화에 따른 것이다. 스페인에서는 프랑코 이후 시대에 지방 자치를 승인하면서 지방 자치 당국들은 언어 정책을 변화시켰다. 지방 자치의 승인으로 인해 웨일스어와 스코틀랜드의 게일어가 지원되고 있다. 미국에서는 교육을 위한 주 헌법 당국에 의해서 중앙 집중화된 언어 정책을 위한 노력이 방해를 받고 있다(Lambert 1994). 이러한 사례들에서 볼 때 정치 조직은 언어 정책을 입안하고 수행할 가능성을 결정하는 데 도움을 준다.

이러한 주요 요건들이—사회언어학적인 상황과 태도, 정치 조직의 성격—언어 정책의 주요 문제를 설명하는 데 도움을 주지만, 많은 다른 특정한 이유와 동기들도 언어 정책의 복잡성을 설명해 준다. 언어들이 아니라 언어의 단위에서 출발한다는 원칙을 따라 다음의 두 장에서는 나쁜 언어, 좋은 언어, 언어 순화와 언어 개량(cultivation)과 관련한 주제들을 살펴볼 것이다.

---

1 (옮긴이 주) 여러 지역 혹은 국가들이 의사소통을 위해 인정한 공통어로, 해당 지역 혹은 국가를 지배하는 우월한 언어가 선택되는 것이 일반적이다. 고대 유럽의 링구아 프랑카는 라틴어, 동아시아 지역의 링구아 프랑카는 중국어였을 것이다.

# 2 언어 순화

## 음란한 말, 불경한 말, 신성 모독, 그리고 금지된 말

욕설 따위의 나쁜 말을 지적하거나 제약을 가하는 것은 언어 정책에서 일반적인 일이다. "네가 그런 말을 하는 것을 다시는 듣고 싶지 않구나!"라고 어머니는 자기 자식들에게 말한다. "조심해서 말씀하세요! 저기 숙녀들이 있어요." 바텐더가 손님을 나무라기도 한다. "그런 식으로 말해선 안 돼요!" 선생님은 어린 학생들에게 잔소리를 한다. "그것은 받아들이기 어려운 의회 용어입니다!" 의장은 의회 의원에게 충고를 하기도 한다. 언어 용법을 고쳐 주거나 바르게 쓰기 위해 노력하는 것은 널리 퍼져 있는 생각이다. 부모나 보호자는 자식이 성공적인 사회생활을 할 수 있도록 책임을 지고 있다. 자식들의 바람직한 의사소통을 위해서 유용하고 다양한 언어 표현을 구사할 수 있도록 도움을 주거나 이해하기 쉽고 공격적이지 않게 하여 바람직한 사회적인 환경에 적응할 수 있도록 책임을 다한다. 이렇듯 일반적으로 보호자는 자식들이 적절하고 좋은 언어 표현을 배울 수 있도록 도움을 준다.

## 욕설을 통제하는 것에 대한 책임

일반적으로 말해서, 대화자는 다른 사람들의 발화를 함부로 고치는 것을 삼가야 한다. 그러나 이러한 원칙은 어른과 아이의 대화와 같이 동등하지 않은 사회적 관계에서는 무시되기도 한다. 교사와 학습자 사이에서도 마찬가지이다. 이 경우는 현재와 미래를 막론하고 오해를 해소하거나 방지하기 위해서 언어 공동체의 바른 질서 속에서 해당 언어를 지킬 수 있도록 확장되고 있다(Jernudd and Thuan 1983:80)

특히 단일 언어 사회에서 규칙적으로 발전시켜 온 '바른 언어'라는 개념은 이데올로기적인 논쟁의 핵심으로 남아 있다. 그들에게는 표준 언어의 형태가 주된 관심사였다. 보수주의 언어학자들은 올바른 언어 형태를 위한 신성한 권리를 주장했고 그것은 인정받은 듯이 보인다. 그러나 다른 측면에서 자유주의 언어학자들은 비록 일부 언어 형태가 엘리트 그룹의 권력을 유지하기 위해 사회적으로 부여된 가치를 가지고 있더라도 모든 언어 형태는 동등한 적절성을 가지고 있다고 주장했다,

올바른 언어 형태가 존재한다고 믿는 것은 얼마나 일반적인가? 많은 사람들은 자신들의 화법이 얼마나 표준적인지, 그리고 아이들에게 언어의 올바른 형태를 가르치는 가장 좋은 방법이 무엇인지에 대한 판단 기준을 가지고 있다(Niedzielski and Preston 2000). 대부분의 사회에서는 보호자들이 아이들을 올바른 방향으로 유도한다(Ochs 1986:5). 언어 공동체마다 언어를 가르치는 세부적인 내용과 시작하는 연령대는 다양하게 나타나지만, 일반적으로 "아이가 의사 소통능력과 어른들의 행동 규범에 익숙해지도록 속도를 조절하는 것이" 적절하다고 인정되어 왔다(Watson-Gegeo and Gegeo 1986:19)." 언어의 표준(규범)에 대한 정당성

은 의심의 여지가 없다. "언어의 표준이 없이는 의사소통과 이해라는 것은 가능하지 않다(Bartsch 1987:140)."

욕설의 사용을 통제하는 것이 가능하다는 일반적인 가정이 있다. 아동 개발 서적은 다음과 같은 조언을 한다. "당신의 아이들에게 욕이나 거친 말투는 집에서 좋지 않다고 말해라." 130달러로 "저속하고 거친" 단어를 텔레비전이나 영화에서 걸러 낼 수 있는 장치를 살 수 있다. 그래서 학교는 부모들이 아이들의 언어를 통제하기를 기대한다. 영국 정부 교육부 소속인 데이비드 블렁킷David Blunket은 학교와 부모들에게 거칠고 모욕적인 언어를 학교 현장과 집에서 없애라고 강권한다(The Times 2000.4.28).

정부도 욕설을 관리할 책무를 가진다. 미국에서는 외설적 표현이 헌법상으로는 주와 지방정부의 관할이지만, 연방 정부는 주의 경계를 넘어서거나 넘을 수 있는 모든 외설적 표현을 관리할 수 있는 법안을 가지고 있다. 외설과 포르노에 대한 정의는 법으로 정해져 있지는 않지만 지역 사회의 '표준'에 따라 결정된다.

미국의 많은 주와 지방 정부에서는 욕설에 대한 법과 규정을 가지고 있다. 조지아 주에서는 외설과 이른바 '트집 잡는 말'을 경범죄로 분류하고 있다. 네바다 주의 메스키트Mequite 시에서는 외설과 욕설(불경한 말)을 공공장소에서 사용하는 것을 우려하고 있다. 이러한 법들은 언어와 행동이 관련되어 있다고 가정한다. 블렁킷은 욕설이 폭력과 같은 행동을 유도한다고 생각했다. 조지아 주는 언어(단어)가 폭력을 야기할 수 있다고 믿었고 메스키트 시에서는 외설적인 행동과 언어가 서로 관련 있다고 여겼다. "말은 결코 나를 해치지 못할 것이다."는 속담의 주장에 동의하지 않으며, 그들은 말이 몽둥이와 돌멩이처럼 폭력적이 될 수 있을 것이라고 믿는 듯하다. 그들은 모두 말의 힘, 그리고 그 위험성에 믿음을 보였다.

아이스하키 게임의 규칙에는 모욕적인 언어 사용 금지가 포함되어 있다. 영화와 텔레비전의 검열 혹은 논평에서도 가족들이 보기에 부적절한 언어 사용을 피하고 있다. 인터넷의 급속한 확산 과정에서 서비스 공급자들은 자신들의 언어 규칙 사용을 시작했다. 여기에는 남에게 모욕감을 주거나 외설 관련법을 어기지 않는 것이 포함되어 있다.

이 모든 사례들은 일종의 언어 통제에 해당한다. 이러한 언어 통제는 누군가의 노력에 의해 만들어졌고 다른 화자들이 사용하는 언어를 수정할 권리를 포함하고 있다. 그들은 이러한 결론을 많은 사회의 일반적인 언어 이념의 일부인 두 가지 핵심적인 믿음에서 이끌어 냈다. 만일 그것이 가능하다면 첫 번째 생각은 크누트Canute[1]와 같은 사람이 그 움직임을 멈출 수 있다면, 언어 사용자들이 정의된 특정한 종류의 언어를 피하도록 법으로 강제할 수 있다는 것이다. 이것은 언어 통제의 노력과 관계없는 선험적인 추정이기는 하지만 그 진실은 입증할 수 있는 사실에 의해 드물게 모습을 드러낸다. 두 번째 생각은 원래 통제되었어야 할 나쁜 언어를 구성하는 유형과 관련된다. 나쁨에 대한 한 가지 일반적인 표준을 설정하자면 그것은 외설적이고, 불경하고, 모독적이고, 호전적이거나 성적인 표현들을 모두 포함한다.

성경은 다른 종교의 텍스트들처럼 언어의 힘을 그 바탕에 두고 있다. 창세기에 의한 창조는 하나님의 말에 의한 결과이며 십계명은 명백히 언어에 대한 한 가지 조항을 포함하고 있다. "너는 너의 하나님 여호와의 이름을 망령되게 일컫지 말라. 나 여호와는 나의 이름을 망령되게 일컫는 자를 죄 없다 하지 아니하리라."(출애굽기 20:7). 요한의

1 (옮긴이 주) 어떤 일의 발생을 막으려고 애쓰지만 결코 성공하지 못할 사람.

신약 성경은 창조라는 주제로 시작한다. "태초에 말씀이 있으셨나니." 탈무드는 부적절한 언어에 많은 제한을 두고 완곡한 표현을 권장한다.

"신에 대한 불경한 단어 또는 사람이나 우상에 대한 신격화"로 정의되는 신성 모독은 오직 종교 안에서만 의미가 있다. 이러한 경향은 특히 유대교, 기독교 그리고 이슬람교와 같이 신이 인성적인 자질(personal quality)을 가진 영적인 존재로 보는 관점의 종교에서 나타난다(Pickering 2001). 신성 모독은 영국에서는 아직도 범죄로 여겨지는데, 오직 영국 국교회에 반대할 때만 해당한다(Kermode 2002). 미국에서는 수정 헌법 제1조 및 국교회의 부재로 인해 엄격한 기소는 거의 없었다. 프랑스는 시민혁명 때까지 이에 대한 처벌이 가혹했다(Cabantous 2002). 이슬람 국가들은 소설가 살만 루시디Salman Rushdie와 몇몇 현대의 이집트 작가들을 신성 모독으로 심판하기도 했다.

전통적인 사회는 언어의 위험성과 힘을 인정하며 특정 단어의 사용을 금기시한다. 전통적인 나바호족은 죽은 사람이 나타날까 두려워 사망한 사람들의 이름을 말하는 것을 금기시했다. 비슷한 예로 특히 겨울철에 '곰'이라는 단어를 크게 말하지 못하게 했다. 중국인들은 죽음에 관하여 말하는 것에 대한 강한 금기를 갖고 있어서 많은 완곡한 표현들을 만들어 냈다(Hongxu and Guisen 1990). 완곡한 표현들은 일반적으로 신체의 일부나 행동들이다. 이러한 현상들은 거의 전 세계적이지만, 구체적인 내용들은 문화마다 다르게 나타나고 시대가 지나면 변화한다.

위의 생각과는 반대되는 이념도 있는데 나쁜 언어 같은 것은 존재하지 않는다는 관점이다. 이러한 주장은 주로 1950년대에 미국의 언어학자들에 의해 강하게 주장되었다. 홀(Hall:1950)의 기술에 의하면 "언어는 그 자체로 내버려 두어야 한다."고 한다. 웹스터 사전의 다섯 번째 판에서는 이러한 두 가지 관점과 관련하여 논란이 있었는데, 이 사전에서는 특정한 단어들이 실제 영어 사용자들에 의해 그 단어들이 사용되는지에 대한 판단 없이 어떤 단어가 잘못되었다고 표시하는 것을 회피했다. 앞서 말한 두 가지 이념들은 언어의 표준이 용법과는 다른 기준에 근거한다고 보는 입장이고, 다른 하나는 오직 언어의 용법만이 언어의 표준을 결정한다는 입장이다.

## 인종차별적 언어에 대한 통제와 완화

언어 통제의 한 형태인 '정치적 공정성(political correctness)[2] 운동'은 20세기 후반의 많은 서구 국가들에서 자유민주주의 의식의 성장과 함께 일어났다. 1960년대에 미국의 영어 사전에서는 이미 "깜둥이(Nigger)"와 같은 인종과 민족에 관한 단어에 주의를 기울였다. 이 단어를 흑인(Black)이나 아프리카계 미국인(Afro-American)으로 대체하려는 움직임에 있었음에도 니그로는 기본적으로 사용되고 있었다. 40여 년이 지난 후에 그 단어는 거의 나타나지 않았다. 2001년에는 과거에 '큐클럭스클랜Ku Klux Klan[3] 활동을 했다는 83세 미국 국회의원이 '하얀 깜둥이(white nigger)'라는 표현을 썼지만 그다지 주의를 끌지 못했으며, 2년 뒤에는

---

2 (옮긴이 주) 다문화주의(multiculturalism)를 주창하면서 성차별이나 인종차별에 근거한 언어 사용이나 활동에 저항해 그걸 바로 잡으려는 운동이다. 미국 중산층의 언어 사용에 주목해 차별이나 편견에 바탕을 둔 언어적 표현이나 '마이너리티'에게 불쾌감을 주는 표현을 시정케 하는 이 운동은 1980년대에 미국 각지의 대학을 중심으로 전개됨으로써 성차별적, 인종차별적 표현을 시정하는 데에 큰 성과를 거두었다. '불구자(disabled)'를 '장애인(handicapped)'으로 부르는 게 그 예인데, 미국에선 그것으로도 성이 안 차 '능력을 달리 타고난(differently abled)'으로, 여기서 한 걸음 더 나아가 '신체적으로 도전받은(physically challenged)'이라는 표현까지 등장했다《선샤인 논술사전》(2007).

3 (옮긴이 주) 백인 우월주의 비밀단체로 흔히 KKK라는 약자로 불린다.

다른 국회의원이 인종 차별적 표현을 사용했다가 대표직 지위를 잃기도 했다.

한 가지 어려운 점은 사회적으로 용인되는 표현이 계속 변한다는 것이다. 인디언들은 북미 원주민(Native Americans)이 되었다가 현재는 다시 아메리칸 인디언(American Indians)이 되었다. 미국의 심리학회에서는 다음과 같이 언급했다. "인종이나 민족의 명칭을 규정하는 것은 시간이 지날 때마다 바뀌며 인종이나 민족의 구성원들은 그들이 특정한 시대에 선호했던 이름을 부정할지도 모른다." 협회는 또한 특정한 방식의 규칙을 정했다. 'Black과 White는 대문자로 시작해야 한다.', '멕시칸은 외국계가 아니다.', '인종 집단의 이름은 대문자로 시작해야 한다.' 또한 이러한 움직임은 형용사의 사용에도 적용되어야 했는지도 모른다. 예컨대, "똑똑한 흑인 학생(an intelligent Black student)"이라고 적는 것은 예외적이었기 때문에 주의해서 사용해야 한다.

지명과 과학 용어 중에도 많은 인종차별적 언어들이 숨어 있다. 그리고 이들을 바꾸기 위한 노력 또한 현재까지 진행되고 있다. 1997년 미국 토지 관리국은 지명을 관리하는 캘리포니아 지리국이 지속적으로 인디언식 지명을 경멸하고 있다는 문제에 대해 보고를 받았다. 또한 식물 명칭에도 문제가 있다. 헌터(Hunter 1991)는 '인종차별적이고 모욕적인 일반 식물 이름들이 원예 용어에 예전부터 들어와 있으며, 일부는 중요한 원예학 참고도서들에도 있다'며 이에 대해 유감을 드러냈다. 그는 이에 관해 'Niggerhead', 'Pope's Nose', 'Jew Bush', 'Digger Pine' 외에도 75개의 남아프리카 식물들이 그들의 일반 이름에 'Kaffir(깜둥이)'가 들어간다는 사실을 인용했다.

## ❙ 개인 이름에 대한 통제

언뜻 보기에 개인 이름은 사적인 문제로 보일지 모른다. 우리는 대부분 하나 이상의 개인 이름을 가지고 있다. 정부에 등록된 공식적인 이름, 종교 행사에 쓰이는 이름, 형제들이 우리를 부르는 이름, 학교나 군대에서 불리는 이름, 배우자나 사랑하는 사람이 부르는 이름, 그리고 우리가 스스로 알고 있는 '표현하기 어려운 이름들'이 있다. 이 모든 것은 언어 관습에 해당하는 것으로 보인다. 그러나 제너드(Jernudd 1995)는 이것이 정부의 언어 정책에 따라 종종 통제된다고 생각했다. 불가리아에서는 1989년까지 터키인들은 터키어로 발음되는 이름을 피하고 불가리아식으로 써야만 했다. 인도네시아에서는 중국인이 중국어로 발음되는 이름을 사용하지 못하도록 억압을 받았다. 일본에서는 이름을 쓰는 데 사용하는 문자에 제한이 있다. 싱가포르에서는 대부분이 사용하는 민남어나 광동어 대신 북경 표준어(Mandarin)를 바탕으로 한 로마자 표기를 사용하도록 압력을 받았다. 20세기가 시작되면서 스웨덴에서는 정부가 아버지의 성 뒤에 접미사로 '–son'을 쓰는 옛날 관습 대신에 성(family surname)을 채택하도록 사람들을 설득하고 있다.

## ❙ 성차별적 언어의 근절

1960년대에 미국에서는 어느 정도 성공한 '영어 속에 드러난 남성 우월주의 없애기 캠페인'이 시작되었다. 1963년에 간행된 베티 프리단의 *The Feminine Mystique*은 페미니즘의 새로운 양상을 보여 주었는데 이 안에는 언어 정책이 포함되어 있었다(Cooper 1989). 그 주된 내용은 언어에서의 성 고정 관념에 대한 저항이었다. 특히 남성 중심의 총칭적 표현이 주요 공격 대상이었다. 예컨대 사람을 'man'이라고 하는 것, 'he'나 'she'를 'he'로 쓰는 것, 'a poet who wants to reach his audience.'와 같은 문장에서 '시인'이 모두 남성이라는 것을 전제하는 것, 'chairman'과 같은 용어는 오직 남성만이 그 조직을 이끈다는 것을 함축하고 있는 것 등이 이에 해당한다. 영어에서 성차별주의(sexism)를 드러내는 증거들을 보여 준 레이코프(Lakoff 1973)의 논문은 언어 통제에 대한 분명한 메시지였다.

흑인들이 일찍이 'Negro' 대신 'Black'으로 대체한 것처럼 페미니스트들도 'man'과 같은 남성 우월적 단어들을 'person'과 같은 중립적인 형태로 대체하도록 했다. 여성에게 모욕을 주지 않는 방법을 설명하는 매뉴얼이 만들어졌고 전문적인 학회와 출판계는 성차별에 반대하는 언어 사용을 권고 받았다. 가이드라인이 만들어졌고 강화되었다. 미국 심리학회는 가이드라인을 위반하는 원고를 거절하기 시작했다. 쿠퍼(Cooper 1984)는 미국의 신문과 잡지에서 남성 중심의 총칭 표현이 1971년에 5000 단어 중 12.3개에서 1979년에 4.3개로 급격하게 감소한 사실을 발견했다. 쿠퍼는 이 언어 변화가 의식과 행동의 변화 또한 가져왔는가 하는 점을 궁금해 했다.

20년 후에 포웰스(Pauwels 1998)는 언어 개혁을 위한 페미니스트 캠페인을 언어 정책의 관점에서 분석했다. 첫 번째 정책의 주체는 '개인들'이었다. 여성 그룹, 페미니스트 그룹, 즉흥적인 그룹이 차례로 출판사나 전문적인 학회에 압력을 가했다. 많은 국가에서 정부나 특정 기관에서도 성차별을 금지하는 법률을 제정했다. 개혁을 요구하는 사람들은 언어에 성차별주의가 존재한다는 것을 입증했다. 예컨대 '남성이 사람을 대표하는 것, 여성의 존재가 드러나지 않는 것, 여성을 의존적으로 보는 것, 고정관념에 사로잡힌 표현, 남성의 형태를 총칭적으로 사용하는 것, 어휘 공백(예를 들어, 이탈리아에서는 medico(doctor)에 해당되는 여성 형태가 없다)와 남성과 여성에게 적용되었을 때 다른 의미를 갖는 성별 명사들(히브리어에서 ozer는 조수, 그 여성 형태인 ozeret는 청소하는 가정부) 등이다. 직함에서도 차별이 드러났다. 영어에서 'Ms'라는 표현이 만들어지기 전에는 여성의 결혼 상태를 알 수 있는 반면에 남성의 결혼 상태는 알 수 없었다. 실험적 증거들은 이러한 용어의 차이가 인식에 미치는 영향을 보여 주었다.

포웰스가 제안한 반성차별주의 언어 개혁은 주로 민초 중심의 활동이었다. 표현 세칙을 규정한 매뉴얼은 영어, 스페인어, 독일어 등에서 어떻게 성 편견을 피할 수 있는지 보여 주고 있다. 쿠퍼와 마찬가지로 포웰스 또한 변화가 일어나고 있다는 사실을 알았다 그리고 그들은 그 변화가 관료주의, 교육 출판, 여성 잡지, 사전과 문법에 영향을 미쳤다는 것도 알게 되었다. 그러나 포웰스(Pauwels 1998:221)의 결론은 비관적이었다. "아직까지 연구가 부족하긴 하지만… 현재까지의 결과는 그리 전망이 밝지 않다."고 말했다. 이러한 변화의 추세는 통제하기 어려운 듯했다.

새로운 대상들이 출현했다. 그리고 미국심리학회는 언어에서 이성애자의 편견을 거부하는 가이드라인을 개발했다. 성적 지향(선호하지 않지만 선택을 제안하는), 레즈비언, 게이라는 용어가 동성애자라는 말보다 선호되었다. 양성애자에 대한 말도 언급되어야 한다. 더 나아가 최근에는 동물에 대한 차별적 언어 사용을 비판하는 것으로 발전했다(Dunayer 2001).

언어 정책의 관점에서 이러한 것들은 문화적으로 받아들일 수 없는 행동이나 이념이 언어에 반영되는 것을 대폭 줄인 집단의 노력의 결과들이다. 폭력적 언어가 금지된 세계가 반드시 외부에서 덜 폭력적으로 보이는 것은 아니다. 남성 중심적 총칭 표현에 대한 개혁이 여성의 지위 개선과 연관이 될 것 같지도 않다. 인종차별적 용어에 대한 금지가 인종적 혐오증을 줄일 것 같지도 않다. 용어가 정확하게 사용되어도 레즈비언, 게이, 양성애자들은 이전과 똑같이 취급받고 있다. 그러나 언어 개혁은 의식을 고양시키는 데 기여했으며 앞으로 필요한 행동을 이끌어 낼 수도 있다.

## 언어 순혈주의

나쁜 언어(bad language)는 더럽거나 불순한 것으로 여겨진다. 깨끗하고 바르고 순수한 언어가 관념적으로 더욱 가치 있다고 평가받는다. 언어 문제에서 일반적인 법칙은 과거는 순수한 것으로 간주되는 반면에 개신(innovations)은 변질된 것으로 의심 받는다. 주니 인디언은 의식을 행할 때 개신에 대한 반대의 일환으로 외래어의 사용을 금지했다. 북미 인디언인 테와족 또한 비슷한 금기가 있었다. 그들 또한 언어가 섞이는 것을 반대했다. 브라질 아마존 지역의 아라와크어를 사용하는 많은 타리아나[4] 이중 언어 사용자들은 '어휘의 차용'을 무능력하고 불완전한 것으로 취급했다(Aikhenvald 2001).

언어 순혈주의는 언어 개량 및 근대화 시대에 새로운 어휘 목록 선택에 대한 기준을 제시하면서 중요해졌다. 순혈주의는 고유한 것을 선호하고 고유 자원이 아닌 것들을 금지하려 한다(Annamalai, 1989). 그것은 민족적 정서와 깊게 연관되어 있다(Haugen, 1987:87). 음악, 문학, 건축학에서도 외래의 영향을 금지하려는 비슷한 고민과 갈등이 있다.

외래어 표현을 배제하고 언어를 순수하게 유지하는 것은 17, 18세기 유럽에서 중요한 언어 통제 사업으로 떠올랐다. 그리고 그것은 '아

4 아마존의 지역어 중 하나.

카데미 프랑세즈'를 모델로 한 "언어 아카데미"의 중심적 역할이었다. "우리 아카데미의 주된 업무는 가능한 모든 관심과 성실함을 통해서 우리 언어에 대한 분명한 규칙을 세우고 순수하게 만드는 것이다(프랑스 아카데미의 법령과 규정 중에서, 1735년 2월 22일, p.16)." 1713년에 설립된 스페인 왕립 학술원(Real Academia Español)의 모토는 언어를 깨끗하게 하고 안정시키고 세련미를 주는 것(*Limpiak fija y da esplendor*)이었다. 이러한 아카데미들은 언어를 순수하게 만들거나 순수하게 유지할 수 있다는 믿음을 공유했다.

'순수 언어'라는 목표는 언어 개혁 운동에서 인기가 많다. 현대 히브리어(이스라엘어)의 부활 과정에서 1889년에 시작된 순수언어학회(Pure Language Society)는 "단일하고 순수한 언어의 사용, 즉 현재 사용하는 오염된 언어 대신 우리의 조상들의 언어인 '성역(holy of holies)'의 언어가 복원되는 것"을 목표로 했다(Saulson 1979). 여기서 오염된 언어는 이디시어에 대한 직접적인 공격으로서, 이디시어는 독일어와 히브리어, 슬라브어로 구성된 규범적이지 않은 혼성어, 'Zhargon'으로 규정되곤 했다. 언어의 순수성과 순화를 위한 이 협회는 텔아비브(이스라엘 최대 도시)를 만든 사람들에 의해 더욱 강해졌다. 그들은 1906년에 새 도시는 100% 히브리어를 사용하는 도시가 될 것으로 계획했다. "이 도시에서는 히브리어가 사용될 것이고 순수성과 깨끗함이 지켜질 것이다."

성적 언급이나 외설적 표현의 오염 때문에 언어가 나빠진다고 여길 수 있다. 또한 외래적 요소에 의한 변화와 오염 때문에 언어가 그렇게 된다고 생각하는 관점도 있다. 그래서 언어 변화가 외래적 요소의 침범에 의한 것일 때 많은 사람들은 언어가 더욱 나쁘고 심각해진다고 생각한다. 19세기에 콜롬비아는 '바른 언어 사용(correctness)을 추구하는 선두주자였다(NiñoMurcia 2001). 다른 라틴아메리카 국가들보다 콜롬비아에서 토착 언어는 스페인어에 덜 오염된 것으로 보였다. 콜롬비아에서 언어 순수성은 'americanismos'를 없애는 것, 즉 그것은 토착 언어나 새로운 의미적 지시를 포함하는 반도의 언어를 의미했다. 서로 다른 시대에 다양한 여러 언어들은 각기 다른 원인 때문에 위협받는다. 예를 들어 벨기에에서 네덜란드어 사용자들에게는 프랑스어가 적이다. 프랑스어의 경우 경쟁 언어는 영어이며 한국인들에게는 중국어와 일본어가 역시 그러하다. 표준어의 경우 다양한 비표준어들이 그 경쟁 세력이 된다(아랍어의 구어 변이형들, 아이티의 크레올, 영국의 지역 방언들, 퀘벡의 프랑스 방언, joual 등)(Weinstein 1989). 브라질의 포르투갈어에서 외래어 차용을 정화하려는 최근 캠페인은 브라질에서 많은 국민들의 민족주의를 보여 주고 있다. 현재 그 공격 대상은 미국식 영어 단어들이다. 1세기 전에는 프랑스어에서 들어온 외래어 차용에 대한 유사한 갈등이 있었다(Rajagonpalan 2002).

언어 순화는 보통 민족 정체성과 연관되며 혹은 그러한 강한 징후들을 포함하는 집단주의와 쉽게 연계된다. 외설적 언어나 하층 계급의 토착어 차용을 꺼리는 것은 화자를 세련되고 점잖게 만든다고 생각한다. 외래적 요소를 피하거나 멀리하는 것은 언어와 민족적 순수성을 분명히 보여주는 일이었다.

### 터키어의 순화

언어 순화의 극적인 사례는 케말 아타튀르크 정부하에 터키어에서 실현되었다(Lewis 1999:2). 터키가 무슬림화된 이후에 수많은 아랍어와 페르시아어의 차용어들이 터키어 안에서 뿌리 깊게 자리를 잡고 있었는데 터키어의 개혁은 이러한 수많은 차용어들을 없앨 목적에서 일어난 것이었다. 그와 동시에 영어로 오스만 제국의 언어라 불리는 혼성어(Ottoman)가 새롭게 만들어졌는데, 이 언어는 행정과 문학의 언어로 사용되었으며 본래 사용되던 터키 구어와는 아주 거리가 먼 것이었다. 그런데 민족주의자들의 압력으로 1876년 헌법은 공식어로 터키어를 채택하고 오스만 제국의 언어를 채택하지 않았다(Lewis 1999:16). 이것은 젊은 터키인들 사이에서 벌어진 1908년 정치적 프로그램에서 확실하게 드러났다. 알파벳을 개혁한 후 아타튀르크는 1928년에 터키어에서 페르시아어와 아랍어의 요소들을 제거하는 운동을 시작했다.

루이스는 언어개혁가들의 학문적 결여(천박함) 때문에 발생한 여러 문제들을 비판했다. 페르시아어와 아랍어의 어휘들을 빠르게 추방하는 과정에서 터키인들은 그들이 찾을 수 있는 아무 곳에서나 대체 단어들을 구하려고 했다. 그들에게는 특히 방언 어휘가 매력적이었다. 국가적으로 군 관료들, 학교 선생님, 정부 관료들은 언어 순화 작업의 바탕이 되는 어휘들을 사람들이 사용하도록 장려하라는 명령을 받았다. 이러한 작업의 일부는 태양 언어(Sun Language) 이론으로 정당화되었다. 태양 언어 이론은 터키어가 인류 최초의 언어이고, 그러므로 유럽 언어들에서 온 차용 어휘들은 그 이전에 터키어에서  차용된 것이라는 근거를 바탕으로 한 이론이다. 그가 죽기 전에 무스타파 케말은 이 운동이 성공하지 못했다는 것을 깨달았다. 이러한 깨달음에도 불구하고 터키 언어학회는 순화 정책을 지속적으로 실행했다(Lewis 1999:70). 최근에는 터키어 순화 정책자들의 새로운 순화 대상으로 영어 어휘의 유입을 들고 있다. 1983년 이후 차용된 영어 어휘들이 사회의 주요 순화 대상이 되었다. 루이스는 그의 책의 부제에서 언어 개혁을 "대재앙적인 성공"이라고 특징지었다. 그것은 일반 언어와 지식인들의 언어 사이의 간극을 보여 주는 것이었다. 아울러 책을 번역할 때 표준적인 저자들은 필수적으로 현대 터키어로 번역해야 함을 의미하는 것이었다. 그의 판단에 모두 동의하는 것은 아니지만 말이다(Laut, 2000), 루이스의 설명은 언어 정책 이행의 어려움 그리고 고려되어야 하지만 예상하기 힘든 결과들의 가능성을 명료하게 보여 주고 있다.

## 언어 순화 – 결론

에스토니아어의 비독일어화(Hennoste, Keevallik and Pajusalu 1999), 필리핀 표준어(Sibayan 1974) 그리고 타밀어의 비산스크리트어화(Schiffman 1996)를 포함한 많은 다른 언어들도 그들 나름의 순화 과정을 경험했다. 이런 순혈주의는 다른 목적을 위한 논쟁에서도 사용될 수 있다. 그 목적은 종교적, 인종적, 고전주의적 그리고 특히 민족주의적인 것들을 포함한다. 그리고 그러한 순화 과정은 계속되고 있다. 타스 통신의 보도에 따르면 2003년 2월 5일, 러시아 하원의회는 러시아어를 러시아 연방의 국가 언어로 선언했다. 그 법은 더 나아가 인종, 국적, 직업, 사회적 지위, 언어, 성과 종교에 관련된 욕설의 공적 사용을 금지했으며, 또한 러시아어에서 대체 어휘들이 있을 경우에 한해 외설적 표현이나 외래어의 공적 사용도 역시 금지했다.

나쁜 언어를 살펴봄으로써 오히려 우리는 이미 언어 정책 모델의 주요 요소들을 보게 되었다. 언어적 현상은 다양한 사회적 상황에 따라 변하고 새로운 요구들과 의사소통 체계의 변화에 영향을 받아 바뀐다. 신념과 이데올로기는 나쁜 언어들에 대한 관심을 지속적으로 갖게 만들었으며, 언어 통제에서 언어적 현상과 그 노력의 기반을 제시했다. 그리고 언어 통제는 가족에서부터 국가에 이르는 다양한 사회적 조직들의 층위에서 실행될 수 있다. 일반적으로 대부분은 순화 이데올로기에 의해 통제되지만, 나쁜 언어를 규정하는 기준은 다양한 시각의 문제 제기와 관련되어 있다. 그것은 폭력과 공공연한 성적 행동에 대한 도덕적 혹은 종교적 거부, 신성모독에 대한 순응과 저항에 대한 종교적 갈등, 인종주의와 성차별주의에 대한 자유민주적인 반대, 혁신에 대한 보수주의적인 반대, 외래적 요소에 대한 민족주의적인 두려움, 국가 정체성을 지지하는 운동, 심지어 개별 언어 항목들의 단계에도 언어 정책의 복잡성이 모든 영역에 걸쳐 있다는 것도 명백하다.

# 3 언어 개량과 신어 처리

## 언어 개량

몇몇 언어 정책은 사람들이 나쁜 말을 쓰는 것을 금지하고 범죄로 추정되는 단어나 표현들을 사용하지 못하도록 하는 것을 목표로 하는데, 왜나하면 이들 표현의 의미나 형태에 오명이 있거나 외국어, 또는 변이와 연관되어 있기 때문이다. 언어 정책을 구성하는 그 반대의 측면은 개량이나 현대화를 통해서 언어 변이 자체를 개선하려는 목표이다.

개량(Cultivation)이란 가빈(Garvin 1973)에서 *Sprachkultur*의 번역어로 제안된 것으로, 문헌(literary) 언어 혹은 표준어의 규범을 정립하고 수정하는 것을 지칭하는 것이다. 이 규범은 "50년 이상의 평균적인 문헌 언어 관습" 에 기반을 두어야 한다. 규범은 해당 언어를 합의된 표준적인 방법으로 사용하는, 실제로 활동한 문헌 엘리트의 존재를 가정한다. 가빈은 다른 규범을 인지했다. 표준어는 "성문화된 형태의 언어로서, 더 큰 발화 공동체에서 한 모델로서 기능하며 수용된다." 공용어(official language)는 정부의 공식적인 인정에 의해서 지위를 획득한다. "국어"(national language)라는 용어는 중립적일 수 있는데, 국어는 특정한 경계 안에서 가장 널리 사용되는 언어로, 국가적인 상징을 나타내는 함축적인 의미를 가진다. 실제로—예컨대 헌법에서는—이러한 용어들의 사용은 지역적으로 결정되므로 우리는 이들을 해석하는 데 신중해야 한다.

표준어에 대해서는 다양한 견해들이 있다. 사람들은 표준어에 더 고등한 민족의 신화적, 감정적 가치를 부여하는데 즉 표준어는 고등한 사람들의 정신을 표상하며 신성한 권위를 가지는 것으로 볼 수도 있다. 신성한 텍스트에 쓰인 언어들은—예를 들어 성서의 헤브루어, 라틴어, 산스크리트어, 고전 아랍어, 고대 교회의 슬라브어Old Church Slavic—그 언어와 결합된 종교로부터 신성한 지위를 획득한다. 프랑스어, 영어, 이스라엘의 헤브루어, 말레이어 그리고 인도네시어와 같은 민족어는 상징적인 지위를 유지하기 위해서 피시맨이 "위대한 전통"이라고 언급한 것과 결합되어 있는데, 이 전통은 언어와 민족과의 관련성에 대한 일련의 신뢰를 말한다. 이러한 언어들은 강력한 정치적 이데올로기적 지원을 개발한다. 표준어에 대한 두 번째 접근은 표준어를 "합의된 … 교육받은 사람들이 옳은 것이라고 수용하는 것"이라고 보는 것이다(Quirk and Stern 1990). 세 번째 견해는 모든 언어들, 모든 변이들은 동등하다고 믿는 것이다. 네 번째 견해는 표준적인 변이가 더 널리 인정된다는 단순한 이유로 더 높은 지위를 가질 것을 인정한다. 다섯 번째 견해는 자칭 비판적인 접근과 관련된 것으로 표준적인 변이의 우월성은 엘리트 지배층이 권력을 유지하기 위해 공모한 것이라고 믿는 것이다.

이 장에서 우리의 초점은 언어의 형태에 있다. 우리는 변이를 선택하기 위해 필요한 것이 무엇인지 질문할 것인데 이 과정에서 다음과 같은 필수적인 정의가 포함될 것이다. 합의된 문자 체계와 철자법의 특성, 문법의 정확한 형태를 기록하고 전파하는 제도화된 방법, 현대의 모든 수요를 감당하기 위한 수용가능하고 사용가능한 어휘 항목의 집합, 모든 공식적인 기능을 위해 적합한 일련의 문체적인 모델들, 언어화자들에게 그러한 모든 특성에 접근할 수 있도록 해 주는 도구와 기관들. 이러한 표준화의 기저에 깔려 있는 것은 정확성에 대한 믿음, 즉 일상적인 관습과는 구별되는 올바르고 바람직한 언어의 형태가 존재한다는 믿음이다. 언어는 불완전한 도구로서 개인은 언어를 불완전하게 습득하고 사용한다. 그래서 의사소통에서 가장 성공적인 변이가 선호되는 것이다. 노왁, 코마로바, 니요기(Nowak, Komarova and Niyogi 2002)에서는 의사소통의 보상이라는 개념을 제안했는데, 이는 언어 화자가 다른 사람에게 이해될 가능성을 말하는 것이다. 표준어는 가장 높은 의사소통이라는 보상을 얻는다.

널리 이해되는 음성 체계의 발전이 중요하지만 표준화를 위한 첫 번째 중요한 요소는 문자 체계이다. 신성화된 텍스트나 중요한 상위문화(high-culture) 텍스트를 가지는—족보학이나 민속사와 같이—문자가 없는 언어에서 최우선의 단계는 구전 텍스트를 유지하는 제도화된 방법으로서 여기에는 암송가나 시인, 정확한 전달을 보장하는 방법 등이 포함된다.

## 채택, 조정 그리고 표기 체계의 개발

언어의 진화와 문자의 발명은 인간 사회의 발전에서 중요한 이정표였다. 이는 언어가 "우리로 하여금 비유전적인 정보들을 전승하게 해 주며, 나아가 문화의 진화를 촉발하는" 체계를 제공해 주기 때문이며(Nowak et al. 2002: 611), 문자가 언어를 기록하는 방법을 마련해 주고 시간과 공간을 초월한 의사소통이 가능하도록 해 주기 때문이다.

문자 체계의 발명은 매우 드물다: 채택이나 조정이 일반적이다. 대부분의 표기 체계나 문자들은 "새로운 것"이라기보다는 "빌려 온 것"의 범주에 포함된다. 체계로서의 문자는 독립적으로는 단지 몇 차례만 발명된 것으로 보이는데, 메소포타미아 주변, 이집트, 중국, 중부 아메리카(메소아메리카) 등에서 이루어졌다[1](Coulmas 2003). 현재의 모든 문자 체계들은 이 발명으로부터 채택되거나 조정된 것이다.

많은 예외적인 혁신의 사례들은 우리가 문자를 창조하거나 선택하는 데 포함된 과정을 이해하는 데 도움을 준다. 14세기 러시아 정교회의 주교인 성(聖) 스테판은 새롭게 전환된(converted) 코미족을 위해 알파벳을 개발했다(Ferguson 1968). 코미족이 그 지역을 지배하려는 러시아 사람들에 반대한다는 것을 인지하고, 주교는 성문화되지 않은 이전의 코미어를 선교사 업무를 위해 선택했고, 새로운 표기 체계를 고안했다.

그러한 상황에서의 선택은 자명하다: 음절 또는 문자, 현존 체계 아니면 특별히 고안된 체계, 발음 구별 부호 여부, 상징 순서, 구두법, 형태음소적 정보의 정도. 많은 언어들은 심지어 음운이 변화하더라도 형태 정보를 보존한다. 현대 선교사들은(예를 들면 하계 언어학 연구소) 민족어를 더 쉽게 읽고 쓸 수  있도록 철자 규약을 조정함으로써 지역의 민족어를 기반으로 한 알파벳의 사용을 선호한다. 대조적으로 소수 언어들을 위해 키릴 문자를 사용하는 소련과 아랍 문자를 사용하는 이슬람에서는 차용어들을 원래의 철자법대로 유지했다. 스테판은 이전까지 고트족과 슬라브족을 위해 사용된, 동방정교에서의 일반적인 관습은 그리스 알파벳으로 시작했다가 필요할 때마다 새로운 문자를 추가

---

1 (옮긴이 주) 한국의 창조적인 문자인 '한글'이 언급되지 않은 것은 유감이다.

하는 방식이었다. 코미족을 위한 알파벳은 새로운 것이었고 전통적인 장식적 패턴의 영향을 받았다. 스테판은 표기 체계를 재창조하지는 않았지만, 그 자신의 목적, 즉 코미족이 독점적인 이득을 가질 수 있도록 새로운 표기 체계를 설계하려고 했다.

유사한 사례들은 더 있다(Cooper 1991). 토착적인 표기 체계로 고안된 21개의 표기 체계는 여전히 시에라 리온의 로마인들을 위해 사용되고 있는데, 이 가운데 14개는 서부 아프리카에서 만들어졌으며, 여기에는 리베리아의 바이족을 위해 고안된 음절 문자 체계와 키카쿠이 문자들이 포함되어 있다. 21개 중 12개는 "초자연적인 영감이나 신의 계시"와 관련되어 있는데, 왜냐하면 이 문자들이 신성한 텍스트와 결합되어 있기 때문이다.

문자화(graphization), 표기 체계의 선택은 선교 활동의 결과로서 언어의 표준화에 있어 주요한 활동이었다. 하계 언어학 연구소(지금은 국제 SIL로 개명)에서는 1320개 언어에 대한 읽고 쓰기 능력을 연구하고 발전시키는 일을 진행해 왔다. 50년 이상 발전시킨 원리들에는 현지의 민족어를 읽고 쓸 수 있도록 하는 데 바탕이 되는 문자와 철자법을 선정하는 것이 모두 포함되어 있다.

표기 체계의 효율성을 판단하는 데에는 서로 상충하는 기준이 있다. 하나의 기준 집합은 기술적(technical)이고 심리언어학적인 것으로서 여기에는 인쇄의 용이성(지금은 컴퓨터로 인해 덜 중요한 문제인), 학습의 용이성, 읽기와 쓰기의 용이성 그리고 다른 언어로의 번역 가능성 등이 포함된다. 이 후자의 고려 사항은 한 언어에서 초기의 읽기 쓰기 능력이 국가의 공식 언어로 전환될 때 더욱 중요하다. 주요 논쟁은 보통 어떤 발음이나 의미가 결정적인지의 정도와 관련된다. 오랫동안 미국 언어학자들 사이에서 합치된 견해는 최적의 표기 체계가 발화된 형태를 최대한 반영한 표시를 제공해 주는 체계라는 것이었다(Berry 1958). 이러한 생각은 변형생성 문법의 영향을 받아 변화했는데, 특히 촘스키와 할레(Chomsky and Halle 1968)에서 문법이 발음으로 전이시켜 주는 추상적인 단어 표시 층위가 있다는 가정이 정립되면서 더욱 그러했다. 문어 속에 포함된 잉여성의 규모는 다양한 체계들 사이의 효율성을 실험적으로 연구하는 것을 어렵게 만들었다. 읽기 능력은 사회경제적인 배경과 매우 관련되어 있으며 다른 영향들은 드러나지 않는 경향이 있다(Venezky 1970). 정치적, 경제적 요인들은 언어적, 심리적 요인보다 더욱 중요하다.

그 결과로 심리언어학적-기술적인 논의들은 종종 사회언어학적인 논의들에 흡수되어 버린다. 영(Young 1977)과 그의 공동 연구자들은 나바호어의 철자법을 결정할 때 영어 알파벳을 기반으로 하되, 모음 길이, 억양, 비음화를 표시하기로 결정했다. 하지만 이것이 효과적이었을까? 홈(Holm 1972)에서는 이러한 자질 표시 없이도 나바호 모국어 화자들이 쉽게 읽을 뿐 아니라 쓰기를 배울 때에도 더욱 쉽게 배운다는 점을 보여 주었다. 하지만 철자법을 수정하려는 그의 제안은 격렬한 반대를 야기했는데, 특히 나바호어 교사들은 이러한 수정 제안이 지난 30년간 성경의 번역을 위해 채택되어 거의 신성한 지위를 획득한 체계를 수정하려는 것이라며 노골적으로 반대했다.

이러한 상황은 우리로 하여금 철자법에 대한 두 번째 기준 집합들, 즉 사회언어학적, 사고 방식적—정치적, 종교적, 인종적인 것—에 대한 논의로 이끌어준다. 문자를 선택하는 데 있어 가장 강력한 사회적 요인 중 하나는 종교적인 것이다. 역사적으로 유대인들은 헤브루어뿐 아니라 이디시어, 라디노어 그리고 다른 유대 언어들을 기록하기 위해 헤브루 문자를 사용했다. 비아랍인 무슬림들은 페르시안-아랍 문자를 사용한다. 로마 카톨릭 슬라브인들은 정교인들이 키릴 문자를 사용하는 데 비해 비아랍인 무슬림들은 라틴 문자를 사용했다. 정치적인 동기화는 매우 일반적인 것이다. 서부 아프리카에서 문자를 발명하거나 스테판 성인의 업적에서 볼 수 있듯이 별개의 문자를 가진다는 것은 독립이라는 개념을 뒷받침해 준다. 힌디어와 우르두어는 매우 밀접하게 관련된 것처럼 보이지만 힌디어가 데바나가리Devanagari 문자로 "Hindu"라고 쓰일 때와 우르두어가 페르시아-아랍 문자로 "Muslim"이라고 쓰일 때에는 매우 상이한 것으로 보인다. 힌디어와 우르두어의 구어 변이형들은 관련된 방언으로 인식될 정도로 가깝지만 이들이 데바나가리 문자로 쓰이거나 페르시아-아랍 문자로 쓰이게 되면 이들은 매우 다른 것으로 여겨진다. 소비에트 연방(소련)은 소수 언어들이 키릴 문자를 선택하도록 적극적으로 설득한 바 있다. 소비에트 연방의 해체와 함께 중앙 아시아의 국가들은 자신들의 언어가 가진 지위를 승격시키는 법안을 통과시켰고 여기에는 철자 개혁도 포함되었다(Schlyter 2001). 우즈베키스탄에서는 수정된 우즈베키스탄 라틴 알파벳이 승인되었다. 카자흐스탄과 키르기스스탄에서는 라틴 알파벳으로의 전환이 논의되고 있다. 타지키스탄에서는 라틴 문자와 아랍 문자 사이의 논쟁이 지속되고 있다. 투르크멘 라틴 알파벳이 1933년에 채택되었고 여기에는 일부 특수 문자가 포함되어 있다.

앞 장에서 기술된 바 있는 터키 언어 개혁의 중요한 부분은 철자법 개혁이었다. 무스타파 케말 아타튀르크는 1928년에 라틴 알파벳을 수용했다. 이전 문자로 쓰인 책들은 더 이상 학교에서 사용될 수 없었다. 1928년 말에는 이전 문자로 쓰인 새 책은 출판되지 못했다. 정부 당국의 모든 문서는 6개월 안에 새로운 알파벳으로 쓰여야 했다.

일본의 표기 체계는 메이지유신 기간에 개혁되었다(Coulmas 1990).

중국의 문자(한자)는 흥미로운 문제를 던져 준다. 각각의 한자는 하나의 음절과 하나의 형태소를 상징해서, 수천 개의 문자를 학습하고 나면 이들을 조합해서 만들어진 새로운 단어를 읽고 이해하는 것이 가능하다. 한자로 기록된 중국의 어휘는 한국과 일본에 차용되었다. 한자의 기본 글자를 조합해서 만들어진 새로운 일본식 용어들이 역으로 중국에 차용되기도 했다(Coulmas 1991). 이들 단어의 발음은 언어마다 다르다.

중국에서도 로마자화 운동을 시작으로 실용적인 철자법인 라틴 알파벳을 이용한 '한어병음(漢語拉音)'을 확립하려는 등 쓰기 개혁을 위한 노력이 있어 왔다. 1954년을 시작으로 수많은 개혁안들이 제안되었고 논의되었다. 마침내 1986에 국립언어위원회는 제한적인 다중문자 사용 정책을 규정했는데, 전통적인 중국 문자는 "법률적으로 인정된 표기 체계"로 유지하되, 학습을 위한 보조적인 수단으로 "한어병음"을 사용한다는 것이었다(Peicheng 2001). 컴퓨터의 입력 시스템으로 한어병음을 사용하기 위해서는 표준 중국어 발음인 보통화(Putonghua)를 알아야 한다. 따라서 한어병음의 완전한 실행을 위해서는 중국 전역에서 보통화를 가르치고 있는 현재의 교육 운동이 성공적으로 이루어져야 한다.

## 철자 개정

컴퓨터를 이용해서 글을 쓸 때 빨간 줄이 쳐진 단어가 정기적으로 나타나는 경우 우리는 철자 검색기에 다소 화가 나기도 한다. 빨간 표시가 된 페이지들은 선생님으로부터 작문 시험지를 돌려받았던 기억을 떠올리게 한다. 우리는 종종 "그것이 왜 문제인가?" 하고 궁금해 하기도 한다. 컴퓨터는 너무 규범적이고(over-literal) 자유롭거나 게으른 선생님들이 허용하는 것들을 좀처럼 허용하지 않는다. 정상적인 발화에서의 잉여성이 주어진다면 왜 우리는 맞춤법에서 정확성을 준수하고, 쿠퍼(Cooper 1989:131)에서 제안한 언어 표준화를 위한 유추를 사용하도록 기대되어야 하는가? 언어가 면대면(face-to-face) 상황에서의 의사소통으로만 제한되는 것이라면 거기에서는 메시지를 위한 비언어적인 지원도 있고, 오해를 즉각 해명할 기회도 있기 때문에 변이는 쉽게 처리될 수 있다. 정확성과 일관성에 더 많은 노력이 요구되는 것은 의사소통에서 상대자가 없을 것이라고 의도된 상황이다.

신성한 텍스트의 전수가 정확성을 요구하는 그러한 경우에 해당되었다. 이런 텍스트가 기록되기 전에는 전수가 구두로 이루어졌다. 기원전 4세기에 파니니에 의한 산스크리트 음성학 이론의 발전에 깔려있는 것은 정확성에 대한 관심이었다. 신성한 텍스트가 기록될 때에는 정확한 전수를 보장하기 위해 복잡한 절차가 개발되었다. 유대 교회당에서 독서를 위해 성서 두루마기를 복사하는 유대인 필경사(scribe)들은 펜, 잉크, 양피지, 글자의 형태와 열의 배열 등의 준비를 위해 마련된 정교화된 규칙을 준수한다. 맞춤법의 표준화는 고대 왕국에 소속된 필경사 학교에서도 적극 권장되었다. 현대어를 위해서는 그러한 전통은 세 부문의 활동을 통해 발전되었는데, 정부의 문서, 출판, 교육이 그것이다.

영국에서는 15세기에 표준 철자법을 향한 첫 단계가 브루어즈 길드가 영어로 기록을 유지하기 시작하면서, 그리고 10년 후 웨스터민스터의 왕실 문서 보관청의 필경사들이 공식 문서를 영어로 발송하면서 시작되었다(Salmon 1999: 15). 읽고 쓸 줄 아는 일반인의 증가 규모는 필경사들이 표준화를 위해 걱정한 것보다는 훨씬 적었다. 영국에서 인쇄가 시작되었을 때, 두 가지 유형의 철자법이 있었다. 전문 대서인들이 쓰는 문서 보관청에서 시작된 일관적인 국립 표준 철자법과 현지의 지역적인 개별 철자법이 그것이다. 인쇄업자들은 보통 전자의 철자법을 따랐지만 교육 정도가 높지 않은 일반인들은 훨씬 특이하게 글을 썼다. 16세기 말 무렵 영국의 작가들은 비표준적인 말에 영향을 받은 철자법으로 나타나는 문제들에 대해 불평을 하기 시작했다. 교사들은 아이들이 정확하게 철자법을 지킬 수 있도록 영어를 정확하게 발음하도록 교육해야 한다고 주장했다. 1660년 무렵에는 인쇄업자의 전통적인 철자법과 신사들과 학자들에게 허용된 자유 사이에 큰 간극이 나타났다. 더욱더 많은 교과서와 단어 목록이 출판되었다. 1755년에 출현한 존슨 박사의 사전은  표준화로 유도하는 권위적인 모델을 제공하긴 했으나 존슨 박사가 언어를 "방부 처리하려고" 기대하지는 않았다.

구어는 항상 엄청난 범위의 변이를 포함할 뿐 아니라 지속적으로 변화하기 때문에 한번 정해진 철자법을 계속 유지하려는 시도는 실패할 가능성이 매우 높다. 철자법이 발음과 더 밀접할수록 더 잦은 철자법의 변화가 요구될 것이다. 형태론적, 어원론적인 철자 체계는 변화를 요구하지는 않겠지만 그러한 철자 체계를 습득하는 데 훨씬 더 많은 노력이 필요할 것이다. 그것은 일종의 제로섬 게임이다. 단순화된 철자법은 배우기는 쉽지만 정기적으로 수정해야 할 뿐 아니라 이전 체계로 작성된 문서에 접근할 때 큰 문제를 야기할 수 있다. 형태론적, 어원론적 철자 체계는 배우기는 어렵지만 훨씬 더 안정적이다. 이러한 모순은 철자 개혁을 열린 문제로 유지할 것인지와 관련하여 갈등을 유발한다. 따라서 철자와 관련한 이슈는 언어 정책이 공적인 관심을 끌 때에는 어김없이 나타나게 된다.

### 철자법 개정

문제는 표준적인 철자 체계를 어떻게 발전시키느냐가 아니라 해결하지 못한 문제들을 어떻게 처리할 것이냐 하는 것이다. 전통적으로 헤브루어는 모음은 기록하지 않았다. 성서, 사전, 기도책, 어린이를 위한 책을 인쇄할 때에는 발음을 표시하기 위해 자음의 위와 아래, 안쪽 사이에 발음 부호를 추가했다. 추가된 모음을 포함한 헤브루어를 읽는 것은 매우 쉬운 일이지만, 모음 표시를 정확하게 하는 방법을 배우는 것은 어려운 일로서 헤브루어 문법에 대한 상세한 지식을 요구하는 것이었다. 수년에 걸쳐 로마자화를 포함한 많은 제안들이 철자 체계를 개혁하기 위해 등장했다. 1948년 언어협회(Language Council)에서는 일련의 제안들이 담긴 총서를 출간했지만, 헤브루어 언어학회가 이들을 수용하는 데 20년이 걸렸으며 일반 대중과 신문에서는 아직도 이들을 수용하지 않고 있다. 헤브루어 철자법 검사기는 세 가지 체계를 제공한다.

기르츠, 반덴 브로크, 베르두트(Geerts, Van den Broeck and Verdoodt 1977)는 네덜란드 사람들이 더 잘 해왔다고 주장했다. 벨기에에서는 1864년 왕의 칙령에 의해 철자 체계가 수용되었지만, 네덜란드에서는 이것이 거부되었다. 1954년에는 교육기관과 일반 대중 사이의 불일치를 해소하기 위한 타협안이 등장했다. 1963년 임명된 새 위원회는 새로운 제안들을 내놓았다. 정당과 종교 단체들은 강력하고 대조적인 입장을 취했고, 마침내 1994년 두 집단은 새로운 개혁안을 수용했다.

네덜란드가 철자법을 둘러싼 오랜 싸움을 한 사례라면 노르웨이는 덴마크로부터 독립하는 데 수백 년을 보냈는데 이 와중에 두 가지 철자법 체계를 남긴 여러 개혁을 거쳤음에도 여전히 유동적이다. 호겐(Haugen 1966a)에서는 상반되는 두 운동의 전개를 추적했는데, 이들 각각은 노르웨이어와 덴마크어를 구별하는 것을 목적으로 했다. 하나는 교육 수준이 높은 도시 거주자의 말을 새로운 국어로 삼을 것을 선택한 것이고 다른 하나는 지방의 방언을 선택한 것이었다. 표준 표기법을 가르치는 교사들은 학생들이 노르웨이어의 구어 변이형을 쓰는 것을 억압하지 않도록 권장되었다. 1885년 이후 노르웨이는 2개의 공식적인 표준 표기법을 가지게 되었는데 하나는 보크몰(책의 언어)bokmal이라고 불렸고, 다른 하나는 뉘노르스크(새로운 노르웨이어) nynorsk라고 불렸다. 두 철자법은 정기적으로 개정되었는데 이를 통해 두 체계 사이의 격차가 감소되었다. 그러나 어떠한 철자법을 사용하더라도 학교와 공공 사용자들에게만 한정되어 있었다.

아일랜드의 표기 체계는 서기 6세기 후반 무렵 라틴어로부터 조정된 것인데, 다양한 위치에서의 자음의 다른 발음들, 이중 글자(digraph), 구개음화와 연구개음화를 표시하기 위한 모음 등과 같이 상당한 변칙을 양산했다(Ó Murchú 1977). 이 체계는 비교적 일관성이 있었으며 1904년 *Dinneen*의 사전으로 성문화되었다. 1922년 아일랜드 자유국이 성립되면서 아일랜드어는 학교에서 필수 과목이 되었으며 철자법의 표준화 운동이 다시 부활했다. 1947년 보수파와 개혁파 모두의 반대를 무릅쓰고 공표된 새로운 철자법은 사전과 학교에서 수용되었다. 대개 로마 서체는 이전에 쓰이던 아일랜드 서체로 대체되었다.

소비에트의 소수 언어 정책 역시 철자법에 적용되었다. 1940년대에 "일반 규칙(Common Rule)"이 발행되었는데 이는 소수 언어에 차용된 모든 러시아어 단어들은 러시아어로 표기될 것을 요구했으며, 이로 인해 철자와 발음에서 큰 간극이 발생하게 되었다(Grenoble 2003). 이 규칙은 1950년에 폐지되었다.

독일의 철자법은 1901년 국립철자법협의회에서 공식화되었다. 1955년 독일의 교육부 장관인 렌더는 두덴의 서적(Duden reference publication)이 공식적인 철자법과 구두법의 표본이라고 선언했다. 1986년에는 오스트리아, 독일, 리히텐슈타인, 스위스 그리고 소수 독일어 화자를 가진 여러 국가들에서 공식 위원회가 설립되었는데 이 위원회는 몇 가지 신중한 변화를 제안했다. 이 제안으로 단지 185개의 기본 단어만이 영향을 받았다. 슐레지히-홀슈타인에서는 개혁안에 반대하는 국민투표를 거쳤으나 법원이 이를 뒤집었다. 1999년 대부분의 출판사와 인쇄 매체는 새로운 법안을 따르기 시작했으나 1년 후에 〈프랑크푸르터 알게마이너 자이퉁〉(Frankfurter Allgemeine Zeitung 독일의 대표적인 유력 조간신문)은 기존의 옛날 철자법으로 되돌아갔다.

영어의 철자법을 개정하려는 많은 노력이 있어 왔다. 그중 세 가지가 특히 흥미롭다. 첫 번째는 19세기와 20세기 운동의 실패를 들 수 있는데 이 운동은 조지 버나드 쇼가 자금까지 동원해서 시작한 것으로서 철자법을 단순화하고 문자들의 모양을 바꾸는 것을 포함했다. 영어의 철자법 단순화와 관련한 논쟁은 여전히 지속되고 있다. 두 번째 운동은 조금은 성공적이었다고 할 수 있는데, 분명하고 단순한 미국 철자법을 발전시키기 위한 미국의 노력이다. 많은 제안들이 제기되었고, 이 가운데 일부는 워드프로세서에서 영국의 철자 검사기와 미국의 철자 검사기를 분리할 것을 요구할 정도로 충분히 수용되었다. 많은 혁신들이 1828년에 *American Dictionary of English Language*를 출판한 노아 웹스터Noah Webster에 의해서 제안되었다. 세 번째는 '일자(一字) 일음(一音)'식으로 초기 알파벳 교육을 전개함으로써 영어의 철자 습득을 단순화하자는 제안이다(Pitman and St.John 1969). 1960년대에 잠시 유행했던 영어의 철자법을 개혁하려는 이러한 시도는 대중의 지지를 얻지 못했지만, 영국, 미국, 호주 등의 일부 학교에서는 여전히 사용되고 있다.

일반적으로 철자법은 언어 통제의 이상적인 규제로 보인다. 이 규제가 없다면, 마치 작가들이 자신의 방언적인 특이성을 표현하려고 시도하거나 형태론적인 체계에 잠재해 있는 어원을 잘못 기억함으로써, 언어 현상은 끊임없이 변이를 양산할 것이다. 교육 체계는 철자법 또는 새로운 철자 체계를 가르칠 준비가 되어 있으며, 출판사와 인쇄업자들도 수정하고 수정될 준비가 충분히 되어 있다. 언뜻 보기에 철자법 문제는 실제적인 이슈들, 즉 사용의 효율성, 학습의 용이성, 번역가능성 등과 같은 경험적인 검증 기준을 통해 해결 가능한 것처럼 보인다. 하지만 여기에는 이데올로기적인 고려 사항이 개입된다. 언어 변이의 다른 양상과 같이 철자법도 정체성을 확인하는 데 도움을 줄 수 있다. 문자와 알파벳을 교체하는 것은 정치적 관계(제휴)의 주요한 변화와 관련될 수도 있다. 어떠한 변화는 심지어 가장 최근의 전통을 유지하는 것에 관심을 가진 사람들조차 위협한다. 철자법은 교육받은 사람과 그렇지 못한 사람들뿐 아니라 이전에는 같은 언어를 사용했을 것으로 추정되는 사람들 사이를 갈라놓을 수 있다.

요컨대 좋은 언어를 획득하기 위한 통제 노력의 근원은 실제적인 것이지만 여기에도 이데올로기적인 고려가 중요한 역할을 한다. 표기 체계와 철자 체계를 포함해서 좋은 언어를 위한 기준은 지속적인 의사소통의 효율성을 위한 일반 규범으로서의 필요뿐 아니라 집단의 정체성(민족주의를 포함하는)에도 적용되며, 이는 수용될 수 없는 언어에 대한 기준에서도 근본적으로 작동한다. 언어 정책은 언어자료 계획의 수준에서조차도 정치적이다.

## 신어 다루기 – 어휘는 문화를 반영한다

혁신과 관련한 언어 정책의 쟁점들은 보통 실용적인 근거가 아니라 언어 순혈주의적이거나 정치적인 근거에 따라 결정된다. 한편 대부분의 언어는 새로운 생각이나 사물에 대한 용어를 만들거나 차용하기 위해 쉽고 편안한 방법을 찾는 것으로 보인다. 이 분야에서의 공식적인 언어 통제는 마치 특정 영역에서의 전문가들이 새롭게 발전된 과학 분야의 전문용어를 정립하려는 상황과 유사하게 실용적인 것일 수 있다. 그러나 이데올로기적인 고려 사항이 새로운 용어를 위한 기준을 결정할 때 국립 언어 계획(planning) 기관은 기준을 충족하기 위해서 정기적으로 기술적인 혁신을 통제하려고 시도한다.

나바호어의 사례는 어휘 다듬기(lexical elaboration)의 다양한 주요 특성들을 보여 준다(Spolsky 2002b; Young 1977). 먼저 어휘 다듬기의 필요성은 새로운 개념들이 어떤 문화에 유입될 때 나타난다. 특히 그 개념이 외국의 용어와 함께 결합해서 들어올 경우 모국어 화자의 음운 체계에 맞게 발음만 변화시켜서 그 용어를 차용하려는 유혹을 받게 된다. 그러나 보통 개인들은 자신들의 언어가 허용한다면 새로운 용어를 만들 것이다(혹은 기존 단어의 의미를 확장할 것이다). 시간이 경과하면 이 단어들은 전파될 것이고 종종 축약될 것이다. 이러한 과정은 비공식적인 것으로부터 공식적인 것으로 이행할 것이고, 몇몇 개인 단체나 조직들은 이를 통제하려고 시도할 것이다. 이 단계에서 언어를 순수하게 유지하려는 노력과 같은 이데올로기적인 고려 사항들이 한편으로는 언어의 생성에, 다른 한편으로는 성문화(codification)에 영향을 미칠 것이다. 그러나 공식적인 통제 활동이 성공을 보장하는 것은 아니다.

### 어휘 다듬기—계획의 산물인가 아니면 방임의 결과인가

1970년대에 많은 언어학자들은 어휘 다듬기를 통제하려는 시도는 실수였다고 생각했다(Fishman 1983). 10년 후 많은 언어학자들은 수용 가능한 새로운 어휘를 발전시키기 위해 요구되는 것은 순전히 전문적인 기술이라고 이해하는 것처럼 보였다. 그러나 피시맨(Fishman 1983:109)에서도 비판한 것처럼 그들이 인식하지 못한 것은 성공적인 언어 통제가 "미묘하고 복잡한 사회적인 문맥"을 이해하는 데 달려 있다는 것이었다. 기술적인 능력은 화학의 명명법을 만드는 데에는 충분할지 몰라도 수용되고, 선호되고, 학습되고, 사용될 새로운 용어를 만드는 데는 충분하지 않다는 것이 확실하다. 새로운 어휘의 발달은 사회문화적인 맥락에서 일어나는데, 이때 현대화는 전통과 대조되는 입장이며(각각은 자신만의 고유한 이데올로기적인 비중을 가진다), 수입된 개념, 용어와 토착적인 것 사이에는 갈등이 포함되기 마련이다.

일반적으로 사회가 발전하는 데 있어 요구되는 것은 적절한 전문용어뿐 아니라 사회의 정체성과 관련된 것도 포함된다. 이스라엘인들은 화학 용어가 헤브루어의 동양적인 속성을 충실히 반영할 것을 원한다. 힌디인들은 화학 용어에 산스크리트어가 반영되기를 원한다. 필리핀 사람들은 화학 용어가 평범한 사람들도 이해할 수 있는 형태소로 구성되어 명료하기를 원한다. 아랍인들은 화학 용어에 코란의 언어가 반영되기를 원한다. 이디시어 화자들은 화학 용어에 독일어적 표현이 없기를 기대한다. 그렇다면 성공적인 현대화는 효율성이라는 보편적인 요구뿐 아니라 현지의 이데올로기라는 특별한 요구도 반영하는 것이어야 한다. 실제로 새로운 어휘를 발전시키려고 시도한 사람들은 대중의 감정이나 평등한 분리 등에는 별로 민감하지 않은 고등교육을 받은 엘리트이거나 민족어 개혁 운동의 적극적인 지도자들이었다. 그 결과로 이러한 과정은 보통 악명 높은 실패로 귀결되었다.

개인이나 단체가 새로운 개념에 대해 새로운 어휘 항목을 찾는 과정에서 직면하는 선택의 문제를 고려해 보자. 그 개념이나 사물이 다른 언어의 이름이나 라벨과 함께 들어온다고 가정하면 첫 번째 가장 명백한 선택은 단순히 그 외국 용어를 사용하는 것이다(필요하다면 수용하는 언어의 음운론적, 철자법적 패턴에 맞게 해당 용어를 수정하면서). 소수 언어들이 차용된 러시아어 단어들을 철자법으로 쓸 때에는 러시아어의 철자법 규칙을 따를 것을 요구하는 소비에트의 언어 정책은 이데올로기적인 근거로 조정되지 않은 사례이다.

두 번째 가능성은 존재하는 단어를 선택하고 이를 확장해서 새로운 의미를 수용하는 것이다. 옛날 사전에서 영어 단어 "컴퓨터"를 찾아보라. 찾게 되는 첫 번째 의미는 계산하는 사람이다. 이 용어는 나중에 같은 기능을 하는 기계로 확장되었다. 의미를 확장함으로써 컴퓨터 사용과 관련한 새로운 용어의 긴 목록을 만드는 것은 쉬운 일이다. 바이러스, 윈도우, 커서, 애플리케이션, 메모리, 하드 드라이브, 마우스 패드, 붙이기(paste) 그리고 백업.

세 번째 가능성은 새로운 언어의 단어 형성 능력을 이용해서 새로운 용어를 만들어 내는 것이다. 프랑스어와의 이중 언어 시기가 있었던 영어는 고유의 어근뿐 아니라 라틴어나 그리스어의 기술적인 단어 형성을 사용하는 것도 좋게 생각했다. 그 결과로 생긴 새로운 단어들은 고전 교육을 받지 못한 사람들에게는 이해하기 어렵다. 독일인들은 "telephone"에 대해서 2개의 일반적인 독일어 어근을 사용하는 데 비해(Fernsprecher, 문자 그대로 "장거리-화자") 영어 화자의 경우에는 그리스어를 아는 사람들은 telescope를, 생산적인 어근을 인지하는 사람들은 gramophone을 사용한다.

언어 계획 과정에 대한 국제 연구 프로젝트(1968~1972, Fishman 1977)는 이 분야에서의 언어-계획 기관의 역할을 기술하고 평가하기 위한 첫 번째 주요한 노력이었다. 이 프로젝트는 인도에서 다스 굽타Das

Gupta, 이스라엘에서는 피시맨, 인도네시아에서는 루빈Rubin, 스웨덴에서는 저너드Jernudd에 의해 수행되었는데, 이들은 전문 용어 발전에 대한 특정한 이슈를 연구했다. 이 프로젝트는 인도, 인도네시아, 이스라엘 세 나라에서 비교 평가 자료를 수집했으며, 교사, 학생, 성인들 사이에서 학습상의 차이를 발견했다. 국가보다는 사람 집단 간(교사, 학생, 성인) 차이가 더욱 큰 것으로 조사되었다.

소비에트의 언어 계획에서 어휘 다듬기는 중심적인 과제였다. 여기서는 경제적, 사회적 개혁을 위해 요구되는 새로운 용어를 제공하는 것뿐 아니라 소비에트 언어 속의 아랍어나 페르시아어와 같은 언어에서 온 혁명 이전 술어의 잔재를 제거하는 것도 포함되었다. 소련은 모든 사회적, 정치적, 경제적인 활동이 국가 계획의 요구를 충족하기 위해 철저히 동원되는 전체주의 사회였다(Lewis 1972). 소련에서의 언어 통제는 현대화를 위한 국가 계획에 부합하는 것이어야 했다. 도시화와 읽고 쓰기 능력, 학교가 함께 연결되었다. 많은 언어들에서는 고유의 언어 자원을 사용하고 바람직하지 않은 외래적인 요소를 제거하려는 노력이 이루어졌다. 예를 들어 아르메니아에서는 아르메니아어 속의 아랍어, 터키어, 페르시아어의 영향을 제거하려고 노력했다. 1920년대에는 러시아어 용어가 회피되었지만, 점점 변화하면서 1970년대에는 대부분의 새로운 용어가 러시아어로부터 차용되었다. 러시아어는 영어나 프랑스어, 독일어로부터 온 용어에 대한 중재자였다. 러시아어로부터의 언어 차용은 광범위한 것이 되었으며 파생어들이 고유어 접미사를 사용해서 러시아어로부터 만들어지기도 했다. 오조린(Ozolins 1996: 187)은 공화국 언어의 지속적인 빈곤화를 지적하고 있다: "러시아어의 차용어, 표현, 그리고 그 밖에도 다양한 항목들이 공화국 언어의 통사적인 패턴이 바뀌기 시작할 정도로 채택되고 있다…"

현대화가 진행되지 않는 국어는 거의 없다. 페르시아어의 현대화는 아랍이 지배한 지 2세기가 지난 후인 10세기에 시작되었다(Sadeghi 2001). 단어들이 러시아어, 터키어, 나중에는 프랑스어로부터 차용되었다. 1935년 새로운 이란학회는 외래어를 페르시아 단어로 대체하기 위해 8개의 위원회를 설립했다. 1968년에 이란의 왕(Shah)은 이란 언어학회 산하의 활동을 재개시켰다. 20개 주제의 위원회가 설립되었으며 1976년까지 35000개의 새로운 페르시아어들이 제안되었다. 학회의 활동은 1979년의 이슬람 혁명 이후 중단되었다. 1991년에는 새로운 기관인 페르시아언어문학학회가 언어-선정 위원회와 함께 창립되었다.

두 번의 세계대전이 있었던 시기는 에스토니아(Raag 1999)의 언어 현대화를 위해서는 매우 바쁜 시기였다. 2개의 기관이 포함되는데 하나는 사전 편찬을 지원하기 위한 에스토니아문학협회(Estonia Literary Society)였으며, 다른 하나는 모국어학술회(Academy Mother-Tongue Society)였다. 소비에트 점령 기간에는 러시아어가 어휘 다듬기의 주요 원천이었지만 그러한 억압에 대응하려는 노력도 있었다. 100개의 전문용어 사전이 출판되었다.

## 현대화의 오염

이러한 사례는 언어 개량을 위한 기준에 있어 이데올로기적인 기반을 보여 준다. 옛것을 선호하는 사람들은 어떠한 종류의 새로운 문화 항목이나 심지어는 이들의 이름을 도입하는 것도 반대할 것이다. 언어 순혈주의자들은 보통 옷, 음식, 시설 그리고 기술 등과 같은 문제에 있어서도 보수적이다. 혁신의 확산을 반대하는 사람들을 변호하는 유일한 방법은 물리적으로 혹은 이데올로기적으로 폐쇄된 공동체를, 이를테면 특정 종파나 이데올로기 집단이 추구하는 것과 같이, 건설하는 것이다. 애미쉬The Amish들은 자신들의 생활에서 전기, 엔진, 외부 교육을 추축하려고 시도했으며 그들이 성공한 만큼에 한해서 새로운 전문용어에 대한 심각한 요구를 피할 수 있었다. 그러나 이것은 예외적인 상황일 뿐이다. 일반적으로 세계화의 요구가 증가하게 되면서 기술적, 경제적, 문화적 그리고 그 결과인 언어적 혁신을 수용해야 한다는 압박으로부터 자유로운 사회는 거의 없을 것이다.

언어적인 혁신이 통제되고 외국어 단어를 도입하지 않는 것을 보장하는 것은 작은 일이지만 전통주의자들에게는 만족스러운 점이었다. 마치 외설적인 언어를 금지하는 것이 적어도 표면적으로는 순결한 행동을 제공하는 것만큼 외국어 차용어를 피하는 것이 모든 것이 잘 되는 것처럼 보일 수도 있다.

순혈주의의 바탕에 깔린 생각은 이해할 수 있지만 궁극적으로 이는 특정한 전통, 민족, 종교 혹은 인종 집단의 우월성에 대한 해로운 믿음이다. 그것이 없다면 우리는 무가치한 시스템에 흐름을 맡기는 것이기 때문에 이해할 수 있다. 그러나 이것이 다른 특정한 사회를 일소하기 위한 행동으로 변환된다면 해로운 것이다. 언어 순혈주의가 인종 청소로 이어지는 귀결이 필연적인 것은 아닐 수 있으나 유감스럽게도 이는 매우 보편적이다.

# 4 언어 정책의 본질과 영역

## 언어 정책 이론에 대하여

언어 정책이 말소리나 어휘와 같은 언어적 요소들에 영향을 주기 때문에 언어 정책을 분석하는 것은 이 분야를 이해하는 데 가장 기본적인 일이다. 언어에 대한 다양한 믿음에 바탕을 둔 이러한 언어 정책은 여러 사회 집단 안에서 발전한다. 그리고 일반적으로 그러한 정책은 다른 한쪽의 언어 현상을 통제하려는 시도로 귀결된다. 어떤 발음법, 철자법, 단어 또는 특정한 언어는 상황에 따라 금지되거나 권장된다. 가령 외설성, 신성 모독성, 폭력성, 이질성, 부도덕성 등을 내포하는 항목은 사용이 금지되는 반면에 현대적이거나 적절한 표현들은 사용이 장려된다. 이와 비슷한 많은 조치는 언어 다양성을 권장하는 방향으로 그 정책적 기반을 두고 있다.

이 책에서 다루게 될 언어 정책 이론은 크게 네 가지 주요 특징들로 구성되어 있다. 우선 언어 정책을 언어 현상의 세 영역으로 나눠 볼 수 있다. 언어 관습들, 언어에 대한 신념과 이데올로기, 언어 통제로 귀결되는 명시적인 언어 정책과 언어 계획이나 한 공동체의 언어 관습, 이데올로기들을 바꾸려고 시도하는 계획된 활동들이 그것이다.

정책은 표면적으로 잘 드러나지 않을 수도 있다. 그 경우에 한 공동체의 진짜 언어 정책이 무엇인지 의견 차이가 발생할 수도 있다. 예컨대, 어떤 이들은 미국 사회 내에서 영어 외에 다른 언어의 낮은 인지도를 근거로 미국의 언어 정책을 단일 언어 정책이라고 주장하는 사람들이 있다. 반면 어떤 이들은 미국 사회에서 다국어 서비스가 법적으로 잘 지원된다는 점을 근거로 다른 언어가 폭넓게 사용되고 있으며 미국의 언어 정책이 실제로 다중 언어 정책이라고 이해하기도 한다(7장 참조). 분명하게 명시되어 있는 정책이 잘 시행되지 않을 수도 있다. 따라서 특정 국가의 언어 정책이 무엇인지에 대한 궁금증을 해소하는 일은 명쾌하지 않을 수 있다. 어떤 사회적 집단에서 언어 통제의 노력이 명시적이고 주목할 만할 수 있고 그렇지 않을 수도 있다. 하지만 일반적인 사회에서는 적당한 언어 사용 혹은 행동에 대한 하나 이상의 이데올로기적 관점이 존재하기 마련이다. 만약에 실제 언어 사용이 불규칙적이고 일관적이지 않다면 분명히 주목할 만한 언어 사용의 패턴이 있을 것이다. 언어 정책의 다른 두 요소를 무시하면서 언어 정책의 한 요소만을 연구하는 일은 매우 불완전하고 편향된 시각을 드러낼 수 있다.

이 책에서 두 번째로 다룰 기본적인 개념은 언어 정책이 오로지 언어 다양성에만 관심을 두는 것이 아니라 언어를 구성하는 모든 단계에서 개별적 요소 모두를 다룬다는 것이다. 언어 정책은 발음, 철자법, 어휘 선택, 문법, 문체, 비속어, 인종차별적 언어, 외설적인 말, 바른 언어 등에 전반적으로 적용될 수 있다. 주지하다시피 아마 뉴욕 영어, 미국계 흑인 영어와 같은 자율적 통제가 어려운 언어 변이형부터 표준 프랑스어나 러시아어와 같이 자율적 통제가 가능한 언어에도 적용될 수 있을 것이다. 이러한 변이형을 다루는 문제와 언어의 다양성을 분류하는 방법은 언어 정책 연구의 핵심이라고 할 수 있다.

세 번째, 언어 정책은 사회 규모와는 관계없이 언어 공동체 안에서 작동한다는 점이다. 언어 정책의 영역은 어떠한 사회적, 정치적, 종교적 집단에도 한정될 수 있다. 이는 가족 단위에서부터 스포츠 팀, 이웃, 마을, 직장, 단체, 도시, 국가, 그리고 지역 연합에 이르기까지의 모든 영역이 언어 정책이 적용될 수 있는 범위에 해당한다.

물론 정치 단체, 즉 힘과 권위가 있는 언어 정책 연합체에 초점을 맞추는 것은 그럴 만한 이유가 있다. 현대 사회에서 국가(연방)은 일반 시민들 위에 있으면서 헌법적으로 확고한 권위를 지닌 명확한 주체다. 원칙적으로, 그리고 종종 실제로 정부는 헌법과 법률, 명령을 통해서 정책을 수립할 수 있고, 그 정책을 강제하거나 시행할 수단을 가질 수 있다. 만일 인도나 미국의 연방 제도에서 보는 바와 같이 그 권위가 분리된다면, 정책의 수립과 시행은 훨씬 더 복잡해진다. 또한 식민지 혹은 다른 속국에서와 같이 하나의 권위가 더 상부의 권위로부터 위임된다면, 정책 결정의 근거로 높은 단계(상부)를 고려하는 것이 일반적이다.

언어 정책과 권력의 관계는 사실상 쌍방향적이다. 언어 정책을 시행하기 위해서는 힘이 필요하다. 그러나 리슐리외 추기경이 프랑스 아카데미를 설립해서 언어 정책을 선도한 프랑스의 사례에서 볼 수 있듯이(Cooper 1989) 언어 정책의 시행은 동시에 중앙 집권화를 강화하는 방편이 되기도 한다. 스탈린이 깨달은 것처럼, 강력한 중앙집권적 언어 정책은 중앙 정부의 힘을 강화하기도 한다. 그러나 소련이 붕괴된 후 명확해졌던 것과 같이 중앙 정부의 권력이 소멸하고 난 후에는 소련 제국의 언어를 유지하는 유일한 힘은 언어 관습과 믿음으로부터 나올 수밖에 없다.

1장에서 언급한 바 있는 네 번째 기본 개념은 언어 정책이 언어학적, 비언어학적인 요소, 변수, 변인들의 폭넓은 영역에서 복합적인 생태적 관계 속에서 기능한다는 점이다. 이 같은 관계는 인과적인 것도 있지만, 종종 정립하기 어려운 것도 있다. 심지어 특정한 언어 통제와 관련된 결정이 실행된 것을 관찰할 경우 우리는 종종 아무런 결과도 나타나지 않거나(가령 선교사들이 신성 모독을 근절하려는 시도와 혹은 교사들이 올바른 문법을 강화하려는 시도의 실패), 예견되지 않은 결과가 나타나는 것(뒤바뀐 언어 전이나 언어 재생  과정에서 이상하고 바람직하지 않은 언어가 나타나는 경우)을 확인할 수 있다.

다른 사회과학에서와 같이 언어 정책의 개념은 모호한 동시에 관찰자 의존적인 것이라고 할 수 있다. 이러한 바탕 아래에서 실리와 카터(Sealey and Carter 2001)는 사회언어학자들이 흔히 연구하는 성, 연령, 계급, 민족 같은 사회적 범주에 속하는 문제들을 언급했다. 여기서 설(Searle 1995)은 언어 정책이 '단순한 사실'이라기보다는 사용자에 전적으로 의존할 수밖에 없는 범주화라고 주장했다. 예를 들어, '연령'은 물리적이고 심리학적인 차원의 것인 반면에 '아동', '청소년', '성인', '노인'과 같이 범주화된 단어들은 사회마다 가변적이며 심지어 관찰자들마다 다양하게 인식될 수 있다는 것이다.

민족 집단과 같은 개념은 훨씬 더 까다롭고 어렵다. 이 민족 집단이라는 개념은 단지 사회적 총합뿐만이 아니라 일종의 관습과 규범의 수용에 의해 정의되는 사회적 집단이나 그룹이기 때문이다(그린우드(Greenwood 1994)는 집단이 공통적으로 가지고 있는 단일한 특성에 의해 정의된 '실직자'와 같은 그룹을 사회적 총합이라는 용어로 제안했다). 이러한 과정에 포함된 범주화와 산출된 요소들은 매우 모호하기 때문에, 수학이 자연과학에 제공하는 정확함과 순수함이 사회의 과정이나 구조를 기술할 수 있다고 기대하는 일은 현명하지 않다. 인과의 방향은 유동적이며 확신하기 어렵다. 가령 우리가 특정한 발음이 특정한 사회 범주와 관계된다는 점을 주목할 때, 과연 어떤 원인이 어떤 결과를 야기할 것인지 판단하는 것은 쉬운 일이 아니다. 여성이기 때문에 여성처럼 말하는 것인가, 아니면 그들이 말하는 방식 때문에 여성이라고 판단하는 것인가?

원인과 정책이 종종 인과적으로 표현되기도 하지만, 이들을 개연성 있는 결합 또는 구성적 상호작용이라고 간주하는 것이 더 적절할 것이다. 물론 주어진 상황이 특정한 정책을 반드시 야기한다고 생각하는 것보다는 "S라는 상황이 사실이라면 P라는 정책은 일어날 가능성이 높다"라는 식의 개연적 관계로 생각하는 것이 더 낫다. 이러한 상황들은 '조건'이라고 간주되는 편이 더 나은데, 구조적으로 상호 작용한다는 점에서 동시 다발적이며 상호 작용적인 것인 동시에 강하거나 약할 수 있는 개연성을 유발한다(제켄도프(Jackendoff 1983)와 스폴스키와 쇼버(Spolsky and Schauber 1986), 스폴스키(Spolsky 1989)를 보라). 일반적으로 한 언어 정책 안에서 '조건'이란 한 언어 요소나 변이형의 선택에 대한 조건을 의미한다(스폴스키와 쿠퍼(Spolsky and Cooper 1991)를 보라).

## 영역

이 장에서 우리는 항목이나 변이에 대한 접근에서 사회적 집단에 대한 부분으로 그 초점을 바꿔 살펴볼 것이다. 대다수의 언어 계획과 정책들에 대한 연구들이 국가라는 주체를 다루지만, 여기에서 우리는 쿠퍼(Cooper 1989)의 조언을 따라 가족 단위에서 시작할 것이다. 쿠퍼(Cooper 1989: 37-38)는 다음과 같이 언급했다. "내가 보기에는 교회나 학교 같은 기관의 결정을 포함하는 것과 동일하다고 느껴진다. 다시 말하면 거시적인 계획에서 운영되는 과정이 미시적 계획에서도 동일하게 적용된다.”

우리가 하고 있는 일은 언어 선택이(언어 정책에서 가장 중요한 핵심) 사회언어학적 영역에서 가장 잘 연구된 분야라는 피시맨의 관점(Fishman, Cooper and Ma 1971)을 적용하는 것이다. 피시맨은 사회학적 영역은 어느 사회에서나 지역, 참여자, 주제라는 세 가지의 유의미한 차원에 따라서 정의될 수 있는 사회언어학적 맥락이라고 주장했다. 그는 뉴저지주에 거주하는 푸에르토리코인에 관한 연구에서, 집, 교회, 이웃, 학교, 직장 등과 같은 영역에 대한 지역적 특징을 확립했다. 그들에게 집이란 대개 아파트나 주택을 의미하고, 그 속에서 보통 사람들은 사회적인 관계에 의해 정의되는데, 그들은 동시에 가족의 구성원이기도 하다. 그리고 그와 관련한 적절한 주제는 가족 활동이라고 할 수 있다. 그런데 개인이 다른 공간적 ‘영역’에서 가정이라는 ‘영역’으로 들어오는 것은 많은 것들을 변화시킬 수 있다. 가령 어떤 사람이 목사였다면 다른 사람들은 종교 참여자로 바뀌며 그에 따라서 그들 사이에는 다른 주제가 적절할 수 있다. 피시맨 외(Fishman et al 1971)에서는 뉴저지에 거주하는 푸에르토리코인들이 집, 교회, 동네에서는 스페인어를 사용하는 반면 학교와 직장에서는 영어를 사용한다는 점을 통해 언어 선택과 ‘영역’ 사이의 상호 관련성을 밝혀 냈다. 피시맨(Fishman 1972)에서는 사회학(거시 사회언어학)적 요인들과 언어학(미시 사회언어학)적 현실 사이의 연계를 형성하는 유용한 방식이 ‘영역들’임을 주장했다.

### 가족

영역은 어떤 사회에 대해서든 경험적으로 정립되어야 한다. ‘가정’이라는 영역조차 중요한 차원에서 다양하게 나타날 수 있다. 가령 중산층,

두 부모 가정, 평균적인 2.5명의 자녀를 가진 가정은 마을에서 새로운 도심의 빈곤으로 이동한 수백만 명의 가정이나 급하게 만들어진 난민 캠프에서 근근이 연명하는 가정과는 매우 다르다. 그렇지만 평범한 가족을 고려하는 것부터 시작함으로써 변이들의 관련성을 파악할 수 있다.

다른 사회적 단위와 마찬가지로 가족의 언어 정책들은 언어 관습, 언어에 대한 이념(이데올로기), 언어 통제로 분석될 수 있다. 또한 가정에서 사용할 언어를 선택해야 하는 상황에서 언어 선택에 영향을 미치는 세 가지 주요 조건이 있는데, 여기에는 언어에 대한 화자의 숙달도(숙달도가 없으면 보통 선택하지 않는다), 화자가 보다 더 잘할 수 있는 언어를 사용함으로써 얻을 수 있는 이점에 대한 욕구, 화자가 청자의 희망에 부응함으로써 얻는 이점에 대한 욕구 등이 포함된다.

이러한 이론적인 가정을 통해서 많은 가정에서는 가족 구성원들이 하나의 언어에만 숙달되어 있기 때문에 단일 언어 정책을(언어 관습에서 관찰할 수 있는) 사용한다. 그럼에도 불구하고 언어 정책은 개인적 요소들(예컨대, 외설적인 말을 피하려는 시도), 문체("글을 쓸 때 속어는 삼가라!")를 선택하는 데 영향을 줄 것이다. 국제결혼, 이민, 외세 침략의 결과로서 제2언어가 삶에 침투할 때 언어 정책은 좀 더 복잡해질 수밖에 없다.

또한 다른 사회적 단위와 마찬가지로 많은 가정에서 엄격한 언어 통제는 이루어지지 않을 것이다. 단지 언어적 관습과 이데올로기에 바탕을 둔 선택만이 있을 것이다. 그러나 가끔 언어 통제의 명확한 사례도 있다. 내가 가장 좋아하는 사례는 어느 지인이 말해 준 그의 할아버지에 대한 이야기이다. 가족이 모로코에 사는 동안에 그의 할아버지는 가족의 공식적인 모임이나 식사 자리에서는 히브리어를 사용하자고 주장하곤 했다. 그러나 가족들이 이스라엘로 이민을 간 후에도 그들 모두가 히브리어를 사용하게 되자 그는 가족이 모두 함께 있을 때에는 아랍어(더 정확히는 유대인 모로코어)를 써야 한다고 주장하기도 했다. 가정의 언어 정책에 대해 우리가 알고 있는 대부분의 지식은 일화나 흥미로운 다언어 공동체의 민족지학으로부터 나온다.

민족지학에서 남녀의 언어 차이는 인간이 본래 이중 언어로 소통했던 데에서 비롯된 것이라는 견해가 있다. 1장에서 논의된 파푸아뉴기니의 가푼이라는 마을에서는 어른들 사이의 심각한 대화나 아기를 달래줄 때 토착어인 타이압어Taiap를 사용했고, 일상적인 대화를 할 때나 아이들을 가르칠 때에는 토크 피진을 사용했다.

국제결혼으로 인해 이중 언어를 사용하는 가정은 언어 정책을 연구하는 데 확실히 도움이 된다. 특히 주의 깊게 생각해 볼 몇몇 일화가 있다. 캐나다의 프랑스어권 도시에 사는 세르비아어 화자와 결혼한 미국 태생의 한 언어학자는 아내가 아이들과 독일어로 말하는 데 동의했다. 이 아이들은 당연히(북아메리카에서는) 영어를 습득할 것이고 또한 주변 환경으로 인해 프랑스어도 배울 것이다(결국 그들은 세 가지 다른 언어적 다양성을 선택했다. 학교에서는 캐나다-프랑스어를, 이웃에게 퀘벡 방언인 주알joual을, 프랑스 영사의 자녀들과 놀면서 표준 프랑스어를 배웠다). 언어가 서로 다른 이스라엘 부부에 대한 소규모의 실험적 연구에서 그들이 처음 만났을 때 함께 썼던 언어를 계속 사용한다는 규칙이 발견되었다. 이중 언어를 사용하는 토론토의 한 부부에 대한 최근 연구는 노로(Noro 1990) 집에서 계속 일본어를 쓰는 아이들에 대해 부모의 언어 사용, 가정의 사회적 지위, 아이들의 교육 정도가 미치는 영향을 보여 주고 있다.

국제결혼뿐만 아니라, 가족 언어 정책의 주요 조건 중 하나는 다른 국가 또는 다른 도시로 이민을 가는 경우이다. 이에 대한 간단한 사례가 있는데(Fishman 1966 참조), 이민 1세대는 가정 밖에서 새로운 언어를 배우기 시작하지만 자신들의 자녀가 학교나 친구들을 통해 새 언어에 숙달될 때까지 원래 쓰던 언어를 계속 사용한다. 이민 2세대는 이중 언어를 사용하게 되고 이민 3세대는 하나의 언어만을 사용하는 첫 번째 세대와 지속적으로 만나지 않는 이상 새로운 언어만을 사용하는 경향이 있다. 구소련에서 이스라엘로 이민 간 사람들에 대한 연구에서 히브리어를 주로 사용하는 세대는 일반적으로 아이들과 관련되어 있다(Dittmar, Spolsky and Walters 2002)는 사실을 알았다. 다른 연구에 따르면 조부모나 다른 중요한 연장자의 영향력은 대개 이전 언어의 유지와 관련이 있다. 경험적 자료가 부족한 탓에 이것이 언어적 관습이 단순히 지속되는 것의 문제인지 언어 통제 지침의 결과인지는 규정할 수 없다.("할아버지가 방에 계실 때에는 XX언어로 말해라!").

마오리족의 언어 재건을 위한 노력의 일환으로 마오리족 문제를 담당하는 뉴질랜드 정부 부처는 56명의 사람들과 긴 인터뷰를 포함하여 마오리어 숙달도와 사용에 대해 대규모 조사를 진행했다(뉴질랜드 통계 자료 2001). 조사 결과에 따르면 집에서 마오리어 사용 여부와 관련된 요인은 지식, 상황, 동기 부여, 비판적 의식의 네 가지였다. 마오리어는 대개 수동적으로 습득되었고, 학교에서 부정적인 경험과 관련되었다. 또한 일반적으로 언어 구사 수준이 낮았으며, 특히 나이가 더 많은 유창한 화자에게 지적받는 것을 우려하여 소극적으로 사용되었다(Spolsky 2002a). 물론 어떤 언어로 말하고 싶다는 의지에 영향을 미치는 '인지 숙달도'는 사실 진정한 숙달도라고 보기 어렵다. 그러한 상황과 연계해 볼 때, 대화 당사자들은 일반적인 사회에서는 단일 언어 상황에 놓여 있고 마오리어는 의식 절차나 연장자들에게만 제한적으로만 사용되고 있다. 동기 부여의 부문에서 따져 볼 것은 직업을 막 가졌거나 아이를 키우는 젊은이들에게 있을 수 있는 정체성, 불안감(특히 부적응과 관련된다), 시간과 정서적 개입의 부족이다. 비판적 시각에서 본다면 그러한 연구는 제2언어 학습의 본질에 대한 지식, 언어의 보존 혹은 재생에 대한 문제에서 세대 사이의 자연스러운 전수의 중요성 인식, 실용적이고 시행 가능한 언어 통제 지침을 만들 필요성에 대한 공감을 뜻한다.

이 마오리어의 사례는 히브리어 재건과 비교될 수 있다. 1890년대에 팔레스타인 농촌에 거주했던 히브리어 사용자의 첫 번째 세대(자녀들은 첫 번째 모국어 화자의 부모로 자랐다)는 읽기 능력과 쓰기 능력에는 한계가 있었다. 그러나 그들의 자녀가 구사하기 시작한 히브리어에 대한 음성 지식은 가지고 있었다. 그러나 우월한 지식을 바탕으로 그들에게 지적을 해 줄 원어민은 없었다. 그 세대가 지닌 언어 신념에 대한 열정 역시 중요했는데, 그들은 새로운 땅에 살면서 새 기술과 직업을 개발하고, 새로운 사회와 문화적 양상을 받아들였다. 그와 동시에 그들의 자녀들이 새로우면서 오래된 언어를 배우도록 했다. 그리고 종래에는 무엇이 포함되었는지에 대한 "비판적인 의식"이 있었다. 이러한 발전이 이루어진 사회는 이데올로기적 문제에 대한 잦은 공식적인 논쟁이 벌어진다는 특징이 있다.

시애틀의 이민자 가족의 사례를 보면, 투어미넨(Tuominen 1999)은 가족의 언어적 구성은 부모의 선택에 영향을 미치는 반면, "아이들은 가정의 가족 언어를 선택한다."라는 사실을 밝혔다. "가족 언어 규칙"은 있지만 자녀들은 한 번 이상 그것에 도전한다. 대부분의 아이들이 계승할 언어를 학교에서 쓰도록 강요받는 것에 반발하며 공적으로 가족 언어를 쓰는 것에 불만을 가진다. 결과적으로 많은 부모들이 타협하고 끝내는 포기한다.

이민 상황에서 아이들이 사회화 과정에서 리더십을 가지는 것은 일반적이다. 해리스(Harris 1995)는 이민자 자녀의 독립적인 언어 발달(계승할 언어를 영어 음운을 사용해 발음하는 경향 등)이 사회적 가치를 전달하는 과정에서 집보다 아이들의 또래 집단이 더 중요한 영향을 미치는 요소임을 그의 논문에서 강조했다.

가족은 외부의 압력이 어떻게 반영되는지 이해할 수 있다는 점과 언어와 관련된 가정 내부에서, 혹은 아이들이 성장하면서 사용할 언어 지침에 중요한 관련성을 가진다는 점에서 언어 정책을 연구하는 데 있어 중요한 '영역'이다. 계승할 언어를 전수하느냐 하지 않느냐의 결정은 언어 이동, 혹은 언어 유지에  중요한 영향을 끼친다. 언어 이동의 효과에 관한 연구들(12장 참조)은 대개 이러한 결정을 성공과 실패의 중요한 척도로 삼는다.

가족의 차원을 넘어 많은 중간 집단들, 예를 들어 교회나 다른 종교적인 조직, 마을이나 이웃, 다양한 종류의 시장, 상업적인 기업, 농촌이나 도시, 다양한 업무 현장들, 학교나 다른 교육 기관 등의 인구통계학적 단위들, 그리고 사회, 운동, 민족, 문화 동호회, 정당, 지역 사회, 지역, 국가적인 정부 기관은 언어 정책을 연구하기 위한 유의미한 '영역'에 해당한다고 볼 수 있다.

### ❙ 학교

학교는 언어 정책의 모든 영역 가운데서 가장 중요한 부분 중 하나다. 쿠퍼(Cooper 1989: 33)는 언어 습득 계획과 지위 계획에 이어 언어자료 계획을 언어 정책의 세 번째 요소로 추가했다. 일반적으로 언어 교육 정책으로 알려진 언어 습득 정책은 이 책을 통해 중요한 이슈로 다루어질 것이다. 즉 언제, 어디에 학교가 있어야 하는지, 학생들이 가족으로부터 언제, 어디서 사회화의 교육을 받아야 하는지에 대한 문제 등이 포함된다. 이 사회화는 어린 아이들의 언어 능력을 발전시키는 중요한 특질이다.

언어 교육 정책에서 항상 제기되는 몇 가지 기본적인 질문들이 있다. 먼저 가장 중요한 것은 교육의 수단으로 사용하는 언어를 결정하는 일이다. 학생들이 학교에 올 때 아이들이 학교가 요구하는 언어를 이미 완벽하게 통제하기는 사실상 거의 어렵다(Spolsky 1974a). 보통 아이들은 집에서 하나 이상의 지역 방언이나 사투리를 배우고, 학교에 있는 몇 년 동안은 공식적, 국가적, 종교적, 고전적, 표준적인 언어를 구사할 것이라고 기대한다. 집에서 배운 언어와 학교에서 아이들이 학습하길 원하는 언어 사이에 간극을 형성하는 몇 가지 요소들이 있다. 집에서 사용되는 언어들은 대개 구어이고 학교에서는 일반적으로 문어 중심의 문식력을 발전시키는 것을 그 목적으로 한다. 이러한 사실은 집에서 습득된 많은 것들이 사실상 문어체의 글과 같다고 가정하는 모국어 교육 대변자들에게는 거의 인정되지 않는다. 집에서 발화되는 언어들이 지방의 언어로 인식되는 반면에 학교의 언어는 일반적으로 지역적이기도 하지만 국가적인 언어가 된다. 특히 도시화나 이민의 영향으로 아이들은 학교에 올 때 다양한 방언이나 언어들을 말하는 반면에 학교는 학교가 지향하는 목표인 하나의 언어만을 선택한다.

이러한 점들을 고려해 볼 때 언어 교육 정책의 첫 번째 목표는 이러한 간극을 줄이는 것이 되어야 한다(거의 되지는 않지만). 바로 그 첫 번째 지침은 교육 수단에 대한 것이어야 한다. 교사는 학생들이 사용하는 언어와 학교가 추구하는 언어 중 어떤 언어로 아이들에게 말을 걸어야 하고 그 대답을 기대해야 하는가? 언어 교육 정책에서 가장 중요한 논란은 무엇이 모국어 교육인가에 대한 이슈이다. 모국어 교육은 학교의 궁극적인 목적이 무엇이든지 간에, 아이들이 집에서 이미 사용했던 언어로 처음에 교육이 이루어져야 한다는 점을 가정할 수 있다. 그런데 이런 접근에는 명백한 몇 가지 어려움이 있다. 교육을 할 수 있는 선생님이 그 다양한 언어를 모두 알지 못할 수도 있고, 한 학교, 한 학급에 있는 학생들끼리 서로 다른 언어나 방언을 사용할 수도 있다. 그 방언들은 기록할 수단이 없을 수도 있다. 그리고 비록 표기법 체계가 있다고 할지라도 거기에는 교육할 것이 없거나 읽을거리가 없을 수도 있다(Khubchandani 2003).

두 번째 관련된 질문은 얼마나 빨리 학교 언어 교육을 시작해야 하는지에 대한 문제이다. 여기에는 다양한 방식들이 존재한다. 우선 아이들을 집에서 사용하던 언어로 교육하다가 표준화되고 공식적인 언어를 몇 년 동안 교육한 후 표준화되고 공식적인 언어를 중급 혹은 중등 교육 수준에서 교육하는 단계로 넘어가는 방식이 있다(영국의 식민지 언어 교육 정책이 이와 같은 체계를 따랐다). 또한 아이들이 학교에 온 첫날부터 곧바로 공식적인 표준어만을 교육하는 체계도 있는데, 이는 학생들이 단순한 몰입 교육 방식을 통해서 언어를 잘 습득할 것이라고 가정한다(도시 상황의 프랑스와 포르투갈 식민지 언어 교육, 미국에서 영어만 사용하는 목적의 정책이 이 모델을 따르고 있다). 이러한 두 가지 극단적인 방법 사이에는 다양한 변종이 가능하다. 표준어를 교육하되 교사와 학생이 지속적으로 그들의 지역 언어로 의사소통을 하면서 글을 쓸 때는 표준어만을 사용할 것을 요구하는 학교 또는 가정 언어로부터 표준어로 전환하는 복합적인 방식을 개발하고 있는 학교들, 그리고 표준어 교육 과정으로 넘어간 후에도 학생들의 가정 언어 숙달도를 유지할 수 있는 다양한 방법을 시도하는 학교들이 있다.

언어 습득 계획의 두 번째 측면은 모국어와 표준어 이외의 다른 언어를 가르치는 것과 관련된다. 두 가지 이상의 언어를 채택하고 있는 국가들은 학생들이 다른 언어도 유창하게 말할 수 있길 기대한다. 예를 들어 스위스에서는 프랑스어를 사용하는 주에서 프랑스어로 교육받는 독일인, 독일어를 사용하는 주에서 독일어로 교육받는 프랑스인을 찾기를 기대한다. 대부분의 교육 체계에서 적어도 한 가지의 외국어, 대개는 주요 국제 언어, 인접국에서 사용하는 언어, 더 나아가 세계화의 흐름에서 주요한 언어인 영어 등을 가르치는 것이 일반적이다. 때때로 지금은 이전보다는 줄었지만, 고전적 언어도 교육의 대상이다. 가끔은 이러한 경향이 증가하는 경우도 있었는데 이는 언어가 소수 민족의 전통이나 문화유산과 연관된 경우였다. 언어가 선택되고 난 이후에는 언제, 얼마나 많은 시간과 노력을 들여 얼마나 유창한 수준으로 언어를 구사할 수 있도록 할 것인지 그 목표를 결정해야 한다. 대부분의 국가들은 외국어 교육을 규정한 언어 교육 정책을 가지고 있다.

쿠퍼(Cooper 1989)의 주장처럼 학교는 언어 정책과 언어 습득 정책에 있어 주요 영역을 차지하고 있으며 지위 계획, 언어자료 계획과 함께 충분히 그 중요성을 인정받고 있다.

### ❙ 종교와 종교 단체

아이젠슈타트(Eisenstadt 2000)는 "광범위한 종교 운동이 최근 들어 부활하고 있다."고 언급하면서, 이것을 문명화의 붕괴나 세계화의 한 부분이라기보다는 서구 근대성의 재건설이라고 보고 있다. 종교와 언어 정책 사이의 상호 작용은 지금까지 거의 연구된 바 없는 영역이다(Sawyer 2001). 퍼거슨(Ferguson 1982)은 종교는 언어 변화와 언어 확산을 이끄는 가장 강력한 힘 중 하나라고 주장했다. 쿠퍼(Cooper 1989)도 언어 선택이 종교에 의해 이루어지는 점을 주목했는데, 예를 들어 이슬람교와 유대교 양쪽에 관심이 있는 사람들은 유일한 기원적 언어로 신성한 텍스트를 읽고 기도를 할 때 사용한다. 카플란과 발도프(Kaplan and Baldauf 1997)는 기독교의 확산을 일종의 언어 제국주의라고 불렀다. 쉬프만(Schiffman 1996)은 종교, 신화 그리고 언어 문화와 관련된 저술과 그 상호 작용에 주목했다.

그러나 일반적으로 종교(신념과 관습이든)와 언어 정책의 밀접한 상호 작용에 대한 학문적 성과는 거의 없었다. 비록 두 현상을 함께 묶으려는 시도가 많지는 않았지만, 과거와 현대의 언어 정책과 계획에 대한 사례 기술을 통해 연구의 토대를 쉽게 마련할 수 있다. 이 장의 목표는 특정한 종교와 언어 정책 사이의 건설적인 상호 작용을 보여 주는 것이다.

퍼거슨(Ferguson 1982)의 논문은 종교와 언어적 요소의 관계에 대한 기본적인 텍스트이다. 그는 전 세계의 주요한 표기 체계의 분포가 유전적이거나 유형론적인 언어의 분류보다 세계의 주요 종교들의 분포와 더욱 밀접하게 관련된다는 사실에 주목했다. 어디에서든지 서구 기독교가 퍼질 때 쓰기 위한 다양한 라틴어 문자가 구어보다 먼저 전해졌다. 유사하게 어디에서든지 이슬람교가 퍼질 때 아랍 문자가 전해졌다. 유대인들은 수세기에 걸쳐 습득한 여러 다른 모국어를(이디시어, 라디노어, 아랍과 페르시아 방언, 그 밖의 언어) 쓰기 위해 히브리어 알파벳을 사용했다.

종교 분야에서는 종종 공공 의식을 위해서 신성한 텍스트가 본래의 언어로 되어 있거나 심지어 번역을 해야 하더라도 한 언어의 초기 형태를 보존하기도 한다. 종교적 의식은 그것을 행하는 사람들이 이주한 후에도 본래 언어를 보존하는 데 도움을 준다.

퍼거슨은 선교 활동과 식민지의 관련성에도 주목했다. 많은 세계에서 이 두 가지의 활동은 함께 일어났다. 또한 다양한 패턴이 출현했다. 가령 영국 출신의 개신교 선교사들은 성경을 토착어로 번역하는 것을 선호했고 이를 통해 기본적인 문식력을 제공했던 반면에 프랑스, 스페인, 포르투갈 출신의 가톨릭 선교사들은 교리 문답서는 토착어로 가르쳤지만 성경은 라틴어로 유지했다.

퍼거슨은 "모든 종교적 신념 체계는 언어에 대한 몇 가지 믿음을 포함한다"고 가정했다. 힌두교나 이슬람교 같은 몇몇 종교에서는 신성한 텍스트들이 번역되어서는 안 된다고 생각한다. 힌두교는 산스크리트어와 밀접하게 관련을 갖고 있다. 힌두 민족주의는 인도 전체를 위해 힌디어를 지지하고 산스크리트어는 학문적 언어로 규정했다. 가장 오래된 남아시아의 종교적 텍스트인 베다 경전은 산스크리트어로 되어 있는데, 힌두교 주문인 '만트라'의 신성함 때문에 정확한 전달이 요구되었다.

이슬람은 기본적으로 고전 아랍어와 철저하게 관련되어 있다. 아랍 국가들은 일반적으로 이슬람을 따르고 아랍어를 사용한다고 헌법에 명시하고 있다. 다른 언어를 사용하는 많은 사람들이 이슬람을 따르는 반면 전통적인 아랍어는 언어적으로 종교를 지배한다. '쿠란'은 오로지 아랍어로만 읽고 암송될 수 있다. 번역 허용에 대한 논란이 있기 때문에 기도를 하는 사람들은 반드시 아랍어로 암송해야 한다. 금요일에 이루어지는 설교만이 아랍어를 사용하지 않는 지역 사회에서 해당 지역의 방언으로 진행될 수 있다. 이슬람은 7세기에 북아프리카로 확산되었으며 13세기에서 14세기 사이에 세워진 서아프리카의 사하라 사막 이남의 아프리카 왕국으로 천천히 유입되었다. 종종 이슬람의 유입은 무력적이었으나, 중요한 종교적 강조는 쿠란에서 신성한 것으로 여겨지는 단어들로 이루어졌다. 이것은 지역 방언을 넘어서는 아랍어의 최고 지위를 보장하는 것이었고 그 지역 방언들은 모두 아랍어의 영향을 받았다. 무슬림 무역상들은 일찍이 동아시아에 나타났다.

이슬람을 설명하는 중국어 서적들은 16세기와 17세기 사이에 출간했다. 대체로 이슬람은 아랍어 또는 페르시아어로 남아시아에 소개되었다. 인도에서 아랍어는 종교적 영역으로 제한되었고, 페르시아어는 무슬림의 교육, 정부와 문학의 수단으로 남아 있었다. 페르시아어는 이슬람교의 표준 언어로 발전한 우르두어로 대체되었다. 예전에 소련 연방이었던 중앙아시아 지역에는 6천만 명의 무슬림이 살고 있다. 많은 지역 방언들이 표준화되었던 소비에트 시절에 억압을 받았던 이슬람 사원들은 현재 다시 열렸다. 아랍의 문자로 지역 언어를 표기하려는 움직임이 있다. 이슬람은 몇 세기 동안 동남아시아에 평화롭게 유입되었다. 인도네시아는 이제 이슬람을 믿는 국민이 세계에서 가장 많은 국가가 되었으며 말레이시아는 대략 중간 정도이다(Kratz 2001).

유대교와 같은 다른 종교들은 텍스트를 신성화하기 위해 계속 신성화된 본래의 언어를 사용했으나 시간이 지남에 따라 번역을 수용했다(유대인들은 그리스 구약성서 번역에 맞추어 단식일을 더 이상 지키지 않는다). 제2의 성전 기간에 유대인의 지방 언어인 아람어Aramaic는 많은 성서에서 사용되었고 해석을 위한 주요 언어로 발전했다. 많은 신성한 저술과 출판 등이 그리스어로 이루어졌거나 번역되었다. 비록 히브리어가 종교적, 문학적 언어로서 중심 위치를 유지했으나 추방 기간에는 유대인 사회의 언어가 종교 교육을 위해 사용되었고 많은 저술도 이루어졌다.

비록 불교와 기독교 모두 특정한 번역을 선호했지만 다양한 번역을 장려해 왔다. 불교는 신성한 경전을 흔쾌히 다른 언어로 번역했다. 산스크리트어와, 프라크리트어 그리고 중세 아리아 언어로 쓰인 텍스트들은 중국어로 번역되었다. 불교는 중국어로 기록되어 6세기에 일본으로 유입되었으며[1] 티베트와 몽골에는 티베트어로 된 불교 텍스트가 있었다. 기독교 역시 신성한 텍스트들이 자주 다른 언어로 번역되었고 종종 종교적 의식을 위해서 토착어가 사용되는 것도 허용되었다. 유럽에서는 초기 기독교의 지배적인 언어가 그리스어였다. 라틴어는 종교개혁까지 서양 기독교에서 유일한 예배의 언어가 되었으며 로마 가톨릭 교회에서는 그 역할이 제2차 바티칸의회 시기까지 지속되었다. 동방 정교회에서는 시리아어와 아르메니아어의 전통 및 고트어, 슬라브어 그리고 다른 언어들로 번역하는 것을 허용했다. 이집트의 콥트교는 아랍어로 말하게 된 후에도 예배의 언어로 콥트어를 유지했다. 기독교 선교사의 영향으로 아프리카 언어의 쓰기 양식은 엄청난 발전이 있었다. 19세기 개신교 선교사들은 이데올로기적으로 성경 번역에 열정적이었다. 거의 모든 아프리카 쓰기 양식에서 기독교 선교사들은 표기 체계를 도입했다. 이 선교사들은 아직 남아 있는 북미 인디언들의 언어 발전에 중요한 역할을 했다. 그러나 라틴아메리카에서 가톨릭 교회는 대체로 인디안 언어에 반대 입장에 서 있었다. 짐바브웨에서 벌어진 다양한 개신교와 가톨릭 선교사들의 작업은 쇼나어Shona라는 방언의 표준화를 통해서 다른 언어를 만들어 냈다. 남아프리카에서는 언어의 발전과 선교사의 확산으로 인해 총가어Tsonga로 '공통어(lingua franca)'로 정해졌다. 그리고 그로 인해 부족장 제도와 친족 관계와 같은 전통적인 시스템의 붕괴가 함께 일어났다. 마다가스카르에서는 런던 선교사 사회에 의해서 발달되었던 성경 번역과 사전이 상류 지역 방언 사용자들에게 국가적으로 중요한 것임을 알려 주기도 했다.

불교와 같은 수입 종교를 반대하던 측에 있으면서 일본 신사에서

1 (옮긴이 주) 저자는 불교의 전래 과정에서 불교가 한국을 거쳐 일본으로 유입되었다는 점을 간과했던 것으로 보인다.

일하던 사람들은 언어 순화에 대한 주장을 통해 분명하게 일본 본래의 특징을 강조하는 경향이 있었다. 기원전 약 1000년에 북동부 페르시아 지역에서 발달했던 조로아스터교는 보수적인 사제들에 의해서 보호되었다. 아베스타어로 쓰인 본래의 신성한 텍스트는 전통적으로 팔레비어로 번역되었고, 10세기 이후 이 텍스트는 이란에서 아랍 문자로 쓰인 페르시아어 및 서부 인도로 이주한 조로아스터 교도들의 산스크리트어와 구자라트어로 대체되었다.

언어가 종교에서 매우 다양한 측면을 차지하기 때문에 종교 집단에 대한 모든 사회언어학적인 차원의 상황 및 기능들은 매우 복잡할 수 있다. 개인적 종교 언어 사용(혼자 기도하는 것, 고해성사, 종교 텍스트를 읽는 것 등)과 그룹 활동(그룹에서의 기도, 찬송을 부르는 것, 설교를 듣는 것, 예배에 참여하는 것 등)은 분명하게 구분된다. 특정한 종교가 형성되었다면 그 안에서의 언어 관습 혹은 그 사용 양상은 다양하게 고려되어야 한다.

여러 언어를 사용하는 사회에서 종교는 언어 선택에 있어 특별한 역할을 할 수 있다. 서부 인도에 있는 세인트루시아에서는 공식 언어로는 영어가 있지만 프랑스어가 섞인 크레올이 널리 사용되고 있다. 라이베리아에서는 교회의 예배에서 영어와 크리올어가 사용되고 있다. 젊은 목사들은 나이 든 종교 지도자들보다 설교에서 영어를 더 많이 사용함으로써 자신들의 언어적 숙달도를 보여 주기를 기대받는다(Breitborde 1983). 네덜란드에서는 교회에서 프리지아어를 사용하는 것이 논란거리로 남아 있다(Zondag 1987). 프리슬란드Friesland는 16세기에 캘빈주의를 받아들였고 교회, 집 그리고 학교에서 공식적인 네덜란드어 성경 번역본을 사용했다. 프리지아의 민족주의가 성장함에 따라 프리지아어가 종종 찬양과 설교에 사용되었다.

종교와 언어, 그리고 민족이 유입되어 접촉하고 경쟁할 때 상황은 더욱 복잡해지는데, 1863년 폴란드의 반란 진압 후 북서부 지역(오늘날 리투아니아와 벨라루스)이 이에 해당된다(Weeks 2002). 러시아 정부는 폴란드화 현상에 위협을 느꼈는데, 이는 그리스 정교회와 경쟁 관계에 있는 로마 가톨릭교의 확산, 그리고 비라틴 지역 일부에서 예배 중 폴란드어를 사용하는 것과 관련이 있다. 가톨릭의 예배 과정 속에 러시아어를 도입하려는 시도들은 벨라루스인들 사이에서 폴란드어의 영향을 막기 위한 노력의 일부였다.

이와 같이 간략히 요약했음에도 불구하고 우리는 언어 정책 연구에 있어서 체계화된 종교적 언어 사용에 관한 풍부한 사례와 그 복잡함을 알 수 있다. 종교와 종교를 바꾸는 문제는 국가의 언어 정책에서 연구할 만한 가치가 있으며 항상 유의미하다.

### ❙ 직장

우리가 탐구할 만한 다른 사회 집단들도 많이 있다. 모든 기관과 사회 집단들은 각 기관마다 언어 정책을 가지고 있다. 각 집단은 언어 관습 혹은 언어 선택의 이데올로기적인 지위를 가지고 있으며, 때로는 언어 통제의 측면에서 명백한 노력을 하고 있다. 많은 언어 통제 정책이 높은 수준에서 이루어지고 있다. 예컨대, 이중 언어에 대한 국가적인 정책에 따라서 캐나다 군대에서는 격일로 프랑스어와 영어를 번갈아 사용하는 언어 정책이 있었다. 마시아스(Macias 1997)의 설명에 따르면 1980년에 미국 연방 고용기회평등위원회의 영어 사용 정책 가이드라인의 개발과 함께 샌프란시스코 병원의 언어 사용 패턴의 변화가 또한 대표적이다.

직장에서의 언어 정책은 또한 지역적으로 결정된다. 글리네트(Glinert 1995)가 1990년대에 백만 명의 러시아어 사용자들의 이민을 위한 대응책으로 이스라엘의 사적, 공적 기관에서 설문조사를 했는데, 그는 어떤 핵심적인 정책은 찾지 못했지만 히브리어를 사용하지 않는 고객에게 좀 더 효율적인 서비스를 제공할 수 있는 러시아어 사용자를 고용하는 것 등이 포함된 지역적 적용 패턴이 있다는 것을 알아 냈다. 엄밀하게 말한다면 실용적인 고려 사항들이 종종 그러한 상황을 지배한다. 에티오피아의 시장에 대한 연구에서 쿠퍼와 카페터(Cooper and Carpeter 1976)는 일반적으로 구매자의 언어를 판매자가 배우려고 노력한다는 사실을 발견해 냈다. 그러나 공공기관 혹은 정부 기관에서는 일반적으로 '구매자'가 존재하지 않고 공무원들은 공공의 언어를 알지 못하는 사람들이나 새로운 이주민들이 쉽게 접근할 수 있도록 도움을 줄 의무감을 느끼지 않는다. 그러므로 언어 권리의 필요성에 따라서 정책들이 적용된다.

회사에서는 종종 자신들만의 언어 정책을 세우곤 한다. 회사의 직원들이 영어를 사용하기를 원하는 다국적 유럽 회사에 관한 많은 보고서들이 있었다. 2000년 4월 9일자 〈로스앤젤레스 타임스〉에 따르면 프랑스 커뮤니케이션 사업(휴대폰 회사)을 하는 알카텔이 영어를 공식 언어로 채택했다. 이전에는 고위 간부들만이 미국 고객들을 상대로 거래를 할 때 영어를 쓸 수 있을 것이라고 기대되었다. 그러나 새로운 정책 아래에서는 모든 직원들이 영어 수업을 제공 받게 되었고 제품 설명서가 영어로 쓰이게 되었다.

### 지방 정부

2장에서 지방 정부가 저속한 말을 통제하기 위해서 사용했던 법령을 예로 든 바가 있었다. 지방 정부들은 공교육에 책임이 있고 언어 습득 정책을 제정하는 경우가 많았다. 지방 정부에 속해 있으면서 언어 정책과 관련이 있는 제3의 지역은 공공 표지판을 위한 언어를 선택해야만 한다. 이와 관련된 국가적 정책이 없는 다중 언어 공동체의 작은 읍 단위나 시의회는 그러한 정책을 제정하거나 시행하기도 한다. 웨일스의 민족주의 성장과 권력 이양의 결과로서 그러한 변화에 대응하기 위해 웨일스의 많은 지방의회들은 이중 언어 표기 정책을 확립했다(1장에서 이미 그 예를 언급한 바 있다). 연방 체계에서 하위의 정치 단위(주, 도, 자치 지역)는 종종 교육과 언어에 대한 권한을 갖는다.

### 초국가적 단체(국제 단체)

논리적으로는 국가적 언어 정책이 초국가적인 정책의 선행 조건이긴 하지만 먼저 초국가적인 수준을 언급하는 이유가 있다. 이 단원에서 우리는 행정상의 기능을 위한 다양한 종류의 종교적, 국제적인 단체(EU, UN)가 제정한 언어 정책에 대해 알아볼 것이다. 그러나 그 구성원이 언어 정책에 영향을 미치는 노력은 남겨 놓고자 한다(이에 대해서는 8장을 보라).

초국가적 조직의 내적이고 관료적인 제도하의 언어 정책에서는 실용적인 것과 상징적인 것 사이에 갈등이 나타난다. 실용적인 의견은 가능한 한 적은 수의 언어를 사용하자는 것이다. 그러나 회원국 자신의 국가 언어는 최소의 집단 안에 포함되어야 한다는 조건하에서 회원국들은 그러한 의견을 받아들일 것이다. 1995년에 유럽의회는 업무용 언어를 11개에서 5개로 줄이자는 프랑스의 제안을 거부하고 그러한 변화는 만장일치가 필요하다는 점을 강조하면서 결의안을 통과시켰다. 1999년에 의회는 유럽 연합 내부의 언어 정책에 대해 의논했다. 실용적인 요소는 명확했다. 현재 국가 회원국의 모든 언어를 관리하기 위해 아주 적은 수의 통역 부스가 이미 운영된 바 있었다. 그런데 유럽

이사국의 수보다 두 배가 넘는 언어로 모든 번역과 통역을 제공하자는 실질적인 안건이 유럽 연합에서 주요한 문제로 제기되었다. 드 스완(De swaan 1999)은 회원국들이 자신들의 고유 언어가 포함되는 제안은 지지하겠지만 그렇지 않은 안은 반대할 것이라고 주장했다.

회원국이 확대되기 전 유럽 연합에는 덴마크어, 네덜란드어, 영어, 핀란드어, 프랑스어, 독일어, 그리스어, 이탈리아어, 포르투갈어, 스페인어, 스웨덴어 등 11개의 공식 언어가 있었다(Nic Shuibhne 2001). 회원국들은 어떤 공식 언어라도 쓸 수 있고 그 언어로 답을 받을 수도 있다. 연합과 각 국가의 어떠한 의사소통도 그 국가의 공식 언어여야 한다. 모든 규제와 공식 문서는 모든 공식 언어로 기록되어야 한다. 실제로 대부분의 내부 업무는 영어, 프랑스어, 독일어 등 더 적은 수의 언어로 이루어진다. 이러한 정책의 비용과 회원 국가를 늘린다는 것은 명백하게 다음과 같은 사실을 함의한다. 새로운 국가가 연합에 가입하는 데 필요한 조건은 6만~7만 페이지에 달하는 기본 규제를 포함한 관련 연합의 법과 문서를 해당 국가의 언어로 번역하는 것을 의미했다. 2002년에 각각의 후보 국가, 즉 불가리아, 사이프러스, 체코 공화국, 에스토니아, 헝가리, 라트비아, 리투아니아, 말타, 폴란드, 루마니아, 슬로바키아, 슬로베니아, 터키 언어의 번역에 대해 10명의 직원, 통역사들이 통역 및 번역 작업의 어려움을 호소했다. 그 작업을 위해 연합은 회의에서 정부 대표를 위해 완전한 번역을 제공했고 모든 단체와 위원들을 위해 해당 국가 언어로 번역된 문서를 제공하려 했다. 언어를 추가하는 것은 명백하게 그러한 정책을 시행하는 데 과도한 부담을 줄 수밖에 없다.

연합의 관료 제도에서 드 스완(De swaan 2001: 171-3)은 프랑스어가 영어에 그 기반을 잃어 가고 있는 것에 주목했다. 1991년에 90%의 지원자들이 프랑스어를 유창하게 했고 70%가 영어, 16%만이 독일어를 유창하게 했다. 그 해에 2/3의 내부 소통이 프랑스어로 이루어졌고 약 1/3정도가 영어였다. 그러나 드 스완은 그러한 움직임이 앞으로는 영어로 통일될 것이라고 주장한다. 1989년에 유럽 연합에는 570명의 정규 통역사, 2천5백 명의 임시 통역사가 있었다. 1999년에 연합위원회에 든 번역 비용은 내부 예산의 30%, 3억 2천5백만 유로를 차지했다. 실제로 각 국가의 언어를 유지하려는 노력에도 불구하고 영어는 유럽 연합의 공통어로 발전하고 있다.

유럽 연합의 언어 정책의 두 번째 요지는 자신들의 언어로 구축된 경계를 넘어서 회원 국가와 그 국민들이 협력할 수 있도록 현실을 개선하는 일이다. 실용적으로 이것은 연합에서 공통어를 선택함으로써 가장 효율적으로 실현될 수 있다. 실제로 이러한 경향은 대부분의 국가가 영어를 자국의 주요한 외국어로 만들면서 이루어지고 있다. 만약 영어가 중립적이라면 그것은 이상적인 보조 언어가 될 수 있을 것이다. 그러나 단일 회원(UK)과 유럽의 패권을 회복하는 데 걸림돌이 되는 국가(미국) 사이의 언어의 역사적인 연관성 때문에 비실용적인 언쟁을 지속하게 될 수밖에 없다.

영어의 위협에 대항하기 위해 유럽에서 외국어 교육의 개선을 일원화하려는 노력은 유럽의회의 주요 활동이었고 현재는 유럽 연합으로 통합되었다. 유럽 연합은 언어 교육의 공통적인 틀, 유럽의 커리큘럼과 그들의 다양한 언어에서 개인이 적절하게 기능하는 능력, 즉 복수 언어 숙달도(구사) 능력의 통합된 평가 방법을 발전시키기 위해 노력해 왔다. 의회의 개혁 노력 가운데는 외국어 교육을 시작하는 나이를 점진적으로 낮추는 일, 의사소통의 효율성을 강조하기 위해 대부분의 어린아이들에게 2개의 외국어를 가르치는 것(영어 하나만을 가르치는 경향에 반대하는 방식), 다른 나라를 방문하는 프로그램을 장려하는 것 등이었다. 외국어를 교육하는 것은 연합 언어 정책의 필수적인 부분이다. 이는 연합의 새로운 구성원으로 가입하는 과정에 대한 보고서에 기록되어 있으며, 공직자와 전문가들에게 연합 언어의 교육을 높이기 위하여 장려되었다.

유럽 연합 정책의 세 번째 요지는 소수 언어 권리에 대한 관심이다. 자신들의 국가 언어의 인식을 촉구하기 위해 다중 언어 사용이라는 이념적 수용을 선언했는데 그들의 소수 언어 권리를 보장하기 위해 논쟁하는 것은 회원국들에게는 힘든 일이었다.

다른 초국가적인 조직은 그들 고유의 언어 정책을 가진다. 유엔은 2개의 공식 언어(영어, 프랑스어)로 시작했고 후에 러시아어, 중국어, 스페인어, 나중에 아랍어가 추가되었다. 많은 이유가 있을 수 있다. 그것은 특히 자신들의 국가적 정체성을 훼손하지 않고 그 구성원을 통합하는 근본적인 목적이라고 할 수 있다. 이러한 모든 조짐들은 유럽 연합이 1990년에 유럽의회 채택 안에 "완전한 복수 언어 사용의 원리"라고 야심차게 표현된 정책의 복잡성과 흥미를 발전시키는 것과 관련돼 있다(Fishman 1995:49). 그러나 그러한 정책의 성공적인 시행을 위한 실제적인 제약은 적지 않다.

## 국가

국가의 언어 정책에 대한 좀 더 체계적인 방법을 살펴볼 차례이다. 국가적인 차원에서 상호 영향을 받는 언어 정책에 대해서는 국가 차원보다 낮거나 높은 차원의 연구에 비해 덜 연구되었으며 명백하지 못한 부분이 많다. 이는 세계의 중요한 부분에 주요 영향력을 행사하게 되는 것은 유럽 연합 차원에서의 정책인 것과 마찬가지로, 언어의 유지와 소멸을 궁극적으로 결정하는 것은 가족 차원의 정책이라는 점을 통해 확인된다. 개별 국가에 초점을 맞추거나, 그 국가의 집중된 언어 계획에 치중하는 언어 정책 연구는 많은 중요한 특징을 놓치기 쉽다. 그러나 언어 정책과 계획의 연구가 독립 국가의 지위를 찾으려는 사회, 혹은 새로운 독립 국가들을 위한 관심사에서 시작했고, 국가주의가 언어 정책을 지배해 가고 있는 실정이기 때문에 많은 양의 연구들이 국가 차원에서 이루어지고 있다. 이러한 상황은 이 책이 국가 차원의 언어 정책에 대해 많이 분량을 할애하고 있음을 통해 잘 드러나고 있다.

# 5 두 단일 언어 정치 체제–아이슬란드와 프랑스

## 단일화를 향하여

언어 정책에 대한 학술적 연구는 국가적 차원에서 시작되었다. 특히 초기의 학술적 연구는 국가가 처음 독립성을 획득하는 순간 직면하게 되는 문제들에 집중했다. 이를테면 19세기 유럽 국가들 사이에서 국가의 자립성이 확산되는 시기라든지—노르웨이의 국어 발전에 대한 호건의 고전적인 연구(1966a)에서 논의된 것과 같이—혹은 베르사유 조약에 의해서 태어난 새로운 국가들이 등장하기 시작한 가진 제1차 세계 대전 이후의 유럽이라든지 그들이 언어 개량을 통해 표준어를 확보하고자 기울인 노력이라든지, 혹은 제2차 세계대전 이후 유럽 기반의 제국이 붕괴하면서 국가들이 급속도로 독립했다든지, 최근 소련의 붕괴로 야기된 새로운 국가들이라든지 등과 관련된 문제들을 말하는 것이다.

이들 각각의 시기들은 다양한 특성을 가졌다. 민족의 정체성과 위대한 전통을 찾으려는 민족주의(nationalism)는 19세기에 언어 통제를 위한 강력한 동기를 부여했다. 프랑스 혁명과 독일 낭만주의는 하나의 통합된 언어가 민족정신의 가장 훌륭한 정의이자 수호자라고 가정하는 민족주의의 견해를 가지고 있었다. 적절한 국어를 고르고 외국어의 영향으로부터 국어를 순화하는 것이 주요한 활동이었다.

이러한 생각들은 제1차 세계대전 이후의 언어 통제에서 여전히 강력했으나, 유럽의 주요 권력들은 터키와 오스트리아－헝가리 제국의 붕괴로 만들어진 신생 국가들이 자신들의 토착어를 개량하는 것과 함께 국제 언어를 기꺼이 수용할 것이라고 가정했다. 또한 인구 이동과 국경 조정 문제(최근에는 "인종 청소"로 알려진)에서 살아남은 소수 언어들을 보호할 필요가 있다는 깨달음도 나타났다.

제2차 세계대전  이후 민족주의의 비극적인 영향에 대한 혐오감은 개인의 시민권과 인권(언어와 관련한 권리를 포함하여)을 보호하려는 방향으로 전환하게 했는데, 이는 정체성 확보를 위해 언어 정책을 사용하려는 국수주의적인 경향성에 대한 도전의 시작이었다. 소련의 붕괴는 이러한 힘들을 확산하는 데 유용한 무대를 제공했는데 즉 새로 독립한 국가들은 언어적 소수자의 권리를 선택하여 명목상의 언어를 회복시키려고 노력했다. 밀레니엄이 끝날 무렵에는 세 번째 힘이 세계의 거의 모든 국가의 사회언어학적 화두를 지배했는데 이것은 세계화의 영향으로 보편적인 보조 언어로서 영어의 지배력이 급증했다는 것이다. 민족의 언어 정책은 21세기에 당면한 이슈가 무엇이건 간에 그것은 영어의 지위를 다루어야 한다.

나는 언어 정책의 역사가 아니라 도입을 쓰고 있다. 경험을 통해 나는 언어 정책과 해당 국가의 언어적, 민족적 복잡성을 관련시키는 모델을 사용해서 내 발표를 구성할 것이다. 이 모델은 피시맨, 퍼거슨과 다스 굽타(Fishman 1969, Fishman, Ferguson and Das Gupta 1968)의 견해를 수정한 램버트(Lambert 1999)에 기반을 두고 있는데, 3개의 기본적인 국가 유형을 설정하고 있다: 단일 언어 국가(단일민족), 이중 (혹은 삼중) 언어 국가, 그리고 다민족 국가. 램버트는 다양한 언어 통제 활동의 유형들은 사회의 민족 구성의 유형과 관련하여 가장 잘 이해되는 것 같다고 제안했다. 그는 사회언어학적인 혼합체에 의해 정의되는 세 가지 유형의 국가를 구별했다.

첫 번째 유형은 언어학적으로 동질적인 국가들(countries)로 구성된다. 그러한 국가로는 일본, 중국, 미국 등이 포함되는데, 이들은 언어적인 소수자를 가질 수도 있으나 그 규모가 작고 덜 중요하며, 지리적, 사회적으로도 주변적이다.

두 번째 유형은 이중 혹은 삼중의 국가들로 구성되는데, 이 국가들은 둘 혹은 3개의 민족언어학적인 집단을 포함하고 있으며 이들은 규모나 권력에 있어 대체로 동등하다.

세 번째 그룹은 모자이크적인 사회로 구성되어 있는데, 나이지리아, 인도, 그리고 파푸아 뉴기니와 같은 다민족 국가들로서 이들은 많은 민족 집단을 포함하고 있다. 세계의 절반 이상의 국가들이 5개 혹은 그 이상의 실질적인 민족 커뮤니티를 가진다고 램버트는 지적하고 있다.

램버트는 이러한 유형론과 해당 국가가 선택하는 언어 정책의 종류 사이에는 상호작용이 있다고 주장하는데, 동질적인 국가들은 보통 국어가 이미 선택된 것으로 가정한다. 그들은 표준어의 형태에 대한 규범적인 관심을 강조하며, 추가적인 외국어의 습득에도 관심을 기울이기도 하고, 때로는 자신들의 언어를 국경 밖으로 확산시키기 위한 정책을 개발하기도 한다. 두 번째와 세 번째 유형의 국가들은 보통 공용어의 선택에 대한 논쟁에 필연적으로 휘말리게 된다.

램버트의 국가 유형론은 해당 국가 안에서의 실제적인 언어 상황에 기반을 둔 것이었다. 피시맨(Fishman 1968, 1969)에 따르면 상황보다는 인식을 고려하는 것이 더 좋은 것으로 보인다. 피시맨은 주목할 만한 전통의 수나 민족 이데올로기적인 정체성에 따라 국가들을 분류했다. 피시맨(Fishman 1971a)에서는 국가들을 발전시키는 데 있어 언어 정책과 관련된 세 가지 기본적인 결정 유형을 제안했다. 유형A의 결정은 주목할 만한 전통에 대한 인식이 없는 식민지들에서 발생하는데 이들은 공용어 혹은 국어로서 서구의 식민지 언어를 수용했다. 유형B는 단일하지만, 주목할 만한 전통의 토착어를 선택했다. 스와힐리어를 쓰는 탄자니아가 그러한 사례이다. 보통 토착어는 개량이 필요하며, 따라서 거기에는 전환 기간이 포함될 수 있다. 이 두 유형은 분명한 것이었다. 세 번째 부류, 즉 유형C의 결정은 주목할 만한 전통들과 언어들 사이에 "상충하거나 경쟁하는 복잡성"이 개입되는 상황에서 요구된다. 인도가 가장 적절한 예이다. 지역적인 차원에서는 종종 유형B의 결정에 도달하는 것이 가능했으나 국가적인 차원에서는 하나의 토착어를 선정하는 것은 해당 화자에게 너무 많은 이익을 주게 될 것이므로 결국 일반적인 결정은 업무용 언어로서 식민지 언어를 유지하는 것이었다.

피시맨의 모델은 부분적으로만 램버트의 모델과 겹치는데(유형A와 B는 둘 다 단일 언어에, 유형C는 이중, 삼중, 혹은 다민족국가 언어에) 여기에는 사회언어학적인 사실보다는 이데올로기의 합치라는 보다 중요한 차원이 추가된 것이다. 표 1은 이 두 모델을 결합한 것이다.

**표1. 국가 유형과 언어 정책들**

| 유형 | 태도 | 이데올로기 | 활동 |
|---|---|---|---|
| I | 하나의 언어가 국가 정체성과 결합되어 있음. 다른 언어들은 주변적임. | 단일언어 | 언어자료 계획,<br>언어 습득 계획 |
| II | 둘 혹은 세 개의 언어가 국가 정체성과 결합되어 있음. 다른 언어들은 주변적임. | 이중 혹은 삼중언어 | 지위 계획 |
| III | 국가적 정체성과 관련된 언어는 없음. | 여러 개의 다양한 공식 언어를 가지는 다중언어 | 언어자료 계획과 언어 습득 계획 |

이 수정된 분류는 정치 체제의 언어 정책에서 발견되는 복잡한 패턴을 조직하는 기초로 사용될 것이다. 논의의 출발 시점에서 이미 정의된 언어 정책에 대해 먼저 논의한다고 해서 내가 언어 정책에 대한 헌법적이거나 법률적인 진술이 실제 정책의 증거라고 제안하는 것은 아니다. 한 국가가 헌법을 가지느냐 아니냐 하는 것은 사람들이 쉽게 그 언어 정책을 식별할 수 있느냐와는 관계가 없는 것 같다. 사실 헌법의 조항과 실제로 그 국가의 언어 정책을 구성하는 것 사이에는 괴리가 있다. 그러나 언어에 대한 조항을 포함하는 헌법을 가진 국가들은 헌법 속에 언어를 명세화하거나 고정하려는 시도를 했다는 점에서 언어 정책에 대한 이슈가 충분히 두드러진 것이거나 정치적인 관련성을 가진다는 증거가 된다.

## 단일 언어 국가들

많은 국가들은 헌법적으로는 단일 언어적이다. 다른 국가들은 실제적 혹은 이데올로기적으로는 단일 언어적이다. 다른 언어나 권리에 대한 언급은 하지 않으면서 헌법으로 단일 언어라고 주장하는 국가들은(Jones 2001) 알제리(아랍어만이 유일한 명명된 언어), 안도라(카탈로니아어), 바레인(아랍어), 방글라데시(방글라데시어), 불가리아(불가리아어), 캄보디아(크메르어), 카보 베르데(포르투갈어), 코스타리카(스페인어), 코트 디부아르(프랑스어), 이집트(아랍어), 프랑스(프랑스어), 온두라스(스페인어), 요르단(아랍어), 쿠웨이트(아랍어), 라오스(라오스어), 리비아(아랍어), 리히텐슈타인(독일어), 리투아니아(리투아니아어), 마다가스카르(마다가스카르어), 몰디브(디베히어), 모로코(아랍어), 오만(아랍어), 포르투갈(포르투갈어), 루마니아(루마니아어), 사우디 아라비아(아랍어), 시리아(아랍어), 튀니지(아랍어), 터키(터키어), 투르크메니스탄(투르크멘어), 그리고 예멘(아랍어)

이다.

이 그룹의 1/3은 아랍어를 쓰는 이슬람 국가로 구성되어 있으며, 이들의 현대 헌법은 이슬람은 국가의 영토로서, 아랍어는 국어로서 선언하고 있다. 이에 대한 예외들은 중동에 있는 국가들인 이란(페르시아어 포함), 이라크(쿠르드어 인정), 그리고 레바논(프랑스어에 대한 특별한 지위)이다. 북아프리카의 세 아랍 국가들인 알제리, 모로코, 튀니지는 헌법에서 소수자의 언어인 베르베르어나 널리 확산되어 잘 쓰이고 있는 프랑스어에 대해서는 규정하지 않고 있다. 이슬람의 많은 국가들은(파키스탄, 최대의 무슬림 국가인 인도네시아) 자신들의 주요 구어(spoken language)로는 아랍어를 사용하지 않는다.

두 번째 그룹은 로망스어 국가들로서 스페인, 프랑스, 독일, 그리고 루마니아가 포함된다(스페인의 경우 프랑코 이후 자치 지역에 일부 소수 언어들을 인정하기는 했다). 사실 많은 경우 헌법의 단일언어주의라는 선언은 훨씬 복잡한 현실과 이데올로기의 문제를 숨기고 있는 것이며 이러한 선언이 언어 통제 활동의 기초를 위해 필수적인 것도 아니다.

물론 헌법의 선언이라는 단순한 사실이 없다면 한 국가가 기본적으로 단일 언어적인지 아닌지를 결정하는 것은 훨씬 더 어렵다. 최근 이전의 켈트족 주변 언어의 지위에 대해 인정한 사실은 논외로 하더라도 영국이 프랑스와 같은 단일 언어국가라고 할 수 있을지, 혹은 미국이 다양하고 많은 이민자와 토착 소수민의 존재에도 불구하고 영어 단일 언어 국가로 간주될 수 있을지 등은 논란의 여지가 있다. 먼저 우리는 가장 단순한 정치 체제부터 기술해 보자.

## 단일 언어 정치 체제로서의 아이슬란드

실제 언어 관습(practices)을 살펴보면 완전한 의미에서 단일 언어적이라고 주장할 수 있는 국가는 거의 없다. 가장 명백한 사례는 아이슬란드로, 270만 명의 인구가 아이슬란드어 화자인 것으로 보고되었다. 비코르(Virkor 2000:125)에서는 "아이슬란드는 실제적으로 유럽에서(어쩌면 전 세계에서) 언어적으로 동질적인 국가 체제의 유일한 사례이다. 아이슬란드인들의 100%가 첫 번째 언어로서 아이슬란드어로 말하며 모든 생활 전 영역에서 아이슬란드어를 사용한다."고 기술했다. 다른 언어도 사용 중인 것이 있다. 《에스노로그(Ethnologue)》에 따르면 수어를 알 수 있는 1만 6천 명의 청각장애인들은 덴마크어 수어에 기반을 두고 있다. 영어와 덴마크어는 폭넓게 이해되고 사용된다.

아이슬란드는 6백 년간 노르웨이와 덴마크의 지배를 받았다. 1874년에 제한적인 자치권을 덴마크로부터 인정받기는 했으나, 화산 침식 이후 경제가 몰락하면서 인구의 약 20%가 북미로 이주했다. 새로운 경제가 천천히 재건되었다. 1944년 아이슬란드는 완전한 독립을 획득했다. 독립과 지리적인 분리로 인해 사소한 방언적 변이만을 가지는 언어적 동질성을 유지할 수 있었다. 현대 아이슬란드어는 고대 스칸디나비아어(Old Norse)와 매우 유사해서 옛 문헌들이 현대의 독자들에게도 쉽게 접근할 수 있는 상태로 남아 있다.

램버트에 따르면 단일 언어 국가는 언어의 지위보다는 형태에 더욱 관심이 있는 듯하다. 아이슬란드의 경우는 확실히 그렇다. 17세기 초반 아이슬란드의 화자들은 언어에서 외래어의 요소들을 순화하기 위해 체계적인 노력을 기울이기 시작했다. 이는 자신의 언어 자체를 위한 순화가 아니라 경쟁하는 언어로부터 거리를 유지하고 확립하기 위한 것이었는데 그 당시 덴마크어는 사업상 사용하는 언어였으며, 아이슬란드인의 상류층에 의해서 사용되었다. 국가의 독립을 위한 노력은 아이슬란드어 속의 외래적 요소인 덴마크어를 축출하려는 운동과 결합되었다. 두 번째 언어적인 적수는 영국과 미국 군대가 아이슬란드를 점령한 제2차 세계대전 동안 나타났다. 최근에도 대부분의 보편적인 차용은 영어로부터 온 것이다. 순화 운동을 지원하기 위해 아이슬란드언어의회가 1964년에 설립되었다. 1997년에는 38개 분야의 전문 용어, 철자법 사전, 신어 사전을 포함하는 단어 은행(a word bank)이 발족되었다. 이 의회는 다른 북유럽의 언어의회와 협력하고 있다. "지속적인 순화 운동"이 나타나는 주요 원인(Vikor 2000)은 언어에 의존하고 있는 아이슬란드의 정체성, 전통적인 문학과 문화 그리고 분리 등이 덴마크어와 영어라는 두 거대한 언어에 의해 위협을 받고 있기 때문이다.

램버트는 단일 언어 국가들은 언어 정책 안에 외국어 습득을 포함한다고 제안했다. 1999년 아이슬란드 교육 개혁의 주요한 특질 중 하나는 현대 언어에 대한 교육이 초등 교육과 2차 교육 과정에서 의무적인 것이 되었는데, 이 과정에서 덴마크어와 영어의 상대적인 지위에 변화가 있었다. 덴마크어는 교육이 늦추어지고 감소했으며 영어는 반대로 교육이 앞당겨지고 증가했다. 이러한 변화는 역사적인 덴마크의 지배력을 약화하는 데 기여했으며 국제 세계에서 높아지는 영어의 중요성을 인정한 결과로 보인다.

아이슬란드는 관습적, 이데올로기적, 그리고 언어 통제적으로 단일 언어인 민족 국가이다. 램버트가 예언했듯이 언어 통제는 순혈주의적인 목적을 가진 언어의 형태에 관심이 있다. 좋은 언어는 외래적인 요소들이 제거된 상태에 있을 때 순수하며, 외래적인 요소들은 아이슬란드의 언어와 정체성의 생존을 위협하는 것으로 받아들여진다. 따라서 내가 주장해 왔던 바와 같이 언어자료 계획과 지위 계획에 대한 연구를 분리한 채 진행하는 시도들은 아이슬란드 언어 정책의 본질과 내재된 동기화를 놓치게 될 것이다. 아이슬란드 언어의회는 1998년에 마이크로소프트사를 설득해서 윈도즈의 지원 언어로 아이슬란드어를 추가하도록 하는 데 성공했다. 한편으로 이것은 실용적인 언어자료 통제의 문제로 간주될 수 있으나 동시에 이는 아이슬란드어의 지위를 분명히 했다는 상징적인 가치를 가지는 것으로 해석된다.

관습적, 이데올로기적으로 단일 언어인 아이슬란드는 한편으로는 민족주의로부터, 다른 한편으로는 세계어로서의 영어의 도전으로부터 영향을 받은 언어 정책을 전개해 왔다. 아이슬란드의 언어 통제는 언어를 순화하기 위해 고안되었으며 이는 다른 민족 국가에서도 그랬던 것처럼 민족주의에 의해 동기화되었다. 심지어 가장 순수한 전형적인 단일 언어 민족국가의 경우에서조차 자신의 언어 지위에 대한 관심을 이 정도로 강하게 보인다면, 우리는 이데올로기적으로는 단일 언어적이지만 관습적으로는 다중 언어적인 국가들의 현실에서 언어 통제를 위해 엄청나게 복잡한 접근 방식을 발견한다고 하더라도 그다지 놀라지 말아야 할 것이다.

## 프랑스어의 정체성 보존하기

프랑스는 강력한 이데올로기와 통제를 보여 주는 전형적인 사례이다. 로이터 통신에 따르면(2002.4.14) 파리의 주요 신문인 〈르몽드〉가 〈뉴욕 타임즈〉로부터 받은 영어 기사를 주간 특별판으로 출간하기 시작하면서 "프랑스어를 잠식하고 미국화를 숭배한다."는 공격에 직면해 있다고 보도했다. 좀 더 이전에 있었던 독자 설문조사에서는 이러한 생각에 호의적인 것으로 나왔으나, 편집자에게 온 편지들은 강하게 부정적인 것이었다. 기존에는 프랑스어 통제의 주요 관심사가 프랑스어의 순화와 확산이었으나, 지난 최근의 10년 동안은 프랑스 학회의 웹 사이트에서도 인정하고 있듯이 영어(특히 미국 영어)와의 전쟁이었다. 이러한 싸움은 2002년 6월 과학 아카데미(Academie des Sciences)가 자신들의 보고서(Comptes Rendus)에서 앞으로 영어로 된 논문에 좀 더 가산점을 줄 것이며, 다른 주요 프랑스 과학 출판물들도 이를 따를 것이라고 결정함으로써 더욱 가속화되었다.

지난 수세기에 걸쳐 프랑스는 가혹한 언어 정책을 전개해 왔으며, 이 통제 정책은 영광과 순수함의 모든 측면에서 프랑스어의 이데올로기적인 우위성(primacy)을 확보하기 위해 의도된 것이었다. 2002년 싱가포르에서 열린 응용언어학회 총회 강연에서 울리히 아몬Ulrich Ammon은 프랑스 언어 정책의 기저에 있는 동기는 독일과 프랑스의 비교에 있다고 제안했다. 비스마르크에서 시작한 독일의 언어 정책은 모든 독일어 사용 지역을 포함하는 통합된 정치 단위를 건설하는 것을 목적으로 했다. 반면 리슐리외 이래로 프랑스의 언어 정책은 이미 프랑스의 지배를 받는 지역에 대해 통합적이고 유일한 언어로 프랑스어를 정립하려는 시도였다. 이러한 자명한 원리들은 프랑스가 채택한 언어 정책의 심각성을 설명하는 데 도움을 준다.

### 프랑스 아카데미의 설립

쿠퍼(Cooper 1989:3)에서는 아카데미 프랑세즈는 언어 계획의 처음이자 결정적인 사례라고 말했다. 그는 사회적, 정치적 맥락을 강조했다. 1624년 리슐리외 추기경이 루이 13세의 첫 장관으로 임명되었을 때 프랑스는 분열의 위기에 처해 있었다. 두 제국이 프랑스를 에워싸고 있었는데 하나는 신성로마제국(오스트리아, 헝가리, 독일)이고 다른 하나는 신성로마제국 황제의 조카가 통치하는 제국이었다(스페인, 포르투갈, 네덜란드, 이탈리아의 일부와 신세계로 구성된). 이들 두 합스부르크 통치자들은 심각한 외부의 위협이었으며 내부적으로는 프랑스 국왕의 권력에 대한 도전이었다. 가톨릭과 개신교 사이에 있었던 이전 세기의 전쟁들은 실질적인 독립성을 가진 상당한 규모의 개신교 소수자들을 남기게 되었다. 게다가 프랑스의 귀족들은 세금을 거두고 군대를 유지하는 등 독자적으로 자신의 지역을 통치했다. 치솟는 세금과 물가로 고생하던 소작농들은 정기적으로 폭동을 일으켰고, 루이스 자신은 어리고, 병약했으며 강력한 통치자가 되기에는 자질이 부족했다.

리슐리외는 이 공백을 메웠으며 자신이 죽을 때까지 18년 동안 중앙 집권화된 근대 국가를 만들기 위해 일했다. 그의 주요 임무는 질서를 확립하고 국왕, 국가, 그리고 신을 위협하는 무질서와 싸우는 것이었다. 이를 위해 국가는 예술을 포함한 모든 영역에서 개인의 활동을 지배하는 권위를 가져야 한다고 그는 믿었다. 리슐리외는 발레, 회화, 문학, 조각, 음악 등을 지원했으며 그 보답으로 예술가와 문예가들로부터 국가와 정부를 위한 지원을 기대했다.

아카데미 프랑세즈는 이러한 목적을 위해 동원되었다. 파리에서는 군주제의 중앙집권화와 함께 16세기 후반에 그들이 후원하는 귀족과 예술가들이 수도에서 살기 시작했으며, 이들은 작은 사회적, 예술적 엘리트들을 발전시키기 위한 핵심을 형성했다. 17세기 초반에 프랑스의 아이들은 프랑스어로 읽도록 교육을 받았으며, 1637년에는 첫 번째 중요한 학술적 저술이 프랑스어로 기술되었다. 리슐리외 자신은 프랑스어로 글을 쓴 첫 번째 신학자였다. 첫 번째 조약이 1714년에 프랑스어로 조인되었다. 공적인 영역에서 프랑스어의 사용이 증가하게 된 결과로 프랑스어를 발전시키고 개량하려는 수요가 발생했다. 불명확하고 낡고 지역적인 용어들을 제거함으로써 프랑스어를 개량하고 순화하려는 운동이 일어났다. 동시에 순혈주의자들을 만족시키기 위해 거칠고 외설적인 것으로 인식될 수 있는 평범한 사람들의 언어도 금지되었다. 그 결과로 남은 것은 높은 지위와 권위를 가진 귀족적, 문학적 언어였다.

쿠퍼는 리슐리외가 이러한 경향이 문화적, 지적으로도 적절할 뿐 아니라 국가의 통합이라는 목표에도 기여하는 것으로 보았다고 주장한다. 리슐리외는 아카데미 프랑세즈를 만들기 위해 작은 규모의 사적인 지성인 클럽을 조성했다. 1년 후인 1635년, 프랑스 고등법원은 프랑스어와 프랑스어로 쓰인 책의 판단에 대한 이 학회의 권한을 인정했다. 그것은 "프랑스어에 명시적인 규칙을 주기 위해, 그리고 프랑스어를 순수하고, 유려하고, 예술과 과학을 잘 다룰 수 있도록 하기 위한" 것이었다. 나중에 법률과 다른 통제에 의해 지원을 받은 아카데미 프랑세즈는 처음에는 프랑스에, 나중에는 프랑스어를 말하는 세계에 프랑스어라는 단일 언어적 헤게모니를 발전시키려 했다.

이 학회는 현재 두 가지로 그 역할을 기술하고 있다(웹 사이트 기준). 첫째는 프랑스어를 수호하는 것이고, 둘째는 많은 기부금을 사용하여 매년 약 80개 분야의 상을 수여함으로써 예술가들의 후원자로서 활동하는 것이다. 본래 이 아카데미는 사전, 문법, 수사학, 시라는 네 분야에서의 출판물을 예상했지만, 실제로는 사전만을 출판했다. 아카데미 프랑세즈는 40명의 '불멸의 지성'들을 포함하고 있는데, 이 학자들은 아카데미가 설립되었을 때부터 이렇게 불렸다. 여기서는 회원들을 투표로 뽑는데, 이들은 프랑스어에 영광을 가져온 시인, 소설가, 연극인, 철학자, 의사, 과학자, 민족학자, 예술비평가, 군인, 정치인, 성직자들이 포함된다. 현재 37명의 불멸의 지성들 중 3명이 여성이다. 그러나 더욱 많은 활발한 통제가 아카데미의 창립 이후에 수반되었다.

### 평등 또는 자유

저지(Judge 2000)는 프랑스 지역 언어의 운명은 리슐리외 아래에서 시작되고 이후 프랑스 혁명에 의해 지속된 중앙집권화의 영향을 받았다고 믿는다. 1790년 헌법 제정단은 지역 언어로의 번역을 지원하고 이중 언어 교사들에게 급여를 인상하는 법령을 통과시킴으로써 이중 언어주의를 수용했다. 그러나 1791년, 자코뱅당이 권력을 잡고 중앙집권화된 단일한 국가의 발전을 요구했다. 교육이 중심적인 역할을 하게 되었으며, 평등은 모든 사람이 같은 언어를 사용하는 경우에 한해서만 보장되었다.

평등은 자유보다 더 높은 가치를 가지는 것으로 부각되었다. 자코뱅당은 기회의 균등이란 단일한 국가에서만 제공될 수 있다고 확신했다. 1791년, 콩도르세는 문맹인 사람은 교육을 받은 사람과 동일하지 않으며 따라서 그들은 같은 권리들을 향유할 수 없다고 서술했다. 교육은 국가의 가장 중요한 의미 중의 하나였다. 일상 언어는 국가적인 차원에서의 의사소통을 지원하는 것이어야 했다. 리슐리외와 아카데미에 신세를 진 엘리트의 언어인 표준 프랑스어가 그 선택이었다. 지역 언어는 봉건주의와 결합된 것으로 인식되었다. 프랑스어는 국가의 상징이 되었으며, 다른 언어는 금지되었다.

이러한 정책을 실행하는 데에는 오랜 시간이 걸렸다. 1880년대가 되어서야 제3공화정은 프랑스어로 무상 의무 초등교육을 실시함으로써 자코뱅당의 정책을 실행했다. 프랑스어 지상주의에 대한 믿음은 자연스럽게 지역적 다양성이 열등한 것이라는 견해를 갖게 하는 불행한 결과를 가져왔다(Judge 2000: 73). 혁명의 초기부터 다른 언어들은 애국적인 것이 아니라고 간주되었다. 이러한 이데올로기적 견해는 지속되었으며 1994년의 투봉법(the Toubon Law)에서도 다음과 같이 반복되고 있다. "헌법에 입각해서, 프랑스어는 공화국의 언어이며, 프랑스어는 프랑스의 특성과 유산의 기초적인 요소이다."

헌법과 법률에 명시된 프랑스어의 헤게모니를 가지고 프랑스는 지역 언어 혹은 소수 언어를 위해 유럽 헌장에 서명하는 것을 크게 주저하지 않았다. 프랑스 정부는 소수 언어 사용자들 또는 프랑스어의 헌법적 지위를 약하게 하는 사람들에게 집단의 권리를 부여하지 않음으로써 유럽 헌장에 대한 자신들의 해석을 명확히 했다. 이러한 유보는 1999년에 프랑스가 유럽 헌장에 서명할 때 표출되었는데, 이때는 다른 국가들이 처음 서명을 한 지 7년이나 지난 시점이었다. 특허청(Treaty Office)의 웹에 있는 기록을 따르면 3년이 지난 이후에도 그 헌장은 비준되지 못했다. 프랑스는 여전히 언어적 소수자의 권리를 수용하거나 다른 언어들을 프랑스어와 동등한 수준으로 끌어올리려는 시도와는 일정한 거리를 두고 있는 것으로 보인다.

### ❙ 프랑스의 언어 통제

아카데미 프랑세즈는 언어 통제를 위한 하나의 수단이었으며, 프랑스어를 보호하기 위한 국가적 권위를 가진 조직체였다. 많은 주요한 법들이 명시적으로 프랑스어 정책을 수립했다(Ager 1996: 40~45). 1539년 빌레르 코트레 칙령은 프랑스어만이 법정에서, 법률 문서에서, 그리고 판결에서 사용될 수 있다고 선포했다. 영국과 다른 나라에서의 유사한 운동과 마찬가지로 이는 국어의 출현 그리고 라틴어가 법과 정부의 언어로 대체되는 과정이 시작되었음을 보여 준다.

프랑스 혁명 기간 동안인 1974년의 칙령은 프랑스어의 권력을 더욱 심화해 주었는데 이 칙령에는 교회 학교를 프랑스어 사용을 의무화하는 국가 학교로 전환하고, 알자스 지방에서 독일어와 알자스어, 그리고 다른 지역어 사용을 금지하며 법률적 결정에서는 프랑스어를 의무화하는 내용이 포함되었다. 그러나 이 정책을 효과적으로 수행할 교사가 충분하지 않아서 결국에는 사범학교(ecole normale)를 설립하게 되었다. 1881년, 교육부 장관은 프랑스어가 모든 학교에서 사용되어야 하며 그것은 무상이고 대중적이며 의무적이라고 반복했다. 1925년에는 교육부 장관이 다른 언어를 사용하던 비종교적 학교들을 공격했다. 1972년에는 퐁피두Pompidou 대통령이 "유럽에서 핵심적인 역할을 담당할 프랑스에는 지역 언어를 위한 자리는 없다."고 말했다. 같은 단일 언어 정책이 프랑스 제국이 새롭게 정복한 영토에도 강요되었다.

학교를 넘어, 1975년에 수립된 법은 프랑스어가 무역, 공공장소, 미디어와 공공서비스에서도 사용되어야 한다고 명시했다. 이러한 법은 유럽의 법에 따르기 위하여 수정되어야 했고 1994년에 프랑스어권과 문화부 장관이던 자크 투봉Jacques Toubon의 이름을 딴 투봉법으로 교체되었다. 이 법은 소비, 고용, 교육, 시청각 의사소통, 프랑스에서 열리는 세미나와 의회에서 프랑스어의 사용을 의무화했다. 공무원은 공식적 용어만을 사용해야 했다.

장기간의 많은 논쟁은 프랑스어 어휘가 존재할 경우 외국어 어휘의 사용을 금지하는 제안에 초점을 두었다. 헌법위원회는 이것이 개인의 자유를 제한한다고 했으나, 공무원은 공식적 용어를 사용해야 한다는 데에는 동의했다. 이 법은 프랑스에서 판매되는 모든 제품과 정부사업에서 프랑스어를 의무적으로 사용해야 한다고 규정했다. 수상은 공무원들에게 '프랑스어에 대한 열정'이 공무원의 연차 평가에서 고려될 것이라고 말했다. 국가에 등용된 모든 이들(공무원과 교사)은 헌법을 따라야 했고 그들 부처마다 용어위원회가 승인한 모든 단어를 포함한 프랑스어를 사용해야 했다. 외국인과의 협약에 있어서는 국제 관계에서의 프랑스어 사용을 요구하는 규칙에 따라야 했다(Ager 1996).

아카데미 프랑세즈의 통제 작업은 다른 단체들에 의해서 강화되었다. 프랑스 언어부서는 1937에 설립되어 20년 후에 프랑스 어휘부서로 교체된다. 1966년에 드골 대통령은 신식민지주의적 열망을 반영해 국내외에서 프랑스어를 수호하고 영어에 대항하기 위해 프랑스 언어의 팽창과 보호에 관한 상임위원회(Haut Comite pour la Defense et l'Expansion de la Language Francaise)와 국제 프랑스어위원회(Comite International de la Language Francaise)를 설립했다. 1973년에는 프랑스어권 위원회(Le Comite de la Francophonie)가 설립된다. 중앙 부처와 협동하여 다양한 정부 부처의 용어위원회가 강화되었다. 1986년의 칙령에서 재주장된 그들의 임무는 적절한 프랑스어 단어를 제안하고, 1993년부터는 공식적 용어를 보급함으로써 각료 권한 영역의 전문용어에 있는 프랑스어 단어들 사이의 간극을 처리하는 것이다.

12개가 넘는 다른 언어와 관련된 단체들이 프랑스어권을 다루며 아카데미 프랑세즈가 맡고 있던 역할을 축소하려는 경향을 보이고 있다. 이러한 사업의 규모와 복잡성은 인상적이다. 다른 어떤 국어도 정부와 준정부 단체 사이의 정교하고 균형 잡힌 재정적 네트워크의 수준까지 발전하지는 못했다.

### 프랑스의 다른 언어들

이데올로기적, 언어 통제적인 면에서 프랑스는 단일 언어적이지만, 실제로는 그렇지 않다. 에스노로그는 프랑스에 대해 37개의 언어들을 등재하고 있다. 이 가운데에는 50만 명이 넘는 화자를 가진 언어가 7개 있다:

알자스어Alsatian, 바스크어Basque, 브르타뉴어Breton, 이태리어Italian, 포르투갈어Portuguese, 알제리아 아랍어Algerian Arabic, 커바일어Kabyle. 20만 명 이상의 화자를 가진 5개의 언어로는 코르시카어Corsican, 가스코뉴어Gascon, 프로방스어Provencal, 모로코 아랍어Morrocon Arabic, 터키 아랍어Turkish Arabic가 있다. 또한 카탈로니아어Catalan, 베르베르어의 크레올과 이차 변이어가 10만 명 이상의 화자를 가지고 있다고 보고되었다.

이러한 명백한 다양성에도 불구하고 "하나의 국가, 하나의 국민, 하나의 언어"라는 개념은 프랑스 사람들 대다수에게서 받아들여지고 있다고 저지(Judge 2000)는 믿고 있다. 그녀는 프랑스 법에서 국가와 국민은 동의어라고 말한다. 일반적인 법률적, 행정적 체제와 언어는 함께 국가 결속체(cement of the nation)를 형성하는데, 이 용어는 프랑스어권을 지칭하는 문서에서 종종 사용된다. 이 조항은 마스트리히트 조약(Maastricht Treaty)이 효력을 발휘하기 바로 전인 1992년에 프랑스 헌법에 포함되었다. 그 이전에도 프랑스어의 중심적인 역할은 당연한 것으로 여겨졌으나 영어의 위험이 명백해진 유럽 공동체가 발전하면서 프랑스어는 헌법의 보호를 받을 필요가 있는 것으로 생각되었다.

저지가 지적하고 있듯이 프랑스 지역 언어의 사용자 수에 대한 공식적인 수치는 없는데, 왜냐하면 프랑스의 인구조사에서는 언어나 종교에 대한 문항이 없기 때문이다. 프랑스에는 7개의 지역 언어가 살아남은 것으로 추정된다: 알자스어, 바스크어, 브르타뉴어, 카탈루냐어, 코르시카어, 플라망어, 오크어. 오크어는 종종 몇 개의 다른 언어들로 구성된 것으로 분류된다. 코르시카어는 이태리어의 변이어로 간주된다. 알자스어는 독일어의 변이어로 간주된다. 아랍어와 같이 비토착적인 언어들은 "국가적 유산"의 일부로 간주되지 않는다. 다른 지역어들

도 종종 언급된다: 초기 다양한 프랑스 식민지에서 유래한 크레올들, 태평양 연안의 식민지로부터 유래한 타이티어Taitian, 카나카어와 피카르디어Picard, 골어Gallo, 푸아투어Poitevin, 세인트통기스어Sainttongeais, 노르만어Norman, 모르반디어Morvandiau, 샴페노어Champenois 등의 다양한 오일어langues d'oil.

스페인에서 자치 지역의 언어로 인정되는 프랑스의 바스크어는 주로 구어로 사용된다. 몰입 교육 학교들이 1969년에 일부 설립되었는데 이들은 학부모에 의해 비용이 충당되었으며, 프랑스 정부는 이에 반대했다. 1994년 이후에는 지역어를 쓰는 다른 몰입 학교들과 함께 이 학교들은 국가에 의해 인정되었으며 일부 지원이 제공되었다.

프랑스에서 사용되는 남아 있는 켈트어인 브르타뉴어는 한때 자신들의 국토와 역사, 문화, 언어를 가지고 있었다. 그 국토는 수세기를 거치면서 축소되었고 화자의 수도 감소했다. 1950년대에는 약 70만 명의 화자가 있었으나 1990년대에는 45만 명에서 60만 명 정도만이 브르타뉴어를 이해할 수 있었으며 25만 명에서 30만 명 정도가 그 언어로 말할 수 있었다. 저지는 브르타뉴어가 교회와 교회와 연계된 교육 체계로부터 지원을 받았다고 말한다. 제1차 세계대전 동안 브르타뉴어 남성 화자의 1/4이 죽었으며, 전쟁 후 브르타뉴로부터 대규모 탈출이 일어나면서(19세기 아일랜드어 화자의 이주와 다르지 않음) 브르타뉴어 화자 수는 급감했다. 언어 전이에 반대하는 운동이 1977년에 일어났는데 이를 통해 첫 번째 브르타뉴어 몰입 학교(Diwan 학교라고 불리는)가 설립되었으며, 1997년에는 4천5백 명의 학생들이 그 학교에 다녔고, 다른 학교에서도 많은 학생들이 브르타뉴어로 일부 수업을 받았다. 1994년 이후 정부는 일부 교직자들에게 임금을 지불했다. 더 나아가 많은 브르타뉴어 초기 사용자들은 지역 방언을 사용한 반면, 더 젊은 제2언어 화자들은 표준화된 버전을 사용했다(Judge and Jones 1998a).

프랑스 최북단에는 여전히 수만 명의 플로망어 화자들이 있지만, 플로망어는 공식 인정을 받지 못했다. 구어로 계속 쓰이지만 문어 독일어와 제2언어 관계(diglossic)에 있는 알자스어도 급격한 사용자 감소 추세에 있다. 오크어와 그 변이어들은 알비파Albigensian에 반대하는 13세기 십자군 원정 이후 그 지위를 상실했다. 그 언어가 사용되던 지역들은 보통 가난했고, 제2차 세계대전이 끝날 무렵까지는 모든 교육이 프랑스어로 이루어졌으며, 학교에서 지역 변이어 사용이 금지되었다. 프로방스 지역만이 문학 언어가 유지되었다. 또한 부흥 운동이 있었는데, 1997년에는 1만 2천 명의 학생들이 학교에서 오크어를 공부하고 있었다. 바스크어와 같이 카탈루냐어는 프랑스-스페인의 국경에 걸쳐 있다. 스페인에서 카탈루냐어는 자치 지역의 공식 언어이다. 프랑스에서는 1976년 이후부터 1997년까지 2천 명 이상의 학생들이 카탈루냐어를 공부했음에도 불구하고 20만 명의 노인 화자들만이 남아 있다. 코르시카어는 민족주의, 분리주의 운동과 관련되어 있다고 저지는 말한다. 1950년대까지는 단일어 화자가 있었지만, 코르시카의 언어 운동은 다른 정치적, 지역적 운동들과 협력하지 않았다.

최근 몇 년간 정부는 지역어 운동에 관대했으며(또는 간섭하는 것을 불안해 했으며) 학교들을 국가 체계로 통합하려고 노력했다. 1951년 이후에는 배려가 많아지면서 일부 지역어들의 교육이 허용되었다. 그 해에 데익손법(Deixonne Law)은 보통 교육의 일부로 1주일에 3시간까지는 바스크어, 브르타뉴어, 카탈로냐어, 오크어의 교육을 허용했지만 이들은 1970년까지 바칼로레아baccalaureat[1]를 위한 종합적인 등급으로는 가

1 (옮긴이 주) 프랑스 대학입학자격시험으로 우리나라 대학수학능력시험과 유사하다.

산되지 않았다. 코르시카어는 1974년에 목록에 추가되었고 다른 많은 언어들도 나중에 그렇게 되었다. 1994년 이후 국가는 바스크어와 브르타뉴어의 이중 언어 학교에 있는 교사들에게도 급여를 지불할 수 있었다. 그러나 2002년 11월의 판결은 지역 언어로 이중 언어 교육을 허용하는 이전의 결정들을 무효화했다.

피시맨(Fishman 1991)은 언어 전이에 대한 저항과 관련된 나라로 프랑스를 전혀 언급하지 않았으나(물론 퀘벡은 영어에 대한 저항을 보여 주지만) 피시맨(Fishman 2001)에서는 바스크어와 카탈루냐어를 다루는 논문들을 포함하고 있다. 바스크어와 아주르만디어의 사례를 논의하면서 바촉과 자바레타(Bachoc and Zabaleta 2001:236)에서는 1994년 프랑스 수정 헌법 이후 프랑스어가 아닌 다른 어떠한 언어도 공식 인정을 받은 적이 없다고 지적한다. 결과적으로 바스크어를 회복하려는 운동들은 개인적인 주도에 의지하게 되었다. 프랑스의 언어 정책에 대한 통찰력 있고 흥미로운 언급으로서 스트루벨(Strubell 2001:279)에서는 가족의 언어 관습을 변화시키려는 사람들이 언어 전이를 역행하는 유일한 지원자들(supporters)은 아니라고 기술했다.

> 프랑스 공화주의자들에 의해 성취된 극적으로 성공적인 언어 전이는 오크어, 네덜란드어, 브르타뉴어, 카탈루냐어의 첫 세대들인 성인 화자들이 아이들에게 프랑스어로만 말하겠다고 결정하는 순간 "지역 언어"의 단계를 넘어섰다.

그러나 이것이 언어 정책 탓인가? 타보렛-켈러(Tabouret-Keller 1968:113)에서는 오크어의 소실은 정책상의 변화가 아니라 인구학적 변화의 결과라고 설명했다. 그것은 산업화, 지방의 고립 및 붕괴의 결과였다. 농업을 주업으로 하고 있는 알자스와 같은 지역에서는 지역어가 더욱 강력하게 유지되는 반면, 미디와 같이 일자리를 위해 남녀 모두 마을 밖으로 나갈 필요가 있는 지역에서는 기존의 이중 언어 상황이 프랑스 단일 언어로 변화되었다. 부르디외(Bourdieu 2001)에서 지적하듯이 그러한 거대한 영향을 발휘하는 것은 언어 정책이 아니라 사회경제적 환경의 변화이다.

### 언어 습득 통제

프랑스 혁명 이후 국가는 교육부 장관이 교과목에 대한 상세한 지침을 발표하고 시험에서 수용 가능한 지침들을 출판하는 등 프랑스어 교육에 책임을 져왔다(Ager 1996:67). 이를 위해 투봉법은 프랑스어에 숙달할 것과 2개의 다른 언어에 대한 지식을 가질 것을 추가로 요구했다. 교육부는 하나의 언어만 교육된다면 그 언어는 영어가 될 것임을 인지하고, 유럽 연합이 2개의 외국어라는 일반적인 요건을 선택하도록 요구하는 캠페인을 시작했다. 2000년 1월부터 모든 프랑스의 초등학생들은 10살이 되면 외국어를 시작했다. 어떤 지역에서는 13세의 학생들이 제2외국어 대신 지역 언어를 선택할 수 있었다. "실제로 그리고 요구에 부응해서" 고등학교(lycee)학생들은(15세부터 18세까지) 2개의 외국어를 포함시켰고, 과학 분야의 학생들도 16세 이후에는 2개의 언어를 선택했다(Eurydice 2000).

1970년대 초반에는 이민자의 수가 증가함에 따라 이민자 자국의 언어와 문화 교육을 지원하는 프로그램이 시작되었다. 이 프로그램들은 이민자의 출생국에 의해 수행되었는데, 그 목표는 통합을 쉽게 하고 취업 허가 기간이 끝날 무렵 귀국을 허가하기 위한 것이었다(Ager 1996:87). 1994년 경제사회이사회의 보고서는 이 프로그램이 부적절하고 성공적이지 못하다고 비난했다. 그보다는 보다 성공적인 통합을 유도하기 위해 제2언어 프로그램으로서 프랑스어에 대한 지원이 있어야 했다.

### ❙ 프랑스어 보급 정책

프랑스 본토 밖에서의 프랑스 언어 정책은 적극적인 보급 정책의 가장 좋은 사례들 중 하나이다. 프랑스어는 정부와 교육에 영향을 미치는 결정을 통해서 주변 지역으로 확산되었다(Chumbow and Bobda 2000). 프랑스어는 정복과 지배를 통해 벨기에, 룩셈부르크, 스위스로 퍼져 갔다. 또한 프랑스어는 식민지화의 물결을 타고 신세계(아메리카), 캐나다, 루이지애나와 앤틸리스 제도로 퍼졌다. 19세기, 식민지화의 두 번째 물결을 타고 프랑스어는 아프리카와 인도차이나로 확산되었다. 유럽이 아프리카를 분할하는 과정에서 프랑스는 북부와 서부를 지배했다.

첨보우와 봅다에 의하면 프랑스 식민화 정책의 중요한 특징은 식민지 사람들을 동화시키려 시도한다는 점이다. 그러한 식민지들은 아프리카의 프랑스 영토 혹은 해외의 프랑스로 알려졌다. 행정, 공적 생활, 교육의 모든 수준이 프랑스에서와 같았다(Alexandre 1963). 그것은 "읽고 쓴다는 것은 곧 프랑스어로 읽고 쓴다는 것을 의미하는, 프랑스어권 국가들의 정부가 가진 공식적이고 명백한 정책이었으며," 이러한 이데올로기는 앞선 식민지 지배자로부터 물려받은 것이었다. 프랑스어로 교육과 읽고 쓰는 능력을 습득함으로써만이 아프리카인들은 문명화되었다는 지위를 얻을 수 있었다. 프랑스어를 배우는 데 실패한 것은 낮은 지능을 보여 주는 것이었으며, 흑인 문화의 어떠한 양상도 유지할 만한 가치가 없는 것이었다. 두 번째 프랑스 식민화 정책의 특징은 문명화를 위한 임무, 즉 우월한 프랑스 문화를 확산시키고 "미개한 사람들"의 언어 사용을 회피하는 것을 인식하는 것이었다(Chumbow and Bobda 2004:42). 동시에 교육 체계는 대단히 엘리트적이어서 상위에 소수만이 분포하는 교육 피라미드를 형성했다. 수도에 있는 지역 학교들은 사무직, 타이피스트와 교사처럼 낮은 수준의 공무원 엘리트들을 배출하도록 의도되었다. 또한 더 상위의 초등학교들이 있었는데 이들은 본질적으로 피라미드의 최상을 차지했다. 교육을 받은 프랑스인들은 순수한 파리인들이었고 어떠한 지역적 변이도 인정되지 않았다고 첨보우는 덧붙이고 있다. 마침내 지역의 아프리카 언어들은 종교적인 환경이 제외된 채 억압을 받았다.

이러한 동화 정책들은 다른 라틴 제국 건설자들도(포르투갈, 스페인, 이탈리아) 일반적으로 따르게 되었다. 브르통(Breton 1991:155)에서는 "원주민 지배 세력 중 특정한 엘리트들은 이론상으로 지배하는 사람들의 수준까지 도달하는 것, 즉 지배 국가로 편입하는 영광을 누리는 것을 소명으로 가졌다." 유일한 식민지 언어인 프랑스어만이 언어로서 인정되었고, 다른 어떤 지역적 변이도 방언(patois)으로 간주되었다. 이는 크레올을 지지하는 연구와 활동이 증가되는 것을 처리하면서 프랑스 정부기관들이 느끼는 당황함 속에 잘 반영되어 있다(크레올은 많은 이전 프랑스 식민지들에서 구어가 되었다).

프랑스가 제2차 세계대전 이후 독립이 인정되어 식민지를 상실한 후에도 그 간극은 부분적으로 프랑스어권으로 채워졌다. 프랑스어권은 국제적인 언어 운동으로서, 프랑스어가 공식적이거나 널리 쓰이는 30개국 이상에서 정부와 비정부 엘리트들을 포함하고 있다(Weinstein 1989). 이 운동은 프랑스어의 공식적 지위를 유지하는 것이 하나의 목표이다. 이와 밀접하게 관련된 두 번째 목표는 프랑스어를 개량하고 프랑스어를 수용할 수 없는 영어 차용어(특히 미국 영어)로부터 순화하는 것이다. 번슈타인도 지적하고 있듯이 이 운동은 1970년대 초반에 시작되었으며 주로 퀘벡과 프랑스에서 이익을 보았다. 프랑스의 식민지들이 독립을 하게 되면서, 프랑스는 제국과 권력의 손실을 인식하게 되었으며, 영국이 유럽 시장 공동체(common market)에 참여하는 것을 프랑스의 언어와 문화의 존재에 대한 위협으로 인식했다. 프랑스 과학원(The French Academy of Sciences)은 1982년에 세 가지 위협이 있음을 파악했다. 미국의 문화적, 과학적 역동성, 프랑스어의 순수성을 유지하려는 프랑스어 화자의 나태함, 미디어와 컴퓨터를 통한 영어의 급속한 확산 등이 그것이다.

퀘벡에서는 프랑스어권 운동이 정체성을 유지하고 자치권을 획득하는 한 수단으로써 급속하게 수용되었다. 이 운동은 벨기에에서 네덜란드의 지위가 성장함으로써 위협을 받고 있는 프랑스어 화자들을 지원해 주었다. 또한 이 운동은 이전의 프랑스 식민지들에서, 프랑스의 통치 기간에 성장한 엘리트들을 보호해 주었는데 이들은 지역 토착어나 영어를 쓰는 화자들에게서 위협을 받고 있었다. 프랑스어권 정상들의 회담이 1986년과 1987년에 이루어졌다. 언어 순화의 임무는 프랑스와 퀘벡에 주로 남겨졌다. 둘 다 언어 순화에 대한 법을 집행할 수 있는 방법들을 가지고 있었으며, 퀘벡은 프랑스보다 더욱 열정적인 모습을 보였다.

### ┃ 프랑스 언어 정책의 동기

에이저(Ager 1996:207)에서 주장한 바와 같이 프랑스와 영국의 언어 정책의 차이는 네 가지 유형의 동기와 관련하여 설명될 수 있다. 이들은 정체성(identity), 이미지, 불안(insecurity), 그리고 불평등(inequality)이다. 에이저(Ager 1990)는 처음 세 가지가 특히 프랑스와 관련되어 있다고 보았다. 에이저(Ager 2001)에서는 이데올로기, 통합(integration), 수단(instrumentality)을 추가했다.

정체성은 민족 국가의 사례에서 가장 명확하게 관찰될 수 있다고 에이저(Ager 2001)는 주장하는데, 프랑스가 이 개념의 창조자로서 널리 간주된다. 프랑스 혁명 이전에도 프랑스 아카데미를 설립하여 지방의 권력들을 축소시키려고 시도했지만, 국가주의의 설립과 관련하여 근본적인 것은 프랑스 혁명과 관련된다. 인간의 보편적인 권리는 프랑스어로 표현되어야 했다. 그 결과로 에이저(Ager 2001:17)가 말하는 "언어적 테러"가 알자스 지방에서 시작하여 다른 지역까지 발생했다. 지역언어에 대한 가장 강력한 공격, 그리고 실질적인 파괴는 1881년에 대중적, 의무적 무상 교육을 통해 시작되었다.

에이저(Ager 1996:208)에서는 이미지를 외부의 인식을 의미하는 것으로 보는 듯하다. 즉 이미지는 "의사소통을 위한 정상적인 수단으로서 국어를 아직 수용하지 못한 사람들의 마음속에 긍정적인 이미지를 창조하기 위해 국가의 언어가 해외로 확산될 필요가 있다는 믿음"을 뜻한다. 여기에서 언급한 내용은 명백하게 보급 활동과 관련된 것인데, 제국의 지위를 회복하려고 시도했던 방법들에서 보인 프랑스어권의 개념이 전형적인 사례이다.

언어 불안은 "어떤 언어가 사회적 요구에 부적절하다는 두려움이다(Ager 1996:208)". 언어 불안은 아메리카니즘에 대한 퀘벡의 관심에 의해 강조되었다. 에이저(Ager 2001)는 1970년의 전문용어위원회(ministerial terminological commissions)의 설립은 이 분야에서 퀘벡이 일찍부터 계획한 결과라고 주장한다.

에이저(Ager 1996)에 의하면 불평등을 축소하려는 노력은 1981년 읽고 쓰기 능력에 대한 프로그램의 기본적인 동기이다. 두 번째 동기는 이민자들에게 자신의 출생국으로부터 그들의 언어와 문화에 대한 교육이 제공되는 것을 허용하는 정책이었다. 이는 더 오래된 정체성을 유지함으로써 통합의 대안을 제공해야 하는 책임을 회피하기 위한 방법이었다. 세 번째 동기는 성취도 미달자들을 돕기 위한 방법으로 철자법 개혁 운동이 제시되었다.

에이저(Ager 1996)에서 기술하고 있듯이, 사회의 평등과 관련하여 올바른 언어의 역할에 대해서는 두 가지 견해가 있다. 하나는 사람들이 바른 것에 더 쉽게 도달할 수 있도록 언어를 더 쉽게 만들기 위해 노력하는 것이고 다른 하나는 올바른 것이 사회 진보에 대한 장벽으로서 사용될 수 있다는 것이다. 엘리트를 강력하게 유지하려는 프랑스는 후자의 견해를 선호하는 것 같다. 1980년대 후반에는 성차별 문제를 다루기 위해 프랑스어를 변화시키려는 노력이 있었다. 전문직에 대한 용어를 여성화하자는 제안들에 대해 대규모의 지속적이고 격렬한 대중의 논쟁이 있었다. 1986년 여성부 장관이 조직한 위원회에 의해 제출된 제안은 일련의 원칙에 대한 선언, 금지된 형태와 허용되는 형태의 목록으로 구성되었다. 이 위원회는 의회에서 공격을 받았고 프랑스 아카데미는 경고 서한을 발송했다. 결국 소수의 온건한 권고안이 공표되었으나 대부분 무시되었다.

### ▎프랑스의 언어 정책, 효과적이었나?

프랑스의 언어 정책은 얼마나 효과적이었을까? 프랑스 혁명 이전부터 프랑스의 언어 정책이 지역의 변종들(지역 언어)과 싸워 온 것을 고려하면 지역어들이 여전히 살아남았다는 점이 놀라울 정도이다. 200년이라는 적극적인 언어 통제의 시간은 이들 지역어들을 완벽하게 파괴하는 데 확실히 충분했을 것이다. 이것은 바로 언어 통제가 무기력하다는 더욱 강력한 증거이다. 타보렛-켈러(Tabouret-Keller 1968:113)에서는 지역 방언들의 손실은 중앙정부의 적극적인 언어통제 정책이 아니라 인구학적, 경제적 변화로 설명될 수 있다고 주장했다. 마찬가지로 리슐리외 추기경이 아카데미 프랑세즈에 임무를 부여한 이후 250년, 외국어의 영향으로부터 프랑스어를 순화시키려고 한 지속적인 몸부림은 시지푸스의 노동과 같이 이 작업이 끝이 없는 일이라는 것을 보여 준다. 더욱이 투봉법과 모든 다른 후속 규제들의 필요성은 다른 압력들에 대항하여 프랑스어를 지켜 내는 것이 쉽지 않다는 것을 보여 준다.

식민지에 프랑스어를 보급하는 것은 보다 성공적이었다. 첨보우와 봅다(Chunbow and Bobda 2000:44)에서는 앞선 시기의 프랑스 식민지들에서 무슨 일이 일어났는지를 기술했다. "독립할 때 프랑스로부터 정권을 넘겨받은 친프랑스 지도자들은 이전 지배자들이 물려 준 언어 정책을 추종했다. 프랑스어는 심지어 다른 언어를 사용하기 위한 조건이 충족되었을 때조차도 계속해서 최고로 군림했다." 서아프리카에서는 아프리카 언어들이 인정되는 경우가 점차 증가한 반면, 프랑스어는 소위 프랑스어권 국가들에서조차도 일부 소규모의 엘리트들의 언어로만 남게 되었다. 프랑스어는 계속해서 학교와 읽고 쓰기 능력과 연계하려고 했는데, 교육 수준, 경쟁 언어 혹은 공통어의 존재 여부, 도시화의 정도, 우세한 종교, 직업, 성(여성들은 일반적으로 공교육으로부터 무시되며 프랑스어를 알지 못한다), 영역(domain)에 따라 국가들 간에 상당한 변이가 있었다.

따라서 프랑스어의 경우는 언어 관습이 쉽게 통제된다고 믿는 사람들에게는 매우 어려운 데이터를 산출하게 된다. 확실히 실망스러운 결과를 가져온 매우 많은 언어 통제가 있었으며 또 지속되었다. 프랑스어가 국가의 영토 안에서 지배적인 언어라는 점은 여전히 사실이지만,

심지어 국가 영토 안에서조차 이탈의 조짐이 있다. 현재는 절멸했어야 할 지역 언어들이 소수 언어에 대한 유럽 연합의 권한을 이용해서 프랑스어의 헤게모니를 구석으로 몰아넣었다. 사실 프랑스는 프랑스어권이라는 함성을 이용해서 새로운 제국을 위한 결집의 계기를 마련하려 했지만, 프랑스어권을 구성하는 많은 국가들에서는 토착 언어나 크레올을 인정하라는 강한 압력, 그리고 더 큰 경제적 이익과 관련하여 영어를 인정하라는 더욱 강력한 압력이 있었다. 토착 언어들로서 영어를 인정하는 것이 궁극적으로 식민지 언어에 대한 더 강력한 충성을 이끌어 낼 것인지, 아니면 토착 언어들을 억압하는 프랑스어가 식민지 언어에 대한 더 강력한 충성을 이끌어 낼 것인지는 지켜볼 일이다.

## 단일언어 국가들 – 잠정적 결론

아이슬랜드는 예외로 하고, 단일언어적인 국가들은 실제로는 다중언어적이며, 단일언어주의는 언어를 통제하려는 국가 이데올로기와 정부의 노력에서 명백하게 나타난다. 그러나 거기에는 경쟁적인 힘들이 있다. 아이슬랜드와 프랑스 모두 20세기 후반의 세계화는 국가 차원의 단일언어적인 헤게모니가 확산하는 세계어인 영어의 위협에 대항하여 싸워야 한다는 것을 의미한다. 내부의 저항도 있다. 프랑스에서는 지속적으로 주변적인 언어들의 존재와 이데올로기적인 지원이 제공되었으며, 이들은 토착민이건 이주민이건 소수 언어 화자에 대한 인권적 관심에 의해 강화된 것이다.

이 두 사례들에서 우리는 두 가지 주요한 요소들, 사회언어학적 상황과 국가 이데올로기가 언어 정책에 미치는 영향들을 보아 왔다. 우리는 또한 두 가지 중요한 힘들의 신호도 관찰했는데 하나는 세계화, 그리고 이와 결부된 영어의 확산이며 또 다른 하나는 언어가 시민권과 인권임을 인정하는 경향이 증가하고 있다는 점이다. 정치 조직에 대한 분석으로 돌아가기에 앞서 후자의 두 요인들에 대해 좀 더 살펴볼 것이다.

# 6 영어는 어떻게 확산되었는가

## 영어의 확산

프랑스의 언어 정책은 정치적 통제를 목적으로 다언어 지역에서 국가적 통합 및 동질성 확보와 국가적 정체성을 강조하려는 요구에 의해 추진되었다. 처음에는 언어에 대한 주요 위협이 국가 내부에 있었는데, 그것은 다양성을 장려하고 중앙의 권력을 줄이고자 하는 각 지역의 변이형이었다. 제2차 세계대전 이후 유럽공동체(EC, European Community)가 생겨나면서 새로운 적이 나타나기 시작했고 그것은 영어였다. 처음에는 영어가 단순히 새로운 초국가적 기구에서 독일어, 스페인어와 같이 그 자리를 지키고 있었던 다른 유럽 언어와 유사한 정도로 인식되었다. 그러나 차용 과정을 통해 프랑스어에 침투한 영어는 국제적으로 과학, 기술, 스포츠, 컴퓨터, 대중음악, 무역과 금융 분야에서 사용되기 시작하면서 프랑스가 헌법의 개정과 일련의 법률과 규제, 그리고 국가(관료) 단체 설립을 포함하는 중요한 언어 통제를 추진하게 하는 계기가 되었다. 그러므로 영어의 위협이 20세기 후반 프랑스 언어 정책의 주요한 원동력이 되었다는 것은 충분히 설득력이 있다. 이 장에서 다루어질 이슈들은 이러한 문제와 관련이 있다. 위협 그 자체가 언어 정책의 결과였는가? 영어 지지자들에 의한 성공적인 언어 통제의 결과로 프랑스어뿐만 아니라 다른 민족 언어에도 영어가 위협적이었는가?

일반적으로 동의하듯이 영어는 오늘날 같은 시대의 언어보다도, 역사적으로 그 어떤 언어보다도 세계에서 강력한 위치에 있다. 다른 많은 언어들은 군사적 정복을 통해 성공적으로 전파되었다(고대 중동의 아람어, 로마 제국의 라틴어, 중앙아메리카제국의 마야어, 이슬람 정복을 통한 아랍어, 신세계의 스페인어, 아프리카, 아시아, 태평양 지역의 프랑스어). 최근 30년 전까지만 해도 영어의 국제적 지배의 움직임은 거의 감지되지 않았다.

1966년 에어라이하우스 학술대회(Airlie House conference)에서 개발도상국가의 언어 문제 토론(Fishman et al. 1968)에 참석한 토론자들은 영어가 단지 지역 언어와 경쟁하며 보다 넓은 의사소통에 사용되는 언어의 한 예라고 보았다. 참석자들은 이 문제를 토착적인 지역 언어와 더 넓은 의사소통을 위해 도입된 언어 사이에서 이루어지는 일반화된 선택의 지역적 적용이라 보고 이와 관련된 요소들을 분석했다. 그들은 피진어와 영어의 선택을 관련 지어 북아프리카 신생 독립국의 아랍어와 프랑스어의 지속적인 사용, 힌디어와 다른 인도 언어 간의 갈등, 그리고 파푸아뉴기니의 논쟁을 공식적으로 지원하겠다고 밝혔다. 1968년 말의 학술대회에서 피시맨(Fishman 1971a)은 영어를 특별한 사례로 지목할 필요성이 없다고 보았다. 10년이 지난 후에도 언어 확산에 대한 국제회의에서 단독 분과로 다루어진 언어들에 영어는 포함되지 않았다. 그러나 아람어, 케추아어Quechua, 아이마라어Aymara, 힌디어, 아랍어, 만딩고어Mandingo, 말레이어, 웨일스 지방의 영어, 소련의 러시아어, 표준 중국어(Mandarin), 헝가리어 등은 단독 분과에서 다루어졌다. 그때까지 영어는 독립되어 연구될 만한 위협으로 보이지 않았다.

뒤늦게 돌아보면 영어의 국제화 징후는 이미 있었지만, 당시에는 속도가 너무 느려서 곧 닥쳐올 운명에 대해 감지하지 못했다. 심지어 영어 교육계의 전문가들조차도 그들의 대상은 영어를 공용어로 쓰지 않는 나라의 소수 엘리트들이라고 예상했다. 변화의 속도와 총체성을 예측하는 사람은 거의 없었지만 피시맨은 예측했다. 그가 영어의 확산에 대해 보고한 첫 번째 책의 서론에서 새로운 상황에 대한 인식을 다음과 같이 언급했다(Fishman,Cooper and Conrad 1977: 6):

> 아프리카, 유럽, 아시아를 여행하고 미국으로 돌아오는 여행자들이 만나는 대부분의 사람들이 영어로 말할 수 있는 것 같다는 이야기가 종종 들려온다. 세계어인 영어가 세계 어디에나 존재한다는 인상적인 설명에 따라서 어떤 사람은 영어 옹호자에 의해 제시된 공통어(lingua franca)로서 영어의 중요성 대하여 명백하게 한 쪽으로 치우친 평가를 추가할지도 모른다.

피시맨의 연구 목표는 그러한 주장이 맞는지 여부에 대한 근거를 찾는 것이었다. 영어는 이미 외교 분야의 언어였고(UN의 126개 회원국 중 95개 국가가 영어로 업무 문서를 받았다) 세계 우편물의 70%가 영어로 쓰였으며, 비행기 조종사들이 항공 관제탑과 소통하기 위해 사용되고 있고 약 3억 명의 사람들의 제1언어였으며 아마도 더 많은 그 이상의 사람에게는 제2언어로 사용되고 있었을 것이다. 피시맨(1977:Ch.1)에서는 영어가 국제어가 되었다는 것을 증명하기 위해 영어 사용의 범위, 영어로 쓰인 출판물, 영어를 배우는 학생들과 영어로 배우는 학생들을 자세하게 다루었다.

## ❙ 확산의 원인

이러한 사실들을 수용하면서 피시맨(1977:Ch.2)은 원인들을 살펴보는 것으로 연구의 방향을 진전시켰다. 과거에 여러 제국주의 국가들은 그들의 붕괴 이후에도 간혹 유지되었던 자신들의 언어를 확산시켰다. 브로스난(Brosnahan 1963)은 제국의 언어로 살아남은 3개의 언어—아랍어, 그리스어, 라틴어—가 네 가지 특징을 공통적으로 가진다고 주장했다. 즉 군사적 정복에 의해 전파되어 행정 언어가 되었고, 그들의 지배가 수세기 동안 지속되었으며, 그 언어들이 다언어 지역에서 공통어로 역할을 했으며, 해당 언어에 대한 지식은 그 언어를 배운 사람들에게 물질적 이득을 가져다주었다는 점이다. 일반적으로 그 언어들은 처음에 부수적인 언어로 받아들여졌지만, 궁극적으로 해당 지역의 모국어처럼 사용되었다.

현대 세계에서는 많은 남아메리카 지역에서 스페인어가 광범위하게 토착어를 대체한다는 점에서 앞에서 언급한 제국의 모델과 가장 흡사하다. 영어와 프랑스어는 과거 영국, 프랑스, 벨기에 제국에서 모국어로 채택되었지만, 일반적으로 그 역할은 이차적인 언어였다. 피시맨은 브로스난이 제시한 네 가지 원인에 추가로 가능성이 높은 다른 원인을 제시했다. 도시화, 산업화, 교육, 종교, 정치적 제휴가 그것이다. 몇 가지 표준 척도의 예측 요인으로서 아홉 가지 조건을 판단하고 실증적인 증거를 찾기 위해 그는 인구의 상당 비율이 영어 원어민이 아닌 102개 국가를 연구했다. 그 아홉 가지 조건은 영어가 교육을 위한 매개어인지 혹은 학교에서 가르치는 교과 과목 여부, 영어를 배우는 인구의 비율, 공적 지위를 포함한 종합 점수, 행정, 기술, 제3교육에서의 영어, 공통어(lingua franca)로서 영어, 제1언어로서의 영어, 영어 신문, 라디오 방송에서의 영어, 영어로 된 출판물 등이었다. 그는 한때 영국의 식민지였던 것이 가장 최고의 예측 요인이라는 점을 발견했고 대부분의 다른 요인들은 부분적인 설명이 가능할 뿐이었다. 언어적 다양성 또한 중요했다. 다중회귀[1] 연구를 통해서 과거 영국 식민지로서의 지위, 전통적인 신념을 가지고 있는 인구 비율, 영어권 국가로의 수출 가치, 언어적 다양성의 정도가 두드러지게 나타났다. 다시 말하면 복잡하고 다양한 인과관계가 있었다.

## 음모론

십 년 후 새로운 관점이 소개되었다. 지금까지 영어에 대한 이해는 제2언어형으로서 영어의 등장으로 인식되어 왔다. 이와 동시에 이러한 현상에 대한 훨씬 더 단순한 설명이 제시되었다. 스쿳납-캉가스 Skutnabb-Kangas와 필립슨은 "언어차별주의(linguicism)"라고 명명된 새로운 개념을 제시했는데, 언어차별주의는 지배적인 언어에 의에 이루어진 힘없는 언어에 대한 의도적인 파괴로 정의된다. 언어차별주의는 인종차별이나 성차별이 하나의 인종이나 성에 지나친 대표성을 부여하는 것과 같이 자신의 언어에 지나친 대표성을 부여하는 것을 포함한다. 그들과 또 다른 이들은 더 크고 더 힘이 센 언어가 작고 약한 언어를 몰아낸다고 믿었다. 그들은 작은 언어 화자가 받는 고통을 심각하

1 (옮긴이 주) 통계학에서 관찰된 연속형 변수들에 대해 독립변수와 종속변수 사이의 인과관계에 따른 수학적 모델인 선형적 관계식을 구해 어떤 독립변수가 주어졌을 때 이에 따른 종속변수를 예측하는 것. 또한 이 수학적 모델이 얼마나 잘 설명하고 있는지를 판별하기 위한 적합도를 측정하는 분석 방법이다. 1개의 종속변수와 1개의 독립변수 사이의 관계를 분석할 경우를 단순회귀분석(Simple Regression Analysis), 1개의 종속변수와 여러 개의 독립변수 사이의 관계를 규명하고자 할 경우를 다중회귀분석(Multiple Regression Analysis)이라고 한다.

게 느꼈다. 그리고 불이익을 받는 집단—식민지 사람들, 이주민들, 피정복자들, 소수민들—은 어디에서나 사회경제적 하위 집단으로 제한되는 방식에 대해서도 마찬가지 생각이었다. 언어학자로서 그들은 언어에 집중해 언어적 제국주의와 언어적 학살이라는 개념을 전개했다. 이런 개념은 실제 제국주의와 학살에 대한 비난과 그 모든 맥락을 같이 한다. 또한 그 둘은 이러한 현상들이 자연적인 것이 아닌, 언어적 생태학의 변화에 따른 다양한 요소의 상호작용에 의한 복잡한 결과가 아니라, 오히려 인식 가능한 인간의 힘에 의해 계획된 간섭의 직접적이고 단순한 결과일 것이라고 가정했다. 그것들은 결과물, 다시 말해 언어 통제의 결과물이었다.

필립슨(Philipson 1992)은 영어의 전파가 언어제국주의의 결과물임을 강하게 주장하면서 영어 교육에 적용했는데, 이 언어제국주의는 경제적, 정치적, 군사적, 의사소통적, 문화적, 사회적 제국주의와는 다른 것이었다. 이는 중심의 엘리트("힘이 센 서부 국가들과 서부 국가와 이해관계에 있는 나라들")가 주변 국가(후진국)를 지배하는 방식이었다(Philipson 1992: 52). 처음에 이 엘리트들은 식민지 정착민들이나 관리자들로 이루어져 있었고, 그들의 지배는 식민지의 언어로 교육받은 식민지 출신의 엘리트들에게 이어졌다. 국제적인 조직들도 그 통치를 유지하는 데 도움을 주었다. 근본적으로 필립슨은 '큐보노cui bono'[2] 논증을 사용했다. 즉 누가 그 상황에 대해 책임이 있는지를 알아보기 위해서는 누가 이익을 챙기게 되는지를 따져 보라는 것이다. 필립슨에 의하면 "이러한 관계의 이익과 이차적인 이익들의 대부분이 중심부에 축적되는 반면에 주변부는 중심부에 대하여 의존적인 상황에 놓인다."(Philipson, 1992:57)

---

2 (옮긴이 주) 공격, 혹은 책임 소재를 명확히 기술하기 위해 도입된 논증 방식.

영어가 많은 국가에서 지배적인 언어로 발전해 왔다는 필립슨의 인식은 논란이 될 거리도 없었고 새롭지도 않았다. 그리고 과거 영국의 식민지였던 나라에서 이러한 일이 더 많이 일어난 것 또한 예측할 수 있었다. 그의 주장에서 새로웠던 것은 제국주의에 의한 영어의 확산을 비판했다는 것이었으며, 또한 피시맨이 주장한 바와 같이 맞물려 있는 여러 조건들의 복잡한 결과인 헤게모니뿐만 아니라, 영어의 확산은 정부, 공무원, 영어 교육 전문가와 주변 국가의 엘리트 협력자와 후계자들이 만든 어떤 의식적인 정책들의 결과물이었다는 점을 제시했다는 점이다. 이것은 그냥 일어났던 것인가, 아니면 인과적이었던 것인가? 이것은 수많은 요소들의 상호작용에 의한 예기치 않은 결과인가, 아니면 섬세하게 기획된 관료주의적 통제의 업적이자 성과인가? 만약 후자라 한다면, 우리는 언어 정책의 성공 사례로 영어의 확산을 적합한 예로 볼 수 있을 것이다.

## 제국주의, 언어적 제국주의와 세계화

첫 번째는 필립슨이 주장한 바와 같이 언어제국주의가 현대화, 서구화, 세계화와 미국화로 광범위하게 특징지을 수 있는 일반적인 현상들과는 별개의 것인지에 대한 질문이다. 갈퉁(Galtung 1980)은 그렇지 않다고 생각했는데, 그는 언어를 문화적 또는 사회적 제국주의 안으로 포함시켰다. 만약 그가 옳다면, 우리는 너무 단순하게 영어의 확산을 언어 정책에 관한 질문으로만 단정해서는 안 될 것이다. 나는 일전에 언어중심주의(linguicentrism)[3]에 관한 나의 의문을 말한 바 있었고 또한 언어 정책에 관한 주제가 더 넓은 맥락에서 살펴봐야 할 필요성이 있다

3 언어 자체에만 집중하여 논의하는 방식.

고 제안한 바 있다.

음모론의 지지자들은 보통 부르디외를 인용한다. 2002년 1월, 부르디외가 죽기 직전에 출판한 글에서 그는 세계화에 대한 그의 관점을 요약했다. 그는 경제 분야는 국가의 내부에서 발전하며, 국가와의 상호 의존성을 형성한다고 주장했다. 경제는 권력의 지배권을 독점하고 인구의 일부를 추방하려는 목적과 함께 통일과 통합을 향해 작동한다. 국가적 경계(관세, 외환 거래 통제)는 지속되는 팽창에 제동을 거는데, 세계 경제 분야의 발전, 즉 세계화는 이들(관세, 외환 거래 통제)을 극복할 수 있는 방안을 제공한다. 세계 경제 분야의 발전은 역사적으로 특정한 사회의 전통의 독특한 요소들에 뿌리를 두고 있는 경제적 부담을 포함하는데 그것은 대부분의 세계에서 결국 미국 경제의 이익을 위한 경제 활동에 해당한다. 이것은 미국식 모델을 위해 경제적, 정치적, 군사적, 문화적, 언어적, 그리고 상징적인 이익을 가져다준다. 부르디외의 관점에서 영어의 확산은 단순히 세계와 경제, 그리고 그 문화에 영향을 끼치는 거대한 흐름의 징후 중 하나다. 만약 영어의 확산이 그 경우라면 필립슨이 주장한 바와 같이 독립된 힘으로써 언어 제국주의에 대한 주목할 만한 관심은 세계화의 사회적, 경제적, 정치적, 문화적 원인과 그 영향을 다루는 심각한 문제에서 벗어나게 한다.

두 번째는 필립슨의 주장을 뒷받침하는 근거가 있는지에 대한 질문이다. 필립슨의 주장은 주요 영어권 국가와 그들의 정부에 의한 효과적인 통제가 영어 확산의 근간이 된다는 것이다. 필립슨은 언어 관습, 이데올로기, 수많은 식민지 관리자와 그들의 후계자, 그리고 영어 교육계 전문가들의 언어 통제에 대한 자료를 모았는데, 그는 그들의 통제 효과를 당연한 것으로 여겼다. 이전 장에서 다루어진 것처럼 3세기 동안 프랑스의 언어 통제와 같은 비교되는 실패가 없었더라면 더욱 쉽게 프랑스와 같은 사례를 만들 수 있었을 것이다. 영어의 확산이 언어 전파의 세심한 정책의 결과라는 증거는 무엇일까? 우리는 프랑스의 사례에서 기술된 것보다 훨씬 더 강력한 언어 전파를 위한 기제를 발견할 수 있는가?

핵심적인 영어권 국가들의 언어 정책을 추적해 보면 프랑스의 언어 정책보다 훨씬 더 복잡하다는 것을 알 수 있다. 영국은 성문 헌법이 없으며, 미국 헌법에도 언어에 대한 언급은 없다. 캐나다는 이중 언어 사용을 정책적으로 수용하라고 퀘벡 민족주의자들이 들고일어나 그 압력을 받아 왔고, 남아프리카는 아프리카어를 사용하는 사람들과 영어를 사용하는 이들 사이에 벌어진 오랜 시간의 주도권 다툼 이후 다민족 언어 환경을 인정하는 복잡한 다중 언어 정책을 현재 확립해 가는 중에 있다. 호주는 언어 정책에 관한 효과적인 정의를 찾는 것을 지속해 오고 있다: 지난 몇 년간 호주(정부)는 수많은 장관급 수준의 문서를 만들어 냈는데, 그 문서는 다중언어주의, 영어의 지배, 그리고 경제적 측면에 의해 주도된 아시아 언어에 대한 제2언어 숙달도 등을 지속적으로 주장하고 있다. 뉴질랜드는 영어의 지배에 대한 무언의 선입견(무의식적으로 영어를 공용어로 사용하는 것)없이 최근에 마오리어Maori를 뉴질랜드의 공식 언어로 인정했다. 에이저(Ager 2003)는 최근 영국에서 정치적 정당이 정체성의 지표로 영어의 순수성과 그 역할에 관심을 가지고 있어서 영국만이 유일하게 언어 이데올로기를 기저에 깔고 있는 명백한 진술을 향해 나아가기 시작했다고 주장한다. 이와 동시에 영국은 권력 이양 정책을 통해서 웨일스와 스코틀랜드에서 셀틱어들의 지위를 회복시켰다. 이 국가 가운데 어떤 나라에서도 프랑스의 경우와 같은 명백한 전통의 중앙집권 지향의 언어 정책—합의된 이데올로기와 고도로 발달된 언어 통제 관료주의—을 찾아낼 수 없다.

## ❙ 영어의 확산, 영국의 사례

영국의 역사는 영어의 점진적인 발달을 보여 준다. 영어는 노르만 정복 후 1세기가 지났을 때 공식적으로 사용되던 라틴어, 프랑스어와의 갈등 과정에서 그 모습을 드러냈다. 프랑스에서와 같이 법정과 법조계의 언어 사용은 천천히 토착어로 변해 갔고, 이것은 증가하는 토착어로 된 문학에 의해 지원되었다. 영어의 표준화는 공무원, 교사, 인쇄업자와 자칭 전문가들의 독립적인 활동에 의존했다. 잉글랜드의 경우 언어 아카데미를 발전시키기 위한 계획에 대한 강하고도 성공적인 반대가 있었다.

영어의 점진적인 수용은 잉글랜드의 바깥, 주변국에서 명확하게 드러났다. 웨일스어는 1536년 영국 연방법(the Act of Union)이 영어를 법과 정부의 유일한 언어로 지정한 후에도 몇 세기 동안 여전히 강한 영향력을 지니고 있었다(Jones 1998b). 기독교지식진흥회(Society for the Promotion of Christian Knowledge)의 후원 아래 있던 순회 학교들이 웨일스 인구의 절반이 웨일즈어로 읽고 쓸 수 있도록 한 18세기 중반까지, 대부분의 웨일스 사람들은 여전히 웨일스어를 사용했다. 불과 한 세기가 지났을 때 공립학교들은 웨일스어의 사용을 막기 시작했는데, 웨일스어가 물질적이고 정신적인 발전에 방해가 된다는 주장에 따른 것이었다. 얼마 동안은 이 정책의 실질적인 효과가 나타나지 않았다. 실제로 일어난 언어 손실(웨일스어 사용 감소)은 몇몇의 비언어적 요소들에 의존해서 나타났다. 웨일스로 잉글랜드와 아일랜드 출신 노동자들의 유입, 철도로 인한 인구 유동성, 제1차 세계대전으로 인한 젊은 남성들의 감소, 종교 의식의 감소 등과 같은 것이었다. 어떤 언어 통제보다는 이러한 사회적, 인구학적인 변화가 중요한 요인이었던 것으로 보인다.

브리튼 지방과 아일랜드의 영어의 지배는 비교적 최근의 일이었다. 18세기 말 영어는 콘월과 웨일스 일부를 점령했지만, 아일랜드와 웨일스의 나머지를 점령하지는 못했다(Barbour 2000:25). 영국 영어(Anglo-English)는 다양한 방언으로 남았고 영국 영어의 공식적인 표준 발음(RP)은 소수(인구의 약 3%)의 사회적 엘리트들에 의해서 사용되었지만, 대다수의 사람들에게는 거부되었다(Barbour 2000: 29). 19세기부터 남부 잉글랜드의 일부 공립학교에서 교육을 받은 엘리트들이 그들의 고급 억양과 함께 표준 영어를 장려했다. 표준 영어를 사용하는 엘리트 집단 외부의 사람들은 불이익을 받았다. 그들은 영어 사용자가 아닌 사람들, 표준 영어 사용자가 아닌 사람들, 고급 억양을 사용하지 않는 사람들, 가톨릭, 비기독교인, 비국교도, 가난하거나 교육을 받지 못한, 혹은 고급 학교에서 교육을 받지 못한 사람들, 여성, 지방 대학을 나온 사람들이었다. 이러한 비언어적인 요소와 언어적인 요소의 특정한 조합이 어떤 것이 좋은 표준 영어인지에 대한 모델을 만드는 요인이었다. 이에 당시에는 공식적이고 명시적인 언어 통제는 필요하지 않았다. 단지 과거 엘리트들의 권력이 약화된 오늘에 이르러서, 특히 보수당에서 누군가 표준 언어에 관한 명시적인 조항을 만들려고 애를 쓰는 사람들이 있을 뿐이다(Wallace and Wray 2002).

### ❙ 식민지의 영어

이와 같이 영국에서는 일관된 영어 정책의 부재를 보여 준다. 우리는 다음 장에서 미국의 언어 정책을 다룰 때 유사한 패턴을 발견할 것이다. 그렇다면 우리는 어떻게 영어의 광범위한 확산과 궁극적으로 전세계적인 영어의 지배를 설명해야 하는가? 식민지로의 이민이 하나의 명백한 정답이다. 19세기에 호주, 뉴질랜드, 캐나다 지역과 같은 핵심적인 영어권 국가로 이주한 영어를 사용하는 이민자의 수가 토착 주민들과 다른 언어를 사용하는 이민자들의 수보다 많아지기 시작했다. 따라서 토착민과 다른 언어를 사용하는 이민자들을 쉽게 지배하기 시작했다. 남아프리카 공화국과 퀘벡은 예외였는데 그곳에는 정치적 독립과 평등을 달성하기 위한 충분한 인구 밀도를 가진 다른 유럽 언어를 사용하는 많은 이민자들의 무리가 있었다. 호주에서는 토착민의 인구가 적었으며 심지어 무시를 당하기까지 했다. 뉴질랜드에서는 한때 식민지 주민의 수가 마오리족 원주민의 수보다 훨씬 많았다. 학교 언어 정책의 변화와 마오리족 마을에서 도시로 인구 이동은 결국 자연적인 마오리족의 세대 간 전승의 손실을 가져왔다. 어떤 것은 최근에 확인되었으나 정치적 행동으로 역전되지는 않았다. 따라서 주요 국가들에서 영어는 그 수에서는 물론이고 그 권력에서도 중심 언어가 되었다.

그러나 대영제국의 다른 지역에서는 영어를 사용하는 정착민은 그 수가 상대적으로 적었고 영어를 정착시키는 것은 훨씬 더 어려웠다. 19세기 내내 언어와 교육에 따르는 정책에 관한 논쟁이 많이 벌어졌다. 식민지 권력의 책임은 식민지 국가를 현대화시키고 서구화시키기 위해 원주민들을 교육하는 것이라고 일반적으로 받아들여졌다. 이 논쟁은 그러한 교육에 사용될 언어에 대한 것이었다. 프랑스와 벨기에, 스페인과 포르투갈의 식민지에서는 그 답은 간단했다. 문명화는 유럽 언어의 숙달도에 달려 있으며 오직 그 언어만이 교육적이고 공식적인 목적으로 인정되고 사용될 수 있다는 것이었다.

동인도 회사와 그 후속인 인도 공무국(Indian Civil Service)에서 인도에 비슷한 정책(유럽 언어를 사용하여 교육하자는 정책)을 주장한 관료들이 있었다. 그리고 이것은 소수의 엘리트 도시 학교에서 효과를 보았다.

그러나 인도의 동양학자로 불리는 사람들은 대중 교육에서는 지역 언어를 사용하자고 주장했다. 이와 같은 토착 고유 언어에 대한 지지 정책은 다른 식민 권력들에게 이어졌다. 이것에 대한 가장 강력한 예는 네덜란드 식민지에서 네덜란드어로의 접근을 식민지의 아주 소수의 엘리트들에게만 제한했던 것에서 드러났다(Groeneboer 1998).

유럽 언어로 교육하는 것과 토착 언어로 교육하는 것의 혼합을 통해서 일반적인 영국식 교육 정책이 등장하기 시작했는데, 이는 식민지 내에서 토착 언어로 초등 교육을 시행하고 점진적으로 이중 언어 영어 교육을, 점차 선별적인 고등교육이 될수록 영어만을 쓰는 방식의 교육 정책이었다. 모국어(토착 언어)로 초등교육을 시행하고 중등, 고등교육에서는 주요 언어(영어 등 식민지 언어)를 사용하는 교육 정책은 오늘날 기본 인권 시행의 일환으로 세계에서 널리 받아들여지고 있다.

프랑스, 네덜란드 또는 영국의 식민지 언어 정책은 원주민들이 높은 수준의 서구화를 하려 하지 않을 것이라는 동시대적인 신념을 공유했다. 그 모두는 그들이 제공하는 문화와 언어가 피지배민들에게 이익을 가져다 줄 것이라는 가부장적이고 제국주의적인 생각을 갖고 있었다. 이는 대부분의 제국에서 사실이었다. 한 가지 중요한 결과는 다음과 같이 프랑스와 영국의 정책에서 구별된다. 영국의 지배로부터 독립할 때, 일반적으로 하나 이상의 토착 언어에 대한 충분한 교육과 독해력이 있어 토착어가 국가의 언어로 선택될 수 있었다. 반면 프랑스로부터 독립할 때는 오랫동안 공식적이고 교육적으로 프랑스어를 사용해 왔고 토착 언어를 사용하는 것을 금지했기 때문에 토착 언어를 국가의 언어로 선택할 여지를 적게 만들었고 이러한 사실은 반프랑스적 국가주의 정서가 강할 때 비판을 받아 왔다.

필립슨이 영국의 언어제국주의에 대해 제시한 주요한 증거들은 언어 정책의 확산에 관한 영국, 그리고 나중에 미국 행정가와 영어 교육 전문가들에 의해 제시된 주장들을 인용한 것에 근거한다. 그는 토마스 맥콜레이Thomas Macaulay의 1834년 의사록(Minute)을 자주 인용했다. 맥콜레이는 당시 인도의 최고 의회 의원이었다. 맥콜레이는 인도에 머물렀던 4년 동안 법적인 문제에서 유럽인과 인도인의 평등을 확립하고 서구적인 성격의 국가적 교육 체계를 설립했다. 그는 교육 언어에 관련된 논쟁에서 확고하게 영어 전문가들의 편으로 의견을 표명했다. 즉 영어로 교육하자는 입장을 지지했다. 그러나 애반스(Evans 2002)는 필립슨이 맥콜레이의 의사록의 중요성을 과장했다고 믿었다. 영어 교육을 지지하는 결정이 내려진 것은 그가 그 글을 쓰기 몇 달 전이었기 때문이다. 또한 모한티(Macaulay 2002)가 지적한 바에 따르면 모한티의 의사록이 문제의 끝도 아니었다는 것이다. 이에 대한 논쟁은 계속되었고 궁극적인 타협은 1854년 우드에 의해 교육 수준이 낮은 분야에서는 토착어를 사용하고 상대적으로 높은 분야에서는 영어를 쓰기로 결정되었다. 영어는 요구가 있는 곳에서 교육될 수 있었으나, 영어가 토착 언어를 대체할 수는 없었다(Pennycook 1998: 70).

인도에서 나타난 현상은 많은 주요한 인도 언어에서 엘리트 영어 교육과 대중 교육의 조합이었다. 또한 아프리카에서는 이론과 실제 두 가지 모두에서 변화가 나타났다. 대륙 곳곳에 서구의 교육 방식을 소개한 선교사들이 영어를 강조했다는 점에서, 그리고 지역어를 교육하여 문맹률을 낮춤으로써 영어를 위축시켰다는 점에서 계속해서 공격을 받았다. 식민지의 정부가 그들만의 학교를 발전시킬 때, 그들 또한 다른 접근을 시도했다. 그것은 단일한 이데올로기와 정책의 부재를 보여 주는 것이었다.

필립슨은 사실 영어를 사용하는 것만큼이나 식민지에서의 모국어 사용에 대한 제안에도 비판적이었다. 그 제안은 1925년 영국 식민지국(British Colonial Office)의 정책 보고서에서 수용된 미국 자선 단체의 재정적 원조를 받아 마련된 아프리카 교육에 관한 보고서에서와 같은 것으로, 미국이 남부의 흑인들을 따로 교육하던 방식을 발전시켜 나갔던 경험의 결과로 해석했기 때문이다. 그의 언어중심주의적 접근은 중심적인 문제에서 그 의도를 비켜 나가게 한다. 식민지의 언어 정책 즉, 교육(학교) 언어로 본국의 언어를 사용할지 토착 언어를 사용할 것인지 하는 것은 핵심적인 문제가 아니었다. 어떤 언어를 사용하든 긍정적으로도 부정적으로도 해석될 수 있는 것이었기 때문이다. 오히려 한 국가가 다른 국가를 지배하게 된 식민지 상황이 실질적으로 극복될 수 없는 것으로 밝혀진 근본적인 불평등을 생산하고 있었다. 다시 말해서, 제국주의와 언어적 제국주의는 현실적인 문제가 아니다.

필립슨 주장의 중심적인 부분은 영어의 확산이 영국과 미국 당국에 의해 적극적으로 지향된 이익이었다는 점을 보여 준 것이다. 그의 관점에서 하나의 중요한 공모자는 1930년대 독일어와 이탈리아 선동에 대항하기 위해 설립된 영국문화협회(the British Council)였다. 영국문화협회는 대사관에 속한 문화 담당 부서와 병행하기 위한 것으로 주요 권력에 의해 설립된 유사 기구들과 비슷한 수준의 기관이었다. 필립슨에 따르면 미국에서의 언어 확산의 주체는 영어로 된 책을 수출하여 출판한 사람들과 외국 학생들을 입학시킨 대학들이었다. 이와 더불어 1960년 후반이 시작되면서 상당수의 미국 기관들이 영어 교육을 맡고 있었다. 평화봉사단(The Peace Corps) 또한 필립슨에 의해 영어 확산의 주체로 지적되었다. 과연 이러한 이질적인 집단들이 중앙에서 지휘되는 프랑스의 언어 기관보다 더 효과적인 언어 통제를 수행할 수 있는 가능한 음모론을 생산하는 것이 가능할까? 겉으로 보기에는 그렇지 않을 것 같다. 그래서 어떤 활발한 정책 입안 혹은 언어 통제는 영어 확산과 관련되는 여러 요인 중 하나일 뿐인 듯하다.

콘라드(Conrad 1996)는 필립슨 이론의 가설을 반박했다. 첫 번째 반론은 언어가 힘을 가지고 있다는 가설에 대한 것이었다. 필립슨은 어떤 다른 언어를 배우는 학습자들은 그 언어에 의해 지배되고 있다고 가정했다. 콘라드는 언어를 배운다는 것은 학습자의 권력을 증가시킨다고 주장했다. 그리고 영어 숙달에 대한 엄청난 수요의 증가를 설명해 주는 것은 바로 이러한 권력 획득에 대한 탐색이다. 두 번째는 필립슨의 사회 변화에 대한 갈등 이론에 대한 것이었다. 쿠퍼(Cooper 1989)는 갈등 이론을 설명했는데, 갈등 이론은 평형 상태를 비정상적인 것으로 상정하고, 사회의 다양한 부분들의 지속적인 이익 경쟁의 결과로 사회가 변화한다고 보았다. 마르크스는 이를 경제학적 용어로 제시했다. 콘라드는 필립슨의 가설, 즉 언어가 식민지 권력과 연관되어 있기 때문에 자동적으로 지배자의 권력을 유지하는 수단이 된다는 것에 반대했다. 필립슨은 식민지를 지배하는 현지어를 사용하는 것에 대해서도 똑같이 비판적이었는데, 이것이 차별 의식(seperateness)과 현지인의 열등의식을 유지하는 또 다른 방법이라는 점을 주장했다. 콘라드는 그다음으로 언어차별주의란 분석 속에서 실재하는 것이 아니라고 주장했다. 제국주의야말로 진짜 적이라는 것이라는 것이다. 콘라드는 언어의 힘에 대한 은유가 '영어란 퍼져 나간다는 것이'라는 주장 자체를 가져오는 방식에 대해서도 불편함을 느꼈다. 언어가 갈등 관계에 놓인 것이 아니라, 언어를 사용하여 갈등을 동원하는 이들이 갈등 관계에 놓여 있는 것이며, 다른 관점에서 보자면, 언어를 배우고 사용하는 것에 관한 개인적인 선택에 대해 내적 갈등을 하고 있는 개인들에게 문제가 있다는 것이다. 총체적인 일반화로서 '영어는 항상 지배적이다'라고 제안하는 것보다는 영어가 어떻게 특정한 지역사회에서 구성된 복잡한 언어 선택의 집합들 사이로 파고들 수 있었는지에 대해(하나의 선택 가능한 언어로서 전파된 영어) 더욱 자세히 연구하는 것이 필요하다.

필립슨의 언어제국주의 이론의 강한 주장을 거부하는 것이 언어 정책에 대한 연구에서 언어를 확산시키기 위한 노력, 혹은 사람들이 다른 언어 대신에 한 언어를 사용하도록 설득하는 노력을 배제해야 한다는 것을 의미하지는 않는다. 그러나 우리는 각각의 경우에서 무엇이 실제적으로 언어적 이데올로기와 정부의 언어 통제의 노력을 구성하는지 확실히 할 필요가 있다. 그리고 필립슨이 그랬던 것처럼 영국과 미국의 정책, 그리고 영국과 미국의 이익이 영어의 확산을 설명하는 모든 것이라고 가정하지 말아야 한다.

## 언어 제국주의에 관한 실증적 연구

다시 1977년 피시맨이 처음으로 제기한 영어 확산에 대한 주제로 돌아와서 20년이 지난 후에 피시맨, 루발-로페즈, 콘라드(Fishman, Rubal-Lopez and Conrad 1996:3)는 클립슨의 언어제국주의 모델에 관한 실증적인 증거를 탐색했다. 그들은 세 가지 질문에 관한 답을 찾아 나섰다. 첫째, 영어는 아직도 확산되고 있는가? 둘째, 만약 아직 확산 중이라면 직접적으로 조성된 것인지 혹은 착취의 방식으로 영어를 모국어로 사용하는 국가에 이익이 된 것인가? 셋째, 지속된 확산에 기여한 다른 요인이 있었는가?

이 질문은 대답하기 어려운 것으로 밝혀졌다. 루발-로페즈(Rubal-Lopez 1996)는 117개 국가를 대상으로 81개로 구별되는 언어적, 경제적, 정치적, 군사적, 종교적 특징에 대한 데이터를 분석했다. 1977년과 1996년 사이에 영어를 모국어로 사용하는 국가에서 공부하는 외국 학생들의 수가 증가했다. 또한 영어로 된 신문을 발행하는 국가의 수도 1977년 55개국에서 1996년 84개국으로 증가했다. 영어 신문의 판매 부수도 증가했는데 그중 아프리카가 가장 앞섰다. 이런 변화에는 군사, 언어, 사회 복지, 개발, 정치적, 종교적 요인들이 연관되어 있었다. 어려운 언어 선택 문제를 영어를 선택함으로써 해결했던 과거 식민지에서는 언어적 이질성이 중요해졌다. 경제적 요인은 복잡했지만 영어는 영어를 사용하는 국가로의 수출 규모가 영어를 사용하는 국가로부터의 수입 규모보다 더 연관이 있었다. 즉, 루발-로페즈는 이익을 받은 사람들이 식민지 지배자가 아닌 식민지 피지배자였다는 점을 제시했다. 또 다른 중요한 경제적 요인은 영어권 국가로 여행을 오는 비영어권 국가의 여행자들이었다. 경제적 지위가 낮은 나라들은 보다 더 해외로 유학을 가는 경향을 보였다. 더 발달된 의료 서비스를 보여 주는 다양한 지표들 또한 영어 확산을 예측하는 것으로 나타났는데, 아마도 필수적인 과학과 의료 교육의 결과로 보인다. 그녀는 피시맨(Fishman 1977)이 그랬던 것과 같이 2개의 확고한 지표를 발견했는데, 과거 식민지의 언어적 이질성과 비식민지의 영양 섭취에 관한 것이었다.

피시맨 자신은 "현지의 세부적인 사항에 대한 날카로운 이해(bite)와 독특한 역사적 경험"에 관심을 기울이게 되었다(1996: 623). 과거 식민지였던 20개 나라들 중 오직 5개 국가만이 초등 교육에서 일차적으로 영어로 가르치지만, 3차 교육(고등교육)은 고도로 영어화되어 있었다. 도서 출판의 경우 신문보다 더 영어화되어 있었고 다른 언론 매체는 출판이나 신문보다 더 영어화되어 있었다. 심지어 영어에 대해 가장 저항적인 3개의 주(퀘벡, 스리랑카, 수단)에서도 영어는 상류층과 지역 간의 경제적, 기술적 활동에서 쓰이는 보통의 언어이다. 과거 식민지였던 절반의 국가에서 영어가 공식 언어였거나 합법적으로 인정되었고, 여섯 국가에서 사실상 인정되었다. 많은 다른 나라에서 영어의 비공식적이거나 현지화된 사용이 발전되었다는 증거가 있었다. 피시맨은 이러한 기능적인 구분이 과거 식민지였던 국가들뿐만 아니라 전 세계에서도 사실이었을 것이라 믿었다.

피시맨(Fishman 1996: 639)은 제국주의와 신식민주의와 같은 용어의 잘못된 사용을 경고했다.

> 영국과 미국의 이전 식민지 대부분들과 이익권(spheres of interest)에서 영어는 더 이상 외부적으로 주어진 주도권의 반영이라고 볼 수는 없다(힘에 의해 유지되는 주도권이 아님은 분명하고 외세의 압력에 의해 홀로 놓인 것도 아니다). 영어는 다양한 현재의 상당히 자치화된 사회에서 벌어지는 일상적인 담론의 한 부분으로 그 사회의 구성원 모두는 기본적으로 그들 자신의 '상식적인 필요와 욕구'를 따르는 것이다.

다시 말해서 오늘날 영어의 확산을 야기하는 사회경제적 영향력은 대부분의 국가에서 자생적인 것이며 외부의 장려나 공식적인 언어 확산 정책에 의존하지 않는다.

과거 영국이나 미국의 식민지가 아니었던 곳에 영어가 확산된 것 때문에 언어적 제국주의 가설에 관한 더 많은 의문들이 생겨났다. 체노즈(Cenoz 1998: 175)는 영어의 중요성이 바스크 지방에서 증가하고 있다는 것에 대해 서술했다. 호프만(Hoffman 998: 175)은 북유럽에서 영어는 사실상 국제 공용어이며 어떤 곳에서든 수많은 전문적 기능을 충족시킨다고 언급했다. 심지어 최근이나 과거에 프랑스어를 주로 사용하는 국가였던 튀니지나 캄보디아, 베트남 같은 곳에서도 영어의 확산이 증가하고 있다는 증거가 발견된다. 헝가리에서는 외국어에 관한 연구가 점차 줄어들고 있지만 영어만은 중요하게 남아 있다(Dornyei and Csizer 2002).

여러 증거들을 통해 현재의 영어 확산이 언어 관리자의 통제에 의한 힘의 결과가 아니라는 것을 추측할 수 있게 해 준다. 언어 정책의 결정과 어느 정도 관련이 있겠지만, 현재 영어 확산에 영향을 미치는 주요 요인은 제국도, 프랑스, 스페인, 포르투갈 사람들이 시행하고 있는 언어 보급 운동도 아니며, 세계의 변화하고 있는 상황과 이를 반영한 언어 시스템이다. 부분적으로는 이미 영어가 널리 보급되었기 때문이며 또 한편으로는 초강대국이 여전히 남의 눈을 신경 쓰지 않고 영어를 쓰고 있기 때문이다. 영어는 가장 가치 있는 국제적 소통을 위한 공통적인 재화(hypercollective goods), 공공재의 지위를 얻어낸 것이다.

### 국제 언어 시스템

스완(Swaan 2001)은 영어의 확산에 대해 또 다른 이론적 설명을 제시했다. 그의 주장에 따르면 인류를 하나로 묶는 것은 다중 언어 구사 능력을 가진 개인들이다. 이것이 아니라면 6000개의 다른 언어 사용자들은 의사소통을 할 수 없었다는 것이다. 다양한 언어 공동체 사이의 계획적 연결은 그가 말하는 국제 언어 시스템을 구성한다. 서로 이해가 불가능한 언어는 다중 언어 구사자들에 의해 질서정연한 계층 체계를 구성하며 연결된다. 대부분의 언어는 지역적으로 구어 의사소통에서만 사용되는 주변적 언어이다. 서로 다른 2개의 주변적인 언어로 연결되는 것은 두 언어를 모두 사용할 수 있는 사람에게 의존한다. 그러나 그런 사람은 점점 일반적이지 않게 되는데 왜냐하면 의사소통이 인접한 마을뿐만 아니라 마을과 지역 수도 사이에서 이루어지는 경향이 증가하기 때문이다. 따라서 주변 언어 사용자들은 똑같은 제2언어를 습득하는 경향을 보이는데 그 언어는 해당 지역에서 중심이 되는 것이다.

스완은 국제 언어 시스템에서는 중심 위치를 차지하는 약 100개의 언어가 있다고 추정한다. 또한 이 언어들은 세계 인구의 95%가 사용하며, 일반적으로 초등 교육에서 교육 언어로 쓰이고, 때때로 더 고등 교육에서 사용되기도 하며 대중매체, 행정, 사법 영역에서 사용된다. 몇몇은 국어로서 혹은 국가의 공식 언어로 공표되었다. 많은 중앙 언어 사용자들은 중심 언어와 주변 언어를 사용할 수 있는 다중 언어 사용능력이 있는데 이는 일반적으로 주변 언어 사용자들이 중심 언어를 배우기 때문이다(그 반대의 과정은 드물다). 중심 언어 사용자가 다른 언어를 배울 때, 그 언어는 보통 더 높은 계층의 언어이다. 그것들은 아랍어, 중국어, 영어, 프랑스어, 독일어, 인도어, 일본어, 말레이어, 포르투갈어, 러시아어, 스페인어, 스와힐리어와 같은 초중심적 언어 그룹을 형성하는 언어이다. 이 언어들은 해당하는 큰 무리에서 중심적이다. 이들의 보급은 전 세계의 다양한 지역에서 제국 세력의 확산을 통해 역사적으로 추적될 수 있다.

국제 언어 시스템 발달의 역학 관계는 경제학에서 사용되는 개념으로 설명될 수 있다. 스완의 관점에서 보면 언어는 매우 공통적인 재화인데, 이는 희소성이 없으며 많이 사용한다고 해서 소모되지 않는다. 언어는 학습이라는 투자를 요구하는 한편, 이 이론에서는 최소한 해당 언어는 누구에게나 배우는 데 이용 가능한 것이다. 또한 언어는 규범적이라는 점에서 '표준'과 같고 연결을 제공한다는 점에서 네트워크나 다름없다. 경제적 관점에서 보면, 언어를 표준이나 네트워크로 선택하는 것은 스완이 말했듯이 투자이다. 그리고 더 가치 있는 것이 더 오래 살아남고 더 많은 사람들이 사용한다. 더 많은 사용자가 있으면 더 많은 개인 사용자가 이득을 본다는 네트워크의(이메일이 그 예시) 특수한 외부 효과 상식이 있다. 언어는 도로나 통신 네트워크를 뛰어넘는 장점을 가지고 있는데, 도로나 통신 네트워크는 비용이 들고 그래서 사용자를 배제할 수 있다. 언어도 마찬가지여서 언어와 같은 매우 공통적인 재화와 관련하여 해당 재화를 갖기 위한 경쟁 혹은 해당 재화에서 멀어지는 경쟁이 일어날 수도 있다. 언어 소멸의 마지막 단계에서 사용자의 급격한 감소는 다른 사람들로 하여금 해당 언어 사용을 그만두게 하는 이유가 된다. 중심 언어를 습득하려는 경쟁 속에서, 더 많은 사용자가 있을수록 더 많은 사람들이 그 언어를 배우려고 하게 된다.

스완은 언어를 사용하는 사람들과 그 언어를 배우려고 하는 사람들에게 있어서의 언어의 가치를 계산하는 시스템을 제시한다. 언어의 가치 혹은 Q값(Q-value)은 그 언어가 보급도(해당 언어를 사용하는 집단의 사람 수)와 중심도(centrality, 의사소통이 가능할 만큼 다른 언어 사용이 가능한 사람 수)를 계산에 넣는다. 예를 들어, 네덜란드에서 네덜란드어는 프리지아어와 스라난어 화자가 서로 의사소통하기 위해 네덜란드어를 사용할 만큼 널리 퍼져있기도 하며 중심 언어이기도 하다. 그러나 유럽 수준에서 봤을 때, '해수면보다 낮은 국가'[4] 외부에서 네덜란드어를 사용하는 사람은 적으며 따라서 네덜란드어의 중심적 지위는 낮다. 유럽 전체로 보았을 때, 독일어는 모국어 화자가 가장 많아 그 보급도는 높지만, 영어는 더 적은 모국어 화자 수에도 불구하고 제2언어 사용자가 가장 많아 그 중심도가 높다. 영어는 많은 지역 체계에서 중심 언어 역할을 하

4 (옮긴이 주) 저지대, 유럽 북해 연안의 벨기에, 네덜란드, 룩셈부르크로 구성된 지역을 말한다.

기 때문에 아랍인이 러시아인과 말할 수 있게 하고 프랑스어를 구사하는 사람이 중국인과 말할 수 있도록 도와 준다.

스완이 제시한 이 모델은 영어로의 세계적 전환을 그 기저에 깔고 있다. 세계화는 Q값이 가장 높은 계층으로 측정되는 시스템 최상위 단계의 수준을 높이게 되는데 그 계층에서는 영어가 명백한 선택이다. 그는 이것이 계획적인 것도 아니고 주로 "보다 큰 언어 무리의 종합적인 결과를 완전히 무시한 무수히 많은 개개인의 결정(무결정, 체념, 명령 준수)의 의도하지 않은 결과"라고 주장한다. 그는 이것은 예측하지 못한 과정이었다고 결론을 맺는다.

스완의 모델은 세계 언어의 보급에 대해서 음모론보다 더욱 강력한 설명력을 제시한다. 그의 모델은 중앙 언어, 초중앙 언어, 세계적 언어의 중심으로 끌어당기는 힘에 대해서 설명해 주는데, 이 언어들은 요즘 대부분 국가의 언어 정책에서 중요한 이슈를 구성하고 있다.

## 영어는 확산된 것인가 아니면 확산한 것인가?

필립슨(Phillipson 1992)이 주장했듯이 만약 영어 확산이 핵심적인 영어 사용 국가(특히 미국과 영국)의 언어 정책의 결과로 보인다면, 이는 성공적인 언어 통제의 대표적 사례가 될 것이다. 그러나 이 주장을 뒷받침하는 확실한 증거는 없다. 오히려 영어가 확산된 것과 영어가 첫 번째 진정한 국제적 언어로서 발달한 것은 지난 수세기 동안 국제 언어 시스템 변화를 그 기회로 이용하여 자리 잡은 결과로 보인다. 이러한 변화들은 언어적이라기보다는 경제적, 과학기술적, 정치적, 사회적, 종교적, 구조적인 변화들인데, 거기에서 기저의 원인을 찾아볼 필요가 있다. 이러한 변화는 언어적 시스템과 네트워크의 각 단계에서 가장 높은 Q값을 가진 언어의 가치, 호감, 매력도를 높여 주는 구심적이고 실용적인 힘을 제공한다. 이와 반대되는 경향도 이 힘에 대응하여 작용하고 있었는데, 그것은 민족적, 지역적, 국가적 언어를 설립하거나 유지하기 위한 기저의 원심적이고 상징적 힘이다. 이 힘은 영어나 다른 지배적 언어에 저항하는 원천이다. 피시맨의 용어에 따르면 가장 일반적으로 '언어 전이의 역행(reversing language shift)'으로 불린다(12장 참조).

영어의 국제 언어로의 발전은 단순히 언어 통제의 최종 결과물이 아니다. 그보다는 국제 언어 시스템의 복잡한 생태 환경의 변화에 대응하는 지역적이고 개인적인 언어 습득 결정을 반영한다. 이것은 통제 아래 이루어진 것이 아니기 때문에 다음 단계를 예측하는 것은 어렵다. 지금까지 프랑스와 브라질, 러시아에서 영어를 배척하기 위해 만든 법률과 기관과 같은 국가 언어 통제는 이를 살피는 데 확실히 성공적이지 않은 것으로 보인다. 유럽 공동체는 회원국의 내부적 언어 사용을 고집하며 막대한 시간과 돈을 쓰고 있다. 그러나 갑자기 저렴하고 정확한 기계 번역이 개발되지 않는 한 통역과 번역 기계는 결국 증가하는 압력에 가장 강력한 국제 공용어를 남긴 채 무너지게 될 것이라는 점을 의심할 만한 이유가 있다. 영어에 대한 압력을 경감시키기 위해, 전자 통신을 위한 다른 언어의 사용 증가는 특히 중요한 발전이지만, 이는 단순히 지역 의사소통에서 지역어를 유지하는 것이기도 하다. 그럼에도 이는 상황이 변화할 수 있다는 명백한 경고이다. 요약하자면 영어는 에스페란토어보다 효과적이고 세련된 그러나 더 이상 그 모국어 사용자와 관련되지 않는 중립적이면서 보조적 역할의 언어로 발전할 것이다. 혹은 기계 번역을 발달시키려는 40년 간의 노력 끝에 어떤 강력한 새로운 칩이 결국 우리가 각자의 언어로 말할 수 있도록 허용하는 장치를 제공할지도 모른다.

그 사이에 언어 정책을 이해하는 데 있어 두 가지 근본적인 요점이 드러나고 있다. 첫째는 영어의 확산이 지혜로운(wise) 또는 자기중심적 언어 통제의 직접적인 결과는 아니라는 것이다. 둘째는 국제 언어로서 영어가 오늘날의 여러 국가가 실시하는 언어 정책에서 고려될 필요가 있는 요소라는 것이다.

# 7 미국은 언어 정책을 가지고 있을까

## 미국 헌법 속의 언어

영어의 확산이 언어 보급을 위한 성공적인 언어 정책의 결과가 아니라고 할지라도 여전히 의문은 남는다. 영국과 미국은 실제로 언어 정책을 가지고 있는가? 만약 그렇다면 언어 정책에 대한 명시적인 조항이 헌법에 없는 상황에서 언어 정책은 어디에 있으며 어떻게 발견될 수 있는가?

영국에서는 언어 정책에 대한 논의가 드물다. 단지 최근에 이르러서야 바람직한 언어 규범을 유지하기 위한 교육 체계의 책임을 인정하려는 신호가 있었으며 다른 한편으로는 권력 이양의 일부로서 웨일스와 스코틀랜드에 언어 독립성을 부여하는 문제가 논의되었을 뿐이다.

미국에서는 이와는 대조적으로 명시적으로 조직화되고 시행되는 언어 정책도 없으며, 언어 담당 기관이나 언어 정책의 발전과 실행을 담당하는 정부 조직에 대한 전통적인 반대가 있었지만, 국가의 언어 정책에 대한 이슈가 많은 경우에 역사적으로 발생해 왔다. 독립 전쟁 동안 그리고 그 후에는 국어에 대한 이슈가 제기되었으나 이 문제는 공식적인 결정을 하지 않은 채 남겨졌다. 영국의 지배에서 독립하긴 했으나 그렇다고 미국에서 새로운 국어를 추구하기 위한 움직임이 일어난 것은 아니었다(Weinstein 1982). 마샬(Marshall 1986: 11)에서는 이에 대해 어떠한 의심도 가지고 있지 않다. "미국을 개척한 우리의 선조들은 언어는 개인의 선택의 문제라고 생각했기 때문에 공식 언어를 정확하게 결정하지 않았다."

아마도 사람들은 영어가 새로운 공화국의 언어라고 이해했을 것이다. 에르난네스-차베스(Hernandez-Chavez 1995)에서는 헌법을 기초하는데 영어를 선택했다는 것은 영어의 공용어 시행과 동시에 다른 언어에 대한 억압이라는 언어 정책의 시작이라고 주장했다. 뉴멕시코, 루이지애나와 같이 새로 편입된 영토에서는 영어가 그 지역의 언어 목록의 하나로 추가되었다. 한편 교육을 관리하는 것이 연방 정부의 기능이 아니라 개별 주(state) 차원에서 결정되는 것과 같이 각 주들은 현지 언어 정책을 수립할 권리를 가졌다. 1920년대의 외국인 혐오증(xenophobia)이 국가 이데올로기의 추세를 보여 주었지만 이중 언어 교육 프로그램의 금지와 같은 제도의 시행은 주 정부나 지방 정부 차원에서만 일어났다. 외국어를 교육하려는 국가 정책을 수립하려는 노력들은 비정부단체인 사설 기관이나 직업 기관에 의존했다.

식민지 초기부터 아메리카 언어의 동향은 언어 관습에 있어서의 다양성을 특징으로 꼽을 수 있다(Lewis 1980). 식민화 자체가 언어적으로 다양했다. 1513년에 시작한 스페인어, 영어는 1583년에 뉴펀드랜드에서, 프랑스어는 1605년에 캐나다에서, 네덜란드어는 1623년에 뉴욕에서, 그리고 독일어는 1683년에 필라델피아에서 사용되었다. 그러나 실제 현실에서의 다양성과 헌법 및 권리 선언(Declaration of Rights)에 반영된 개인의 자유라는 개념이 다중언어주의를 확실하게 수용하는 것과 결합된다는 것은 지나친 비약이다. 프랑스 혁명의 자유, 평등, 박애라는 모토들이 지역 언어를 파괴하려는 운동이 지속되는 것을 막지 못한 것처럼 새로운 미합중국에서도 언어의 다양성을 유지하려는 우선시되는 신념은 없었다. 식민 단체들은 앞선 언어에 대해서 제한적인 관용만을 보여 주었다. 대부분의 경우 아메리카의 원주민들은 유럽 언어를 채택하도록 강요되었다. 미합중국이 유럽의 식민 지역들을 정복해 가면서 아메리카 원주민의 언어는 점차 성장하는 영어의 헤게모니 아래로 흡수되었다. 스페인어는 1848년 이후 미합중국에서 지배적인 언어가 되지 못했으며 독일어와 프랑스어도 서서히 약화되어 갔다. 이러한 인식은 루이지애나에서의 프랑스어와 뉴멕시코의 스페인어에 도움을 주긴 했으나 그렇다고 그 언어들이 유지될 것을 보장받지는 못했다.

19세기는 미합중국으로의 이민, 특히 유럽에서의 이민이 급속하게 증가한 시기였다. 미국의 인구는 1790년에 4백만 미만이었으나 1974년에는 2억 1천1백만 이상으로 증가했으며 동시에 다양한 언어적, 인종적 집단들이 도착했다. 이 집단 중 일부는 독립을 지키려고 시도한 반면 대부분의 집단은 지배적인 영어권 문화에 적응하려고 시도했다.

### 미국으로의 이민

피시맨(Fishman 1966)은 미국으로 들어온 복잡하고 다양한 언어들의 운명을 연구한 것으로, 이들 언어의 동화 과정의 결과를 기록하고 있다. 그의 자료는 2세대 혹은 3세대를 거치면서 비영어권 이민자들이 어떻게 영어로 전환했는지를 보여 주고 있다. 그러나 이러한 과정은 보편적이지도 일관적이지도 않은데 왜냐하면 반대의 경향에 의해 균형이 맞춰지기 때문이다. "2개의 과정들이—한편으로는 탈민족화와 미국화, 다른 한편으로는 문화 언어적인 자기보존—미국 역사의 전 과정을 통해 동일하게 나타난다"고 피시맨(Fishman 1966: 15)은 결론내렸다.

클로스(Kloss 1966)에서는 언어 손실의 잠재적인 원인을 조사했으며 대부분의 변인들이—규모, 개량화의 수준, 위치 등과 같은—양면적인 결과를 가진다는 점을 발견했다. 가장 먼저 정착한 언어들(프랑스어가 가장 좋은 사례)이 가장 오래 유지되는 것으로 보였다. 스스로를 보편적인 문화와 사회적, 정치적, 종교적, 문화적, 경제적으로 통합되는 것을 거부한 폐쇄된 공동체들도—애미쉬와 하시듬적 유대인들이 명백한 사례들—자신의 모국어를 유지하는 데 성공적이었다. 피시맨 자신은 좀 더 일반적인 이론을 제안했다: 비영어권 언어들은 사회적 유동성을 부정하거나 저항하는 토착민이나 이주민 집단들에서 가장 잘 보존되었다. 이로부터 미국의 언어 이데올로기는 언어 통합을 가정하거나 수용하는 것이라고 가정하는 것은 타당한 듯하다. 한 공동체에서 언어 다양성을 해결하는 가장 효율적인 해결책은 근대화와 단일화의 중요성을 수용하는 것이다.

몇몇 학자들은 이러한 언어 이데올로기를 19세기 후반에 정기적으로 발표된 성명 속에서 확인해 왔다(Ricento 2001 등). 파블렌코(Pavlenko 2002)에서는 그러한 전개 과정을 기술했다. 복수언어 이민자들은 본질적으로 다중언어 사회에 참여하고 있었다. 헌법에 언어 관련 조항이 없다는 것은 두 가지 방향으로 해석될 수 있다. 즉 다중언어주의를 시행하겠다는 진술이 없는 것으로 혹은 다중언어에 대한 관용으로 해석될 수 있다. 적어도 19세기 동안에는 이러한 관용이 발견되었는데, 캘리포니아와 루이지애나에서 공식적으로 이중언어주의를 인정했다는 점, 그리고 19세기에 독일어를 펜실베니아와 오하이오의 공식 언어로 인정하라는 운동이 있었다는 점 등이 그러한 사례이다. 교육 현장에서도 다중언어주의를 수용했다.

1868년에 통과된 미국의 14번째 수정 헌법에서는 평등한 보호라는 원리를 재확인했다.

> 1항. 합중국에서 태어나거나 귀화하거나 그 사법권의 대상이 되는 모든 사람들은 합중국과 그들이 거주하는 주의 시민이다. 어떤 주도 합중국 시민의 특권이나 면제권을 축소하는 법을 제정하거나 강요할 수 없다. 어떤 주도 사람의 생명이나 자유, 재산을 법적인 절차 없이 빼앗을 수 없으며 그 사법권의 영향을 받는 사람에 대한 동등한 법의 보호를 부정할 수 없다.

일부 집단들은 다르게 취급되었다. 아메리카 원주민들은 강제로 통합과 영어화가 진행되었다. 중국과 일본의 이민자들은 정규적인 학교 체계로부터 배제되었다. 독일어를 매개로 한 교육은 1880년대까지는 지원되었으나, 대규모의 이주가 시작되면서 다양성에 대한 관용이 약화되기 시작했으며, 이러한 이주는 더 이상 북유럽이 아니라 남부와 동부 유럽 출신이 주류를 이루었다. 많은 이민자들은 가톨릭이거나 유대인들이었으며 이들은 모국어를 사용하는 교구 학교(parochial schools)에 계속해서 다녔다. 이들은 문화적, 언어적으로 달랐으며, 덜 교육받았거나 덜 지성적으로 인식되었다. 1890년대에는 동화 과정의 속도를 높이기 위한 노력들이 나타나기 시작했는데(영어를 교육하는 것과 같은) 이러한 노력은 성공적이지 못했다.

제1차 세계대전 동안 높아진 외국인 혐오 감정은 영어 학습뿐 아니라 미국이 아닌 다른 국가(이는 반독일 정서에서 유래된 것)에 대한 충성까지도 금지하는 데 초점을 두었다. 독일어로 된 서적은 도서관에서 추방되었다. 독일어 극장이 폐쇄되었으며, 독일의 음악도 금지되었다. 그리고 독일어 교육도 학교에서 중단되었다(Pavlenko 2002: 179). 30개의 주들이 영어를 말할 수 없는 외국인들에게 저녁 학교에 다닐 것을 의무화하는 법을 통과시켰으며, 34개 주에서는 공립학교에서 영어만이 유일한 교수 언어임을 규정했다. 전쟁 말기 무렵에는 이중언어주의에 대한 긍정적인 태도는 기여하는 바가 거의 없으며, 학교에서의 외국어 교육은 나쁜 것이고, 언어 유산을 유지하는 것이 장려되어야 한다는 광범위한 믿음에 의해 대체되었다. 이중언어주의는 지적으로 저급하고 애국심을 결여한 것과 결부되었다. 파블렌코는 1930년대에 미국의 이데올로기는 확고한 단일언어주의라고 믿고 있다.

그렇지만 미국이나 다른 민주 국가에 대한 논의에서 '이데올로기'라는 용어를 사용하는 것은 실수이다. 올리버 웬델 홈즈Oliver Wendell Holems와 토마스 듀이Thomas Dewey와 같은 남북전쟁 이후 미국의 중요한 사상가들은 민주주의의 근본적인 개념은 이데올로기의 자유 시장이 아니라 아이디어의 자유 시장이라고 보았다. 민주주의는 누군가가 동의하지 않는 다양한 생각들에 대해 열려 있음을 의미한다. 20세기 초기에 발전된 학문적 자유의 개념은 이러한 반이데올로기적 입장의 본질을 포착하려 시도했다. 자유 사회에서 인기가 없는 생각들이나 소수자의 의견들은 보호되어야 한다. 그렇다면 단일언어주의를 지지하는 의견을 출판하는 강력한 단체가 있었던 시기와 동시에 토마스 듀이와 헤리스 칼렌은 문화적 복수주의를 지지하는 글을 쓰기 시작한 것이다.

단일언어주의를 지지하는 논의의 경향은 계승 언어(heritage-language)에 대한 충실함을 지속하는 것을—가정과 공동체에서의 언어 사용, 신문의 발행, 이중 언어 프로그램의 유지 등—20세기까지는 방해하지는 않았다. 루이스(Lewis 1980: 366)에서는 이중 언어 교육에 대한 미국의 초기 단계를 기술했다: 아메리칸 원주민을 위한 프로그램, 19세기까지 지속된 미국 일부에서의 독일어 교육, 프랑스어를 사용하는 교구 학교들, 모국어와 함께 제2언어로 영어를 가르치는 스칸디나비아인, 네덜란드인, 리투아니아인, 폴란드인과 슬로바키아인들을 위한 학교들. 그러나 이러한 양상은 외국인 공포증에 의해 방해를 받았다. 그 결과로 거의 30년 동안 영어만이 합법적인 것으로 되었으며, 그 기간 동안 많은 주들은 공공을 위한 유일한 언어로 영어만을 인정했다. 단지 사립학교들만이 이를 무시했으며, 여기에는 단일한 정책을 시행하라는 국가적인 강제는 없었다. 궁극적으로 1960년대에 국가 정책이 생겨나기 시작할 때에는 그것은 단일언어주의와 '용광로'가 아니라 다중언어주의와 다중문화주의를 지지하는 것이었다.

이러한 순환 과정은 평형을 이루었다는 증거라기보다는 우리가 상충하는 긴장들을 다루고 있음을 제안해 준다. 한 가지 목적을 향한 어떤 행동은 바로 다른 방향에서 반대 행동을 만들어 낸다. 이러한 경향들은 정치적인 생활에서는 일상적인 것이다. 지난 30년 동안(다음 장을 보라) 유럽의 많은 국가에서 개인 권리에 대한 표면적인 지원은 이주의 영향에 대한 강한 관심 속에서 급속히 사라진 듯하다. 프랑스, 네덜란드, 덴마크와 스웨덴은 외국인 혐오증에 기반을 두어 선거에서 승리하는 새로운 우익 정당들을 만들고 있다. 국가 언어 신념에 대한 복잡한 속성을 이해한다면 우리는 좀 더 쉽게 어떤 입장에 대한 외견상의 비일관성이나 변화를 이해할 수 있다. 인과 관계라기보다는 구성적 상호작용의 개념을 재확인함으로써(Oyama 2000) 우리는 이데올로기가 정책들을 이끈다고 가정하는 것이 왜 위험한 것인지 알 수 있다. 사실 언어 선택과 가치에 대한 믿음은 모순적이고 변덕스러운 경향이 있으며, 생태학에서의 변화처럼 다양하고, 부분적으로는 적어도 언어 관습과 언어 통제의 영향을 받는다.

### ❙ 미국의 언어 관습과 믿음

우리가 답하려고 하는 질문은 미국이 언어 정책을 가지고 있느냐 하는 것이다. 언어 관습을 살펴보면 그 답은 단순함과는 거리가 멀다. 대부분의 민간사업이나 공공사업이 영어로 수행되는 반면 많은 개인과 공동체들은 특정 영역에서 일상적으로 다른 언어를 지속해서 사용하고 있다. 일반적으로 다른 언어보다는 영어로 생활하는 것이 더욱 쉬운 것이지만 그 질문을 유지할 만한 충분한 예외들이 있다.

1980년 미국의 인구 조사에서는 5세 이상 거주 인구의 11%가 집에서 영어 이외의 언어를 사용한다고 보고되었다. 1990년에는 이 비율이 13.8%로 상승했으며, 2000년에는 17.6%까지 올라갔다. 이들 중 대다수는 적어도 이중 언어자였다. 2000년에는 2천5백만(4천5백만까지) 명이 영어를 매우 잘 구사했으며, 다른 9백만 명은 영어를 잘하는 것으로 보고되었다. 1980년에는 집에서 스페인어를 쓰는 화자들 중에는 50% 미만이 영어를 매우 잘 할 수 있었다. 2000년에는 그 수치가 53%를 넘어섰다. 다른 언어들까지 고려한다면 미국에서의 언어 관습은 단일 언어적이 아니다.

우리가 관습이 아니라 언어에 대한 믿음에 대해 질문한다면 그 대답도 역시 복잡할 수 있다. 많은 사람들은 영어가 미국의 공식 국어라고 믿거나 공식 국어여야 한다고 믿지만, 역시 많은 사람들은 외국어 교육이나 이중 언어 교육이 영어에 위협이 된다고 믿지 않는다. 캘리포니아, 애리조나, 메사추세추에서 실시된 최근의 국민 투표에서처럼 이항 선택의 상황이라면, 유권자들은 한편이나 다른 한편을 선택하겠지만, 대중적인 믿음은 창의적인 해결이 필요할 만큼 충분히 복잡하다.

관습이나 믿음에서 명백한 답변을 찾을 수 없다면 다양한 층위와 시간 속에서 이루어진 언어 통제가 유사하게 다면적인 양상을 보인다. 이것은 교육 정책들과 법률 결정문을 살펴봄으로써 알 수 있다. 이들은 일관적이고 일상적인 양상을 보이지 않는다. 피시맨(Fishman 1966: 30)에서는 "미국만이 이주민 집단의 언어적, 문화적 쇠약을 촉진시키려는 입장을 취하지 않는다."고 기술했다.

### 미국의 언어 통제

미국의 학교에서 다른 언어 사용을 허가하는 정책에 대한 공격은 새로운 현상이 아니다(Crawford 2000a). 벤자민 프랭클린은 펜실베니아의 독일인 거주자들이 아이들에게 영어가 아니라 독일어로 교육을 받는다는 사실에 대해 분노했다. 1803년에 루이지애나를 매입한 이후, 새로운 지배자는 공식적인 석상에서 프랑스어가 아니라 영어가 사용되어야 한다고 요청했다. 그러나 1845년의 주 헌법은 이중 언어 정책을 입법부에 제공했다. 1849년의 캘리포니아 헌법은 스페인어에 대한 권리를 인정했으며, 여기에는 이중 언어 출판법을 포함했으나, 1879년의 헌법에서 다시 삭제되었다. 1880년 초에 미국 정부는 아메리카 원주민들에게 토착어, 종교, 그리고 토착 의식을 금지하는 교육을 시행했는데, 이것은 일시적으로 1970년대에 진정되었다. 유사하게, 푸에르토리코에서 영어는 스페인-미국 전쟁 이후에 공용어로 선포되었으며 1948년에만 스페인어가 부활되었다. 하와이에서 영어 교육은 1853년에 도입되었고, 1896년에는 공립학교에서 쓰이는 유일한 언어가 되었다. 크로포드가 "정복당한 사람들"이라고 부른 사람들은 토착어에 대한 식민지화를 거부했기 때문에 고생을 했는데, 19세기 말까지 대부분의 유럽 이민자들은 좀 더 관용성을 가지고 다루어졌다. 그들은 자신들이 정착한 거주지에서는 자신의 사업을 수행하는 것이 허용되었으며, 종종 비영어 학교를 운영하는 것도 허용되었다. 1839년 오하이오는 독일어-영어 수업을 인정했다. 다른 주들도 유사한 법안을 통과시켰다. 클로스(Kloss 1977)는 교육의 수단으로서 독일어, 프랑스어, 스페인어뿐 아니라 네덜란드어, 덴마크어, 스웨덴어, 노르웨이어, 폴란드어, 이탈리아어, 체코어의 사용을 기술했다.

1910년경 시작된 미국화 캠페인은 이주 노동자들의 잠재된 혁명성에 대한 두려움에서 비롯되었다. 헨리 포드는 자신의 노동자들 모두가 영어를 배울 것을 원했다. 테어도어 루즈벨트는 외국어를 쓰는 이주민들은 충성심에서 분리된 채 남아 있다고(충성심이 부족하다고) 믿었다. 그는 학교를 설립해서 5년 안에 영어를 배우지 못한 사람은 본국으로 돌려보내야 한다고 제안했다. 제1차 세계대전 동안에 외국인 혐오증이 증가하면서 독일어의 공적인 사용이나 교육이 폭넓게 금지되었다. 그러나 1920년대의 입양 이민자 쿼터가 적용되면서 비영어권 이민자의 물결은 점차 줄어들었으며, 비영어권 그룹도 감소했다. 단지 시골과 교구 학교의 소수만이 계속 이중 언어자로 남았다. 이 이슈가 다시 중요하게 된 것은 비영어권 화자가 증가하기 시작한 1960년대 이후였다.

지역의 관심에 의해 촉발되었지만 언어의 단일성을 요구하는 것으로 보일 수 있는 지역의 결정들은 국가의 통합을 위한 토대가 되었다. 직접적으로 도전을 받지만 않는다면 일반적인 의견은 언어의 다양성에 대해 관용적인 것으로 보였지만, 언어는 토착민이건 이주민이건 소수자들로부터의 위협을 발전시킬 수 있는 어떤 두려움에 대한 중심점을 제공했다. 교육이 연방 정부의 헌법 밖에 있다는 사실은—아메리카 원주민이나 푸에르 토리코처럼 특별히 정복된 집단들은 예외로 하고 — 일관된 국가의 이데올로기가 없다는 것과 같이 단일한 연방의 언어 정책을 전개할 가능성이 없음을 의미했다.

## 시민권으로서의 언어

1964년의 시민권 법 이전에도 미국의 법정에서는 영어가 아닌 다른 언어 화자의 권리를 옹호하는 사례들이 매우 많았다. 1923년 대법원은 메이어 대 네브라스카Meyer v. Nebraska에 대해 주 정부는 영어를 공립학교에서는 필수적인 것으로 요구할 수 있지만 사립학교에서는 그렇게 할 수 없다고 판결했다. 1926년에 대법원은 영어, 스페인어, 필리핀 방언 이외의 다른 언어로는 기록을 유지하지 못하게 하는 필리핀 부기법이 미국 헌법 이후 국회에서 제정한 필리핀의 권리장전을 위반했다고 판결했다.

미국에서 시민권을 설립하는 법제화 과정에서 초기의 초점은 흑인에 대한 투표권에 있었는데, 이는 1957년에 설립되었으며, 1960년과 1964년에 계속해서 강화되었다. 법률 제6조는 시민권 법의 이정표 중 일부이다. 이 법은 연방의 재정 지원을 받는 프로그램과 활동에서 인종, 피부색, 국적에 근거한 차별을 금지했다. 언어 차별을 처리하기 위한 수요를 마련하기 위해 몇 가지 중요한 법원 결정은 법률 제6조를 사용했다. 1971년에는 미국 텍사스의 동부 지역을 위한 연방 판결에서 이중 언어 교육 프로그램의 부재는 14번째 수정헌법과 법률 제6조를 위배하는 것이라고 했다. 1974년의 포르테일 대 세르나Portale v. Serna에 대한 연방정부의 10번째 순회 재판에서 법률 제6조가 아이들에게 이중 언어 교육에 대한 권리와 함께 제한된 영어 구사 능력를 제공했다고 판결했다.

또 다른 이정표적인 사례는 라우 대 니콜Lau v. Nichols의 경우로 이는 헌법의 권리의 범위를 제한했다. 그 판결은 중국 이민 학생들의 문제를 처리하기 위해서는 무언가 시행되어야 한다는 것을 인정했지만, 이중 언어 교육이 이러한 문제를 해결하는 유일한 방법이라고 규정하지는 않았다. 시민권협회는 333개의 학교 지역을 조사하고 활용 가능한 다른 해결책을 제안하는 보고서를 발행했다. 루이스(Lewis 1980: 376)에서는 이런 저런 소송들이 "전통적인 관점에서 그리고 몇몇 사례들에서 지방 교육 당국이 이중 언어 교육에 반대하는 확고한 편견을" 기대했다고 주장했다. 그는 1976년에도 12개의 주들이 여전히 이중 언어 교육을 금지했으며, 단지 7개의 주만이 특정한 조건하에서만 이중 언어 교육을 의무화했다고 기술했다.

중요한 것은 1964년의 인권법이 연방정부가 언어 통제에 개입할 기반을 제공했다는 점이다. 그러나 이후 약 30년 동안 언어 권리와 관련된 대부분의 활동과 관심은 법률 제6조에서 언어적으로 불이익을 받은 학생들의 문제를 처리하기 위해 특별히 의도적으로 고안된 법률로 이동했다.

## 이중 언어 교육법

영국과 웨일스의 HM 학교 조사관으로서의 경험을 통해 나온 논평(Lewis 1980: 369)에서는 "정책은 정책을 위해 기꺼이 보상을 할 사람들에 의해 결정된다."고 언급했다. 이러한 언급은 미국의 언어 통제 역사에서 중요한 결정인 1968년의 이중 언어 교육법을 만든 계기가 되었다. 2002년 1월 8일까지 유효했던 그 법안(James Crawford의 부고 2002c)은 34년 동안 영어가 아닌 다른 언어로 교육받는 교육 프로그램들을 위한 기금을 제공했다. 이 기간 동안 이 프로그램의 형태와 유효성에 대한 논쟁이 지속되었다.

그 양면적 가치는 초기부터 명백하다. 원래의 법안은 비영어권의 배경을 가진 학생들에게 영어를 가르친다는 것이었다. 바꾸어 말해 이 법안은 영어를 구사할 수 없는 학생들에 대한 차별을 해소하기 위해 제공된 것으로서 법률 제6조와 시민권 법의 직접적인 연장이었다. 그것은 소수 집단의 언어 유지를 위한 지원을 제공한다는 추가적인 목표로 기능하도록 의도된 것은 아니었다. 루이스(Lewis 1980)에서 주장했듯이 프로그램의 이러한 측면이 지역 교육 당국의 분노를 불러일으켰으며, 30년 후에는 이중 언어 교육을 공격하는 대중 캠페인을 정당화하는 근거로 사용되었다. 이중 언어 교육법의 유효 기간이 끝나면서 영어 교육은 "어떤 아이도 소외되어서는 안 된다."라는 새로운 교육 개혁 프로그램하에서 지속되었으며, 이중언어교육협회와 소수언어협회의 업무는 영어 습득, 영어 강화, 영어 미숙달 학생을 위한 학술 단체, 현재는 영어습득협회로 이전될 것이다.

이것은 이중 언어 법안의 원래의 동기였는데, 이 법은 상원의원들과 스페인어 화자 인구를 가진 주들—텍사스, 캘리포니아, 뉴욕, 뉴저지, 플로리다, 애리조나와 뉴멕시코와 같은—의 국회의원과 프랑스어 소수자를 가진 메인 주로부터 탄생한 정치적 계획이다. 그것은 원래 미국 흑인들의 불리한 입장에 초점을 맞춘 시민권 운동의 연장선이었다. 이중 언어 법은 비영어 화자들에게 영어를 교육하는 것에 대해 높아지는 관심을 대처하는 한 방법을 제공했다. 이 법은 또한 언어 정책이라는 이슈에 대한 공공의 논의가 이루어질 기회를 제공했다.

1967년 5월에 5일 동안, 그리고 6월과 7월에 2일을 연장하여 상원에서 청문회가 열렸다(Bilingual Education 1967). 하위 분과에서는 6월에 이틀 간의 청문회를 가졌다(Bilingual Education Program 1967). 시작부터 이중 언어 교육과 영어 교육 사이의 어려운 균형이 인정되었다. 첫 번째 입회자인 애리조나주 상원의원 폴패닌Paul Fannin은 멕시코와 푸에르 토리코 학생들은 스페인어를 사용하는 것이 권장되어야 하며, "이중 언어 능력"을 발전시키고, "히스패닉의 유산을 회피하지" 않도록 하는 데 동의했다. 그는 계속해서 다음과 같이 말했다.

> 스페인어가 영어보다 선호되어야 할 논리적인 이유는 없지만 미국인들의 모국어와 우리 각각의 언어는 현대의 기술화된 사회에서 효율적으로 경쟁하기 위해서 발전된 것이다.

청문회에서 상원의원 야보로는 스페인어 화자에 대해 영어를 교육하는 것에 대한 높은 관심을 강조했다. 그는 스페인어 외의 다른 언어를 포함하는 것에 반대하면서, 이민자의 언어와 관련하여 가장 흔하게 듣는 주장인, 이민자들은 자신들의 자발적인 선택에 의해 미국에 있는 것이므로 자신들의 언어를 포기하는 데 동의해야 한다고 주장했다.

교육에 의한 이중 언어 교육에 호의적인 논의들은 이중언어주의의 가치, 모국에 대한 존경을 강화하는 역할, 자아개념에 대한 효과, 기술적, 직업적인 업무에서의 개인적 가치, 국가 자원으로서 이민자의 언어 능력을 보존할 필요성 등을 포함한다. 조슈아 피시맨만이 언어 보존(유지)가 하나의 목표라고 말했다. 그는 보수주의위원회에 제출한 증거를 통해 영어 이외의 언어들은 "무시된 국가의 자원"이라고 주장했다. 문화 복수주의, 다중언어주의, 소수 언어에 대한 보존의 사례들을 제시하면서 피시맨만 많은 입회자들 중 유일하게 국회의 청문회에서 영토 내에서 구사되는 모든 언어를 지원하는 것이 정부의 책임이라는 믿음이 표현된 법안을 발표했다. 법안을 제정한 나머지 입회자와 위원회 구성원, 그리고 국회의원들은 이중 언어 교육을 영어 숙달도를 위한 만족할 만한 전이를 제공하는 한 방법으로 보았다. 7천5백만 달러가 소요된 이중 언어 법안이 시행되던 첫해 말에 국회에서 행한 연설에서, 피시맨(Fishman 1971b)에서는 실망감을 표현하고 있는데, 그는 실패의 잘못이 이중 언어 프로그램에 있다기보다는 스페인어 화자로 제한된 어떤 것에 있다고 지적했다. 그는 편성된 예산(1968년 1천5백만 달러, 1969년 3천만 달러, 1970년 4천만 달러)과 실제 승인된 예산(1968년 0, 1969년 7백50만 달러, 1970년 2천백만 달러) 사이에 엄청난 간격이 있다는 점에 주목했다. 그는 이중 언어 교육이 단순히 부분적인 문제가 아니라 반빈곤 프로그램의 일부라는 점에 대해 세출위원회를 설득하는 데 실패했다고 말했다. 그는 전문적이고 민족적이면서 "진정한 이중 언어 교육"을 정립할 수 있을 만한 효과적인 로비 그룹을 발전시킬 것을 요구했다. 이 법안이 시행된 첫 10년 말에 미국의 이중 언어 프로그램에 대한 그의 설명에 대해 루이스(Lewis 1980)는 그 프로그램들이 일반적으로 보충적인 것으로 간주된다고 주장했다. 영어 교육은 종종 주요한 우월성을 가지게 되었으며 다른 언어를 보존하는 것에 대해 진지한 관심은 없었다.

미국은 종종 다중언어주의와 다중문화주의에 대한 높은 수용성을 보이기도 했으나, 실제건, 믿음이건, 언어 통제에 대해서건 통합된 언어 정책이 없었다.

### 테스트

미국의 언어 정책의 다른 양상을 추적해 보면 우리는 유사한 단일성의 결여를 발견할 수 있다. 1920년대 외국인 혐오증의 한 결과로 이민 정책에서 중대한 변화가 있었는데, 그 목표는 이민자의 수를 통제하는 것뿐 아니라 북부 유럽 — 더욱 적합하고 쉽게 동화될 수 있다고 여겨지는 — 으로부터의 이주민에 대해 우선권을 제공하는 것이었다. 이민 법안은 미국의 학교와 대학에서 공부하길 원하는 외국인들에 대해서는 자동으로 비자를 허용한다는 점에서 심각한 구멍을 남겼다. 비자 신청자들의 언어 숙달도를 측정하기 위한 전문적인 기술이 없었기 때문에 이민국장은 1929년에 대학 입학시험위원회가 이러한 목적을 위한 테스트를 개발할 것을 요청했다(Spolsky 1995b). 제2차 세계대전 이후에는 학생들을 선발하는 일과 관련하여 두 번째 유사한 요청이 제기되었다. 1960년대 초반에는 이용할 수 있는 테스트들의 보안과 타당성 문제로 인해 주 정부는 새로운 테스트를 만들도록 포드 재단이 운영하는 기관을 지원했다. 테스트가 개발되는 과정에서 이러한 생각들을 지원했던 다양한 정부의 분과들이 재정적 후원을 하지 못하게 되었다. 따라서 국가의 언어 정책에서 중요한 일들이 사실상 민간협회와 단체에게로 남겨지게 되었다.

## 언어 습득 통제

수년 동안 미국의 외국어 교육 정책은 중앙 정부의 통제 없이 유지되어 왔다. 외국어 교육을 권장하려고 시도한 현대언어협회와 같은 다양한 전문 기관들은 학교 당국과 주의 언어 분과에 외국어 지식의 잠재적인 가치에 대해 설득하는 일이 남겨졌다. 이 일이 얼마나 성공적이지 못했는지는 제2차 세계대전이 발발하면서 여러 안보 관련 부서에서 시급히 요구되는 외국어 화자들을 찾을 수 없었다는 점을 발견했을 때 명확해졌다. 다시 비정부기구들은 미국 학회 평의회가 지원하는 재단과 함께 세계대전과 관련된 일본어, 중국어, 아랍어 등의 언어들을 교육하는 프로그램을 시작했으나 교육 체제 안에서는 이러한 외국어 교육이 여전히 무시되었다(Cowan and Graves 1944).

전쟁이 발발하면서 안보 기관의 다양한 부서들이 이 언어들 중 일부를 가르치기 시작했다. 예를 들어 해군은 일본어를 위한 효율적인 전문학교를 설립했다. 육군은 1년 동안 지속되는 육군 특수 교육 프로그램의 일환으로 대학의 책임하에 언어 교육과 지역 연구를 포함하도록 요구되었다(Keefer 1988; Spolsky 1995a). 전쟁 후 육군은 자신들의 언어 학교를 개발했는데, 여기서는 미국에 훈련을 목적으로 들어오는 외국 군인들에게 영어를 가르치는 것과 미국 군인들에게 전략적인 외국어에 대한 실용적인 명령을 가르치는 것을 수행했다. 미국 외국어 교육의 부적합함을 보충하기 위해서 외무부 정보국에서는 자신들만의 언어 학교들을 개설했다.

일반적으로 이러한 프로그램들은 당국의 수요를 충족시킬 수준의 숙달도를 가진 졸업생을 배출하는 데에는 실패한 것으로 보인다. 더욱 최근에는 다른 정부 기관들도 다양한 언어들에 대해 적절한 능력을 갖춘 화자들을 확보하지 못한 것에 대한 대가를 인식해 왔다. 예를 들어, FBI는 아이티의 크레올과 자메이카 속어에 유창한 요원들을 확보하지 못함으로써 이들의 도청을 막는 데 큰 한계를 보여 왔다. 이민 법정은 적절한 통역자를 법정에 확보할 때까지 불법 이민자들을 보호 관리하는 데 엄청난 돈을 지출한다. 2001년 9월의 테러 공격과 이후 아프가니스탄에서의 전쟁은 국가의 언어 능력에 심각한 간격을 다시 드러냈는데, 특히 아랍어, 페르시아어, 파슈토어(페르시아어의 일종), 벵갈어 등의 언어에서는 더욱 그러했다(Brecht and Rivers 2000).

국가 차원의 외국어 정책이 없다는 것을 보충하려는 정부의 노력이 종종 있었다. 스푸트니크의 충격 이후 쏟아진 교육계에 대한 재정 지원 속에서 러시아어 프로그램이 정부의 재정 지원을 받으면서 대학과 중등학교에서 시작되었다. 지난 몇 년 동안에도 외국어 교육, 특히 고급 수준에서의 외국어 교육을 개선하기 위해 정보기관의 지원을 받는 시도들이 있었다. 언어 문제에 주로 집중하는 연구 센터를 가진 대학을 설립하기 위한 협정이 체결되었다. 이러한 사례는 외교적, 정보적인 일을 위해 영어와 다른 언어에 유창한 화자들을 산출한 소련의 언어 학교와 그대로 일치하지는 않지만, 국가의 보안을 위해 동기화된 언어 정책을 구성한다. 언어 교육에 대한 관심들 사이에서 이익의 총합에 대한 가치에 대해 논쟁이 제기되었지만, 이러한 논쟁들이 합의된 정치적 지원을 획득하는 데에는 실패했다.

이들 언어 통제에 포함된 망설임은 언어 통제는 정부가 간섭해서는 안 되는 것이라는 잠재된 신념을 표현하는 것으로 해석할 수 있다. 부정적인 프로그램과—이중 언어 교육에 대한 공격, 아프로—아메리칸 토착 영어의 존재를 인정하는 프로그램의 거부, 다양한 영어—유일 운동을 자극하는 스페인어에 대한 두려움, 청각장애인의 언어에 대한 오랜 기간 동안의 무시—주장들(모든 사람이 승인된 표준 영어를 사용하는 것을 방해하는 것은 단지 무지이거나 멍청함 혹은 의도적인 것이라는)은 미국 영어 실제의 다양성을 인정하는 언어 정책을 발전시키려는 노력들을 강력하게 저지하는 것과 연결되어 있다.

34년 동안 실제로 이중 언어 교육은 정기적으로 공격을 받아 왔다. 이러한 것에 대한 일부 이유는 직업과 영역에 대한 방어라는 차원에서 이해될 수 있는데, 왜냐하면 이중 언어 교육을 추진하는 사람들이 민족 공동체의 구성원들만이 이중 언어 프로그램 과목을 가르치거나 운영할 수 있으며, 민족 공동체들이 이 학교들을 통제해야 한다고 주장했기 때문이다. 이들 중의 상당수는 혼란스러운 목표와 프로그램, 평가에 있어서의 모호한 기준 등에 초점을 맞추고 있다. 이 프로그램에 대한 정치적인 결정들은 민족 공동체를 사회적으로 약자인 학생들과 학교로 제한하려 했기 때문에 단순히 이중 언어 프로그램을 전개한다는 사실이 수년 동안 방치한 암울한 빈곤과 범죄의 상황을 보완하는 데에는 충분하지 않았다. 지역적으로뿐만 아니라 표준적으로도 성공적인 좋은 프로그램들도 있었지만(Rosier and Holm 1980 또는 Brisk 1998의 사례) 비판적인 출판들이 지속적으로 나올 만큼 실패한 경우도 충분히 많다.

이러한 비판은 1998년 론 운즈에 의한 정치 운동에서 최고조에 이르렀는데, 이는 결국 이중 언어 교육을 주에서 철폐하자는 227조 개혁 조항에 대한 캘리포니아 국민투표를 승리로 이끌게 했다. 이중 언어 교육에 반대하는 유사한 투표는 애리조나와 매사추세추 주에서도 승리를 거두었다. 크로퍼드(Crawford 2000)는 피시맨(Fishman 1971b)에서 했던 30년 전의 주장을 상기하고 있는데, 즉 이중 언어 교육을 지원하는 교육 전문 기관은 그들의 일이 정치이자 로비임을 인식하게 되면서 실패한 것이라고 비판하고 있다.

## 시민권에서의 언어

언어 중심적인 접근은 지금까지 제기된 여러 견해들을 모호하게 할 수도 있다. 우리는 언어를 사용하는 사람들에게 일어난 문제보다는 언어에 대해서 무엇이 일어났는지를 질문해 왔다. 우리가 영어 이외의 언어를 가르치는 학교에 대한 공식적 지원의 실패를 추적하는 대신 언어와 관련된 시민권과 인권의 침해를 처리하기 위한 노력에 대해 질문한다면 좀 더 일치된 견해가 도출될 수 있다. 미국과 유럽은 그 언어를 사용하건 그렇지 않건 언어에 대해서는 개인 간의 차별이 없다는 근본적인 인권과 시민권이 있음을 수용해 왔다. 가장 기초적인 것으로서 범죄로 기소된 피의자는 자신이 사용하는 언어로 기소되는 세부 내용을 들을 수 있어야 한다는 요건이 만들어졌다. 가장 발전된 형태에서는, 현재 유럽과 미국에서는 그것이 사람들이 국어를 말하거나 읽거나 간에 모든 국어에 접근할 수 있도록 정부의 서비스를 제공하는 것을 함의한다.

국가에서 이중 언어 교육을 제공하는 것이 개인의 인권이나 시민권을 수용한 필연적인 결론은 아니다. 미국의 경우 이중 언어 교육은 재판과 법률에 의해 비영어 화자인 학생의 문제를 처리하기 위한 방법으로서 인정된 것이지만 많은 전문가들은 이를 언어 보존을 위한 방법으로 해석했다.

### 미국에서의 영어 보호

프랑스 언어 정책의 분석에서 에이저(Ager 1999)는 최근의 언어 통제 활동의 주요한 동기 중 하나는 프랑스어가 내부적, 외부적으로 공격을 받고 있다는 불안감이었다. 내부의 적은 주변적이고 잘못된 변종들과 외래어를 차용하는 화자들의 게으름을 말한다. 외부의 적은 영어로서, 영어는 프랑스어를 위협하면서 세계 조직에서 보다 폭넓은 의사소통의 언어로 프랑스어를 대체하고 있다(심지어는 이전 프랑스어권의 영토에서조차도). 프랑스의 저항은 공식적인 언어 정책이며, 헌법, 법, 규제, 정부와 준정부 기관의 지원을 받고 있다.

심지어 미국에서도 영어의 지위를 수호하려는 운동이 전개되었으며, 이는 다른 언어로의 전이에 대한 두려움에 대한 저항이었다. 영어 단일어 정책은 특별한 환경에서 미국에서 전개되었다. 피정복자들을 처리하기 위해(토착 미국인, 캘리포니아와 푸에르 토리코의 스페인 사람들, 하와이 사람들), 언어적으로 두드러지는 이민자 단체로부터 위협이 있을 때

(펜실베이니아와 위스콘신에서의 독일어의 사례 등이 이에 해당한다). 이는 20세기 초반 10년에는 일반적인 것이 되었는데, 그 결과로 처음에는 미국화 운동이, 그 다음에는 많은 주에서 외국인 혐오증에 기반을 둔 영어 유일이라는 법률, 최종적으로는 이민자 규모를 제한하는 엄격한 법의 제정으로 이어졌다. 이것은 다른 소수 언어 화자들의 위협을 감소하는 효과를 가져왔으며, 적어도 1960년대, 즉 증가하는 스페인어 화자 인구들이 이중 언어 교육을 위한 연방 지원을 받을 때까지 계속되었는데 이는 처음에는 스페인어 화자들에게 영어를 가르치는 방법으로 제안된 것이었다. 영어에 대한 새로운 위협으로서 인식된 것을 수정하려는 운동이 나타난 것은 20년이 지나서였다.

미국 영어 주식회사는 1983년에 미국 상원의원 사무엘 이치이에 하야가와가 설립한 것으로 영어를 미국의 공식 언어로 만들기 위해 활동한 가장 오래된 조직이다. 1976년에 하야가와는 캘리포니아의 상원의원으로 선출되어 1983년까지 활동했다. 이 기간 동안 그는 영어를 공식 언어로 만들기 위해 헌법 수정을 도입했지만, 그것은 정중하게 무시되었다. 그는 이 운동을 지속하기 위해서 상원을 떠난 후에 US English를 설립했다. 이 조직의 철학은 다음과 같이 기술되었다. "US English는 영어가 공식 언어가 되는 것은 이민자들이 영어를 배우고 구사할 수 있는 기회를 확장하는 데 도움을 줄 것이며, 이는 이민자들이 성공하기 위해 가져야만 하는 가장 강력한 도구라고 믿고 있다."

1천5백만 명의 회원을 가지고 있다고 주장하는 이 조직의 대표로서, 하야가와의 후계자는 마우로 무치카였다. 이 단체는 국회의 로비에 적극적이었으며 1996년에는 영어를 공식화하는 법안을 승인해 줄 하원의원을 확보하는 데 성공했다. 그 법안은 상원의 승인에 대한 요구로 실효된다. 그러나 그동안 20개 이상의 주에서 유사한 법안이 채택되는 데 성공했다. 이 법안들이 모두 소송에 이르기까지 유효한 것은 아니다. 2002년 3월 알래스카에서 열린 대법원 재판에서는 1998년 통과된 영어-유일의 조항이 알래스카 헌법의 자유 발화 조항을 위배한다고 판결했다. 같은 달, 아이오와에서는 영어를 공식 언어로 만들려는 법안이 비준되었다. 4월 오클라호마 대법원은 영어를 공식 언어로 만들려는 법령이 헌법에 위배된다고 결정했다.

두 번째 조직은 1986년에 설립된 English First인데 이들은 15만 명의 회원을 가지고 있다고 주장한다. 이 단체는 영어-유일의 법안에 우호적인 홍보 활동을 하면서 동시에 행정 명령 13166과 이중 언어 교육을 지원하는 다양한 정책들에 반대한다. 세 번째 조직인 English for the Children은 1997년에 만들어졌으며 이중 언어 교육에 반대하는 일을 하고 있다. 캘리포니아의 사업가 론 운즈에 의해 설립된 이 단체는 1998년 캘리포니아에서 이중 언어 교육을 금지하는 법안 제227조를 위해 성공적으로 로비를 했다. 지난 2년 동안 이 단체는 유사한 운동을 수행했으며, 그 결과로 애리조나, 콜로라도, 최근에는 매사추세츠에서 성공적인 결과를 얻었다. 이 세 단체는 영어에서 스페인어나 다른 외국어로 전이되는 것을 권장하는 언어 정책을 반대로 뒤집는 것이 자신들의 임무라고 보고 있다.

### 이중 언어 교육 법안의 결말

이중 언어 교육법이 유효한 시기에 작성된 마셜(Marshall 1986)은 영어 개정의 지지자에 의해 부과된 미국 문화적 다원주의에 대해 위협이 증가하고 있음을 인식한 것이었다. 그 법안이 종료되기 전에 작성된 가르시아(Garcia 2002)에서는 그러한 학생들의 수가 증가하고 있다는 점에 주목했으며, 40년 안에 대다수의 백인 학생들은 공교육에서 수적으로 소수자가 될 것이라고 예측했다. 그는 1994년 재승인된 이중 언어 교육을 위한 국가의 재정 지원을 통해 미국 학생들의 10%만이 제한된 영어 숙달 능력을 가지게 되었다고 지적했다. 주 정부의 프로그램은 지속되었다. 12개의 주에서는 언어 소수자인 학생들을 위한 특별 교육 프로그램을 의무화했으며, 20개의 주에서는 그러한 서비스를 허용했다. 논문에서 그의 주요 관심사는 이 프로그램들에 기여할 연구 지식을 어떻게 획득하고 전수할 것인가 하는 것이었다. 그의 신중하고 학술적인 접근은 많은 논평자들에 의해 공유되었지만, 크로퍼드(Crawford 2002b)에서 갑자기 거부되었다. 크로퍼드(Crawford 2002b:93)에서는 이중 언어 교육에 대한 대부분의 연구는 정책 입안자들이 현존하는 정책에 찬성할 것인지 반대할 것인지를 판단하는 데에 도움을 주려는 시도로만 이루어졌다고 비판했다. 언어적으로 다양한 학생들을 위한 더 좋은 교육 모델을 개발하려는 시도에도 불구하고 전반적인 주제들은 사실상 정치화된 것이었다. 이중 언어 운동은 효과적인 결과를 얻는 데 실패했다고 그는 진단했다. 그는 다음과 같이 부정적으로 결론을 맺고 있다. 이중 언어 교육은 증가하는 압력에 처하게 될 것이고, 사소한 것으로 평가받게 되거나 혹은 "임시방편의 치료" 프로그램으로 전락하게 될 것이다.

사실 결말은 조용히 찾아왔다. 2002년 1월 8일, 초등교육과 중등교육 법안 제7조(Title VII)는—이중 언어 교육 법안으로도 알려진—종료되었다. 국회는 평화롭게 이를 처리했다고 크로퍼드(Crawford 2002c)에서는 사망 기사로 보도했다. 보수적인 공화당원들은 영어 유일의 설명에 권한을 주려고 시도하지 않았으며, 그 과정에 반대표를 행사한 것은 히스패닉 당원만이 아니었다. 그 프로그램의 영어 교육 비율은 아동 낙오 방지(No Child Left Behind) 법안 속에서 유지되었는데, 크로퍼드

(Crawford 2002d)에서는 이 프로그램의 부적절함에 대해 이미 분석한 바 있다.

이중 언어 교육 법안은 미국 언어 정책의 복잡성을 잘 표현해 준다. 몇몇 측면에서 그것은 헛된 기대였다. 이름과 그 프로그램의 실제에서 법안은 비영어 화자들에게 영어를 습득하는 방법뿐 아니라 소수 언어의 유지를 위해 실행될 프로그램도(이는 법안을 기초한 사람들의 의도와는 거리가 먼 것이지만) 제공해 주는 것으로 보였다. 실제로 개발된 프로그램은 점진적인 것이었으며, 학생들의 영어 교육을 위한 높은 수준의 방법을 제공하는 한편 가정에서의 언어는 유지하도록 의도되었는데, 최근의 연구 결과(Thomas and Collier 2002)는 이러한 주장을 지지해준다. 그러나 그 프로그램의 목표는 너무 높았다. 이 프로그램은 실제로 한 것 때문이 아니라 그 프로그램이 영어를 가르치는 것의 대안이라고 제안한 것에 대해 비난을 받아야 한다. 미국은 특정한 환경에서 계승 언어를 시민들이 계속 사용할 권리를 인정할 준비가 되어 있지만, 그 시민들이 영어를 습득하기를 동시에 기대한다. 영어 학습자를 위한 새로운 프로그램이 성공적이라면(이것은 낙관적인 견해), 이중 언어 교육 프로그램은 소수 학생을 위한 언어 권리를 성취하려는 미국의 발전을 방해하지 않을 것이다.

## 시민권으로서의 언어(계속)

시민권법 제6조의 영향은 이중 언어 교육 법안과 상관없이 다양한 방법으로 지속되었다. 인권 사무국은 시민의 언어권이라고 생각되는 것을 보호하기 위해 정기적인 활동을 수행했다. 주요한 발전은 클린턴 대통령이 "제한된 영어 숙달도를 가진 사람을 위한 서비스 접근 개선"

이라는 제목의 행정 명령 13166에 서명한 2000년 8월 11일에 이루어졌다. 2000년에는 미국 5세 연령의 거주자 2천만 명 이하만이 이러한 방식으로 분류될 것이며, 이들 중 3/5은 스페인어 화자들일 것이다. 행정 명령의 목표는 "국적 문제로 제한된 영어 숙달도를 가진 사람들(LEP) 을 위해 연방 정부에서 수행하거나 지원을 받는 프로그램과 활동들에 대한 접근성을 개선"하는 것이었으며, 이 프로그램은 국적에 기반해서 차별하지 말아야 한다는 1964년 시민권 법률 제6조를 위반하지 않음을 확인하는 것이었다. 그 명령은 모든 연방 부서는 접근을 개선하기 위한 계획을 준비해야 하고, 적절한 가이드라인을 개발하기 위해 연방 정부의 자금 지원을 받았다. 클린턴의 행정 명령은 미국 하원에서 그 명령을 폐지하려고 시도한 것이 실패하고 난 직후, 2001년 10월 부시 행정부에 의해서 재확인되었다.

이 명령에 대한 반대 운동은 English First에 의해 수행되었다. 대부분의 반대는 번역과 번역가에게 제공할 비용 문제, 병원과 의료 서비스에 주된 초점이 있다는 것과 관련되었다. 2001년 법무국에서 발행한 가이드라인은 비용의 효율성 문제를 인정했으며, 네 가지 합리적인 요소들을 설정했다. 포함된 사람의 비율, 특정 언어 화자와의 접촉 빈도, 프로그램의 본질과 이용 가능한 자원. 이 명령의 시행 효과에 대한 생각은 메릴랜드 주의 국립 외국어 센터에서 수행한 초기의 연구 보고서를 통해 확인할 수 있다. 모든 카운티는 제한된 영어 능력을 가진 거주자를 포함하고 있다. 주 정부의 부처에서는 80% 이상, 그리고 각 위원회, 독립 사무국 등에서는 50% 이상이 제한된 영어 숙달도를 가지고 있다. 가장 자주 접하게 되는 언어는 스페인어(약 60%), 러시아어(24%), 그리고 한국어(22%)이다. 베트남어, 중국어, 다른 아시아 언어들도 역시 흔히 접할 수 있다. 영어 이외의 다른 언어로 이용할 수 있는 공문서의 비중은 40% 이상을 넘지 않는다. 재난 대응국의 1/4은 언어 장벽을 극복하기 위한 훈련과 정책, 절차를 포함하고 있다.

일부만 시행되었지만 행정 명령은 교육 분야 밖에서 주요 언어 통제의 하나로 간주될 수 있다. 이중 언어 교육 법안이 종료되는 것과 정확히 같은 시점에 이 명령이 시행되었다는 사실은 미국 언어 정책의 다양성과 양면성에 대해 이 장에서 제시한 일반적인 논쟁들을 확인시켜 준다. 2002년 중반에는 대부분의 연방 기관들이 명령 실행을 위한 계획을 완수하여 공표했다.

미 법무부의 시민권 부처의 조직 및 검토 부서의 홈페이지에서는 제한적 영어 사용자들을 위한 서비스의 접근을 향상시키려는 행정 명령 13166호하에서 발전된 계획, 가이드의 세부사항과 링크를 제공한다. 관료주의의 복잡성은 거대하며, 그 명령은 연방 기관뿐 아니라 연방 기관을 통해 재정 지원을 받는 모든 단체와 조직에도 적용된다.

2002년 중반 무렵 행정 명령 13166호에 대응한 연방정부기관은 각자 정교한 계획을 세웠으며, 영어에 능숙하지 않은 사람들의 접근을 개선하기 위해 연방정부로부터 재정을 지원받아 가이드를 만들었다.

### 언어 권리의 포괄적 이론을 위하여

로드리게스(Rodriguez 2001: 222)에서는 "시민 생활의 모든 영역에서 언어 소수자의 적응을 확장하기" 위한 기반을 만들어 줄 수 있는 이론을 제안했다. 그녀는 미국 법에서 보편적인 이중언어주의에 대한 의심을 인정했는데, 이것은 특히 통역의 공식 기록보다는 목격자의 다른 언어로 된 증거를 이해할 것으로 기대되는 배심원들을 배제하는 이유로 받아들여졌다. 그녀는 현존하는 언어 권리에 관련된 미국의 판례는 반차별법과 같이 더 좁은 법에 기반을 두려 했는데, 이것은 영어 이외의 언어들은 우월하지 않다는 가정을 기저에 가지고 있다. 통합과 효율적인 의사소통을 강조하는 국제 공용어에 대한 수요와는 대조적으로 그녀는 "유동적 시민 정체성(fluid civic identity)" 이론을 제안했는데 이는 시민이 가질 수 있는 복합적인 문화적, 언어적 소속을 수용하는 것이었다. 동화주의자나 통합주의자의 정책은 지속되는 이민의 물결을 가진 나라에는 적합하지 않다고 그녀는 주장했다. 이 문제를 처리하기 위한 기반으로서 그녀는 조정(accommodation)의 개념을 제안했는데, 이는 국가가 종교적 차이를 조정하는 것과 같이 언어의 차이들도 조정할 필요가 있다는 것이 그 내용이다. 생활의 다양한 영역에서 이것은 다르게 처리될 필요가 있을 것이다. 예를 들어 직장에서는 다른 언어의 화자들은 차별에 대해 보호되어야 한다. 다른 영역에서 국가는 "언어적인 경계를 보존하기 위한 단계를 취해야" 한다(2001: 136).

법적인 상황에 대한 로드리게스의 이러한 분석은 일반적으로 이 장에서 제기된 내용을 지지해 준다. 법정에서는 보통 언어의 차이에 기반을 둔 차별을 피해야 할 필요가 있음을 인정하지만, 이러한 차이의 유지가 국가의 책임이라는 점을 확신하지는 못했다. 다른 관점에서 보자면, 그들은 개인과 단체가 대다수의 언어에 접근할 권리를 가지고 있으며 언어적 차이에도 불구하고 시민 서비스에 접근할 권리를 가지고 있다는 점에 동의한다. 그러나 그들은 국가가 이러한 차이를 의무적으로 유지해야 한다는 점에는 동의하지 않는다.

우리는 로드리게스가 제안한 종교에 대한 유추를 확장할 수도 있다. 사람이 어느 종교를 선택하건 그것은 인권의 차원에서 용인될 수 있지만, 종교적 관습의 의무나 강제는 국가가 아닌, 개인에 부과된 것이다. 마찬가지로 언어의 유지에 대한 의무나 강제는 개인적인 차원으로 간주될 수 있다.

## 언어 정책 또는 시민 권리 – 요약

국가의 언어 정책을 결정하는 데 있어서 지금까지 네 가지 주요 요소들이 제안되었다. 사회언어학적 상황, 국가의 이데올로기, 세계어로서의 영어와 존재, 언어 권리에 대한 개념. 언어 관습의 차원에서 미국은 다중 언어적이었고 여전히 다중 언어적인데, 이중 언어, 이주민의 언어가 가지는 일반적인 운명인 언어 전이, 새로운 이민자에 의해 유지되는 다중언어주의를 포함하고 있다.

일반적인 언어 신념 체계는 복수적인 다중언어주의로 시작했지만, 19세기 후반과 제2차 세계대전이 끝날 무렵까지는 반이민주의와 분리주의자들의 단일언어주의적인 단계를 경험했고, 현재는 복수의 다중언어주의와 스페인어에 대한 저항의 결과인 단일언어주의가 대립을 이루고 있다. 미국의 경우에도 다른 영어권 국가에서와 마찬가지로, 세 번째 요인이 영어 이외의 언어를 가르치기 위한 노력에도 부정적인 영향을 미치고 있다. 모두가 영어를 배우고 싶다면, 왜 다른 언어에 대해 시간을 낭비하는가? 이 권리 문제는 갈수록 중요성이 증가하고 있다. 언어 통제가 일반적으로 국가에 남겨진 것이며, 그 정책은 국가의 신념을 반영했는데, 1962년에 시작한 시민권 법률 제6조의 광범위한 시행을 통해 제한된 영어 능력을 가진 사람을 위해 연방 정부는 이들이 정부 서비스에 접근할 수 있도록 재정적으로 지원했다. 한편 이중언어 교육 법안을 통해 잠시 동안 이는 더욱 강화되었으며, 최근의 교육 법안인 영어 학습자(English Learner) 프로그램에서 지속되었는데 이것은 미국에서 영어를 구사하지 못하는 사람들의 언어 권리를 보호하기 위해 작동하는 것이었다.

요컨대, 미국의 언어 정책은 복잡하며 구분하기 어렵다. 언어 관습은 이민이 지속되는 한 거대한 복수언어 주머니를 가지는 영어 지배적인 것이 될 것이다. 언어 신념은 단순하고 일관된 이데올로기가 아니라 민주주의에서 기대되는 모순적인 것이 될 것인데, 즉 모든 사람은 영어를 배워야 할 뿐 아니라 모든 사람이 어떤 언어를 선택하든 그것을 배우고 사용하는 데 자유로워야 한다는 점이다. 언어 통제는 중앙에서 통제되지 않은 채로 남아 있겠지만, 예외적으로 시민권은 모든 사람이 교육과 연방의 서비스에 접근할 수 있도록 보장해야 할 것이다.

영어가 지배적이라는 점은 의심의 여지가 없다. 다른 언어 화자의 규모가 급속이 증가하고 있다는 점에 대한 두려움, 영어를 강화하기 위해 정치적인 압력에 의해 국부적으로 방해받을 수 있다는 두려움은 있다. 영어 유일 운동의 실패, 영어로 대체하는 것을 목표로 한 이중 언어 프로그램에 대한 오해 등은 신념들 사이에 지속되는 균형 잡힌 갈등을 보여 주고 있다. 교육적 언어 통제는(비속어를 구성하는 것에 대한 판결에서처럼) 헌법적으로 주와 지방의 결정으로 남겨졌지만, 영어를 모르는 사람에게 영어를 교육하는 권리에 기반을 둔 요건에 의해서 제약된다. 연방 정부는(적어도 방위부와 정보 집단) 국가의 외국어 능력을 신장시킬 것을 목표로 하는 강력한 정책을 개발했지만, 교육 체계에서는 같은 방식으로 하는 것을 꺼려했었다. 1964년 이후 시민권 법안은 언어 차별을 반대하도록 작동하는 프로그램을 개발하기 위한 추진력이었다. 1~2년 후에 이것은 제한된 언어 능력을 가진 사람들을 위해 정부 서비스에 접근할 수 있도록 제공해 주는 세계에서 가장 발전된 프로그램 중에 하나로 성장했다.

이것이 국가의 언어 정책을 구성하는가? 미국의 정책은 중앙화하려고 기획되지도 않았고 일관된 하나의 목표를 가지지도 않다는 점은 사실이다. 이와 관련해서 프랑스나 이 책에서 논의된 다른 많은 나라들과도 매우 다르다. 미국의 경제 정책이나 국제 정책처럼 미국의 언어 정책은 민주주의에서의 무제한의 자유를 가지는 신념의 차이로부터 지속적인 압박을 받고 있다. 그러나 서투르지만 미국의 언어 정책은 사회언어학적인 상황에서 지속적으로 변화를 추구하면서 대응하고 있다.

# 8 언어 권리

## 언어적 소수 집단의 권리

미국의 언어 정책은 모든 복잡한 문제를 감안하더라도 의미 있는 단일 언어 사용을 펼쳐 왔다. 공용어는 아니지만 단일어의 헤게모니를 보여 준 것이다. 그리고 언어 권리에 의해, 혹은 좀 더 정확하게는 언어에 시민권을 적용함으로써 보호를 받은 많은 소수 언어 화자들과 연관된 이러한 언어 정책은 판사, 국회의원, 그리고 정부 관료의 해석과 판단을 통해 그 모습을 드러냈다. 그것은 넓게는 헌법적으로 보호를 받는 소수 집단의 시민권에 대한 문제였다. 이때 소수 집단의 시민권은 미국 연방 수정 헌법 제14조와 민권법 제 6장의 해석의 일부로 이해된다.

세계의 많은 나라들은 유사한 단일어 정책을 펼친다. 그 나라들은 헌법이나 법률에 하나의 국어나 공용어를 명시하지만, 하나 혹은 그 이상의 소수 언어에 대한 보호를 선언함으로써 소수 언어에 대한 편견을 바로잡기도 한다. 심지어 프랑스에서도 이전에 무시되었던 지역 언어 화자들의 권리에 대해 주목하는 신호가 가끔 감지된다. 이 장에서는 언어 정책에서 동시대의 중요한 토론거리의 공통 요소로서 소수 언어의 권리에 대한 현황과 발전에 대해 살펴볼 것이다.

"소수 집단(minority)"라는 용어를 둘러싸고 논란이 있다. '소수'라는 용어가 양적인 의미로 사용될 경우 일반적으로 상하 종속 관계가 되기 때문에 항상 적절하지는 않다(Paulston 1998). 폴스톤은 남아프리카에 거주하는 영어 화자들과 같은 어떤 소수 민족 집단은 그 지역에서 지배적일 수 있고, 레바논에 거주하는 기독교 집단은 주로 언어적인 면에서 남아프리카의 영어 화자와는 다르다는 점을 지적했다. 그래서 '소수 집단'이라는 용어는 주의해서 사용되어야 한다. 상대적인 힘 이외에도 두 가지 관점이 중요하다. 첫째는 소수 집단이 법률로 규정된 소수 집단인지 여부 둘째는 소수 집단이 토착민인지 이민자인지 여부이다.

'언어 권리'라는 용어 역시 불명확하다. 폴스톤(Paulston 1997:75)은 세 가지 용어가 명확히 구별되거나 정의되지 않고 문헌에서 혼재되어 사용된다고 불만을 표했다. 세 가지 용어는 언어 권리(language rights), 언어적 권리(linguistic rights), 언어적 인권(linguistic human rights)을 말한다. 언어 권리가 다른 시민권, 인권과 구별되거나 구별되어야 하는지, 아니면 단순히 그것에서 비롯된 것이거나 그래야 하는지에 대해 의견 차이가 있다. 또한 개인의 언어적 권리(예를 들어 화자의 공동체 내부 혹은 사적으로 어떤 언어를 선택할 권리)와 언어공동체의 집단적 권리(언어공동체의 언어를 사용하거나 보존에 힘쓸 권리) 사이에서 형성된 구별을 넘어서는 논쟁이 또한 존재한다. 결론적으로 언어 보존에 대한 책임이 언어 화자 혹은 언어 화자들이 살고 있는 나라 중 어디에 있는지에 대한 의견의 차이가 존재한다.

## 언어 권리의 기원

바렌즈(Varennes 1997)는 소수 집단의 권리에 관련된 유엔 분과위원회

조사 보고서에서 언어를 다루는 국제적인 조약들이 새로운 것이 아니라는 점에 주목했다. 그는 독일어만을 사용하는 스위스인에게 혜택을 준다는 프랑스와 스위스 헬베티아Helvetic 주 사이의 제1516조약, 오스트리아-헝가리 제국의 어떤 지역에서 폴란드어 사용을 허용한 빈 의회의 제1815법률, 그리고 그리스에서 터키어를 보호하는 제1881조약을 인용했다. 루이즈 비에테즈(Ruiz Vieytez 2001)는 1648년 베스트팔렌 회의와 1660년 리보니아[1]에 있는 로마 가톨릭 공동체를 스웨덴에 통합시키는 올리바 조약의 결과로 몇몇 종교적 소수 집단의 보호를 추가했다.

언어적 소수 집단의 개념은 중세 시대에는 거의 의미가 없었다. 중세 시대에는 소작농이 지역 방언을 사용하고 지배 계층들은 그들끼리 결혼하면서 결과적으로 여러 언어가 공존했다(Wright 2001). 또한 교회에서는 라틴어를 내부의 공용어로 사용했다. 그러므로 언어 소수 집단에 관한 최초의 사례들은 민족주의가 발생한 르네상스 시대에 나타났다. 16세기에 안정된 국경선이 발달하기 시작했으며 점차적으로 중앙집권 국가들이 군주가 거주하는 지역에서 사용되는 하나의 언어, 또는 그 변종 언어의 지위를 격상시켰다. 이는 언어적 소수 집단이 생겨나는 배경이 될 수밖에 없었다. 이러한 개혁은 민족 교회의 발달과 민족 토착어의 종교적 사용을 허가하거나 장려하는 중요한 결과로 나타났다. 여기에서 두 가지의 반대되는 경향이 대두되었다. 하나는 모든 기독교인의 언어를 평등하게 취급하는 것이었다. 하지만 당시에 대두된 또다른 경향은(1539년 프랑스어를 지지한 빌레르-코트레Villers-Cotterets 칙령과 1536년 웨일스어보다 영어를 더 지지한 연방 법률에 의해 설명된다) 특정한 민족

1 (옮긴이 주) 발트 해 동쪽 해안 지역의 옛 이름. 현재는 구소련의 라트비아 공화국 및 에스토니아 공화국의 일부이다.

어를 다른 언어보다 선호하는 것이었다.

프랑스 혁명 때 정치적, 언어적 민족주의에 대한 선언이 이루어지고 독일식 민족 개념이 문화적 실체로서 확립된 19세기에 이르러 언어적 소수 집단에 속하는 사람들은 흔히 주변화되거나 배제되면서 기껏해야 강제적인 동화의 대상이었다. 의무 교육과 징병은 민족어를 표준화시키는 수단으로 이용되었다. 하지만 이러한 흐름에도 불구하고 이에 반대하여 언어적 다양성을 지원하는 법률이 나타나기 시작했다. 힘없는 토착 민족의 언어 권리에 대한 주요 논쟁은 공정성이었다. 그것은 사회에 속한 모든 개인의 시민권과 인권에 대한 믿음에서 비롯된 것이었다. 그리고 이러한 활동은 차별을 없애는 첫 조치였고 높은 차원에서 동등한 기회 프로그램을 이끌어 냈다. 언어적 다양성을 보존하고자 하는 이러한 필요성은 나중에 합리적 근거로 등장했다(Grin 1995:34).

소수 집단을 다루는 조약에서 소수 집단 보호에 대한 국제적인 인식의 두 번째 국면은 부카레스트 조약(1812) 속에 세르비아인의 자치권 확립에서 시작되었다. 이후 1814년 빈 회의에서 체결된 다양한 조약의 조항 속에서 폴란드인에 대한 인식, 러시아-투르크 전쟁(1929) 막바지에 체결된 조약, 1856년 파리, 1878년 베를린, 그리고 1881년 콘스탄티노플에서 체결된 조약들로 이어졌다(Ruiz Vieytez 2001). 19세기 말에 이르러서 소수 민족과 언어적 소수 집단을 옹호하는 충분한 전례들이 있었다. 그에 따라 제1차 세계대전 이후 일부 국가가 재편되는 과정에서 언어적 소수 집단의 권리가 제 역할을 했다고 볼 수 있다.

### 제1, 2차 세계대전 시기의 언어 권리

제1차 세계대전 이후 패전 국가에서 선정된 소수 집단들과 중부, 동부 유럽 그리고 중동의 패전 제국에서 독립한 나라들의 소수 집단을 보호하는 평화조약 체결은 언어 권리 발전에 있어서 세 번째 국면을 구성한다고 루이즈 비에테즈는 언급했다. 베르사유 조약과 국제연맹은 오스트리아, 헝가리, 불가리아, 터키에 부여한 조약에서, 그리고 유럽과 중동에 새로운 국가를 재편하는 과정에서 언어적 소수 집단에 대한 권리 조항을 포함했다. 권리 조항의 기초는 언어적 소수 집단의 모든 개인들에게 평등을 제공하는 것이다. 이것은 소수 집단의 언어를 포함하여 그들의 특별한 민족적 특성까지 보존하는 방법을 포함했다. 이 조약을 체결한 모든 국가는 소수 집단의 구성원들을 포함한 모든 국민들이 사적으로든, 사업상에서든, 종교상에서든, 언론에서든, 출판물에서든, 공적인 만남에서든 자유롭게 어떤 언어라도 사용할 수 있다는 것에 동의해야만 했다. 그 권리는 또한 국가 기관에 접근하는 것도 포함했다. 그리고 적절한 통역이나 번역이 법원 소송 절차에서 필요할 때마다 언제든지 제공되어야만 하는 것이었다. 공용어와는 다른 모국어를 사용하는 국민 비율이 높은 지역이나 마을에서 아이들은 모국어를 통해 교육을 받도록 허용되어야 하며, 또한 공용어에 대한 교육도 필수적으로 이루어져야 했다.

제1차 세계대전 이후 발칸 반도 지역에서 새로운 국가에 대한 인식과 다양한 조약의 강화는 모든 민족, 언어, 종교적 소수 집단의 평등성을 요구했다. 여기에는 이러한 소수 집단들이 그들 자신의 기관과 모국어 교육 시스템을 구축할 수 있는 권리가 포함되었다. 그러나 폴턴(Poulton 1998)의 연구에 따르면, 이러한 문서상의 조항들은 온전히 실행되지 못했다. 그리스에서는 1925년에 정부가 슬라브계 소수 민족을 민족적으로 그리스인이라고 규정하고 동화 정책 캠페인과 인구 교환(population exchange)을 시작했다. 1918년에 독립한 후 빠르게 독일과 러시아의 식민지에서 벗어나기 위해 재건 사업을 시작한 라트비아에서는 소수 집단의 언어에 대한 인식이 제한적이었다. 그러나 일부 주립 초등학교와 중학교에서는 7개의 언어로 교육이 제공되기도 했다(Druviete 1998).

20세기 중반에 접어들어 소수 집단의 제한된 언어 권리에 대한 인식이 국제적으로 재조명되면서 언어 권리가 국가의 법률이나 헌법에 반영되기 시작했다. 이것과 관련된 조약과 법률이 패전 국가의 일부 제한된 영토에만 한정되는 바람에 반드시 효과적이었다고 볼 수만은 없으나, 그러한 조약과 법들은 당시의 언어 권리에 관한 법률적 표현을 위한 중요한 모델을 제시하는 것이었다.

어떤 국가에서는 소수 집단의 언어 권리에 대한 정책을 만들기도 했다. 이 국가는 바로 소련이다. 소련은 레닌의 승인하에서 1896년 국제 사회주의자 런던 회의에서 정해졌던 "연방 내 개별 국가의 자기 결정(self-determination of all nations)"의 권리에 대한 인식이 있었다(Lewis 1972:67). 소련의 언어 정책은 그들이 희망했던 국제 사회주의의 첫 조치로서 민족주의와 함께 민족 언어를 통해서 가장 빠른 실용적인 방법으로 문해력과 사회주의를 가르치도록 설계되었다. 많은 민족 집단들은 그들의 민족 및 문화 기관의 다른 측면과 같이 언어도 불가침의 영역임을 1917년에 인식하고 있었다. 1920년대 민족 언어를 가르치는 초등학교가 설립되었고 이 10년 동안 소수 집단의 언어 권리에 대한 지원이 있었다. 마틴(Martin 2002)은 이 정책이 어떤 나라도 시도해 보기 어려운 가장 대단한 차별 철폐 조치라고 보았다. 그에 따르면, 정책은 개별적인 성격보다는 집단적이고 지역적이었으며, 소수 민족의 행정 단위를 만듦으로써 시행되었다. 이것은 독재적 '러시아화' 활동의 연장선은 아니었다. 왜냐하면 우크라이나의 러시아 아이들은 우크라이나 언어 학교에 다니도록 요구되었으며, 투르키스탄과 카자흐스탄에서는 러시아인 정착민들이 추방되거나 그들에 종속되기도 했기 때문이다. 그러나 이러한 차별 철폐 조처 프로그램에 반대하는 러시아인들의 저항이 나타나기 시작했다. 그리고 이는 1930년대 농업 집단화와 1932년 곡물 위기 때 수면으로 부상했다. 스탈린은 우크라이나에서 벌어진 집단화에 대한 저항에 화가 났고, 그 결과 민족 형성 정책, 토착화 정책(indigenization, korenizatsia)에 자극을 받아 국가주의와 결탁했다. 이후에 정책에 변화가 있었다. 소비에트 소수 민족 마을은 붕괴되었으며, 학교에서 러시아어 수업이 강화되었다. 군대에서는 민족 단위도 없애 버렸다. 모든 민족 자치 공화국은 소비에트 5개년 계획에 맞추도록 강요받았다. 그들의 공통어인 러시아어로 가장 쉽게 표현한다면, 마틴은 일련의 정책들을 러시아화가 아니라 소비에트화로 이해했다(러시아인들에게는 공산당, 수도, 과학 아카데미는 주어지지 않았다).

레닌의 민족 형성(토착화) 정책은 1930년대 스탈린에 의해 무너졌다. 하지만 소비에트 헌법은 언어 정책에 그러한 언어 권리들을 유지했다. 어떤 사람들은 소수 민족 언어를 유지하는 것을 봉쇄해 버린 스탈린의 정책 전환이 제정 러시아화의 연장선이라고 믿었으며 그 정책은 폭압적으로 진행되었다. 란넛(Rannut 1995)은 스탈린의 정책을 이러한 관점에서 기술했으며, 스탈린의 언어 정책에 따라 에스토니아가 어떻게 러시아어의 강제적 사용에 시달리고 에스토니아인이 외부로 강제추방 되었는지를 보여 주었다. 그리고 에스토니아인이 아닌 주민의 조직적 이주, 전체주의적 국가에 유용한 언어와 민족 정책을 강화하는 다양한 방법으로 여러 지역에 러시아어 도입을 강요하기도 했다. 그러나 란넛은 에스토니아 과학 아카데미가 이 기간에 동시에 계속적으로 전문용어 개발을 수행한 점을 주목했다. 또한 지속적인 언어 평등에 대한 헌법적 원리의 몇몇 근거를 제시한 사실에 대해서도 관심을 가졌다. 오졸린(Ozolins 1996)도 러시아의 소비에트 언어 정책에 비판적이었다. 그는 소수 민족 언어들 사이에서 제기된 격렬한 분노에 주목했다. 이것은 제자리에 머물러 있었던 전체주의적이고 중앙집권적인 소비에트 세력이 몰락한 후 다시 출현한 민족적 긴장 상태를 수면 아래에 잠재워 버린 그런 정책에 대한 저항이기도 했다.

다른 국가들은 제1차 세계대전과 제2차 세계대전 사이에 소수 민족어에 대한 보호 차원의 헌법을 제공했다. 가령, 핀란드는 핀란드어의 지위를 발전시키는 것과 동시에 스웨덴어를 지속적으로 보호했다. 아일랜드는 영어와 아일랜드어를 함께 발전시켰으며, 벨기에는 프랑스어와 플라밍어를 유지하기 위해 노력했고, 프랑코 파시즘 이전의 스페인은 지역 언어에 대해 인식하기 시작했다.

## 20세기 후반기의 언어적 권리-국제단체

국제 연합과 지역 단체들의 후원 아래에 여러 움직임들이 20세기 전반기에 발전되었고 후반기에 확장되었다. 1945년에 채택된 유엔 헌장은 인권과 기본적 자유에 대한 존중, 평등, 차별 금지를 선언했다. 1948년의 세계 인권 선언(규약 2의 1)에서는 언어를 차별에 이용해서는 안 될 기준 중 하나로 포함시켰다. 1957년에 원주민이나 다른 부족민의 보호를 다루는 국제 노동 기구 협약107조는 이들 집단의 아이들에게 그들의 모국어(혹은 가장 널리 쓰이는 언어)로 가장 기초적인 교육(읽기와 쓰기)을 받을 권리를 부여했다. 이것은 토착어에서 공용어로의 '점진적 전환'이며 토착어를 지키는 방법이기도 했다. 1960년 유네스코 교육 차별 철폐 협약은 자신들의 모국어를 사용하는 것을 포함하여 학부모가 원하는 대로 독립된 교육을 받을 수 있도록 하는 교육 시스템을 설립할 것을 허용했다. 그리고 그것은 소수 집단 구성원이 전체적으로 그들 집단의 문화나 언어를 배우는 것을 방해하지 않아야 하는 것이었다.

1966년의 시민적, 정치적 권리에 관한 국제협약은 구체적인 언어적 권리들에 관한 내용을 포함했다. 14조는 사법부를 다루고 있다. 범죄로 기소된 자들은 그들이 아는 언어로 혐의를 설명 받을 권리가 있었으며, 법정의 모든 피고인은 통역을 자유롭게 쓸 수 있는 권리[2]가 있었다. 이 조항은 1976년부터 유효했으며 그 당시 채택된 많은 헌법에 수용되었다. 안티구아와 바부다(Antigua and Barbuda 1981), 바하마(Bahamas 1973), 바르바도스(Barbados 1966), 벨리즈(Belize 1981), 도미니카(Dominica 1978), 기아나(Guyana 1980), 자메이카(Jamaica 1962), 나오루(Nauru 1965-72), 세인트 키츠와 네비스(St. Kitts and Nevis 1983), 세인트 루시아(St. Lucia 1978), 세인트 빈센트와 그라나(St. Vincent and the Grenadines 1979), 솔로몬 제도(Solomons Islands 1978) 그리고 투발루(Tuvalu 1987)다. 대다수의 이들 나라에서 이 조항은 헌법에서 유일한 언어 조항이었다. 그러나 몇몇 국가에서는 선거나 귀화에 필요한 언어 자격에 관한 조항을 담기도 했다. 이 조항은 1990년대에 새로 채택되거나 개정된 많은 헌법에서도 반영되었다.

국제적 계약이나 협약은 기본적으로 주권 국가 간의 조약이다. 이 조약은 오랜 기간의 많은 단계를 경험하게 된다. 예비 회의를 거치거나 몇 년이 걸릴지 모르는 조약 제안자의 로비가 끝난 이후에 그것은 투표로 성립된다. 효력을 갖게 될 날짜(통상 몇 년 후에)와 함께 적절한 국제단체가 효력을 발휘하기 전에 개입한다. 조약은 예비 단계에서 서

---

2 (옮긴이 주) 15세기에 훈민정음을 창제한 세종도 한문이 지배하던 당시에 일반 백성들이 그들의 언어를 사용함으로써 송사에 어려움이 없어야 함을 강조한 바 있다. 이것도 일종의 15세기 피지배자를 위한 언어 정책의 일환으로 볼 수 있다.

명한 해당국에만 적용되며, 그 후에 비준된다. 따라서 유엔총회를 통과한 협약이 모든 회원국에 자동적으로 적용되는 것이 아니다. 우리는 뒤에서 조약의 가결과 실제 이행 간의 차이에 대해 살펴볼 것이다.

루이즈 비테에즈(Ruiz Vieytez 2001)의 설명에 따르면, 전쟁 기간에 홀로코스트와 같은 잔학 행위는 국가적 혹은 국가주의적 감정에 대한 반감을 일으켰다. 그 결과로 제2차 세계대전 이후의 언어적 권리에 대한 관심은 변하기 시작했는데, 언어 소수자들의 집단적 권리보다는 개인적 권리에 초점이 맞추어져 있었다. 1920년 새로운 국경선들이 형성되었지만, 1945년 당시에 사람들은 민족적인 동질성(나중에 반세기 만에 발전되어 현재 '인종 청소'라 불리는 것에 대한 반대 입장)을 중시했다. 이 기간에는 인간의 기본권과 존엄성에 대한 관심에 주목했으며, 소수 집단의 문제들은 몇몇 예외를 제외하고는 덜 중요한 것이었다.

폴스톤(Paulston 1997)은 언어적 권리의 '참신함(novelty)' 에 대하여 언급했다. 그 전에도 언어적 권리에 대한 언급이 있었지만, 언어적 권리(linguistic rights)라는 용어는 1979년 이후에야 책의 제목에 등장하기 시작했으며, 언어적 인권(linguistic human rights)은 1990년대에 비로소 나타난다. 그녀는 언어적 권리에 대해 글을 쓰는 2개의 그룹을 소개했다. 하나는 기술적이고 역사적인 글을 쓰는 역사가들과 변호사들이다. 다른 한 그룹은 그들이 개인적으로 지지하는 사람들이다. 이들은 어떤 변화를 위해 집단적 언어 권리 사용을 옹호하는 동시에 강한 힘을 보태주는(exhortatory)' 언어학자와 언어 정책 연구자들로 구성되었다.

그들의 노력이 효과가 없는 것은 아니었다. 1990년을 시작으로 점차 많은 국제 협약과 조약들이 개인의 언어적 권리와 언어적 소수의 권리를 주장해 왔다. 1989년 국제 노동 기구 협약 169조는 원주민의 권리를 명백하게 밝혔다. 같은 해에 국제 연합은 "소수 집단이나 원주민 어린이들의 언어적 요구"를 다루는 어린이 권리 조약을 채택했다. 1990년에 국제 연합은 언어 권리를 담고 있는 모든 이주 노동자 및 그 가족의 권리 보호에 관한 국제 협약을 채택했다. 1992년에 유엔인권위원회는 소수 집단이 언제든지 그들의 모국어로 교육받을 수 있고 지시할 수 있도록 하는 국가 조치를 포함한 '민족적, 인종적, 종교적, 언어적 소수자들의 권리 선언'을 채택했다. 1993년에 원주민의 언어로 교육을 제공하는 기관을 설립하거나 관리할 수 있는 권리를 포함한 토착 원주민 권리에 관한 선언서는 민족 자결과 토지 권리를 다루는 조항에 대한 논란으로 인해 채택되지는 못했다.

이 마지막 사례는 언어적 권리는 넓은 관점에서 인간의 다른 권리와 별개의 것이 아니라는 점을 우리에게 상기시켜 주는 데 도움을 준다. 바렌즈(Varennes 2001)에 따르면 거의 모든 언어적 권리는 차별 금지의 원칙이나 표현의 자유와 같은 보편적인 개인의 인권으로부터 도출될 수 있다. 이것은 개개인의 시민들에게 적용해 보았을 때 확실하다. 문제가 되는 것은 소수집단의 언어적 권리, 그리고 더 많은 논쟁의 여지가 있지만, 그렇게 많은 나라에서 증가하고 있는 이민자들의 언어적 권리에 대한 최근의 확산에 대한 것이었다. 문제는 개인이 자신의 언어를 사용하는 권리에서 국가가 소수 언어를 사용하고 그것을 지원하는 요구 사항으로 전환될 때 발생한다. 바렌즈는 소수 집단의 구성원이 평소에 자신의 생활 속에서, 이름을 선택할 때, 공공장소에서 사적인 대화를 할 때, 개인 사업을 할 때, 모국어로 가르치는 사립학교를 설립할 때, 그들의 모국어를 사용할 권리는 개인의 인권에서 나오는 것이며 그 권리는 그들에게 특별한 것이 아니라고 믿었다. 폴스톤(Paulston 1997:76)은 "언어적 인권"이라는 용어는—어떻게 언어적인 것이 인간적인 것이 될 수 없는가?—라는 것을 동어 반복적으로 내재하고 있다고 보았으며, 기본적으로 언어적 권리가 보편적 인권의 보호 아래 존재해야 한다는 주장을 재구성하기 위한 하나의 노력이라고 주장했다. 그녀는 토브 스쿳납-캉가스와 로버트 필립슨 등이 이러한 접근 방식의 주요 지지자라고 말했다.

이전에 말했던 공정한 재판과 연관된 권리는 아마도 국가가 소수 언어를 사용하도록 요구하는 가장 기본이 될 것이다. 또한 지금 넓게 채택되어 있고, 유럽 기준의 일부로서 그리고 2개의 유럽회의 조약에서도 표현되어 있듯이 '소수 민족의 보호를 위한 기본 협약'과 '지역 및 소수 민족 언어를 위한 유럽 헌장'과 같은 공공 기관은 소수 집단의 수나 그 지리적 밀집 정도에 따라서 소수 언어로 다른 서비스를 제공해야 할 의무가 있다. 통상적으로 사용되는 수치는 그 지역 인구의 20%이다.

소수자들의 인권에 대한 더욱 급진적 관점의 하나는 1966년에 작성되고 10년 후에 사실상 비준된 시민과 정치적 권리에 관한 국제연합 국제 규약 27조이다.

스쿳납-캉가스(Skutnabb-Kangas 2002:183)는 다음과 같이 인용했다.

> 민족적, 종교적, 언어적 소수 집단이 존재하는 나라에서는 그러한 소수 집단에 속하는 자들이 다른 그룹의 구성원들과 함께 있는 공동체에서 자신들의 문화를 향유하고 고유의 종교를 고백하고 실천하며, 그들의 언어를 사용할 권리가 부정되어서는 안 된다.

원래 이 조항은 이민자나 다른 집단이 국가에 의해 소수 집단으로 여겨지지 않는다면 적용되지 않으며 차별로부터 보호하기 위해서만 적용되는 것으로 설정되었다. 그러나 1994년에 국제인권위원회는 27조를 재해석하는 일반 권장 사항을 발표했는데, 국가가 임의로 소수 집단을 결정하는 가능성을 막고 국가에 긍정적인 의무를 부여하기 위해 이민자와 난민을 포함한 모든 국민을 보호하는 것으로 재해석했다.

이러한 재해석 속에는 강력한 형태의 언어적 권리가 담겨 있다. 스쿳납-캉가스는 헤이그 권고안이 국가에 긍정적인 의무를 명시했다고 주장한다. 부모가 아이들의 언어로 가르치는 유치원을 선택할 수 있는 조건에 대한 조항, 초등교육 과정에서 소수 언어로 배울 수 있는 규정, 이중 언어를 사용하는 선생님에게 공용어로도 교육을 받을 수 있도록 하는 규정, 중등 교육 과정에서 소수 언어로 배울 수 있도록 하는 연계성 규정, 적절한 교육 연수 조항 등이다. 심지어 이렇게 강력한 권고안 역시 다소 약하게 표현되었다는 점을 주목해야 한다. 국가는 이러한 프로그램을 위해 꼭 돈을 써야 하는 것이 아니라 소수 언어 집단이 존재할 때 '규정'을 새롭게 만들어 주면 되는 것이다. 일반 권장 사항은 혁명적인 것 같으나, 1923년 미국 대법원의 평결을 뛰어넘지 않는다. 즉, 주 정부는 조세 지원을 받는 학교에 대해 교육의 수단으로 영어를 쓸 것을 요구할 수 있으나, 사립학교에 대해서는 그럴 수 없었다.

### 유럽 연합과 유럽 공동체

믿을 만한 공공 기관에서 사용되는 소수 언어에 대한 권리는 현재 유럽 연합과(유럽 연합은 신생 국가의 승인 기준의 일부) 유엔 문서에 담겨져 있다. 동시에 그 문서는 조심스럽게 다음과 같이 제한하고 있다. "특정한 언어 사용자가 충분히 존재해야 하고, 공무원들이 사용하기에 그 언어가 너무 어렵지 않아야 한다." 1967년 유럽 인권 법정은 소수 언어로 교육하는 것을 거부하는 것은 차별적인 행위인 반면에 벨기에에서 시행되는 지역화 정책은 불합리하지 않다는 관점을 유지하고 있었다.

닉 쉬브니(Nic Shuibhne 2001)는 유럽 연합에서 더 많은 것을 기대해서는 안 된다고 말했다. 유럽 연합은 회원국들의 공식 언어들을 고려하면서 한계를 수용했다. 아일랜드어와 룩셈부르크어 둘 다 권리를 충분히 인정받지 못했다. 선택을 받은 몇몇 유럽 소수 언어들은 '소수의 사용자 언어를 위한 유럽 사무국(the European Bureau for Lesser Used Language)'이라는 유럽 기관으로부터 어느 정도의 도움을 받는데, 이 기관은 공식적 기구도 아니고 실제로 운영되는 단체도 아니다. 유럽의회는 1980년대에 소수 언어들을 보호할 것을 요청하는 무수히 많은 구속력 없는 결의안들을 통과시켰고, 문화의 차원에서 소수 언어들의 중요한 역할을 강조해 왔다. 닉 쉬브니(Nic Shuibhne 2001)가 지적해 왔듯이, 이러한 결의안들의 실행은 정식 비준된 조약 조항들을 요구하는데 달려 있다. 그러나 이러한 상황은 유럽의 비주류 문화들과 사용자가 적은 언어들의 상황을 보여 주는 문화 교양 프로그램 차원에서 나타나는 경향이 있다. 이 모든 것은 유럽 연합이 다언어 사용을 지지하는 것에 해당할 뿐, 언어적 소수의 권리를 명시적으로 실행하는 것은 아니다.

유럽 사법 재판소의 수많은 법률 사건들은 언어 문제와 관련이 있다. 1985년에 재판소는 벨기에에서 독일어를 사용하는 지자체에서 언어적 권리와 개인들의 특권을 보호해야 할 필요성을 인식했다. 더 구체적인 판결은 네덜란드어, 프랑스어 그리고 독일어는 사실상 벨기에에서 소수 언어로 분류되지 않는다는 점을 강조했다. 아일랜드에서는 특정 교직에서 아일랜드어의 유창성을 요구한 '1989 사건'의 판결이 역시나 명료하지 않았다. 그 이유는 아일랜드에서 아일랜드어는 소수 언어가 아니었기 때문이다. 아주 최근의 결정은 언어 정립(language arrangements)이 내부적인 언어 정책의 문제임과 동시에 어떤 언어 권리들은 다른 유럽 공동체 회원국의 승인을 받아야만 한다는 점을 확인해 주고 있는 듯하다. 닉 쉬브니(Nic Shuibhne 2001)는 "유럽 공동체가 그들의 회원 국가 안에서 소수 언어들의 권리를 보호하는 것에 영향을 미칠 수 있는 범위는 더 문제가 많은 개념이다."라고 결론지었다.

앞 장에서 보여 준 바와 같이 미국에서 개인의 시민권은 비영어권 화자들이 정부가 제공하는 서비스에 대한 접근성을 향상시켜 주는 지속적인 노력의 기반이 되었다. 그와 동시에 미국의 정책은 특히 소수 민족에게 이중 언어 교육을 특별히 제공하는 것을 꺼려했다. 이러한 갈등은 유럽 공동체의 기존 국가들이 지역 언어나 소수 언어라고 인식한 언어들을 선택하고 정의하는 문제, 이민자들의 언어에 대한 인정 거부, 그리고 소수 언어에 대한 허용을 선택한 국가에서 원칙에 대한 적용을 벗어나는 논란으로 거슬러 올라갈 수 있다.

역사적으로 그리고 아마도 이념적으로 단일 언어를 가진 몇몇 국가들은 명시적으로 선택된 소수 민족 혹은 토착 집단의 언어적 권리를 그들의 헌법 안에서 인정하는 것에 대해 동의하거나 설득당해 왔다. 물론 헌법 조항 혹은 법의 존재가 실행을 보장해 주는 것은 아니다. 좀 더 면밀히 살펴보면 바로 다음과 같은 문제점을 발견할 수 있다. 이전의 몇몇 소비에트 공화국의 화자와 로마 화자들(나는 이 용어를 집시 화자로 사용할 것이다)에 대한 대우, 그리고 유럽에서 공인된 소수 민족의 선택, 소수 민족의 언어 프로그램에 대한 지원 정도, 이민자 언어들을 인정하는 것에 대한 거부감 따위가 그것이다. 그러나 유럽 조약들은 중요한 첫 번째 단계였다. 그리고 그 조약들은 오랜 기간 동안 각국 정부에 의해 법적 혹은 정치적으로 허락되지 않았던 조치들에 대해 소수 민족의 접근이 가능하도록 제공하는 것이었다.

이것을 행하는 하나의 중요한 조약은 지역 언어 혹은 소수 언어에 대한 유럽 헌장이다. 이것은 유럽 회의에서 1992년 11월에 채택되었다. 헌장 서문에는 수많은 이상과 원칙들이 강조되어 있다. 이것들은 "유럽의 역사적인 지역 언어 혹은 소수 언어들의 보호", "사적 혹은 공적인 생활에서 소수 언어들을 사용할 권리", "문화적 상호주의(interculturalism)과 다언어주의(multilingualism)의 가치"를 포함하고 있다. 물론 이러한 언어들의 보호와 장려가 공식 언어에 해가 되거나 그 공식 언어들을 배울 필요성에 대한 부정은 금한다는 점을 규정하고 있다.

지역 언어 혹은 소수 언어에 대한 정의는 명확한 듯 보이지만, 사실상 책략(maneuvering)이 개입할 상당한 여지를 남겼다. 소수 언어는 그 국가의 국민들에 의해 주어진 지역에서 전통적으로 사용된 언어였다. 소수 언어는 그 국가의 나머지 인구보다 수적으로 더 적은 인구의 그룹을 형성하며 국가의 공식 언어와도 구별되었다. 여기에는 공식 언어의 방언이나 이주자들의 언어를 포함하지 않았다. 헌장을 비준할 때 각 회원국들은 어느 언어가 헌장에 적용될 것인지 명시할 것을 요구받았다. 예를 들어 2000년도 헌장에 동의하고 비준한 스웨덴은 3개의 소수 언어인 라플란드어, 토르네달렌 핀란드어, 표준 핀란드어가 헌장에 반영되었다고 선언했다. 에스노로그에 따르면, 이 언어들 사용자 수는 각각 6천 명, 6만 명~8만 명 그리고 20만 명이다. 스웨덴 헌장은 또한 영토에 제한을 받지 않는 2개의 언어, 집시어와 이디시어를 등재했다. 에스노로그는 집시어 사용자를 2만5천 명으로 추정했다. 그러나 이디시어는 스웨덴에서 사용하는 언어로 등재하지 않았다. 에스노로그에 등재된 중요한 언어 하나가 공인된 소수 언어에서 현저히 사라지고 있다. 그것은 바로 스웨덴의 스캐니아Scanian 방언이다(종종 Skanian로 쓰임). 이 언어의 사용자는 150만 명 정도이다. 1995년에 스캐니아 민족 기관은 유럽의 소수 언어 목록에 포함되길 요청했지만, 스웨덴정부위원회는 그들의 언어가 방언이므로 배제한다고 답변했다.

헌장에 따르면, (그 지역에 사는 사람의 수가 적절한 언어 정책을 채택하는 것을 정당화할 때는) 언어들은 지역적이지만 지역적이지 않을 수도 있다. 언어들을 지정하는 것뿐만 아니라, 헌장은 회원국들에게 어떤 조항이 어떤 언어에 적용되는지를 명확히 할 것을 요구한다. 헌장의 제2의 조항들은 좀 더 일반적인 반면에 제3의 조항들은 다양한 수준의 교육, 재판의 조정, 행정과 공공 서비스들, 미디어, 문화적 활동과 시설들, 경제적, 사회적 생활과 국경을 넘나드는 교류에 대하여 자세히 설명하고 있다. 각국은 제3의 조항에서 교육, 문화 활동, 그리고 다른 주제에서 적어도 하나, 이렇게 3개의 주제를 포함하여 35개의 항목들을 선택해야 한다.

많은 비준 국가들에 의해 제시된 항목들을 자세히 살펴보았을 때, 그 선택의 가능성은 확실히 매우 넓다. 국가의 공식 언어들을 가르칠 권리를 침해하지 않는 선에서 각국은 언어의 취학 전 교육이나 취학 전 교육의 중요한 부분을 제공할 것을 결정하거나, 혹은 최소한 그 학생들의 가족이 요청하고 그 구성원들이 충분하다고 여기는 취학 전 교육을 그 학생들에게 제공할 것을 결정해야 한다. 만약 각국이 취학 전 교육에 대한 직접적인 능력이 없다면, 이러한 방법들 중 하나를 찬성하거나 장려할 수 있다. 헌장에 있는 조항들은 초등 교육, 중등 교육, 기술 및 직업 교육, 대학, 그리고 다른 고등 교육, 성인 교육, 연계 교육에서도 똑같은 내용들을 포함하고 있다.

이와 같이 헌장은 지역 언어 혹은 소수 언어를 다루기 위한 하나의 청사진만을 제시하지는 않는다. 각각의 나라에 맞게 그들만의 모델을 개발하도록 허용한다. 이러한 유연성과 국가 통치권에 대한 지속적인 배려에도, 이 헌장에 대한 회원국들의 서명과 비준은 매우 느리게 진행되고 있다. 이 헌장이 승인되고 10년이 지난 2002년 8월에 유럽의회의 44개국 중 오직 16개 회원국이 이 헌장을 비준했다. 또 다른 13개의 회원국들은 이전에 서명은 했으나, 최종 비준 조치를 취하지 않았다. 리히텐슈타인은 초기의 비준 국가이며, 흔쾌히 공국(principality)[3]의 영역에 지역 언어 혹은 소수 언어는 없다고 선언했다. 1999년에 헌장에 서명한 프랑스는 비준을 하고자 할 때, 헌장은 공공 법률 기업과 공공 서비스를 다루는 개인의 프랑스어의 의무 사용에 영향을 미치지 않을 것이며, 소수 언어를 가르치는 것은 선택 사항이며 공교육에서 학생들에게서 다른 모든 것들에 대한 권리와 의무를 빼앗지 않아야 할 것이라고 언급했다(프랑스는 아직 비준하지 않았다). 1998년에 헌장을 비준한 네덜란드는 제3조항들은 오직 프리슬란트의 프리지아인들에게 적용할 것이라고 언급했다. 그 반면에 제2의 일반적인 원칙들은 니더작센 언어들, 이디시어, 림버기시어Limburgish와 집시어에 적용할 것이라고 강조했다. 2001년에 헌장을 비준한 영국은, 제3조항을 웨일즈어, 스코틀랜드 게일어, 아일랜드어에 적용할 것이며, 제2조항을 스코틀랜드어와 얼스터스코틀랜드어에 적용할 것이라고 선언했다. 아직 비준하지 않은 더 흥미로운 국가들 중에는 벨기에, 에스토니아, 조지아, 그리스, 아일랜드, 이탈리아, 라트비아, 리투아니아, 몰도바, 폴란드, 포르투갈, 루마니아, 러시아, 터키 그리고 우크라이나를 주목할 필요가 있다. 앞으로도 의심할 바 없이 유럽 연합은 팽창할 것이고, 유럽 연합

3 (옮긴이 주) 왕보다 지위가 낮은 군주가 다스리는 국가.

은 새로운 회원국의 조건으로 헌장의 수용을 요구하고 있다. 2002년 10월 말에 우크라이나 정부는 다시 한 번 조항을 비준하는 법안을 도입했지만, 여전히 예상했던 바와 같이 반대에 부딪혔다(1999년 비준안은 헌법재판소에 의해 위헌 판결을 받았다).

유럽에서 언어 관습의 복잡성을 인식하면서도 의회는 다언어주의 원칙에 대한 이념적인 일치를 도출했다. 그리고 의회는 그들 자신의 언어를 선택한 그룹에게 어느 정도로 원칙을 적용해야 하는지를 결정하기 위해서 독립적 회원국들에게 모든 책임을 부여하는 언어 통제 시스템을 심사숙고한 끝에 설계했다. 실행이 더딘 것은 이 조심스러운 접근마저도 아직도 회원국들의 전통적인 언어 정책과 민족주의적 논리에 도전을 받고 있다는 것을 여실히 보여 주고 있는 것이다. 바레네스(Varennes 2001)가 호소했던 것처럼 개인들은 헌장의 형식이나 실행에 반대할 방법이 없다. 그러므로 그는 헌장이 인권을 기반으로 하는 다양한 국제적인 협약들보다 약한 것으로 보았고, 언어적 소수의 권리가 일반적 인권으로부터 파생된 것이며 그것의 한 부분으로 이해될 때 보다 폭넓은 적용의 기회가 있을 것이라고 주장했다.

### ❙ 유럽 안보협력 기구

다른 접근법이 있다. 유럽 안보협력 기구는 주로 안보 기구이며 갈등 예방의 관점에서 국가적, 언어적 소수자에 관심을 갖고 있다(Holt and Packer 2001). 55개의 가입국은 인권이 그들 내부만의 일이 아니라 정당한 관심사라는 것에 모두 자발적으로 동의했다. 이 기구 활동의 핵심은 알바니아, 보스니아 헤르체코비나, 크로아티아, 유고슬라비아, 코소보, 에스토니아, 라트비아, 벨라루스, 그리고 기타 10곳이 넘는 동유럽 국가들과 같이 갈등이 있는 나라의 파견단과 원조 단체들, 그리고 현장 사무소를 지원하는 일이다. 이 기구에는 매주 열리는 안보협력상임의회와 포럼, 연례 정상회담, 각료 이사회, 민주적 기구와 인권을 위한 사무소, 조정과 중재를 위한 재판소 등이 포함되어 있다. 1992년에 이 기구는 유럽 안보협력 기구(OSCE)에 참여하는 국가들 사이에서 평화, 안정, 회원국 간의 관계를 위협할 수 있는 국가의 갈등을 미리 해결하기 위해 국가의 소수집단을 위한 고등 판무관을 설립했다. 유럽 안보협력 기구 재정의 1%가량을 지원받으며 독립적으로 활동하는 고등 판무관은 14개국에 대한 권고안을 작성했다. 예를 들어 1996년에 고등 판무관은 에스토니아어 교육, 언어 시험의 사용, 비시민권자들의 인권에 대해 에스토니아 정부와 협력했다. 이에 더해 고등 판무관은 네 가지의 일반적 권고안을 발표했는데 집시에 대한 차별을 다룬 권고안, 국가의 소수 집단의 교육권을 다룬 헤이그 권고안(1996), 국가의 소수 집단의 언어적 권리를 다룬 오슬로 권고안(1998), 그리고 국가의 소수 집단의 효율적인 공무 참여를 다룬 룬드 권고안이다. 이 권고안들은 그 안에 언어를 포함하고 있다.

국가의 소수 집단의 교육권(국가 소수 집단의 고등 판무관 1996)을 다루고 있는 헤이그 권고안은 전문가 집단에 의해 발전했다. 그들은 소수 집단의 구성원들이 공용어를 배움과 동시에 그들의 모국어를 가능한 만큼 발전시킬 수 있어야 한다고 주장했다. 사적인 교육 시스템을 설립할 수 있는 소수 집단의 권리도 강조했다. 또한 이상적으로 아이들이 그들의 언어로 배울 수 있는 초등학교를 요구했다. 그것이 안 될 경우 모국어와 공용어 2개의 언어를 가르칠 교육 시스템을 요구했다. 중등학교에서 몇몇 과목들은 되도록 이중 언어를 구사할 수 있는 선생님이 그들의 소수 언어로 가르쳐야 한다. 공용어로 가르치는 과목의 비율은 점진적으로 증가해야 한다. 그러나 요구가 있을 때에는 직업 교육이나 기술 교육, 혹은 제3의 고등교육 프로그램까지도 소수 언어로 제공되어야 한다. 일반 프로그램은 반드시 소수 집단의 문화 교육을 포함해야 하며 소수 언어를 배울 수 있는 기회를 제공해야 한다. 소수 집단의 구성원은 반드시 교과 과정 개발에 포함되어야 한다.

오슬로 권고안(국가 소수 집단의 고등 판무관 1998)은 소수 집단원들이 이름을 선택할 때나, 종교를 믿을 때, 기관을 설립할 때, 언론에서, 그리고 개인 사업에서 그들의 언어를 사용할 권리를 다루고 있다. 또한 이 권고는 소수 집단의 구성원이 많은 지역에서 행정, 공공 서비스를 그들의 언어로 받을 수 있는 권리를 공인한다. 이 권고는 인권위원회나 옴부즈맨 같은 독립된 국가 기관을 소수 집단의 언어로 이용할 수 있도록 돕고, 사법 절차에서 그들의 언어를 사용할 권리를 다루며, 형법 제도에서 교도소의 교도관이 재소자가 사용하는 언어를 쓸 수 있도록 규정했다.

오슬로와 헤이그 권고를 이행하는 것은 회원국들에 달려 있는 것이었지만, 고등 판무관들이 이를 장려하도록 했다. 그러나 한 보고서(국가 소수 집단의 고등 판무관 1999)는 이러한 권고안이 널리 시행되지는 못했음을 인정했다.

홀트와 패커에 따르면 언어 관련 문제들의 수많은 상세한 사례가 유럽 안보 협력 기구나 고등 판무관에 의해 다루어졌음을 보고했다. 기본적으로 소수 집단 구성원의 언어적 권리는 많은 회원국에서 분쟁의 원인이 되었다. 이는 언어가 특히 유럽에서 집단적인 문화 정체성의 중요한 역할을 하는 것과 관련이 있다. 공공장소나 사적인 장소에서 자신의 언어를 사용하거나 배울 적절한 기회를 얻지 못한다는 것은 곧 정체성에 대한 위협이었다. 또한 언어 정책은 사회 통합과 공공재 이용에 영향을 주었다. 과거 소련에서 독립한 새로운 국가들에서는 이름뿐인 그들의 언어를 제1의 위치로 되살리기 위한 노력이 특별한 갈등을 낳기도 했다. 어떠한 헌법은 소수 언어를 공인했다. 조지아는 특정 지역에서 압하지안어Abkhazian 사용을 허용했다. 타지키스탄은 타지크어와 러시아어, 우즈베키스탄어를 승인했다. 우즈베키스탄과 우크라이나는 이보다 더 개방적이었다. 헌법 조항과 법률이 항상 제대로 이행되지는 못했다. 1966년 고등 판무관은 헝가리 소수 집단 때문에 루마니아에 개입했고, 슬로바키아와 카자흐스탄의 언어 관련 법안에 관심을 두었다. 고등 판무관은 회원국에서 언어적 권리가 이행되어 갈등이 해소될 수 있도록 기본 문서 안에서 그리고 신중한 중재 과정을 통해 활발히 자신의 임무를 수행했다.

주목할 만한 흥미로운 것은 유럽 안보 협력 기구가 인권을 이야기할 때, 그것의 기저가 되는 동기(존재 정당성)가 다중 언어를 사용하는 사회 내의 갈등을 줄이고 분쟁을 피하는 데 있다는 점이다. 고등 판무관의 의무는 분쟁으로 이어질 수 있는 국가의 소수 집단의 문제를 다루는 것이었다. 최초의 고등 판무관은 많은 국가 안에서 언어 문제가 중요하다는 것과 소수 집단의 지위는 언어가 항상 그 신호를 보낸다는 점을 발견했다. 그는 언어적 권리의 이행이 분쟁의 가능성을 줄여 준다고 믿었다.

## 언어적 인권을 지지하며

지금까지 인용된 문서들은 지역 기구와 국제기구의 권한 아래 있었으며, 독립 국가들이 이 문서를 수용할 필요성을 고려해 왔다. 주와 연방 정부 권력의 헌법적 분립에 바탕을 두고 미국을 건설한 사람들이 국가의 교육 정책을 수립하려고 했던 시도처럼, 유럽 초국가 조직 혹은 유엔의 언어 권리의 단일한 개념을 확립하기 위한 그 모든 노력도 독립

국가들이 그것을 따를 능력이 없거나 혹은 저항을 하기 때문에 궁극적으로는 제한적일 수밖에 없다. 국가 주권에 대한 지속적인 존중은 지역 개발 정책에 대한 제한을 가하는 노력을 진지하게 점검하는 역할을 한다. 그러므로 국제적 조약과 규약에 적합하다고 여겨지는 언어 권리는 자신이 사용할 언어를 선택할 시민들의 권리를 보호하는 것에 한정된다. 민족 국가의 주권을 받아들이기 때문에 이들은 국어로 변화를 가져오는 실용주의적 민족주의 세력의 압력을 완화시키지만 막지 않는 것을 지향했다. 그들은 대개 영토 안에 제한된 과도기적인 이중 언어 사용에 만족하고 있는 것으로 보인다.

이러한 입장은 절대적인 언어적 인권 옹호자들에게 실망을 안겨줄 것에 틀림없다. 인권 옹호자들은 그들 주장의 기반을 언어적 다양성을 유지한다는 절대적인 관점에 두고 있다. 물론 자신들이 출간한 책과 논문들에서 그 입장을 표명하는 것이 상대적으로 쉽다. 폴스톤(Paulston 1997)은 다음과 같이 언급했다. 이 분야를 집필한 학자들은 최소한 그들이 학문적인 분석을 하는 시간만큼만 언어적 인권에 대한 지지의 시간을 할애했다. 그들은 "실증적이고 구조적인 틀"보다는 "비평적이고 포스트모더니즘적인" 접근이라고 불리는 것을 선택한 것이다. 그러나 학문적 간행물은 공적인 정책에서 변화를 이끌지 못했다.

그러나 복잡하게 숨어 있는 회원이나 후원을 기반으로 사적이거나 공적인 이익 집단, 혹은 활동가 그룹, 비정부 기구라는 새로운 조직이 있었다. 마치 경제학적 정책 분야와 생태학적 정책 분야처럼, 정치적 책임으로부터 자유로운 이러한 집단의 언어 정책 분야에서는 선택된 소수 집단과 위험에 처한 그들에게 언어의 권리를 지원하는 계획을 제공하기 시작했다. 그들은 정책의 실질적인 이행보다는 아마도 미사여구에 더 관심이 있는 듯하지만, 더 나은 세상을 위해 이상적인 목표를 구축하는 데 도움을 주고 있다.

언어 권리에 대한 가장 강력한 방식의 논쟁은 언어적 다양성을 유지하려는 결정적인 중요성에 대한 믿음으로부터 나온다. 시민 자유주의자나 개인적인 민족 언어 대변인보다(보편적인 가치보다 개별 언어의 가치에 더 관심을 갖는) 언어학자(언어 보호론자)가 주장하는 이러한 논쟁은 대개 다섯 가지 주제로 나타난다. 예를 들어 크리스탈(Crystal 2000:32ff.)은 "왜 우리는 언어가 사라지는 것을 걱정해야 하는가?"라는 질문에 대해 다섯 가지 답변을 했다. 첫 번째 대답은 생태계의 다양성이 생태계뿐만 아니라 언어에도 유효하다는, 넓게 수용된 명제였다. 생태계에서 한 개체가 피해를 입는 것은 다른 개체에도 악영향이 간다. 언어와 생명체에 관한 비유를 수용한다면, 생태계나 언어에서 모든 개체를 보존하는 것은 중요하다. 물론, 생태계의 다양성 중에서 어떤 측면이 보존되는 것이 중요한가에 대해 불명확함이 있고, 언어를 유지하는 원리를 적용하기 위한 명확한 근거가 없다는 것에 동의한다면 이 주장은 설득력이 떨어진다. 유전적 다양성이 진화의 밑거름이 되는 만큼 언어도 인류가 역사적으로 계승한 지식을 보존했으므로 그 언어적 다양성 또한 유지되어야 한다. 크리스탈은 관련된 네 가지 이유를 추가로 제시했다. 언어는 정체성을 상징한다. 언어는 역사의 보고(기록)다. 언어는 개별적으로 독특한 캡슐화[4]와 인간이라는 존재에 대한 해석이자 인간 지식의 총합을 구성한다. 마지막으로 언어는 그 자체로 흥미롭다. 그린(Grin 1995: 34)은 공정성을 위한 논쟁보다 다양성을 유지하기 위한 논쟁을 더 선호한다. 그 이유는 단일 언어 문제에 대한 첨예한 모델(골치

4 (옮긴이 주) 인간의 언어는 다른 인지적 기능들과 별도로 독립된 모듈로 존재한다는 개념. 언어는 독립된 언어 모듈을 통해 처리되는데, 이에 따라 음운, 구문, 의미 등 다양한 언어 지식들이 서로 독립적으로 구조화되어 체계를 이룬다는 인지 언어학적 입장.

아픈 사례)과 합법성에 대한 정치적 이슈를 피할 수 있고 언어적 소수가 아닌 모든 이들에게 이익을 제공할 수 있기 때문이다.

언어 인권의 강력한 수용을 발전시키려는 가장 최근의 시도들 중 하나는 유엔의 설립 시기로 거슬러 올라간다. 스쿳납–캉가스(Skutnabb-Kangas 2002)가 발표한 바에 따르면 1948년의 대량 학살 아래 소수 집단의 언어 사용 금지를 포함시킨 추가 조항을 더함으로써 유엔 협약의 범위를 넓히려는 노력이 있었다. 그러나 그 제안은 부결되었다. 결국 완전 철폐를 반대하는 협약은 1948년 12월에 유엔에서 통과되었고, 1951년 1월에 그 효력이 발생했다. 이런 협약에 대한 보류와 이의(반대) 검토는 비준한 국가들이 이러한 제한에 대한 수용, 규약을 실행하거나 강화하기 위해 제시된 방법의 수용에 만장일치를 이루기는 어렵다는 것을 명확히 보여 준다. 이 협약이 발효된 이래로 세계적 조치들은 어떻게 지속적으로 일어나는 인종 학살 사건을 다룰 것인가에 대해 어떤 명백한 합의도 보여 주지 못하고 있다. 넓은 의미에서 협약에 관한 모든 어려움으로 인해 왜 '언어적 완전 철폐'의 제안이 실패했는지는 분명한 듯 보인다.

그러나 더 강력한 주장을 얻기 위한 노력은 계속되었다. 그것은 전문가 집단에 의해 발전되고 승인된 것과 220명의 사람들이 참석한 1966년 바르셀로나에서의 회의였다. 세계 언어 권리 선언은 대부분의 국가들이 언어의 다양성을 저해시키며 언어 공동체의 세계화라는 악영향에 반대하는 경향과 초국적 기관들과 사회, 경제적 그리고 언어적 불평등에 의해 이끌린 "경제학 성장 모델"을 반대하는 확고한 경향에 주목함으로써 시작되었다. 인식하든 그렇지 않든 그 자신의 지역이나 그곳으로부터 흩어진 곳에서 공통의 언어를 가진 모든 집단은 완전한 개인적, 집단적 권리를 가진 언어적 공동체다. 여기에는 유목 민족도 포함된다. 물론 그들의 본래 지역 밖에서 거주하는 이민자나 피난민과 같은 언어적 집단도 포함된다. 문서에서는 교육, 문화적 서비스, 미디어에 대한 집단적 언어 권리와 정부기관들과 사회 경제적 기관의 접근을 공인했다. 동화는 강제될 수 없다. 모든 언어는 동등한 권리를 지녀야 한다. 이 문서는 이행과 시스템, 권리 강화, 그리고 유엔과 언어권리 세계위원회 내의 언어협의회의 창출을 위한 국제적인 자금을 요청했다.

최근 또 다른 지역 성명서는 2000년 1월에 아스마라, 에리트레아 회의에서 수용된 아프리카 언어와 문학에 대한 선언문이다. 이는 블롬마에트(Blommaert 2001)가 주장한 바와 같이 이제는 일반적인 장르의 결의안이었다. 지역 언어 자원을 강화시킬 것과 식민주의와 그 유산에 맞서 싸울 것을 요청한 이 결의안은 아프리카의 회의와 언어에 대한 워크숍에서 발표되었다. 선언문에서는 아프리카 언어가 대륙을 대변해야 하고 미래의 권한 부여를 위한 기초로 인식되어야 한다고 말한다. 그 다양성은 아프리카 통합의 도구다. "모든 아프리카 어린이들은 학교에 등교하고, 그들의 모국어를 배우는 양도할 수 없는 권리를 가진다." 아프리카 언어는 과학기술 분야에서도 사용되어야 하며, 그것들이 민주주의에서 필수적이어야 한다. 그들의 사회적 성별에 대한 편견은 극복되어야 한다.

이와 같은 이상적인 제안과 상당한 수준의 실용주의적 진술은 비준된 국제 협약 및 내부 국가 정책에서 막대한 격차를 두고 있는데, 이는 실행된 정책에서 여전히 멀리 떨어져 있었으며 주요한 도전으로 설정되어 있었다. 언어적 다양성을 존중한다는 가치를 부인하지 않으면서 보편적인 원리를 적용시키려고 시도하는 정책의 궁극적인 결과가 사실상 단일 언어 사용에 대한 수요를 발전시키기 위한 것은 아닌지 의심스럽다. 유럽 언어 정책의 문제점에 관한 논평과 관련하여 라이트(Wright 2001)가 국제 공용어로 지정된 언어 화자에게 굉장한 이익이 돌아가는 것 때문에 공적인 결정이 예상하지 못한 영어 수용 가능성의 증가를 초래한다고 보았다. 집단 언어 권리의 충실한 이행은 종종 개인의 언어 권리와 갈등을 겪는다. 한 언어를 지키는 일은 종종 개인에게 그 언어를 배우거나 사용하도록 강요하는 것을 뜻한다.

자신의 언어를 사용할 권리는 자신의 종교를 유지할 권리와 유사한 것이며, 시민권 또는 인권으로부터 나온 것이지 어려운 것이 아니다. 그러나 언어 권리의 지지자 다수는 국가에게 언어적 다양성을 유지해야 할 의무의 한 부분으로 소수 언어를 유지할 의무를 부여하면서 논의를 더욱 심화시켰다. 니틀(Nettle 1999)의 견해에 동의하지는 않지만, 그는 언어 다양성에 대한 통합된 이론을 제안했다. 그것은 경제적 고려 사항으로부터 유발된 개별적인 인간 행동에서 비롯되었음을 보여준다. 그들은 다양성의 손실은 정확히 언어 통제의 결과임을 주장하는 것처럼 보인다. 그러나 존 트림John Trim이 발언한 것처럼(개인적인 논의), 개별 언어 화자에 의해서 그 언어가 유지되는 것은 화자가 누리는 권리만큼이나 의무도 많이 있음을 의미한다. 나는 국가가 신앙생활을 할 나의 권리와 언어로 말할 나의 권리를 보장해 주기를 기대하는 것이지, 국가가 나에게 종교적 의무나 부모로부터 배운 언어를 계속 말하라고 의무화하는 것을 기대하는 것이 아니다. 선택한 언어를 말하는 것은 시민권과 인권을 존중하는 국가에 대한 타당한 기대이다. 그러나 지금까지 말하는 것에 대한 책임과 언어를 유지하는 것은 국가가 아닌, 개개인의 화자(그리고 집단 화자)에 놓여 있는 것이다.

식민지 언어를 계속 사용하는 다수의 아프리카 국가의 결정은 민족 중립 언어를 모색하는 것에 기초한다(Blommaert 2001). 다중언어주의는 다민족주의를 선호하고 국가 통합에 반대하는 것으로 보인다. 동시에, 국가 언어로서 단일 지역 언어를 선택하는 것은 또 다른 불평등을 만들까 우려된다. 아프리카에서 좋은 교육 체계를 지닌 국가 중의 하나인 탄자니아에서는 스와힐리어를 계속 사용하자는 제안에 대한 토론이 진행 중이다. 그것은 이미 초등학교의 교육 수단인 스와힐리어를 중등 교육 시스템을 위한 수단으로 삼자는 제안이다. 그러나 탄자니아에서 학교를 다니기 시작하는 0.5%의 어린이들만이 중등교육을 마친다. 물론 전쟁이나 극도의 가난 때문에 교육이 전혀 제공되지 못하는 아프리카의 많은 지역들이 존재한다. 교육 수단에 대한 논의보다 전체적인 체제를 개선시키는 것에 노력을 기울이는 것이 더 낫지 않을까?

블롬마에트(Blommaert 2001)는 내가 언어중심주의라고 부르는 것을 비판했다. 그는 심각한 사회적, 정치적, 경제적 문제들을 해결할 언어 정책에 어떤 간단한 조작이 있다고 가정했다. 그는 언어적 인권을 옹호하는 사람들의 목표에 대해 동의하는 반면 그러한 목표에 집중하는 것이 실제 사회 현실에서 요구되는 분석을 방해하는 것을 우려했다.

### 언어 권리에 대한 요약

요컨대, 20세기 후반의 언어 권리는 국가 언어 정책에 영향을 끼치는 주요한 요인으로 출현했다. 프랑스 혁명의 자유, 평등과 박애의 정신이 하나의 국가와 하나의 언어의 개념을(평등을 이루는 방편이 되는 것을 가정하는) 지지하는 반면에 미국 혁명으로부터 생겨나 미국 연방 수정 헌법 제14조에 표기된 개인적 권리의 개념은 언어를 선택할 수 있는 개인의 자유를 의미한다. 미국에서 이러한 개념은 영어라는 지배적인 언어를 사용하지 않는 이들이 교육과 서비스에 접근하는 것을 도왔다.

유럽에서도 국제 및 유럽 조약 안에 소수 집단들의 언어 권리를 지지하는 수많은 협약들을 확정했다. 특히 기본적으로 주권국들의 비준을 얻는 것이 여러 방면에서 제약을 받지만, 이러한 조약들은 사적인 영역과 상업적 영역에서 언어를 선택하는 자유를 장려했다. 또한 언어적 소수 집단들이 그들 고유의 언어를 사용하고 가르치는 권리와 국가가 국가의 공식 언어를 모두에게 가르칠 의무, 공식 언어가 아닌 다른 언어를 사용하는 사람들이 정부 서비스에 접근할 수 있도록 하는 의무도 역시 장려했다.

이러한 언어 권리에 대한 개념들은 지속적으로 확산됐다. 아마도 내부적 압력의 결과로 완전히 토착 언어를 거부하는 전통적인 라틴 아메리카 정책은 90년대에 뒤바뀌었다. 같은 시기에 구소련에서 새롭게 독립한 몇몇 국가들은 유럽 회원국 자격으로 요구되는 언어 권리에 의해 억압받던 소수언어들의 지위를 승격시켜 그들 고유의 민족 정체성을 회복시키기도 했지만, 다른 언어들을 무시하는 자신들의 힘을 발견하기도 했다.

지금까지 설명된 언어 권리는 일반적으로 시민권이나 인권을 위해 세워진 원칙에서 비롯된다. 그들은 그 언어를 사용하고 가르칠 개인적 권리를 그들의 아이들에게까지 적용한다. 20세기 후반 서유럽과 미국에서 발전해 온 언어 권리에 대한 접근은 확실히 전 세계 대부분의 나라에서 언어 정책을 수립하는 데 주요한 영향을 끼쳤다. 언어 권리는 20세기 말까지 사회언어학적 상황의 압박, 국가 정체성의 발달, 세계 공통어의 도전과 함께 국가의 언어 정책 발전에 주요한 힘이 되었다.

# 9 위기의 단일 언어 국가

지금까지 제안된 이론은 독립한 지 얼마 되지 않은 민족국가의 언어 정책이 네 가지 요인들이—표면적으로는 상호의존적인 것처럼 보이지만 종종 모순되는 성격을 가진—만들어 내는 복잡한 상호작용을 보여 줄 것이라고 주장한다. 이 요인들은 실제 사회언어학적 상황, 국가적 정체성이나 민족적 정체성의 영향을 받은 일부 믿음들(위대한 전통과 관련해서), 최근 국제적 언어로서 영어가 급부상함에 따라 더욱 주목받게 된 언어 소수자를 위한 압박 등이 그것이다. 이러한 이론적 모형들은 실제 사례들을 통해 검증될 필요가 있다. 우리는 앞에서 두 가지 단일 언어 정책들을 살펴보았고, 이후로도 계속 살펴볼 것이다.

피시맨(Fishman 1971)에 따르면 식민지 국가가 독립하고 나서 단일 언어 정책을 수립할 때, 대개 위대한 전통을 가진 국가들은 자신들의 토착 언어를 국어로 선정하려는 경향이 있다. 반면, 위대한 전통이 없는 국가에서는 식민지 본국의 언어를 국어로 사용하려는 경향이 있다.

## 탈식민주의 1—현지 토착 언어로 단일어화하기

신생 독립국은 식민지 상태에서 벗어나게 되면서 자국의 언어 정책을 결정하거나 재고해 볼 수 있는 기회를 갖게 된다. 사실 "하나의 국민, 하나의 국가, 하나의 언어" 원칙을 따라서 그리고 언어의 식민지 상태를 벗어나기 위해, 국가가 단일 언어 정책을 추진하는 것은 진정한 독립을 위한 확실한 방법이었다. 그리고 이미 많은 국가들이 그러한 시도를 했다.

### 과거의 프랑스 식민지들이 자국 언어를 사용하다

알제리를 비롯하여 마그레브[1]에 있는 북아프리카 이슬람 정권들은 사회언어학적 측면에서 공통의 역사를 가지며 위대한 전통을 공유하고 있다. 그 위대한 전통은 대개 종교적, 문화적 그리고 언어적 요소들을 포함한다. 9세기에 이슬람이 마그레브 지역을 침략한 이후 아랍어가 토착어가 되었지만, 한편으로 토착어인 베르베르 방언들도 일상생활 속에 살아남았다. 이후 19세기에 프랑스가 이들 국가를 다시 정복하자마자 프랑스어가 정부나 교육의 언어로 사용되기 시작한다. 그러고 나서 1960년대에 마그레브 지역에 있는 국가들은 프랑스 통치자들과 유대인을 축출하면서 독립을 이루어 낸다. 그리고 헌법에 아랍어가 유일한 공식어라고 명시하고 아랍어 단일 언어 정책을 추진한다. 이 모든 아랍어를 사용하는 국가들에서는 아랍어의 세 가지 중요한 변이형(varieties)이 존재하고 있다는 점을 파악하는 것이 매우 중요하다. 아랍어에는 세 가지 다른 변이형이 있는데, 1) 쿠란과 종교 서적에 기

1 (옮긴이 주) 모로코나 알제리 그리고 튀니지 등을 포괄하는 북아프리카 지역.

록된 고전 아랍어(지역의 구어 변이형과 다이글로시아diglossic 관계를 맺고 있음(Ferguson 1959)) 2) 아랍어 방언 3) 그리고 (종교 목적이 아닌) 공식적인 사용과 문해력(literacy) 향상을 위해 고전 아랍어를 변형해서 만들어 낸 현대 표준 아랍어가 그것이다.

다이글로시아에 대해 처음 관심을 가진 연구는 퍼거슨(Ferguson 1959)이다. 그는 다이글로시아diglossic를 한 언어가 상황에 따라 고급과 저급 두 가지로 기능이 분화된 것으로 정의내렸다. H(high, 고급) 계열의 언어들은 대개 교양 있는 수준의 공식적이고 지적인 상황에서 사용된다. 아랍어를 사용하는 나라 안에서 고전 아랍어, 아이티 공화국에서 프랑스어, 스위스에서 표준 독일어, 그리스에서 카타레부사Katharevousa가 H 계열의 언어에 해당한다. 반면 L(low, 저급) 계열의 언어는 집안에서 혹은 이웃들과 하는 대화처럼 일상적인 담화에서 사용하는 비공식적 언어 양태를 말하며 대개 아랍어 지역 방언, 아이티 크레올(아이티 민족어), 스위스의 독일어 방언 그리고 그리스에서 데모티키demotiki가 L계열의 언어다. 다이글로시아 개념을 확장하는 데에는 논란이 있지만 피시맨(Fishman 1967)은 다이글로시아의 개념을 서로 관련되지 않은 언어들에까지 확장함으로써 퍼거슨이 주장한 범위보다 더욱 넓게 잡는다. 예컨대 파라과이에서 스페인어와 과라니어, 19세기 이전 동유럽 유대 공동체에서 히브리어와 이디시어 같은 경우도 다이글로시아에 포함하고 있다. 두 학자는 다이글로시아 개념이 포함하는 범위에 대해 의견이 다르지만 언어의 다이글로시아적 상황에서 모두가 인정하는 것은 H계열 언어가 L계열 언어에 비해 우월하다는 점이고 대부분의 언어 관리는 이러한 상황을 반영하고 있다는 점이다.

아랍어를 재정립하는 것은 쉽지 않았다. 설즈(Sirles 1999)는 1950년대에 북아프리카에 위치한 프랑스 식민지들이 세계에서 가장 큰 프랑스어 사용권(francophonie)라고 지적했다. 심지어 식민 통치가 끝난 후에도 종교적 색채를 나타내지 않는 공적 장소에서 프랑스어는 계속 사용되었다. 1960년대에 이르러 아랍어 운동이 시작되었는데, 이 운동을 통해 학생들에게 표준 현대 아랍어를 가르치기 시작했고 공식적 상황에서 발화할 수 있는 아랍 구어를 개발했다. 설즈는 세 나라 중 가장 프랑스의 영향을 많이 받은 알제리의 아랍어 단일화 정책이 가장 성공적이었다고 보고 있다. 반면 거의 모든 국민이 아랍어를 사용할 줄 아는 나라인 튀니지와 식민지 시기 프랑스의 영향력이 가장 미미했던 모로코 두 나라는 여전히 강력한 프랑스어권 국가로 남았다는 점에서 알제리와 대조된다. 설즈는 사실 이러한 양상이 언어학적 원인이라기보다는 정치적인 원인에 기인한 것이라고 보았다. 앞선 세 나라 언어 정책의 성패를 갈랐던 정치적 원인은 다음의 세 가지로 정리된다. 첫째 엘리트들이 언어적 측면에서 어떻게 구성되어 있는지, 둘째 중앙 정부가 얼마나 관심을 두고 정책을 추진하는지, 셋째 국가 발전과 전통적 가치 간의 갈등을 어떻게 해결했는지가 그것이다. 신생 독립국의 고위층 관료들은 대개 프랑스에서 교육을 받았거나 프랑스어 사용권에 있는 대학에서 교육을 받았다. 그리고 프랑스가 통치한 기간도 중요한 차이가 된다. 프랑스는 알제리를 132년 동안 통치한 반면 튀니지나 모로코는 각각 75년과 44년밖에 통치하지 않았다. 게다가 모로코는 유럽인 인구가 많지 않다. 알제리는 1백만 명이 넘는 사람들이 프랑스와 다른 유럽 나라로부터 건너왔다. 즉 모로코에서는 다른 언어를 사용하는 화자들 간에 접촉이 거의 없었던 반면 알제리와 튀니지에서는 아랍어 화자들이 프랑스어 화자들과 밀접하게 접촉을 했다.

특히 독립 이후 튀니지는 프랑스와의 교류를 지속적으로 강조했으며, 언어와 관련한 문제들은 별로 주목받지 않았다. 반면 알제리는 7년

간의 긴 독립 전쟁을 통해 강력한 군국주의와 반식민주의를 이끌어 냈다. 1960년대 초기에 알제리에서는 아랍어 재정립을 강력하게 추진했다. 그러나 아랍어 정책 수행에는 몇 가지 한계가 있었는데, 우선 현대 표준 아랍어를 교육받은 교사 수도 부족했고 국민들 중 20%를 차지하는 베르베르어 화자들이 강력히 반발하기도 했다. 그럼에도 현대 표준 아랍어를 배워야 정부 기관에 임용될 수 있도록 하는 법이 통과되었다. 모로코에서는 정부 정책이 일관된 맥락을 갖지 못했다. 모로코 정부는 명목상으로는 아랍어 재정립을 지원했지만 실제로 프랑스와 교류를 유지하는 데 힘을 기울이는 이중적인 태도를 보였기 때문이다. 모로코 사회 지도층은 자신들의 자녀를 프랑스어 사용권에 있는 교육 기관에 보낸 것이다. 모로코 사회 지도층이 보인 이중적 태도와 모로코인 수백만 명이 프랑스어를 주로 사용하는 해안가 도시로 이주했다는 현실을 고려한다면 모로코에서 아랍어 재정립은 어려워 보인다(Djite 1992).

모로코의 언어 정책은 전체 인구의 약 45%를 차지하는 베르베르어 방언 화자에게 영향을 미치는데, 이들은 과거 이슬람과 프랑스의 통치에 강력하게 저항한 전력이 있다(Sadiqi 1997). 베르베르어 화자들은 베르베르어에 관해 많은 사랑과 애착을 가지고 있으며, 베르베르인들을 대변하는 정당은 베르베르어를 교육하길 원한다(Ennaji 1997).

리비아는 첫째로 프랑스 식민지가 아니라 이탈리아의 식민지였다는 점과, 둘째로 언어 식민지화 정책이 훨씬 약하게 수행되었다는 점에서 모로코, 튀니지, 알제리와는 차이가 있다. 그런데도, 아랍어를 재정립하자는 주장은 앞의 세 국가와 다르지 않다. 이탈리아는 “자국의 이익을 보호하기 위해” 리비아를 침공했던 1911년부터 본격적으로 리비아를 유럽화한다. 그 후 20년 동안 이탈리아의 식민 지배는 리비아의 강한 저항에 부딪힌다. 학교에서는 이탈리아어를 가르쳤지만, 무슬림들은 거의 참석하지 않았다. 1969년의 혁명 이후 아랍어 재정립이 시작되었다. 현대 표준 아랍어는 대학에서 인문학을 포함한 거의 모든 교육 단계에서 교육 언어로 사용되었고, 초등학교 때부터 영어를 가르쳤으며 대학교 기초 과학과 공학 수업에서는 영어로 강의를 진행했다. 5백만 인구의 약 10%가 외국인 노동자였으며, 이는 리비아와 앞선 세 나라가 공유하는 상황이다.

레반트[2]에서 시리아는 아랍어를 유일한 공식 언어로 선언함으로써 독립한 전 프랑스 보호령이다. 시리아에서 아랍어 화자들은 인구의 약 90%를 차지하지만, 쿠르드어, 아르메니아어, 투르크어와 시리아어(아시리아의 현대 아람어)도 사용된다. 1946년까지 프랑스는 시리아를 매우 억압적으로 통치했고, 프랑스어 사용을 강제했다. 프랑스 강점 기간에 시리아에서는 부족, 종족, 인종 집단 또는 지역에 대한 충성이 계속되었고, 프랑스에 의해 분할된 영토를 되찾으려는 애국심이 발현되었으며, 아랍 민족주의와 아랍어에 대한 뜨거운 열망이 일어났다. 다른 지역에서와 마찬가지로, 약 10% 정도로 추정되는 쿠르드족은 시리아에서 억압받고 있다. 다양한 형태의 억압이 있었는데, 쿠르드어를 사용할 수 없었고 쿠르드어로 된 인명과 지명을 아랍어로 개명해야 했으며, 학교에서 쿠르드어를 가르치는 것을 금지당했고 쿠르드어로 된 서적을 출판할 수도 없었다. 쿠르드어에 대한 시리아의 대우는 베르베르족에 대한 마그레브의 대우처럼, 언어적 자유에 대한 국가적 요구가 극단적으로 편협하다는 것을 보여 준다. 이전의 언어적 소수가 권력을 획득했을 때, 그들은 다른 소수에 대한 관용이나 배려를 거의 보여 주

2 그리스, 시리아, 이집트를 포함하는 동부 지중해 연안 지역의 역사적 지명.

지 않았다.

아시아에도 과거 프랑스 식민지 국가들이 있는데, 그 국가들은 자국의 언어를 복원하기 위해 노력해 왔다. 약 1천2백만 명의 캄보디아 인구의 대부분은 국어인 크메르어를 구사하는 것으로 보고되었지만, 수십만 명이 베트남어를 사용한다. 1863년부터 1953년까지 캄보디아는 프랑스의 식민통치하에 있었고, 프랑스는 다른 프랑스 식민지 국에서처럼 캄보디아에서도 프랑스어를 국제적인 소통과 교육의 언어로 만들기 위해 부단히 노력했다(Clayton 1995). 베트남이 점령한 10년(1979~1989) 동안에는, 베트남어와 러시아어가 중요했다(Clayton 1998). 클레이턴은 프랑스어와 영어 사이에 벌어진, 고급 교육과 국제적 의사소통에 필요한 언어 간 경쟁에서 영어가 승리한 까닭이 경제 발전에 있다고 지적했다(Clayton 2002).

라오스의 인구는 약 5백5십만 명이고 그중 3백만 명은 공용어인 라오어의 화자라고 보고되었으며, 그 외에도 80개의 다른 언어가 있다. 라오스가 프랑스령 인도차이나의 일부로서 관리되었을 때, 라오스 교육 체계는 교육 언어로 프랑스어를 선정하는 현실적인 선택을 했다. 그러나 프랑스어로 진행한 수업은 소수의 지식인들에게만 효과가 있었다. 파테트 라오(라오스의 좌익 세력)는 1950년대 후반에 자신들의 통제 아래에 있는 학교에 라오어 교육을 제공하기 시작했고, 1970년까지 학령인구의 1/3 정도가 라오어를 교육하는 학교에 다녔다. 1975년 이후, 라오스 인민 민주 공화국이 보편적인 초등교육을 위한 10년 계획을 수립했지만, 경제적인 문제로 이 목표의 실현이 지연되었다. 프랑스어와 영어는 지금은 라오어를 보조하는 언어들이다.

아프리카 해변에서 멀리 떨어진 섬인 마다가스카르는 19세기 말에 프랑스의 식민지가 되었다. 1천 5백만 인구의 대부분이 마다가스카르어 방언을 구사한다. 프랑스 식민지 기간에는 프랑스어가 우월한 언어가 되었다. 1956년에 마다가스카르는 독립했다. 이후 몇 번의 전쟁 끝에, 1975년 마다가스카르 민주 공화국이 세워지면서 마다가스카르어가 공용어로 공표되었다. 제1공화국은 프랑스어와 마다가스카르어를 모두 인정하는 이중 언어 정책을 따랐지만, 프랑스어가 여전히 압도적인 우세를 보였다. 1975년에 세워진 사회주의 성향의 군사 정권은 마다가스카르어 재정립을 위한 정책을 공식적으로 선포했고, AIF(프랑스어 사용권을 위한 기구)를 탈퇴했다(Metz 1994). 그러나 마다가스카르는 1989년 12월에 AIF에 재가입한다. 지도층의 대부분이 프랑스에서 교육받아 왔고, 따라서 그들의 자녀들은 프랑스어로 가르치는 사립학교에 다녔기 때문이다. 또 다른 20만 명의 아이들은 프랑스어로 가르치는 로마 가톨릭 학교에 입학했다. 나머지 1백 50만 명의 아이들은 공립학교에 다녔는데, 공립학교는 프랑스어 실력을 기르는 데 별 도움이 되지 못했다. 결국 헌법에 명시된 마다가스카르어 단일 언어 정책은 실현되지 못했다.

완전히 성공적이지는 않았지만, 아랍어권 식민지 국가들은 식민 통치 시기 강요받았던 언어를 공식 아랍어로 대체하려는 노력을 해 왔다. 결국 이와 같은 사례들은 식민 지배의 영향력이 정치적 이데올로기보다 훨씬 강하다는 점을 보여 준다.

## 탈식민주의 2-과거 식민지 국가에 남아 있는 식민지 본국의 언어

실제로 언어 정책을 선택하는 데 있어 신생 독립국이 취할 수 있는 노선은 세 가지였다. 첫 번째는 앞 장에서 기술한 것처럼 식민지 본국의 언어를 거부하고 그들이 선택한 민족 언어를 유일한 공식어로 지정하는 것이다. 두 번째는 식민지 본국의 언어를 계속 공식어로 유지하면서 그들의 언어도 같이 공식어로 사용하는 것이다(이는 보통 제2언어 정책, 제3언어 정책으로 이어진다). 세 번째는 식민지 본국의 언어를 독립 이후에도 그대로 공식어로 인정하는 것이다.

세 번째 노선의 예로 카보베르데Cape Verde[3]의 언어 정책을 들 수 있다. 카보베르데는 식민 지배국의 언어였던 포르투갈어를 독립 후에도 계속해서 유일한 공식어로 남겨 두고 포르투갈어를 모든 교육기관에서 교육 언어로 사용하기로 결정했다. 그러나 카보베르데 국민 중 1/3만이 포르투갈어를 구사할 수 있는 반면 크리울루, 카보베르데등 다양한 이름으로 불리는 이 지역의 크레올은 국민 모두가 구사할 수 있다. 그런데도 카보베르데는 서아프리카에서 단일 언어 정책을 시행하는 유일한 국가이다(Bamgbose 2000).

식민지 본국의 언어가 패권을 유지하고 있는 또 다른 아프리카 국가로는 코트디부아르가 있다. 코트디부아르는 1970년대 후반에 지방 언어들을 공식어에 포함하려는 움직임이 일부 있었지만 행정과 교육에서 프랑스어를 유일한 공식어로 명시한 1966년의 헌법을 고수하고 있다. 코트디부아르는 주변 국가로부터 이주해 온 사람들이 전체 인구의 1/3을 차지한다. 코트디부아르에는 언어가 75개나 되지만 언어들 간의 이해가 쉬워 대부분의 사람들은 그들의 모국어와 지역 언어, 민족의 공통어(national lingua francas) 등 세 가지 언어만 구사해도 의사소통에 지장이 없다. 도시화와 인구 이동의 결과 디울라어Dyula와 같은 공통어는 계속해서 그 쓰임이 확산되고 있지만 표준 프랑스어는 행정이

3 (옮긴이 주) 카보베르데는 북대서양에 있는 카보베르데 제도로 구성된 섬나라로, 1975년 7월 포르투갈로부터 독립되었다.

나 사법처럼 사회 지도층이 활동하는 영역에 한정해서 쓰인다. 프랑스 식민지 시절에도 그랬듯 지금도 프랑스어를 유창하게 구사할 수 없으면 상위 계층으로 이동하기 어렵다. 20%의 엘리트 계층에게 더 넓은 영역에서 사용되는 다른 언어를 배우도록 요구할 것인지, 아니면 80%의 대중이 프랑스어를 습득하도록 할 것인지의 문제는 여전히 정치적 혼란으로 남아 있다.

1970년대 후반이 되자 아프리카의 많은 국가들은 식민지 본국의 언어가 가진 지위를 실추시키기 위해 새로운 언어 정책을 시행했다. 37개의 아프리카 국가들은 이전의 식민지 언어에 맞서 민족어를 교육과정에 도입했다. 그 결과 7개의 국가들이 — 에티오피아, 에리트레아, 소말리아, 탄자니아, 부룬디, 르완다, 중앙아프리카 공화국 — 토착어의 지위를 공식어 수준으로 끌어올렸다. 그러나 많은 프랑스어권 국가들이 여전히 아프리카에서 프랑스어를 독점적인 교육 매개어로 사용하도록 하는 1944년 브라자빌회의(Brazzavile conference)의 권고를 따르고 있다. 결과적으로 토착어는 언어 계획에서 무시되었다.

기니비사우Guinea-Bissau에서 주로 사용되는 언어는 키리울어Kiriol로서, 인구의 절반이 넘는 사람들이 키리울어를 구사한다(Hovens 2002). 기니비사우 인구의 1/4은 토착어인 발라타어Balata를 사용한다. 반면 공식어인 포르투갈어를 구사할 수 있는 모국어 화자는 전체의 10%밖에 되지 않는다. 1987년에 이중 언어 교육 프로그램이 실험적으로 도입되었지만 10년 만에 중단되었다. 대략 20개의 언어를 사용하는 니제르에서도 인구의 70%는 하우사어Hausa를 구사할 수 있지만 공식어인 프랑스어는 훨씬 제한적으로 사용된다. 이중 언어 교육을 하려는 시도는 기니비사우보다 더 이른 1973년에 시작되었다. 그러나 여기서도 토착어의 사용을 위한 어떠한 정책적 지원이 있었다고 해도, 그 효과는 매우 적은 것으로 보인다.

유럽의 두 작은 공국, 리히텐슈타인 공국과 안도라 공국[4]은 식민지 본국의 언어와 민족 언어 사이에서 적절한 합의를 이끌어 냈다. 19세기 초에 독립했고 3만 명 인구의 대부분이 스위스 독일어를 사용하는데도 불구하고 리히텐슈타인은 여전히 독일어를 공식어로 유지하고 있다. 리히텐슈타인에는 교사를 양성할 기관이 국내에 없기 때문에, 대부분의 교사들이 오스트리아에서 교육을 받는다. 언어 관습은 스위스의 독일어 사용 지역과 유사한 양상을 보인다. 즉 공식적인 담화에서는 표준 독일어를 사용하고 비공식적인 상황에서는 스위스 독일어를 사용하는 이중 언어 관계가 리히텐슈타인에서도 나타난다.

한편 약 7만 명의 인구가 카탈로니아어와 스페인어를 구사하는 안도라 공국에서는 1993년 헌법에 따라 오직 카탈로니아어만이 공식어로서의 자격을 갖는다. 안도라인은 이 나라의 소수 민족이고 25년 이상 거주해야 시민권을 취득할 자격이 주어진다. 안도라 공국에서는 카탈로니아어가 공식어인데, 만 16세까지의 의무 교육은 안도라 정부가 설립한 학교에서 제공하지만, 교사들은 스페인과 프랑스로부터 월급을 지원받는다.[5] 50%의 아이들은 프랑스어 초등학교에 다니고 나머지

---

4 (옮긴이 주) 피레네 산맥 고지대에 위치한 공화국으로 프랑스 대통령과 스페인 카탈루냐 지방의 교구인 우르젤의 주교가 공동 영주로서 지배하는 나라이다. 인구 구성은 스페인인 43%, 안도라인 33%, 포르투갈인 11%, 프랑스인 7% 등이다. 복잡한 인구 구성처럼 언어도 공용어인 카탈로니아어 외에 프랑스어, 카스티야어, 포르투갈어를 사용한다.

5 (옮긴이 주) 카탈로니아가 공식어이긴 하지만 교육(만 16세까지의 의무 교육)은 카탈로니아어 외에도 프랑스어나 스페인어로 받을 수 있다. 모든 학교는 안도라 정부의 관리하에 있지만 프랑스어 학교와 스페인어 학교의 교사들은 각각 프랑스 정부와 스페인 정부로부터 지원받는다.

아이들은 스페인어 학교나 카탈로니아어 학교에 다닌다.

독립 이후 단일 언어 정책을 시행하는 국가에 관한 마지막 예는 바로 방글라데시이다. 영국의 지배 기간 동안 영어로 수업하는 학교들은 전체 대중의 관심과는 완전히 동떨어진 엘리트 교육을 제공했다. 독립 이후 파키스탄에서는 이 정책이 수정되었지만 동파키스탄에서는 이러한 교육 개혁이 영향을 미치지 못했다. 약 1만 마일이나 떨어져 있는 동파키스탄과 서파키스탄 간의 마찰은 점차 심화되었다. 동파키스탄은 우르두어를 유일한 국가 언어로 만들려는 계획에 대해 저항했다. 파키스탄으로부터 독립하고 나서 벵골어Bangla는 방글라데시의 유일한 국가 언어이자 국민의 대부분이 제1언어나 제2언어로 사용하는 소통의 언어가 되었다. 이 외에 38개의 언어가 이 나라에서 사용된다. 영어는 여전히 중시되고 있으며 일부 사립학교에서는 영어를 교육 언어로 사용하고 고등 교육 과정에서 영어를 가르친다.

## 소수의 언어 화자를 가진 단일 언어 국가들

헌법에서는 단일어 국가라고 명시했음에도 불구하고, 많은 국가는 실제로 다중언어적이다. 이러한 국가에는 중요하지만 소외된 외국인 소수집단이 존재하기 때문이다.

아랍의 산유국들이 이러한 사례에 해당한다. 바레인은 영토가 작고 석유 매장량이 부족하여, 국가의 번영을 석유 가공과 국제 금융업에 의존한다. 바레인 인구 65만 명 중 1/3은 외국인이다. 그러므로 아랍어가 공식어이긴 하지만, 거의 5만 명에 가까운 페르시아어 사용자와 2만 명이 넘는 필리핀어 사용자 그리고 대략 1만 8천 명의 우르두어 사용자 등 상당히 큰 규모의 소수집단이 존재한다. 쿠웨이트는 2백만 인구 중 절반 이상이 석유산업에 종사하기 위해 이주한 비국적자로 알려져 있는데, 1975년 쿠웨이트의 문맹률은 50%를 조금 넘는 수준이었으나, 1990년에 와서는 문맹률을 30%까지 낮추었다. 1990년에는 쿠웨이트 학교에 다니는 많은 학생들과 상당수의 교사들에게 국적이 없었다. 많은 쿠웨이트의 남성들은 해외에서 교육받는다. 걸프전 중, 자국민과 외국인을 포함한 인구의 절반 이상이 나라를 떠났고, 전쟁이 끝난 후 자국민들은 다시 돌아올 것을 권장 받았지만 외국인들은 그렇지 않았다. 1991년 이전에 40만 명의 팔레스타인 노동자 집단은 3만 명 이하로 줄어들었다. 전후 정책은 외국인 노동자의 비율을 전체 인구의 50% 미만으로 유지하며 어느 단일 그룹도 10%를 넘지 않도록 하는 것이었다.

오만은 현재 노동 부문에서 현지인 우선 정책을 시행하는 중임에도 240만 명의 인구 중 높은 비율을 외국인 노동자가 차지하고 있다. 1970년 이전 오만 왕국에는 술탄에 의해 선택된 9백 명의 남자아이들을 위해 만들어진 3개의 초등학교밖에 없었다. 그 이후 술탄은 보통교육과 학교 체계 확장을 위해 노력해 왔다.

사우디아라비아의 인구는 2001년 기준 2천270만 명으로 추정되는데, 여기에는 530만의 비국적자를 포함한다. 1985년과 1990년 사이에 외국인 노동인구는 350만에서 530만으로 늘어났는데, 대부분은 아랍어 사용 국가에서 왔지만 파키스탄, 인도, 필리핀, 스리랑카와 대한민국에서도 노동자들을 보냈다. 정부의 정책은 그 수를 줄이는 것이었다. 사우디아라비아는 교육에 대규모의 투자를 했고, 목표는 1980년대 말까지 중학교 교육 인력 중 40%를 차지했던 외국인들을 현지인으로 대체하는 것이었다. 그러나 최근의 경제 침체는 이런 프로그램들의 성공 가능성을 불투명하게 만들었다. 많은 사우디아라비아인들은 해외의 대학으로 진학한다. 영어는 비아랍권 무슬림들을 교육하고, 무슬림들이 현대의 기술과 과학에 대해 접할 수 있게 해 준다는 점에서 가치 있는 도구로 인식되고 있다.

포르투갈은 프랑스와 같이 이데올로기적으로 단일어 국가 정책을 펴는 나라이다. 최근 포르투갈은 유럽공동체의 회원국으로서 토착 소수집단을 인정하도록 요구받기 시작했다. 비록 상품명이나 지역어로서 포르투갈어의 사용에 대한 철자법을 다루는 언어 정책도 있었지만, 지난 30년 동안 대부분의 포르투갈어 언어 정책 활동은 포르투갈어의 확산과 관련된 것이었다. 1995년부터 많은 법안들이 옛 식민지나 다른 포르투갈어 사용 국가와의 조약을 비준했고, 앙골라, 브라질, 카보베르데, 기니비사우, 모잠비크, 상투메프린시페를 포함하는 포르투갈어 사용국 공동체가 1999년에 공식적으로 성립되었다. 포르투갈은 하나의 지역 소수 언어, 즉 미란다어를 인정하는데, 미란다어 화자 약 1만 명은 작은 마을에 살고 있다. 유럽 연합의 언어권리 정책에 따라, 1999년에 미란다어를 인정하고 미란다어로 된 공문서를 허가하는 법이 통과되었다. 9세 이상의 소수 학생들에게 필수가 아닌 제2언어 선택과목으로 미란다어를 교육한다. 그러나 미란다어는 법정과 정부, 대중매체에서는 사용되지 않는다.

다른 중동 이슬람 국가들은 마그레브의 국가들보다 산유국들과 더 유사한데, 대부분 단일어로 아랍어를 사용하고 있으며 언어적 다양성은 표준와 토착어의 방언적 변이이라는 이중 언어적인 양상으로 유지되고 있다. 이집트는 토착 아랍어(주로 이집트식 아랍어)와 고전 아랍어를 변형해서 만든 표준 아랍어를 구별하는 것을 특징으로 삼을 수 있다. 콥트어는 이슬람의 정복 전에는 강력했으나 오스만 제국 시기에 쇠퇴했으며 오직 교회 언어로만 유지되었다. 19세기에는 대부분의 이집트인들이 토착 아랍어를 사용했다. 이집트는 구어 토착어보다 문헌의 언어를 공식어로 사용하기로 결정했다(Shraybom Shivtiel 1999). 20세기 초에 교육부는 수업에서 영어를 아랍어로 대체하려고 노력했으나 종교 학교를 제외하고는 외국어로 수업을 진행했다. 1940년대에 외국계 학교들은 아랍어 과목을 추가할 것을 권고받았다. 나세르Abd al-Nasser에 의해 결정적인 변화가 나타났는데, 그는 아랍어와 범아랍국가연합의 밀접한 연결을 강조했다. 이 새로운 이데올로기적 상황에서 구어체 아랍어에 대한 관심이 줄어들었고, 문어체 아랍어는 적어도 엘리트들 사이에서 의사소통의 언어로 인식되었다. 그러나 외국어, 특히 영어는 경제적인 이유에 의해 여전히 중시되었다. 영어는 공립학교에서 제1외국어, 혹은 제2외국어로 필수적이다. 국립대학들에서는 영어를 요구하며, 일부는 영어로 수업하기도 한다.

제1차 세계대전에서 터키의 패배는 터키 제국의 분할과 과거 제국의 일부였던 나라들의 독립으로 이어졌다. 그러나 한 소수 민족은 독립하지 못했다. 모든 민족 집단들이 전후에 독립을 얻을 자격이 있다고 인정되었으나, 쿠르드족만은 터키, 시리아, 이란, 이라크, 아르메니아 등 많은 나라에서 계속 소수집단으로 여겨졌다. 쿠르드어는 여러 나라에서 서로 다른 방향으로 발전해 왔다. 예를 들면 시리아에서는 라틴 문자, 구소련에서는 키릴 문자, 그리고 이라크에서는 수정된 아랍 페르시안 문자를 사용한다. 그러나 터키에서 쿠르드어는 케말 아타튀르크Kemal Atatürk 시기와 1923년 헌법 이후로 심각한 억압을 받았다(Skutnabb-Kangas and Bucak 1995). 1984년 헌법은 26번 조항에서 "법에 의해서 금지된 언어는 사고의 표현과 보급을 위해 사용할 수 없다."고 명시했다. 헌법은 계속해서 "터키어 외의 어떤 언어도 훈련 · 교육 기관에서 터키 시민들에게 모국어로 교육할 수 없다."고 했다. 오직 터키와 조약을 맺었던 외국의 언어들만 학교에서 교육할 수 있었다. 이러한 조항들은 쿠르드어 교육은 물론, 쿠르드어의 사용도 금지했다. 이와 같은 헌법 정책과 수행이 터키의 EC 가입 보류의 주원인으로 알려져 있다. 회원가입 유보에 대한 압박하에 터키는 2002년 후반에 들어 쿠르드어에 관한 권리를 일부 인정하는 모습을 보인다.

## 헌법에 명시한 단일 언어 정책 – 결론

이 장에서는 하나의 공식어 또는 국어만을 헌법에 명시한 국민 국가에 대해 설명했다. 그러나 좀 더 자세히 살펴보면, 이러한 공통된 특성은 실제 언어 정책 속의 복잡성을 가리고 있다. 첫째, 대부분의 이 국가들은 토착어 혹은 이민자의 언어가 공식어와 함께 사용되는 상당히 복잡한 언어 양상을 보인다. 실제로 중점적으로 다루지는 않더라도 지엽적인 차원에서라도 이들 언어와 화자들에 대한 상황을 다룰 필요가 있다. 공식어를 선언하는 것은 적어도 학교 교육에서 공식 언어를 우선적으로 가르쳐야 함을 시사한다. 둘째, 단일 언어 사용 주의를 택할 때는 언어의 발달 단계에 따라서 다양한 언어 관리 방책을 펴야 한다. 식민지 본국의 언어를 공식어로 선택한 국가들은 가정에서 사용하는 언어에서 수업에서 사용하는 언어로 전환하는 언어 교육 정책을 수립해야 했다. 반면 토착어를 공식어로 선택한 국가들은 그 언어를 다듬어서 다른 언어를 쓰는 사람들에게 그것을 가르칠 필요가 있었다. 헌법적으로 단일 언어주의를 표방하는 여러 국가들은 이미 다른 언어를 사용하는 개인과 집단의 권리를 옹호하기 위한 조치를 취하기 시작했다. 동시에, 그들은 세계 공용어로서 나날이 중요해지고 있는 영어에 대한 수요에 직면해 있다. 21세기에 단일언어주의는 더 이상 간단한 정책이 아니다.

# 10 언어적 소수 민족을 인정하는 단일 언어 국가

## 단일 언어 그 이상에 대하여

다음 표2에 열거된 나라들은 헌법 안에서 하나의 언어를 지명한다는 점에서 9장의 나라들과 유사하다. 그러나 동시에 소수 민족의 권리도 헌법으로 인정할 것인가 하는 점에서는 그 나라들과 차이가 있다.

많은 경우에 하나의 주 언어, 국가 언어, 공용어에 대한 헌법 선포는 소수 민족의 언어적 권리를 인정하는 것과 관련이 있는 선언을 포함하고 있다. 그 헌법 중 다수는 몇몇 초기 헌법에서 이러한 별도의 자격을 부여했다. 예컨대 구소련이 그러했다. 그리고 다른 헌법들도 언어적 소수 민족의 권리를 인정하는 움직임에 영향을 받을 수밖에 없었다.

브라질, 콜롬비아, 엘살바도르, 과테말라, 니카라과, 파나마, 페루 그리고 베네수엘라와 같은 많은 라틴 아메리카 국가들이 목록에 등장한다. 각 나라의 헌법에서는 스페인어(브라질의 경우는 포르투갈어)를 공용어로 선포했다. 그러나 적어도 최신 버전에서는 토착 언어와 방언에 대한 인정과 보호를 추가하고 있다. 라틴아메리카 인구의 약 10%는(약 4천만 명) 주로 언어, 자아 인식, 지리적인 인구 분포에 따라 원주민으로 분류할 수 있다(World Bank 1993). 그러나 이러한 기준들이 명확하지는 않다. 많은 다양한 언어들이 사용되고 있다. 예컨대 오직 우루과이만이 단일 언어 국가이며 그 외의 다른 나라들은 7~200개의 토착어들이 있다. 이 원주민들은 낮은 사회적, 경제적 위치에 있으며 대개는 문맹이다. 최근 이러한 문제에 대한 인식이 증가하고 있다. 그리고 이 문제를 다루는 언어 정책에 대한 많은 변화가 이루어졌다.

**표2. 소수 언어를 보호하는 단일 언어 국가들**

| 국가 | 주, 국가의 공식어 | 인정받는 다른 조항들 | 연도 |
|---|---|---|---|
| 아르메니아 | 아르메니아어 | 국가 소수자 권리 | 1995 |
| 오스트리아 | 독일어 | 언어적 소수자들 | 1929 |
| 아제르바이잔 | 아제르바이잔어 | 일부 구어로 쓰이는 언어들 | 1995 |
| 브라질 | 포르투갈어 | 인디언의 모국어들 | 1988 |
| 불가리아 | 불가리아어 | 불가리아어와 동등함 | 1991 |
| 부르키나파소 | 프랑스어 | 국어 | 1997 |
| 콜롬비아 | 스페인어 | 토착어와 방언 | 1991 |
| 코스타리카 | 스페인어 | 원주민의 민족어 | 1999 |
| 크로아티아 | 크로아티아어와 라틴 문자 | 일부 지역어와 키릴 문자 | 1990 |
| 에쿠아도르 | 스페인어 | 모든 에쿠아도르어 | 1998 |
| 엘살바도르 | 스페인어 | 토착어 | 1982 |
| 에루트리아 | 모든 에루트리아어는 평등함 | | 1996 |
| 에스토니아 | 에스토니아어 | 지역적인 소수 언어 | 1992 |
| 에티오피아 | 암하라어(연방) | 지역어(지역) | 1994 초안 |
| 가봉 | 프랑스어(통용) | 민족어들 | 1997 |
| 조지아 | 조지아어 | 아브하즈 자치공하국에서는 아브하즈어, 다른 언어들은 보호됨 | 1991 |
| 과테말라 | 스페인어 | 토착어들 | 1985 |
| 헝가리 | 헝가리어 | 민족적, 인종적 소수 언어들 | 1997 |
| 인도네시아 | 바하사 인도네시아어 | 존경받는 지역 언어들 | 1945-89 |
| 이란 | 페르시아어 | 지역어, 부족어, 아랍어 | 1979-95 |
| 이라크 | 아랍어 | 지역적으로 쿠르드어 | 1990 |
| 카자흐스탄 | 카자흐허 | 러시아어 등 | 1995 |

| 키르기즈탄 | 키르기즈어 | 러시아어 등 | 1993 |
|---|---|---|---|
| 라트비아 | 라트비아어 | 인종적 소수자 | 1992-98 |
| 마케도니아 | 마케도니아어 | 지역 언어들도 동등함 | 1992 |
| 말라이 | 모두 평등함 | | 1994 |
| 말리 | 프랑스어 | 다른 민족어 | 1991<br>-2000 |
| 말타 | 말타어 | 영어 | 1996 |
| 몰도바 | 라틴 알파벳을 쓰는 몰도바어 | 러시아어 등 | 1994 |
| 몽골 | 몽골어 | 소수민족들 | 1992 |
| 모잠비크 | 포르투갈어 | 민족어들 | 1990 |
| 나미비아 | 영어 | 사립학교에서 | 1990 |
| 네팔 | 네바나가리 문자를 쓰는 네팔어 | 지역의 모국어 | 1990 |
| 뉴질랜드 | 마오리어 헌법<br>(영어는 언급되지 않음) | 소수 언어 | 1990 |
| 니카라과 | 스페인어 | 지역 사회 언어 | 1987-95 |
| 파키스탄 | (우르드어는 언급되지 않음) | 허용된 것만 보존 | 1999 |
| 파나마 | 스페인어 | 개별 지역 사회 | 1994 |
| 페루 | 스페인어 | 케추아어, 아이마라어, 토착어 | 1993? |
| 필리핀 | 필리핀어, 영어 | 지역어 | 1987 |
| 폴란드 | 폴란드어 | 소수 민족, 소수부족 | 1997 |
| 루마니아 | 루마니아어 | 소수민족 | 1991 |
| 러시아 | 모든 언어는 평등함 | | 1993 |
| 세르비아<br>(유고슬라비아) | 키릴 문자를 쓰는 세르비아어(이카비아어(ecavian)과 이제카비아어(ijekavian) | 라틴 문자, 지역의 소수민족들 | 1992 |
| 세르비아<br>(세르비아) | 세르보-크로아티아어와 키릴 자모 | 라틴 알파벳, 지역의<br>소수민족들 | 1995 |
| 세르비아<br>(몬테네그로) | 세르비아어(이에카비아어), 키릴 자모와 라틴 자모 모두 동등함 | 지역의 소수민족 | 1992 |
| 싱가포르 | 말레이어, 영어, 만다린, 타밀어 | | 1965-93 |
| 슬로바키아 | 슬로바키아어 | 소수 민족, 소수 부족 | 1992 |
| 슬로베니아 | 슬로베니아어 | 이탈리아어, 헝가리어 | 1991-<br>2000 |
| 스페인어 | 카스티야어 | 자치 지역 | 1978-92 |
| 타지키스탄 | 타지키스탄어 | 러시아어 등 | 1994 |
| 우간다 | 영어 | 다른 언어들 모두 | 1995 |
| 우크라이나 | 우크라이나어 | 러시아어와 소수 민족 | 1996 |
| 우즈베키스탄 | 우즈베키스탄어 | 국가와 국민에 대한 존중 | 1992 |
| 베네수엘라 | 스페인어 | 지역의 토착어 | 1999 |

1992년에 볼리비아가 인디언의 소수 언어, 특히 과라니어, 케추아어, 아이마라어와 관련된 일련의 법안을 통과시켰다. 볼리비아에는 37개의 언어가 있다. 스페인어 다음으로 두 번째로 많은 언어로는 케추아어(280만 명) 그리고 아이마라어(180만 명)가 있다. 이 언어들은 사용이 감소되고 있다. 토착민 아동, 성인들의 교육을 위한 정부 지원 프로그램들은 특정 민간 단체나 종교 단체의 업무에 도움을 주고 있다(Plaza and Albo 1989). 2000년 법령에 따라 공식적으로 34개의 토착어가 인정을 받았다. 특히 케추아어와 관련된 몇몇 프로그램이 시행되고 있다(Hornberger and King 2001). 언어에 대해 언급이 없는 칠레 헌법을 대신해 칠레는 언어적 토착 소수 민족에 대한 교육을 고려해 1990년에 위원회를 설립했다. 현재 절멸 위험에 처해 있는 언어들에 대한 보존 작업에 대한 보고가 이미 진행 중에 있다. 2000년 콜롬비아는 스페인어와 콜롬비아어 수어를 모두 구사할 수 있는 청각 장애 교사들을 요구했다. 1999년 코스타리카는 헌법을 개정하여 스페인어를 국가 언어로 공표했다. 그럼에도 코스타리카는 원주민들의 토착어를 발전시키고 지속해 나갈 것이다. 이런 조치는 10년 전에 시행된 토착어 보호를 위해 통과된 법보다 더 강력한 지원 정책이었다. 1999년에 에콰도르는 '이중 언어 및 2개의 문화 상호 교육을 위한 국가이사회'를 설립했다.

원주민과 관련된 문제들은 상당한 의견 불일치의 원인이 되어 나타났다. 1997년 과테말라에는 토착어들을 공식적으로 인정하는 위원회가 설립되었다. 당시 기록에 따르면 과테말라 원주민들이 매우 가난하다는 것을 보여 준다. 과테말라 원주민의 90%에 가까운 수가 빈곤선[1] 아

1 (옮긴이 주) 심각한 경제적 궁핍에서 벗어나기 위하여 한 가족이 가져야 한다고 추정되는 최저 연간 소득액을 말한다.

래에 있으며 극히 일부만이 안전하게 마실 수 있는 물, 공중위생, 전기에 대한 혜택을 받을 수 있었다. 2000년에 멕시코는 인디언 원주민들의 요구에 부응하여 이중 언어 및 2개의 문화 간 상호 교육을 보장하는 목적의 협회를 설립했다. 그런데 이러한 정책들은 느린 데다가 모순적이다. 그러나 이는 원주민들의 영향력이 증가하고 있음을 보여주는 것이었다. 1980년에 니카라과는 대서양 해안에 있는 미스키토어에 대하여 몇몇 교육을 승인했다. 그러나 최근 원주민에 대한 많은 기록은 문화뿐만 아니라 환경에 대한 위험, 땅을 차지하고 산림을 벌채하는 내용에 대하여 상세하게 기술하고 있다(Muller 2002). 1980년대 중반 페루는 케추아어와 아이마라어를 위한 아카데미를 설립하고 이중 언어 교육을 위한 이사회를 설립했다. 최근에 지역 원주민 그룹은 이러한 프로그램들의 주된 효과가 스페인어로 옮겨 가고 있는 것에 항의하고 있다.

라틴 아메리카의 언어 정책은 이민자든, 노예든, 원주민이든 다른 언어를 사용하는 화자들에게 식민지 언어를 강요하는 경향의 '동화주의'를 표방한다(Hornberger 1999:133). 스페인어를 사용하는 라틴 아메리카의 정착자들은 처음에 어떠한 토착적인 것도 순수할 수 없다고 생각하는 순박한 언어 이데올로기를 공유하고 있었다. 실제 상황은 훨씬 복잡하다. 스페인어와 포르투갈어 2개의 주된 언어들 외에도 피진어와 크리올어, 이민자들의 언어에 대한 넓은 범위(아르헨티나의 이탈리아어, 파라과이와 베네수엘라의 독일어, 많은 나라들의 바스크어, 카탈로니아어, 다양한 아시아 언어들의 화자들, 무시해도 될 정도의 아랍어 화자들)의 언어 스펙트럼이 있었다. 이 모든 것들은 지금까지 완전하게 분류되지 않은 원주민 아메리칸 언어의 매우 다양한 혼합체를 바탕으로 (이 원주민의 언어들은 과테말라, 멕시코, 파라과이, 볼리비아, 에콰도르, 페루에서는 상당한 규모였지만) 다양한 밀도로 퍼져 나갔다. 1980년대에는 파라과이를 제외하고 원주민들 자신의 언어로 교육하고 원주민들의 권리를 인정하는 것은 일반적으로 비정부적 기관들에 의해 추진되었다. 그러나 마침내 헌법 또는 법에 의해 인정되었다. 이 프로그램들은 일반적으로 라틴 아메리카의 수많은 원주민들을 개선하기 위한 다른 정치적 노력들과도 관련이 있었다.

반면에 코스타리카에서 스페인어는 헌법으로 정해진 공용어이다. 그리고 스페인어는 귀화하길 원하는 사람은 누구든지 반드시 배워야 했다. 1976년 이후에 제정된 일련의 법들은 6개의 토착 민족의 언어를 인정했다. 이러한 상황은 마침내 1999년에 원주민의 토착어 발전과 그 지속을 약속할 것을 제공하는 헌법을 개정하여 마무리되었다.

중앙아메리카의 국가인 온두라스는 6백만 인구의 대부분 사람들이 스페인어로 말한다. 에스노로그는 온두라스에 영어 기반의 크레올을 사용하는 1만 3천여 명의 사용자가 있음을 보고하고 있다. 또한 이 나라는 법적으로 보호받는 아메리카 인디언 언어들이 많이 있고 그 중 가장 많이 사용하는 것은 가리푸나어로 거의 10만 명에 가까운 사용자들이 있다.

다소 일반화해 보자면 표2의 나라들은 실제로는 다양한 정도로 여러 언어를 구사하지만 대체로 단일 언어를 추구하는 이데올로기 안에 있다. 그렇다 하더라도 표2의 나라들은 다중언어주의와 언어 소수자의 언어 권리를 인정하고 있다. 그들은 이러한 언어 권리 인정을 이행하는 많은 언어관리활동위원회를 설립하고 그들의 헌법 안에서 언어 권리의 인정을 주장해 왔다. 레닌의 통치 기간 동안 구소련 연방국은 일반적으로 소비에트에 부여된 헌법 안에서 그들이 명목상으로 인정한 언어를 가지고 있었다. 소비에트의 정책은 궁극적인 민족주의의 교체를 위한 작업임과 동시에 더 큰 민족들을 약화시키기 위해 스탈린이 의도한 인구 혼합 정책이었다. 그 때문에라도 소비에트 헌법은 언어적 소수자들의 권리를 반영했다.

소비에트 연합이 무너지고 난 후, 구소련 연방국들은 러시아어에 대응하여 명목상의 언어와 다른 소수 언어들의 입지를 강화하기 위하여 언어 정책을 수정했다. 몇몇 헌법은 하나 혹은 그 이상의 특정한 소수 언어를 인정했다. 예를 들어 조지아는 전체 인구 5백만 명 중에서 10만 명이 공식 지역 언어로 사용하는 코카서스어 즉 아브하지아어를 선정했다. 아브하지아에서는 1970년대 후반까지 러시아어와 조지아어를 사용하는 중학교들이 지배적이었다. 그 이후로 아브하지아어는 다시 살아났으나, 1992년 아브하지아족과 조지아족의 전쟁 이후로 두 민족은 서로 분리를 시도했다(Arutiunov 1998). 비록 아르메니아인이 인구의 90%를 차지하고 있었어도 아르메니아 예레반에서 고등학교의 절반은 러시아어를 사용했다. 1991년 독립 이후 그들 각 나라에서 조지아어와 아르메니아어가 모두 우세해지면서, 러시아어가 소수 언어로 전락했다. 몽골에서는 표기가 1941년에 키릴 문자로 변화되었다. 몽골 민족은 공식 표준어인 몽골어를 사용하는 인구가 270만 명 중에서 90%에 이른다. 약 5%를 차지하는 카자흐 소수 민족도 무시할 수 없다. 이 소수 민족의 언어는 헌법적으로 보호받았다. 인권 강화를 위한 노력은 언어적 소수 민족을 위한 정부 서비스 말고도 카자흐와 다른 소수 민족의 언어로 교육하는 것을 포함한다.

구소련의 두 지역은 특히 언어 정책이 새로운 국가 정체성을 다시 정의하는 데 역할을 하고 있다는 점에서 흥미롭다. 첫 번째는 주로 코카서스 지역의 무슬림 국가들이다.

투르크메니스탄의 450만 명의 주민들 중에서 약 340만 명의 인구는 투르크멘어라는 국가 언어를 사용한다. 아마도 국제어로서 러시아어를 사용하는 데 익숙한 많은 화자들이 사용하는 다른 언어들도 다수 있을 것이다. 1991년 독립 이후부터는 부족, 씨족, 민족 세력이 다시 등장하기 시작했다(Landau and Kellner-Heinkele 2001). 그리고 러시아 정통 기독교와 함께 이슬람의 문화적 관습도 다시 생겨났다. 언어는 투르크멘어의 정체성을 형성하는 데 사용되었다. 이 나라는 강력한 국가 지도자의 통제하에 있었고, 소비에트 시대의 권위주의적 방법으로 통치를 받은 가난하고 부패한 나라로 알려져 있다. 소비에트의 지배 아래에서 투르크멘어는 아랍어에 기초한 문자에서 1929년에 수정된 라틴 문자로, 1940년에는 키릴 문자로 바꾸도록 강요받았다. 독립 이후 이 문제는 다시 이슈가 되었다. 아랍 문자를 유지하고자 하는 지지자는 거의 없었으며, 오히려 1993년에는 선택된 라틴 문자에 대한 지지가 더 증가하고 있었다. 새로운 문자에는 여러 문제점들이 있다. 러시아어를 사용하는 사람들은 자신들의 2급 지위에 대해 불만을 토로했다. 투르크멘어를 배우는 것이 불가능함에도 그들은 꾸준히 이주를 하고 있다. 학교 교육에서 주된 언어는 현재 투르크멘어이다. 그러나 많은 학교는 여전히 우즈벡어, 카자흐어, 러시아어로 가르치고 있다(Landau and Kellner-Heinkele 2001).

카자흐스탄은 무슬림 국가 중에서 가장 크고 그에 비례하는 러시아인 인구를 보유하고 있다. 이 나라는 러시아 연방과 인접해 있으며 구성원들은 러시아 연방과 가족과 같은 관계를 유지하고 있다. 러시아어는 국가 언어인 카자흐어와 동등하게 사용되는 것을 허용하는 새로운 언어 법을 얻으면서 슬라브족 운동이 1997년에 성공했다. 키르기스탄도 1989년에 5백만 명의 인구 중에서 러시아 소수 민족이 20% 이상으로 많았으나 서서히 감소하는 추세이다. 헌법에는 러시아어를 언급하고 있지만, 많은 러시아인들은 차별에 대해 불만을 토로하고 있으며 그에 따라서 높은 이민 비율을 보이고 있다.

러시아어는 타지키스탄에서 타지키스탄어와 함께 '민족 간 의사소통의 언어'로 불렸는데 이 러시아어는 1989년 국어가 된 타지키스탄어와 함께 그 지위를 지키려는 러시아 사회의 다양한 구성원들의 캠페인으로 이어졌다. 그러나 많은 러시아인들이 러시아 연방으로 되돌아갔다(Landau and Kellner-Heinkele 2001).

아제르바이잔은 1989년 9월에 자주권을 선언한 첫 무슬림 공화국이다. 그때 7백만 명의 인구 중 80%가 아제르 민족이었다. 주목할 만한 소수 민족은 러시아 민족, 아르메니아 민족, 레즈긴 민족, 아바르 민족이 있다. 아제르바이잔의 러시아 소수민족은 잘 통합된 것으로 알려져 있었으나, 그들은 1990년대 초 아르메니아와의 전쟁과 동시에 상당 규모가 이주를 했다. 1936년과 1978년 헌법에서 국가 언어로 선택된 아제르어는 독립과 동시에 국가 언어로 잘 확립되었다. 1989년 소비에트 인구 조사에 따르면, 아제르 민족의 99%는 아제르어로 말할 수 있었고 그 중 오직 1/3만이 러시아어에 유창했다고 보고하고 있다. 1995년 헌법은 아제르어를 국가 언어로 언급하면서 이름 없는 다른 언어들의 발전을 보장했다(Landau and Kellner-Heinkele 2001). 독립 이후에도 아제르어는 아직도 존재하는 러시아어 학교에서 계속 교육되고 있다.

중앙아시아의 이슬람 국가에서는 경제적 어려움을 제외하고는 많은 정권이 국가 정체성의 재구성에 관심을 기울이고 있다. 식민지 시대의 대부분의 상황에서와 마찬가지로, 당면 과제는 식민지 이전의 언어인 러시아어와 새로운 명목상의 언어 사이의 지위와 기능을 적절하게 재배치하는 것이었다. 평범한 문제들이 많은 특별한 요소들에 의해

악화되었다. 첫 번째 문제점은 공산주의 규제 아래 60년 동안 억압되었지만 대안적인 문화 모델뿐 아니라 급진적인 종교적 근본주의의 위협까지도 제공하는 이슬람의 영향력이 그것이다. 두 번째 문제는 공통의 알파벳의 제정을 목표로 1990년대 초에 시작된 일련의 언어학술회의에서 드러난 바와 같이 투르크족 전체가 움직일 가능성이다. 마지막으로 위에서 이미 언급되었던 러시아어든 다른 언어들이든 소수 민족의 언어를 쓰는 사용자들의 인구 변화의 문제이다. 경제가 강해지면 이러한 문제들은 보다 쉽게 처리될 수 있을 것이다.

발트해의 세 나라, 에스토니아, 라트비아, 리투아니아는 국가 언어에 대한 공식적 지위에 대하여 비슷한 법과 헌법적 주장이 있다. 그러나 리투아니아어에 대한 헌법적 규정은 수정되지 않은 반면에 에스토니아어와 라트비아어는 민족적 권리와 언어적 소수 민족을 인정했다. 발트해 세 나라의 언어 정책은 정치 생활에서 중요한 역할을 했고 지금도 계속 진행되고 있기 때문에 이 나라들은 언어 정책의 발전에 영향을 끼치는 본질적인 것과 어떤 힘에 대한 논거들을 더 제시하고 있다. 이러한 논거들이 종종 수렴되기도 하지만, 각 나라가 처한 역사, 언어적 상황, 인구 통계학의 패턴들이 달라서 불가피하게 서로 다른 정책들을 펼칠 수밖에 없었다.

라트비아는 수세기 동안 외국의 지배를 받았기 때문에 단일 언어의 신념이 강하게 남아 있었다(Druviete 1998). 19세기 말에 라트비아의 민족주의적 운동은 발전하기 시작했고 라트비아어는 독일어, 러시아어와 경쟁했다. 그러나 1870년대부터 정부에 의해 학교와 공공장소에서 오직 러시아어만 허용되었다. 1918년에 라트비아는 라트비아어를 주요 언어로 정하고 독립했다. 동시에 조약에 의해 설립된 다른 국가들과 마찬가지로 7개 언어가 소수 언어들로 인정되었다. 많은 학교들은 교육용 언어로서 소수 언어들을 사용했다. 독일어, 러시아어 대학들도 마찬가지였다. 1930년대 말 대부분의 시민들은 라트비아어를 사용했다. 1939년에 6만 명의 독일인들이 라트비아를 떠났으며 1940년에 라트비아는 소련의 일부가 되었고 라트비아인들은 강제 추방되거나 이주했다. 라트비아 사람들 대신에 수많은 러시아, 우크라이나 또는 벨라루스 사람들로 바뀌었다. 소비에트 기간 동안 언어 정책은 러시아어만을 선호했다. 그리고 1989년까지는 라트비아인들의 2/3와 대부분의 사람들이 러시아어를 유창하게 구사하도록 강요받았다. 하지만 소련으로부터 독립하기 직전에 라트비아어의 재건은 시작되었다. 언어에 대한 법률은 라트비아어를 국가 언어로 선포했지만 러시아어의 공식적 기능들은 그대로 유지했다. 1991년 라트비아 공화국은 수립되었고 언어에 대한 법률은 강화되었고, 모든 거주자들은 라트비아어를 배울 권리를 획득했다. 다른 국적의 거주자들도 또한 그들 자신의 언어를 교육받을 권리도 부여받았다. 1994년에 시민권에 관한 법률은 귀화를 하기 위해서는 라트비아어에 대한 지식을 요구했다(Druviete 1998).

1980년대에 에스토니아 민족의 인구는 그 나라의 전체 인구 중 단지 62%밖에 되지 않았고, 라트비아 민족의 인구도 그 나라 전체 인구의 단 52% 밖에 되지 않았다. 그 반면에 리투아니아에서는 리투아니아 민족의 인구가 전체 인구에서 80%나 남아 있었다(Tsilevich 2001). 이 세 나라에서 2개의 언어로 교육을 받는 이중 언어 정책이 각 나라마다 그 차이를 보이며 동시에 발전적으로 시행되고 있었지만, 국가의 정부, 교통, 산업, 군사, 보안의 영역에서는 러시아어가 지배적이었다. 1989년에 라트비아에 거주하는 20%의 러시아 민족은 라트비아어를 잘 구사하도록 강요받았다. 1995년에 이르러서는 이러한 수치는 50% 이상으로 높아졌다. 에스토니아어, 리투아니아어, 라트비아어가 국가 언어로 선포된 언어 관련 법안들은 1989년에 통과되었다. 그러나 러시아어는 여전히 공용어로 남게 되었다.

유럽 안보 협력 기구의 고등 판무관을 포함한 국제기구의 외부 비판의 결과로서 소수 민족에 대한 법률이 연기되고 수정되었지만, 이러한 언어 관련 법들은 독립 이후 더 강화되었다. 일반적으로 법률이나 헌법은 언어적 소수 민족에 대한 가장 보편적인 인정만을 제시했다. 세 나라는 모두 국가의 입법 기관들이 오직 국가 언어만을 사용해야 함을 요구했다. 에스토니아에서는 국내에서 다른 언어들이 사용될 수 있었다. 리투아니아에서는 소수 민족의 언어도 상당한 수의 사용자들과 함께 그 지역에서 사용될 수 있었다. 그러나 라트비아에서는 지방일지라도 오직 국가 언어만이 사용되어야만 했다. 선거법은 후보자들이 국가 언어에 대한 높은 수준의 언어 능력을 보증하는 증명서를 가져야 한다고 요구했다. 특정 전문 분야에서는 국가 언어를 유창하게 구사하는 것이 고용을 위해 필수적으로 요구되었다. 그러나 이를 민간 부분으로까지 확대하려는 시도는 유럽안보협력기구와 유럽 연합의 반대로 인해 실패했다. 수백만의 사람들이 국가 언어에 대한 유창성을 보여 주기 위하여 시험을 보아야 했다.

논란의 주된 분야는 교육에 있었다. 리투아니아는 인구가 많고 밀도 높은 소수 민족의 사회에서 모국어에 대한 사용을 허용했다. 그러나 에스토니아에서는 중학교들의 최소 60%가 에스토니아어를 사용할 것을 요구받았다. 라트비아에서는 소수 민족의 언어 교육 제공에 대하여 심지어 더 인색해졌다. 2004년까지 소수 민족 언어의 교육에 대한 지방 자치 자금을 없앨 계획을 세웠다. 이러한 모든 발전의 기저에는 '연속성'의 원칙에 입각한 시민권 정책이 있었다. 1940년 이전의 에스토니아와 라트비아 시민들과 그들의 직계 자손만이 오직 자동적으로 독립 후의 시민으로서 인정받았다. 이 언어 정책들은 국가 언어를 보호하고 그들의 상징적인 역할을 확고히 하고, 러시아 통치 기간과의 연결을 끊고, 슬라브족의 '자발적 본국 귀환'을 권장하는 정책을 지지하는 경향이 있었다.

이러한 정책들은 초국가적 기관들에 의해 언어적 소수 민족의 권리에 대한 압력에 직면했다. 유럽 연합의 구성원을 확대하기 위한 제안과 함께, 연합을 위해 그들이 수립한 정책들과 법들을 적절하게 조절하기 위하여 유럽 연합 후보국과 협상의 복잡한 과정이 시작되었다. 10개 후보국 중에서 6개 후보국이 현재 표2에 포함되어 있다. 불가리아, 에스토니아, 헝가리, 라트비아, 리투아니아, 폴란드가 그 나라이다. 다른 후보국은 키프로스, 체코 공화국, 몰타, 루마니아가 있다. 물론 일반적인 소수 민족의 권리와 언어에 대한 소수 민족의 권리 같은 인권은 특별히 가입의 기준으로 요구되는 주요 특징 중 하나다.

언어와 관련된 사항들은 협상을 수반하게 된다. 모든 후보국들은 유럽 연합의 모든 입법과 규정들이 그들 자신의 국어로 번역되도록 요구된다. 이는 큰 규모의 번역 팀을 구성하는 것을 포함한다. 국경 경비대를 포함한 여러 종류의 공무원들은 필요한 외국어를 적절하게 잘 구사할 수 있도록 요구된다.

언어 권리는 에스토니아가 러시아어 사용 인구의 언어 권리를 침해하지 않도록 조심해야 한다고 요구하는 유럽 연합 집행위원회(2001a)와 함께 구소련 발틱 3개국과의 협상에서 핵심적인 역할을 했다. 라트비아의 이 기록(European Commission 2001b)은 라트비아인이 아닌 40%에 대한 인구가 교육 받을 언어에 대한 중요성을 언급했다. 2001년 한 개인이 제기한 최초의 소송은 라트비아어로 성과 이름을 철자에 맞게 쓰는 요구와 관련된 것이었는데 그 소송은 헌법재판소에 접수되었다. 또 다른 사례에서는 선출직 공무원 후보자로 참가하기에 적합한 언어 증명서를 가지고 있을지라도 라트비아어의 유창성을 증명할 서류를 제출해야 하는 요구 조건을 다루기도 했다.

발트해의 국가들은 러시아의 지배 기간 후에 그들이 심각하게 손상되었다고 여기는 국가구조를 고칠 수 있도록 하는 언어 정책의 수립과 시행에 깊이 관여했다.

이 지역에서의 활동은 특히 유럽 연합 가입을 신청한 상태에서 밀접하게 관찰되고 초국가기관 개입의 결과로 수정되었지만, 그 개입의 본질은 유럽 공동체 언어 권리에 대한 통제를 명확하게 보여 주었다. 이것은 러시아어가 지배적인 이중 언어 사용에서 국가 언어의 단일 사용으로 수정하고자 하는 발트해 세 나라의 목적을 달성하는 데는 아무 문제가 없다. 왜냐하면 그 과정이 러시아어를 포함한 소수 민족 언어 사용자들의 사적 인권을 제한하는 것을 피해 갔기 때문이다.

유럽 공동체의 문서들에 정기적으로 나타나는 집시어 사용자들에 대한 우려를 제외하고는 어느 언어든 보호가 필요하다는 것을 결정하려는 노력이 필요하다는 것, 그리고 소수민족의 언어를 허용하는 곳을 결정하는 데 있어 지역과 영토에 대한 진지한 고민이 정책에 반영되어야 한다는 것에는 논쟁의 여지가 없다. 또 중등, 고등 교육에 오직 국어만을 제공하는 정책이나 소수 민족 집단의 개인들이 자신의 언어로 교육을 받는 것에 대한 반대도 없다. 유럽의 다언어 사용주의의 정책에 대한 논란과 관련하여 유럽 공동체에서 공무원들은 다른 유럽 언어에 대한 복수의 유창성을 가지고 있어야 하지만, 각 유럽 공동체들은 국가의 단일언어주의의 수립과 유지를 선호하는 듯이 보인다.

언어 정책은 예전에 오스만 제국의 일부였던 발칸에서 논란이 많은 채로 남아 있다. 이 지역은 민족적, 언어적, 종교적으로 매우 복잡하다. 일반적으로 오스만 통치자들은 종속국 국민들을 통합하고 통일하기 위한 시도를 거의 하지 않았다. 제1차 세계대전 말에 오스만 제국이 붕괴하고 새로운 민족적 기반의 국가들이 건설되었다. 모든 국가들은 소수 민족들의 언어와 모국어 교육에 대한 인정을 포함한 소수 민족을 위한 조약을 요구했으나 일반적으로 이러한 조항들은 무시되었다. 민족주의와 민족 정체성은 언어 정책의 주요한 힘이 되었다(O'reilly 2001).

제2차 세계대전 이후에 그리스는 거의 모든 소수 민족의 권리를 부정했다. 그래서 상당히 많은 언어들의 사용자들의 공동체가 죽어 가고 있다. 5만에서 10만 명의 사용자를 가진 사회에서 쓰는 알바니아어, 3만 사용자의 불가리아어, 그리고 지역사회와 가정에서 고유의 언어 사용을 유지하는 서트라키아어, 그리스의 터키어 사용자들 약 10만 명 등이 있다. 그리스어에 대한 유창성은 증가하고 있다. 그리스와 터키 사이의 협약의 결과로 기초 단계에서 학교들은 터키어를 교육한다. 또 다른 슬라브족의 언어는 매우 논쟁적이다. 마케도니아라는 국가명 때문에 마케도니아의 이름을 사용하는 것을 강하게 반대하면서, 마케도니아어의 사용을 막는 그리스의 정부 정책이 오래 지속되면서 억압의 효과는 마케도니아어의 급격한 손실을 초래했다. 마지막으로 통속 라틴어의 자손 언어인 왈라키아어는 많은 마을에서 무려 20만 명이나 되는 사람들에게 사용되었다고 보고되었다. 그러나 1945년 이후 그들의 학교와 교회들은 모두 문을 닫았다. 그리스의 1975년 헌법은 성경에 대한 언어 조항 외에는 언어에 대한 언급이 없다. 그러나 표준 그리스어에서는 올바른 형태에 대한 상당한 논란이 있어 왔다. 퍼거슨(Ferguson 1959)은 가장 고등한 카타레우사katharevousa 같은 '순화 언어'와 일반 대중이 사용하는 '일반 언어'의 구분에서 2개 언어 사용에 대한 전형적인 예로 그리스어를 들었다. 1976년에 그리스 정부는 카타레우사의 폐지에 대한 문제를 해결하기 위해 행동했으나 그 결과는 순수 현대 그리스어의 본질에 대한 논쟁을 야기하게 되는 다양성의 혼합이었다(Kakava 1997).

알바니아는 개인의 인권을 부정했지만 소수 민족의 몇몇 교육적, 문화적 권리를 허용했다. 가장 크고 논란이 되었던 소수 민족 집단은 그리스 민족이었다. 알바니아는 그리스와 이탈리아를 포함한 많은 국가들에서 상당한 소수 민족을 형성했다. 이탈리아에 거의 만 명에 이르는 사용자가 있었다. 이탈리아에서 넓은 지역에 퍼져 있었으나 알바니아의 언어는 헌법적으로는 인정받지 못했다.

사회주의 연방 공화국인 유고슬라비아(1945년에서 1991까지 존재한)는 독특한 세 문명이 만나는 곳이었다. 가톨릭, 정통 비잔틴, 이슬람 문명이다(Bugarski 2001). 티토 아래 유고슬라비아는 유고슬라비아의 6개 민족을 인정했다. 세르비아 민족, 크로아티아 민족, 슬로베니아 민족, 몬테네그로 민족, 마케도니아 민족, 그리고 무슬림 등이 그것이다. 이들 각각은 유고연방의 한 지역에 민족적 터전을 잡았다. 유고슬라비아의 국적을 지닌 또 다른 집단은 언어적, 문화적 권리는 가졌으나 공화국 시민의 자격은 얻지 못했다. 가장 큰 소수 민족은 코소보의 알바니아 민족이며 그 뒤로 헝가리 민족, 로마 민족, 이탈리아 민족, 불가리아 민족, 체코 민족, 루테니아 민족, 슬로베키아 민족, 그리고 터키 민족이 있다. 세 번째 범주로는 오스트리아 민족, 그리스 민족, 유대인, 독일 민족, 폴란드 민족, 러시아 민족, 우크라이나 민족과 그 외의 다른 국가들을 포함한 다른 국적, 다른 민족의 그룹이 있다. 이들 민족의 언어는 모두는 1974년 유고슬라비아 헌법에 반영되었다.

그룹들 간의 갈등은 늘 있었다. 코소보와 함께 세르비아 공화국의 자주적인 지방으로서 인정받은 보이보디나에서 세르비아어는 주요 언어였으나 여기에는 5개의 다른 공용어들도 있었다. 세르보-크로티아어, 헝가리어, 슬로바키아어, 루마니아어 그리고 루테니아어. 헝가리어를 사용하는 약 200개의 초등학교가 있었고, 헝거리아어로 된 일간 신문과 지방 라디오국의 정규 방송들도 있었다. 그러나 코소보에서는 알바니아 민족이 압도적으로 가장 많은 비중을 차지했다. 알바니아 민족은 기본적으로 자신의 지방을 운영하면서, 공화국 시민의 자격을 요구하는 활동을 했다. 유고슬라비아가 무너진 후 알바니아 민족은 그들의 자치권을 잃었다.

유고슬라비아 붕괴에 따른 전쟁과 민족 학살은 이러한 갈등의 표출이었다. 언어는 유고슬라비아의 붕괴에서 두 가지 역할을 했다. 첫째로 민족주의를 불러 내는 데 사용되었고, 둘째로 민족의 증오를 발전시키는 계기의 역할을 했다. 세르보-크로티아어(유고슬라비아의 언어)에 대한 태도는 정치적 상황들의 변화가 반영됨을 보여 준다. 오라일리(O'reilly 2001: 12)가 피력한 바와 같이, "세르보-크로티아어의 창조와 완전한 파괴는 국가의 정당화 과정에서 한 민족, 한 국가, 한 언어가 가진 힘의 방정식을 잘 보여 준다."

민족 간의 긴장은 새로운 국가들에서 계속되었다. 보이보디나에서는 헝가리인들과 다른 소수 민족이 승인을 위한 싸움을 계속했다. 이들은 중앙집권화와 세르비아어의 압력과 싸우고 있다. 1992년에 교육법은 소수 민족의 언어나 세계어를 사용하는 것에 대한 특수한 조건들을 포함하여 세르비아어 교육을 요구하는 방향으로 개정되었다. 코소보에서는 세르비아인과 알바니아인 사이의 싸움이 계속되고 있다. 헌법은 소수민족의 권리를 인정했지만, 대체로 지켜지지 않았다. 새로운 교육 과정이 세르비아어를 요구한 이후에 알바니아인들은 음성적으로 자신들의 교육을 병행하기 시작했다.

마케도니아는 마케도니아인들이 인구의 약 2/3 정도를 차지하고 있으며, 알바니아인들이 나머지 20%를 구성하고 있다. 알바니아 소수 집단 역시 자치권을 원했다. 1996년에 그들은 정부가 승인하지 않은 지하 조직 대학을 설립했다. 심각한 긴장이 계속되었다. 유럽 공동체의 압력의 결과로 2001년에 헌법이 수정되었다. 알바니아어는 전체 인구의 20% 이상이 사용하는 지역에서 공용어가 되었다. 분권화의 원리가 적용된 것이다.

마케도니아에서는 1983년 이후에 집시어가 학교에서 처음 4학년 내내 사용되었다. 학교 교재는 계속 개발되고 있었지만, 한 가지 문제는 3개의 주요한 방언의 존재였다. 마케도니아에서는 6만 명에서 20만 명 사이로 다양하게 추정되는 집시 중 약 80%가 집시어 모국어 화자이다.

슬로베니아어는 짧은 전쟁 끝에 1991년 슬로베니아 독립국의 공용어가 되었다. 유고슬라비아의 붕괴 이후 슬로베니아어의 사용은 의심의 여지가 없는 듯 보였다. 1991년 헌법은 슬로베니아 국적과 국가의 직접적인 관련성을 반영했다(Tollefson, 1997). 동시에 그 헌법은 그들이 살고 있는 지역에 거주하는 토착 이탈리아인과 헝가리인 민족 공동체의 권리를 보호했다. 헝가리인 지역의 수많은 학교들에는 이중 언어 프로그램이 제공되었다. 이탈리아 지역에서는 학교에서 슬로베니아어 또는 이탈리아어로 교육이 이루어졌다. 1993년에 유럽 회의는 슬로베니아가 인권과 언어적 소수자들을 보호하는 데 좋은 모델을 제공한다는 내용을 담고 있는 보고서를 발표했다. 그러나 톨렙슨은 헝가리인들과 이탈리아인들이 이러한 정책 시행에 만족하지 못한다는 것을 확인했다.

세르보-크로아티아어의 지위는 전통적으로 정치적, 언어적 딜레마에 처해 있다. 언어학자들은 일반적으로 세르보-크로아티아어가 단일 언어라고 주장하고 있지만, 정부와 언어 사용자들은 서로 구별되는 2개의 언어라고 주장하고 있기 때문이다. 크로아티아어는 16세기부터 19세기까지 오랜 기간에 걸쳐 표준화되었다. 세르비아어의 표준화는 19세기에 시작되었고, 세르비아인들은 세르비아어가 그 '인민'의 언어라고 생각했다. 가장 분명한 차이는 어휘이다. 두 언어 통합은 본래 크로아티아의 캠페인이었지만, 그것은 곧이어 세르비아의 주도로 연결되었다. 세르비아의 언어 통합 정책은 크로아티아의 요소들을 제거하는 것을 목표로 했다. 크로아티아의 독립과 크로아티아어가 세르비아어와 구별하기 위한 계속적인 변화들 때문에 세르보-크로아티아어를 세르비아어로 명칭을 변경하는 것은 해당 언어의 변화가 없었음에도 불구하고 불가피한 일이었다(Ivic 2001). 비슷하게 보스니아-헤르체코비나의 분리 독립은 보스니아어를 새로운 언어로 승인하게 했다. 1990년 이래로 세르비아어를 쓰는 데 키릴 문자의 사용이 증가하고 있다. 표준화와 철자법에 대한 논란은 계속되고 있다. 프란코비치(Pranjkovic 2001:31)는 1800년대 중반 이후로 두 표준 변이형 사이의 상호 관계는 정치로부터 분리될 수 없다고 결론지었다.

한편 유고슬라비아의 해체는 어느 정도 언어적 이슈로 집중되었다. 집단 학살과 인종 청소는 매우 복잡한 언어적 상황을 단순화시켰고, 국가를 초월한 외부의 단체들이 언어적 다양성에 대한 존중을 회복하기 위해 노력하고 있다. 매우 심각한 사회적, 정치적, 종교적 그리고 인종적인 갈등이 언어 정책이 자리를 잡을 수 있기 전에 통제될 필요가 있다는 것은 명백하다.

중유럽 지역 또한 언어와 관련한 심각한 문제들을 가지고 있다. 체코슬로바키아의 체코 공화국과 슬로바키아로의 분리 독립은 언어에 영향을 미쳤다. 1993년에 설립된 체코 공화국은 1918년 체코슬로바키아의 성립으로 흐려졌던 역사적 분열을 복원했다. 전쟁 과정에서 상호간에 이해 가능한 체코어와 슬로바키아어를 혼합하려는 노력이 이루어졌다. 독일인, 폴란드인 그리고 슬로바키아인과 같이 음성 언어를 사용하는 소수 민족은 남아 있었다. 제2차 세계대전 이후에, 250만 명의 독일어 화자들이 독일로 이동되었다. 체코어와 슬로바키아어는 모두 인정을 받았고, 각각의 구성원들은 그들이 어디에 살든 자신의 언어를 사용할 수 있을 것으로 믿었다. 슬로바키아인들은 자신들이 단지 다른 것이 아니라 불공평한 대우를 받는다고 느꼈다. 이는 1993년에 민족 언어학적인 흐름에 따라 분리 독립하고자 하는 결정을 초래했다. 체코 민족은 새로운 체코 공화국의 80%를 구성하고 있으며, 이는 또한 모라비아인, 슬로바키아인 그리고 다수의 소수 민족을 포함하고 있다. 슬로바키아의 민족성을 주장하는 사람들 중의 1/3은 아마 집시일 것이다. 폴란드인도 체코슬로바키아에서 소수 민족으로 인정되었다. 독일 소수 민족이 남아 있었지만, 이들은 인정되지 않았다. 새 정부가 개인의 권리를 인정하고 있지만, 민족적 복합성에 대한 의식은 거의 없으며 다양성에 대한 용인은 없었다(Nekvapil and Neustupny 1998).

새로운 슬로바키아 공화국에서는, 인구의 86%가 슬로바키아인으로, 11%가 마자르인으로 등록되어 있다(Votruba 1998). 헌법은 소수 민족과 인종 집단의 보호를 보장했다. 슬로바키아어, 마자르어, 체코어 그리고 우크라이나어가 공인된 문어로 인정받았다. 그러나 인종적, 언어적 권리와 관련된 슬로바키아인과 마자르인 사이의 분쟁은 계속되고 있다. 슬로바키아어가 공용어이지만, 도시나 마을 인구의 10%를 구성하고 있는 언어적 소수 집단은 다양한 수준의 행정을 처리하는 과정에서 자신의 언어를 사용할 수 있다. 대다수의 학교들이 슬로바키아어로 교육하지만, 마자르어를 사용하는 학교도 다수 존재한다. 유럽 공동체는 집시 소수 집단이 직면하는 주요한 차별 문제가 떠오르고 있는 슬로바키아의 인권을 관찰해 왔다. 이는 슬로바키아가 유럽 연합 가입 후보국이기 때문이다. 2001년 6월에 슬로바키아는 20% 이상의 소수 집단이 존재하는 모든 지방 자치 당국에서 불가리아어, 크로아티아어, 체코어, 독일어, 폴란드어, 집시어, 루테니아어 그리고 우크라이나어가 적용될 수 있도록 지역어와 소수 민족 언어에 대한 유럽 헌장을 비준했다. 헌장의 승인은 헝가리 소수 집단의 요청에 대하여 헝가리와의 기본 조약에 따라 이루어졌다.

더 작지만 여전히 중요한 소수 민족들이 있는 다른 여러 국가들이 있다. 불가리아는 단일 언어 사용 국가로 생각되지만, 보네바(Boneva 1998)는 다수의 승인되지 않은 소수 집단 언어들이 존재한다는 것에 주목했다. 가장 중요한 것은 터키어다. 1879년 헌법은 불가리아어를 공립학교의 언어로 지정했지만, 터키어를 사용하는 사립학교들이 1960년대까지 계속되었다. 인구의 1/10이 터키어를 그들의 언어로 주장하지만, 이들은 이중 언어 사용자일 것으로 추정된다. 약 20만 명의 집시와 마케도니아어, 아르메니아어, 체르케스어, 타타르어, 가가우즈어 그리고 다른 언어 화자들이 존재한다. 종교는 민족 정체성을 더욱 복잡하게 만든다. 일부 터키어 화자는 기독교인이고 몇몇 불가리아 화자는 이슬람교도이다.

오랜 기간 단일 언어 기반 동화 정책을 추진했던 루마니아의 언어 정책은 최근에 초국가적인 외부의 압력에 놓이기 시작했다. 트란실바니아 지역은 중세 이후로 줄곧 민족적, 정치적 분쟁이 있었던 지역 중 하나였다(Jordan 1998). 헝가리 민족, 색슨족, 오스만, 신성 로마 제국, 오스트리아 헝가리 제국에 의해 성공적으로 지배받았던 루마니아는 1878년에 독립했으며 제1차 세계대전 이후 현재의 모습을 갖추었다. 이 기간 동안에 루마니아 민족 국가는 인구의 1/3 이 루마니아 민족이 아니라는 사실을 간과했다. 루마니아어는 1923년 헌법에서 유일한 공용어로 선언되었고, 동방정교회는 사실상의 국교회가 되었다. 유대인과 집시에 대한 공식적인 차별도 있었다. 공산주의 체제 아래에서 인종 청소의 첫 번째 국면은 다수의 독일 소수 집단을 추방하는 것이었다. 유대인과 집시에게는 1950년대에 다시 잃어 버렸던 특권이 주어졌다. 헝가리 소수 집단에 대한 모든 배려는 1964년에 무효화되었고, 소수 집단의 권리는 사실상 폐지되었다. 인구 통계학적 변화와 함께 트란실바니아의 도시들은 루마니아화되었다. 대부분의 유대인들이 이주했다. 1948년에 모든 학교는 국유화되었고 루마니아어 교육은 필수가 되었다. 대학 입학시험의 자격은 루마니아인에게만 주어졌다. 헝가리어 신문의 발간은 축소되었고, 헝가리아어와 독일어 방송은 1985년에 중지되었다(Bachman 1989). 다른 소수 민족을 용인하지 않은 것은 다음과 같은 세 가지 이슈와 관련이 있다. 루마니아 민족의 헝가리인에 대한 불신, 중앙집권 국가에서 특별한 지역을 다루는 것에 대한 문제들, 그리고 정치적, 사회적, 경제적 불안정에 대항하는 민족주의의 중요성. 그러나 헝가리 민족 정당의 내부 세력을 포함하여 소수 집단들의 입장을 지지하는 세력 또한 존재했다. 헝가리와 유럽 연합으로부터 외부적인 지지도 들어오고 있었다. 루마니아에서 오랜 기간 동안 확립되어 온 단일 언어 관습, 이데올로기 및 언어 관리는 헝가리 소수 민족의 경우 특히 민족적, 정치적 동기와 외부 국가 및 초국가적 개입에 의해 도전받기 시작한 것으로 보인다.

## ❙ 청각 장애 공동체와 수어

카플란과 발토프(Kaplan and Baldauf 1997:79)가 관찰한 대로, 청각 장애 공동체와 수어는 일반적으로 언어 정책의 맥락에서 고려되지 않는 주제이다. 청각 장애 교육의 역사는 18세기 후반 프랑스에서 시작되었으며, 청각 장애 학생을 위한 첫 번째 학교는 토마스 갈로Thomas Gallaudet에 의해 1817년에 설립되었고, 처음으로 프랑스 수어를 가르쳤다(Gibson, Small and Mason 1997). 미국에서 많은 수어 학교들이 개교되었고, 미국식 수어가 발전함에 따라 미국식 수어가 여러 학교에서 사용되고 교육되었다. 그러나 19세기 후반에 청각장애인 교육자 국제회의에서는 정책 변화와 청각장애인을 위한 구어 교육을 요구했다. 그러나 수어는 수면 아래로 가라앉았고, 1960년대가 되어서야 청각장애인 학교에서 수어를 수어와 구어를 결합한 총체적 의사소통 접근의 한 방법으로서 다시 인식하게 되었다(Wilcox 1999). 수어를 교육 언어로 인식하는 것은 ASL(American Sign Language)과 LSQ(Quebec Sign Language)가 캐나다에서 승인되고, 1980년에 스웨덴 수어(스웨던어와 함께 가르침)와 덴마크 수어가 승인됨에 따라 수어 교육은 1980년대에 더욱 보편화되었다. 유럽의회는 지금까지 수어를 소수 집단 언어로 다루는 안건을 거부해 왔다.

청각장애인에게 적합한 언어적 권리를 승인하는 것에 대한 주장이 자주 제기되었고, 때때로 충족되기도 했다(Lucas 2001). 이것은 단지 청각장애인의 지위를 승인하는 것뿐만이 아니라 다양한 측면의 수어 구축을 제공하는 것까지 포함하게 되었다. 수어의 표준화, 개인 수어 사전의 발전, 그리고 전문용어의 정교화 등이 그것이다. 한 가지 결정적인 정책 안건은 청각장애 아동의 교육과 관련된 것인데, 현지 표준어로 접근하기 위해 그들에게 수어를 가르칠 것인지 혹은 다른 기술(예를 들어 독순술)을 제공할 것인지에 대해서 끊임없는 갈등이 지속되고 있다. 1970년대 이래로 이 문제에 대한 접근 방식은 구어와 수어의 결합에 찬성하는 추세다. 그러나 세계 각지에서 교육 매체로서 수어를 사용하기 시작한 것은 매우 최근의 일이다. 청각장애인의 권리가 이제 인식되기 시작하고 있는 기관과 국가에서는  통역사들의 지원이 이루어지고 있다.

1987년에 개최된 10번째 청각장애인 세계연방회의는 '직접적인 의사소통을 위한 당연한 권리의 자연언어'로서 '토착 청각장애인 주민을 위한 고유 국가의 수어'를 승인할 것을 요청하는 결의안을 채택했다. 이러한 원칙의 적용은 주요한 진전일지는 모르나 동시에 이것은 듣는 사람들의 통제 아래에서 표준화된 코드의 발전을 가져오게 되어 현지화된 청각장애인 공동체의 다양한 수어 변이형에는 손실을 가져온다(Branson and Miller 1998). 오스트레일리아는 원주민이 아닌 모든 청각장애인들이 그들의 원어가 무엇이든 간에 배우고 사용할 수 있는 오슬란Auslan이라는 단일 국가 수어를 만들었다. 남아프리카에서도 비슷하게 자신들의 수어를 가진 12개의 개별 공동체가 계속 개발 중인 단일한 남아프리카 수어를 습득하고 사용할 것으로 기대된다. 다시 말해 동질성에 대한 동일한 국가적 압력이 구어뿐만 아니라 수어에도 영향을 미친다는 것을 보여 준다.

## 단일 언어 국가－결론

한 민족 국가가 단일한 국어, 공용어 승인을 발표하는 것이 간단하게 보였던 때도 있었겠지만, 실제 사례를 분석한 결과 언어 관습과 언어 관리의 측면에서 단일 언어를 지향하는 국가는 매우 드물다는 것이 드러났다. 사회적인 다중 언어 사용과 언어는 인간과 시민의 고유한 권리의 적용 대상이라는 내부적 혹은 외부적 믿음과 연결된 압력으로 인해 대부분의 국가들은 합법적, 합헌적 혹은 구체적인 언어 관리 관습에서 다른 언어의 존재와 그 언어 화자들의 권리를 인정함으로써 자신들의 언어 정책을 수정하도록 강요했다. 언어적 권리는 이데올로기적으로 단일 언어를 사용하는 사회에서 핵심적인 안건이다. 다음에 연구될 다중 언어 정부 형태에서 언어 간의 경쟁은 합법적 혹은 합헌적으로 언어권 분할의 필요성을 인정받는 데 충분히 중요하다.

앞의 두 장에서 우리는 세계화의 위협과 영어의 침략에 대해 간략하게나마 접근해 보았다. 지금까지 연구된 사례는 한편으로는 국가적 통일과 정체성의 근거로서 단일 언어를 요구하는 세력에 대한 것이었다. 다른 한편으로는 언어와 관련하여 토착적이든 이주해 온 세력이든 경쟁하는 언어적 소수 집단이 부분적으로 제기하는 민족 절대주의에 대한 대책으로서 인권에 대한 승인 혹은 시행이 증가하고 있는 사례들을 살펴보았다. 이러한 국가들은 언어 관습과 언어 관리에 있어서 일부 다중 언어적이지만, 그들은 단일 언어 이념을 실천하는 것을 선호했을 것이다. 다음 장에서 헌법이 언어권을 둘 이상으로 나누려고 시도하고 있는 국가들을 연구하면서, 우리는 다중 언어 사용이 수용될 만한 언어적 이데올로기인지 그리고 그것이 어떻게 실제 언어 관습에서 작용하는지 살펴볼 수 있을 것이다.

# 11 언어권의 분할

## 언어권 분할하기 – 2~3개의 언어 체제

단일 언어 민족 국가는 관념적으로는 존재할 수 있으나 실제 언어 현실에서는 좀처럼 관찰되지 않는다. 다중 언어 국가에서는 2개, 3개 혹은 그 이상의 주요 언어의 중요성이 인지된다. 그러나 이에 대한 사람들의 인식보다 언어적 사실이 언어 정책의 추진력이 될 것이라는 점은 의심할 여지가 없다. 이 장에서 우리는 하나 이상의 언어가 존재하거나 존재한다는 주장이 있는 민족 국가들에 대해 다룰 것이다. 또한 언어권을 분할하고 그 각각에 적절한 영역을 할당함으로써 이들 주장을 충족시키려고 시도할 것이다.

어떻게 이러한 일이 수행될 수 있을까? 가장 첫 번째 문제는 우리가 활용할 수 있는 표지가 엉성하다는 점이다. 이중 언어(bilingual)라는 단어는 개인과 사회 양쪽에서 모두 사용되며, 보통 동일한 수준의 언어 숙달도나 사용의 의미를 가지는 것으로 가정된다. 이러한 의미에서 이중 언어는 매우 드물다. 유럽의회의 전문가들이 보다 현명하게 명명했듯이, 다중언어 숙달도는 2개(혹은 그 이상)의 언어 변이에서 넓은 의미에서의 언어 능력의 종류와 영역의 차이를 다룬다. 이스라엘 사람은 물리학을 영어로 할 수 있을지도 모르지만 축구에 대해서는 히브리어로 이야기하는 것을 선호한다. 대부분의 사람들은 아마도 자신들이 처음 사용한 언어로 셈을 셀 것이며, 특정한 화제에 대해서는 다양한 언어 중 하나로 말하는 것을 더 편하게 생각할 수 있다. 다중언어 숙달도는 측정된 것보다 더 잘 기술되거나 포착된다.

국가와 다른 사회단체들에서도 상황은 유사하다. 어떤 두 언어 혹은 두 변이들도 자신들의 언어권에서 완전히 중첩되는 경우는 많지 않다. 실제적인 분할은 인구학적인 것(출생지 또는 주거지, 성 혹은 나이, 교육 수준 또는 직업, 사회적 경제적 지위, 종교적 또는 민족적 소속), 또는 지역성(방언 지리학을 생기게 한 변이의 종류), 기능/화제(다중언어의 개념에 대한 퍼거슨의 제안에 기반을 둔), 혹은 피시맨이 제안한 것과 같은 경험적으로 결정되는 영역 등이 될 수 있다.

분할의 관리는 일반적으로 인구학적으로 결정되거나(특정 언어의 화자 또는 특정 민족 집단의 구성원과 같은 구체적인 시민 그룹에 적용함으로써) 또는 지역성(미리 지정된 지역 혹은 특정 언어의 화자들이 일정 기준의 비율에 도달한 마을에 적용함으로써) 또는 기능에 의해(국가 정부 또는 지방 정부, 공기업이나 사기업, 교육 분야나 언론에서 다루는) 결정된다. 언어권의 분할은 이들 각각이 또는 이들 중 일부가 결합하여 이루어진다.

언어 권리의 해석에 대해서 우리가 지금까지 보았던 증거 중에서 가장 단순해 보이는 해결책은 지역성이다. 벨기에 모델은 다소 미묘한 언어 분할을 보이는 브뤼셀을 제외하고는 한 지역은 네덜란드어를 사용하는 지역으로, 다른 지역은 프랑스어 그리고 세 번째 지역은 독일어를 사용하는 지역으로 결정함으로써 대부분의 문제를 해결한다. 스위스와 인도도 대체로 유사한 경우로, 스위스에서는 각각의 주(canton)에서, 인도에서는 주에서 자신들이 선호하는 언어를 선택한다. 중국어, 타밀어 그리고 말레이어를 허용하고 있는 싱가포르처럼 민족적으로 다양한 사회에서는 그들 고유의 언어를 사용하는 공간이 아닐 경우에는 함께 영어를 사용한다. 파라과이 같은 다중언어 커뮤니티에서는 스페인어와 과라니어가 다른 기능으로 사용될 수 있으며, 이들은 지역성과 계층 차별성을 가진다.

언어의 분할에서 필연적으로 나타나는 결과는 의사소통상의 차이를 연결해 줄 수 있는 개인들이 필요하다는 점이다. 따라서 사회의 다중언어주의는 다중언어에 유창한 개인들에게 일종의 프리미엄을 주기도 한다. 이상적으로 많은 국가들에서는 정규 교과 과정의 일부로 제2언어의 습득을 권장하거나 요구함으로써 이러한 연결 집단의 구성원을 늘리려고 노력할 것이다.

## 2개 혹은 3개의 민족 국가

2개 혹은 3개의 부분으로 구성된 국가들은 경쟁 상태에 있는 2개 혹은 3개의 언어를 가지고 있다. 램버트는 이러한 경우 언어 정책에 있어 주요 이슈는 두 언어 사이의 갈등이 될 것이라고 가정했다. 많은 민족 국가들은 헌법이나 법률에 2개의 공용어(혹은 국어)를 명시함으로써 공식적이고 법률적으로 사회언어학적 공간을 분할한다. 그 목록은 표3에 있다.

이 표를 살펴보면, 첫 번째 이중 언어 혹은 다중언어 현상 즉, 역사적으로 2개 혹은 그 이상의 다른 언어 집단이 하나의 정치 단위로 통합되는 상황에서 발생했으며(벨기에, 스위스), 두 번째 특징은 식민지 권력에 의해 새로운 언어가 도입됨으로써 설명된다(사모아, 탄자이나, 바누아투). 세 번째는 두 특성을 모두 포함하는 경우로 제2언어 화자들에게 식민지 언어가 정착되는 경우이다(피지, 카자흐스탄, 뉴질랜드).

**표3. 2개 혹은 3개의 언어를 가진 민족국가들**

| 민족국가 | 언어 |
|---|---|
| 아프가니스탄(Afghanistan) | 파슈툰어와 다리어가 공식어 |
| 벨라루스(Belarus) | 벨라루스어와 러시아어가 국가언어 |
| 벨기에(Belgium) | 4개의 지역어 |
| 카메룬(Cameroon) | 프랑스어와 영어가 공식어 |
| 캐나다(Canada) | 영어와 프랑스어가 공식어 |
| 쿡 제도(Cook Islands) | 마오리 언어와 영어가 의회의 언어 |
| 키프로스(Cyprus) | 그리스어와 터키어 |
| 피지(Fiji) | 영어, 피지어, 힌두스탄어 |
| 핀란드(Finland) | 핀란드어와 스웨덴어 |
| 아이티(Haiti) | 크레올과 프랑스어가 공식어 |
| 홍콩(Hong Kong) | 중국어와 영어 |
| 이라크(Iraq) | 아랍어(지역적으로 아랍어와 쿠르드어) |
| 아일랜드(Ireland) | 아일랜드어가 제1언어, 영어가 제2언어 |
| 이스라엘(Israel) | 히브리어와 아랍어(법적으로) |
| 카자흐스탄(Kazakhstan) | 카자흐어와 러시아어 |
| 케냐(Kenya) | 영어, 스와힐리어 |
| 몰타(Malta) | 몰타어와 영어 |
| 뉴질랜드(New Zealand) | 영어와 마오리어(법적으로) |
| 니우에(Niue) | 영어와 니우에어(의회에서) |
| 파라과이(Paraguay) | 과라니어와 스페인어 |
| 필리핀(Philippines) | 필리핀어(영어) 또한 지역 언어 |
| 푸에르토리코(Puerto Rico) | 스페인어(영어?) |
| 르완다(Rwanda) | 르완다어와 프랑스어 |
| 사모아(Samoa) | 사모아어와 영어(의회) |
| 세이셸(Seychelles) | 크리올어, 영어, 프랑스어 |
| 싱가포르(Singapore) | 말레이어, 영어(타밀어, 중국어) |
| 슬로베니아(Slovenia) | 슬로베니아와 지역 헝가리어 |
| 남아프리카공화국(South Africa) | (이전) 영어와 아프리칸스어 |
| 스리랑카(Sri Lanka) | 스리랑카어와 타밀어 |
| 스위스(Switzerland) | 독일어, 프랑스어, 이탈리아어, 지역적으로 로만시어 |
| 타지키스탄(Tajikistan) | 타지키스탄 주 언어, 러시아어 |
| 탄자니아(Tanzania) | 영어가 공식어, 스와힐리어 국어? |
| 바누아투(Vanuatu) | 비슐라마어 국어, 프랑스어와 영어 공식어 |

### 벨기에

벨기에에서 6백만 명의 플라망어 화자(네덜란드인)와 4백만 명의 프랑스어 화자들 사이의 갈등은 지난 1.5세기 동안 "고조된 민족주의 감정"의 초점이 되었다. 북부 네덜란드는 스페인의 지배로부터 성공적으로 벗어났기 때문에 네덜란드인들은 그 지역의 언어를 표준어로 발전시켰다. 남부에서는 프랑스어가 우세했는데, 그 지역은 프랑스 공화국으로 통합되면서 1795년에 공용어가 되었다. 프랑스어는 새로운 벨기에 왕국의 우세한 공용어였다(Howell 2000).

벨기에 헌법은 프랑스어와 네덜란드어, 그리고 독일어까지 공식어로 인정한다. 사실 대부분의 벨기에인들은 비공식적인 변이형을 사용한다. 3개의 로망스어 방언형(왈론어, 피카르어, 로랭어)과 4개의 독일어(서플라망어, 브라반티시어, 림뷔르흐어, 룩셈부르크어)가 그것이다(Aunger 1993). 램버트가 예상했던 지위와 관련한 이슈인 프랑스어와 네덜란드어 사이의 대립은 표준어와 방언들 사이의 간극을 관리하는 언어자료 관련 이슈를 은폐하는 데 기여하게 된다.

벨기에는 1830년에 독립한 이래 프랑스어, 플라망어(1932년에 네덜란드어로 개명), 독일어 세 언어를 국어로 인정했다. 1870년대에는 플라밍어의 공식적인 사용이 법적으로 허용되었으며, 1920년대에는 플랑드르 지역의 공무에 쓰이는 언어가 되었다. 독일어는 1925년에 공식어로 인정되었다(Aunger 1993). 1932년에는 네덜란드어가 플랑드르 지역에서, 왈로니아에서는 프랑스어가, 그리고 일부 지역에서는 독일어가 교육의 언어가 되었다. 학교에 대한 책임은 최근 들어 두 국립 교육부로부터 3개의 지역 의회로 이전되었다.

언어들 사이의 긴장 상태를 다루는 방법은 영토권의 원리인데, 맥래(McRae 1975)는 이를 개인 선택의 원리(principle of personality) — 이 원리는 개인의 언어적 지위에 의존적이다—와 구별하고 있다. 이 영토권은 벨기에와 스위스에 적용된다. 인성은 캐나다 연방 법률을 제정하는 데 기초가 되었다(Nelde, Labrie와 Williams 1992). 지역의 단일 언어 상태는 두 제안 사이의 타협이었는데, 즉 프랑스어가 우세한 상태이거나 전국적인 이중 언어 상태라 할 수 있다.

언어 간의 대립은 마침내 대다수가 권력을 지방에 이전한다는 연방주의에 동의함에 따라 1992년에 해소되었다(Covell 1993). 각 언어는 많은 영역에서 분리된 자신들의 기관을 가지게 되었으며, 접촉은 감소하고 있다. 브뤼셀에서만 프랑스어와 네덜란드어 화자들 사이의 접촉이 지속되고 있다(Murphy 1993). 넬드(Nelde 1996)에서는 다중언어주의를 규정하는 언어적 법제화가 없다고 지적한다. 지역마다 다른 외국어 교육 정책은 이를 거의 수정하지 않는다. 오직 브뤼셀에서만 다른 언어로 교육받은 학생들을 위해 네덜란드어나 프랑스어가 필수적인 언어이다.

대부분의 북유럽국가들처럼 벨기에도 언어 정책 문제를 일으킬 여지가 있는 상당한 규모의 합법적, 불법적 이민 인구를 가지고 있다. 그러나 램버트가 예상했듯이, 벨기에의 이중 언어 상황은 지난 150년 동안 언어 정책 충돌의 주요한 초점이 되어 왔다. 벨기에의 국가 정체성은 프랑스어 화자나 네덜란드어 화자들이 프랑스어나 네덜란드어를 말하는 이웃들을 탈퇴시키거나 가입시키는 문제들을 해결하려는 욕망을 가중시켰다. 언어 갈등을 위해서 선택된 해결은 논쟁의 초점인 브뤼셀은 차치하더라도, 다중언어주의라기보다는 분리주의였다.

## 최초의 다중언어주의

이중 언어 혹은 삼중 언어 국가들의 다른 사례를 분석함으로써 관습과 관리에 있어서의 유사한 복잡성을 발견하게 되겠지만, 주요 문제는 두

개 혹은 3개의 주요한 언어들 사이의 선택이라는 것이 일반적이다. 본래 다중언어주의는 벨기에와 같이 국경이 2개 혹은 그 이상의 다른 민족 혹은 언어 집단에 둘러싸인 경우를 의미한다. 여기서 3개의 국가가 특별한 관심을 끈다. 오랜 기간 스웨덴어 소수자를 인정해 온 핀란드, 이중언어주의로 가정되는 스위스, 두 경쟁 언어 화자들이 지속적으로 긴장 관계에 있는 스리랑카.

비커(Vikor 2000:17)가 지적했듯이 핀란드는 중세에 독립의 역사를 가지지 못한 채 천천히 스웨덴의 통치에 병합되었다. 심지어 바이킹 시대 이전에 스웨덴인은 남서부의 해안 지역으로 이동했고 핀란드인들은 국가의 나머지 부분들로 확장해 나갔다. 지배적인 스웨덴인들은 핀란드어를 대체하기 위해 노력하지는 않았으나 스웨덴어는 해안 지역에서 지배층의 언어로 남게 되었다. 러시아의 지배하에서도 스웨덴어는 계속해서 공식적인 표준어였다. 핀란드 언어의 이동은 1800년대 초기와 1863년에 처음 나타났는데, 이때 핀란드어는 동등한 것으로 인정되었다. 1917년에 독립을 하게 되면서 핀란드어는 국가의 표준어가 되었으며, 스웨덴어는 소수 언어가 되었다. 1919년의 헌법은 엄격한 동등함을 내세웠다. 이후 20년 동안 두 언어 지지자들 사이의 심각한 대립이 계속되었고 제2차 세계대전 직후가 되어서야 공식적으로 이중 언어 사용이 받아들여졌다. 실제로 핀란드어는 인구의 95%가 사용했고 스웨덴어는 남서부 해안 지역에서 5%정도 사용되었다.

두 주요 집단에 더하여 더 작은 언어 소수집단도 존재했다. 핀란드의 일부인 알란드 섬은 지방자치권을 부여받고 헌법적으로 단일 언어로서의 스웨덴어 사용을 인정받았다. 또한 핀란드에는 몇 천 명밖에 되지 않는 토착 소수민 새미족이 살고 있는데 민족적, 언어적 권리를 위한 조직적인 투쟁의 결과로 1992년에 핀란드와 노르웨이에 있는 북부 새미족의 핵심 지역에서 새미족의 언어가 공식적 지위를 인정받게 되었다.

1815년의 스위스의 국경에서는 이미 4개 언어의 사용자들(독일어, 프랑스어, 이탈리아어 그리고 로만쉬어)을 포함하고 있었다. 1848년에 스위스 연방이 성립되었을 때, 연방을 구성하는 26개의 주에는 최대의 자치권이 부여되었다. 17개의 주에서 독일어를 사용했고 4개의 주에서 프랑스어를, 3개의 주에서 프랑스어와 독일어의 이중 언어를 사용했으며 1개의 주에서는 이탈리아어, 1개의 주에서는 로만쉬어, 독일어 그리고 이탈리아어 삼중 언어를 사용했다. 현재 인구의 2/3는 모국어로 독일어를 사용하고 20%는 프랑스어를, 6% 이상이 이탈리아어를 사용하며 0.5%가 로만쉬어를 사용한다. 스위스는 다중언어주의의 국가로 알려져 있지만 실제로는 제2국어에 대한 지식이 영어의 지식에 의해 급속도로 추월당하고 있으며, 1개의 주(취리히)에서는 학교에서의 영어 교육에 우선권을 주자는 제안해 대해 국가 차원의 논쟁이 시작되었다. 영어에 대한 숙달도는 "12%에서 30%에 이르는 현저하게 높은, 그리고 통계적으로 강력한 급여상의 이점과 관련되어 있다"(Grin 2001). 스위스에서의 독일어는 퍼거슨(Ferguson 1959)에서 인정한 양층 언어 현상의 고전적인 사례이다.

스리랑카(이전에는 세일런이었던)는 1802년에 영국 왕실의 직할 식민지가 되었으며 영어가 공용어가 되었지만 극히 소수만이 영어를 배웠다(Fernando 1996). 1946년까지 대부분의 교육은 토착어로 초등학교에서 이루어졌다. 1956년 독립된 정부는 싱할라어를 공용어로 제정했다. 그러나 타밀 소수민족의 거센 저항에 부딪혀 1972년에 타밀 언어는 싱할라어와 함께 국어로서 인정받았다. 실제로 영어는 관료들과 전문가들에 의해서 꾸준히 사용되었고, 법정에서의 언어로 남았다. 학교는 민족적, 언어적으로 분리되었다. 1946년에 영어는 모든 분야에서 제2언어가 되었다. 1970년까지 영어 중심의 흐름은 중등학교에서 단계적으로 폐지되었다. 2001년에 교육부는 콜롬보와 캔디Colombo and Kandy에 있는 일부 학교에 세 지역사회의 모든 어린이들이 '자신의 선택'에 따라 언어를 선정하도록 하는 지침을 제안했는데 이는 사실상 영어를 핵심 과목으로 인정하는 것을 의미했다. 그 목표는 통합이었지만 몇몇 학교에서는 다른 지역 사회에서 온 어린이들을 받아들이지 않은 채 프로그램을 시작했다. 스리랑카는 단일의 고유 국어로 관리할 수 있다고 가정했고 식민지 언어를 단계적으로 폐지할 것을 목표로 했지만, 싱할라어와 타밀어 간의 오랜 대립은 다른 해결책을 모색하도록 만들었다. 첫 번째는 분리된 타밀의 학교 시스템을 인정하는 것, 그리고 최근에는 통합을 시도하기 위해 과거 식민지 언어를 사용하도록 인정하는 것이다.

## ❙ 탈식민지의 이중 언어 정책

일반적으로 18세기에서 19세기에 주요 유럽 열강들의 식민지 분할은 정부, 권력, 교육 그리고 상업의 언어로서 유럽 언어를 식민 지역에 도입하는 결과를 초래했다. 식민지의 독립은 자동적으로 공용어를 새롭게 선택하게 했다. 일부 식민지들은 하나의 언어 즉 식민지 시기의 언어나 현지 토착어 중 하나를 공용어로 선정했다. 다른 식민지들은 헌법에 2개의 언어 즉 토착어와 식민지 시기의 언어를 동등하게 공용어로 인정함으로써 공용어의 문제를 해결하려고 시도했다. 그러나 좀 더 살펴보면 더욱 복잡한 문제가 개재되어 있음을 알 수 있다. 예를 들어 정책상으로 3개 언어를 공용어로 선언한 바누아투는 평균 각 2천5백여 명의 화자를 가진 약 80개의 실제 사용 언어를 가지고 있다

(Crowley 2000: 50).

영국의 식민지였던 키리바티(과거 길버트 제도로 알려졌던)는 공용어로 식민지 시기의 언어를 유지했다. 인구의 대부분(약 6만 명)이 키리바티어를 사용하는 것으로 보고되었는데, 이 가운데 1/3은 영어에 능숙한 것으로 알려졌다. 대부분의 아이들은 키리바티어를 사용하는 기독교 학교에 다녔다(Benton 1981: 130). 엘리트 집단을 위한 중등교육은 영어로 진행되었다.

2개의 사모아—독립된 서사모아와 미국령 사모아—는 식민지 이후의 이중 언어 정책에 대한 또 다른 사례를 보여 준다. 19세기 후반에 사모아는 대영제국, 독일, 미국에 의해 공동 지배를 받는 준독립국이었다. 1899년에 독일은 서사모아에 대한 지배권을 획득했고, 더 규모가 작은 동쪽의 섬들은 미국의 소유가 되었다. 제1차 세계대전 이후 뉴질랜드는 서사모아에 대한 지배권을 넘겨받고 1962년에 서사모아가 독립되기 전까지 지배를 계속했다. 19세기 동안 기독교로 개종한 서사모아는 자국어 읽기 능력을 신장시켰고, 초등 교육은 사모아어로 시행되었다(Benton 1981: 87). 중등 교육은 사모아에서나 뉴질랜드의 기숙학교에서나 영어로 수행되었다. 독립 이후에는 영어의 지위가 지속적으로 상승하긴 했으나, 사모아어는 학교의 커리큘럼에서, 그리고 마을에서 강력함을 유지했다. 현지의 언어는 미국령 사모아에서는 그다지 선호되지 않았는데, 미국령 사모아에서는 기독교 학교를 대체한 공립학교에서 1903년부터 영어로 교육하기 시작했다. 1949년에 사모아어는 학교에서 보조적인 언어로 인정되었지만, 1966년이 되어서야 사모아인의 언어와 생활을 보호하려는 원리가 헌법에 반영되었다(Benton 1981: 92). 많은 미국령 사모아인들이 미국으로 이주했다. 1977년 무렵에는 현지의 인구는 3만4천 명이었는데, 미국에는 2만 명이나 거주하는 것으로 조사되었다. 최근에는 학교에서 사모아어의 교육을 부활시키려는 다양한 노력이 진행되고 있다(Manase, Luaao and Fiamalua 1996).

20만 명 이하의 인구와 적어도 80개의 토착어를 가진(인구의 6%이하만이 사용한다) 바누아투는 850km에 걸쳐 있는 태평양 제도의 독립국으로서, 언어 정책을 위한 중요한 도전을 제공해 준다. 바누아투는 1980년까지 프랑스-영국 공동체의 지배를 받았다. 이 시기에는 영어에 기반을 둔 피진pidgin인 비스라마어가 공통어로 발전했으며 1980년 헌법에는 영어, 프랑스어와 함께 공용어로 인정되었다(Crowley 2000). 많은 지역 언어들은 1960년대까지 비스라마어를 사용하기를 피했던 선교사 덕분에 문해력을 발전시켰다. 예배는 여전히 복수의 언어로 수행되었다. 몇몇 영어를 사용하는 학교와 프랑스어를 사용하는 학교들이 설립되었다. 독립 이후 그 시스템은 결합되었다. 취학 이전의 강의는 비스라마어나 지역어로 수행되었으며, 엘리트 중학교에서는 영어 혹은 프랑스어로 수업이 진행되었다. 독립 이후에는 프랑스권 정부의 노력에도 불구하고 영어를 사용하는 학교로 꾸준히 전이가 이루어졌다. 더 적은 규모의 토착어로부터의 언어 변화는 느리게 진행되었으나 영어나 프랑스어를 제외한 다른 언어에 대한 정부의 지원은 없었다.

공식적으로 이중 언어 정책을 가진 또 다른 국가로는 탄자니아를 들 수 있는데 여기서는 사실 120개의 민족 언어가 사용된다. 탄자니아는 1884년부터 1919년까지는 독일의 지배를 받았으며, 그 이후에는 영국의 지배하에 있었다. 독일 지배하에서는 키스와힐리어가 교육과 행정에 사용되었다. 영국의 지배를 받던 시기에는 영어가 정부의 언어가 된 것이다. 키스와힐리어는 초등 교육에서, 영어는 중고등 교육에서 사용되었다. 많은 선교사들은 현지의 민족 언어를 선호했다. 1950년대에 중학교가 개교했을 때 학부모들은 학교에서 영어를 사용할 것을 요구했다. 그리고 키스와힐리어는 처음 2년 동안만 사용하도록 제한되었다(Yahya-Othman and Batibo 1996). 1962년 헌법은 영어와 스와힐리어를 공용어로 공표했다. 언어의 역할에 대해서는 여전히 논쟁의 초점으로 남아 있었다. 1967년 키스와힐리어는 모든 초등 교육에서 교육의 언어로 공표되었으며, 이것은 상위 교육을 위한 매개어가 되었다. 중등 교육 수준에서 키스와힐리어가 영어를 대체하려는 1982년의 권고안은 정부에 의해 거부되었다.

1995년 종합 교육 계획은 교육에서 영어의 사용을 재확인해 주었는데, 초등 교육에서도 영어가 교육되었다(Vavrus 2002). 탄자니아에서 대부분의 공적 업무는 이제 키스와힐리어로 수행되었지만, 영어는 여전히 2차 및 3차 교육의 언어로 남아 있다. 대부분의 노력은 영어의 교육을 개선하려는 방향으로 확장되었는데 이는 학생들이 자신이 처한 심각한 경제적 어려움을 벗어나는 방법이라고 믿었기 때문이었다.

1968년 말라위의회 협약에서는 치체와어와 영어를 공용어로 공표했다(Matiki 2001). 실제로 정책 수행은 국민 생활의 모든 공적인 영역에서 영어에 우호적인 방향으로 이루어졌다. 영국의 식민지 지배 기간 동안 치체와어는 초등 교육 수준에서 사용되었고, 영어는 고등 교육에서 쓰였다. 독립이 된 이후 토착어는 지위가 상승한 것처럼 보였다. 독립을 할 시점에 인구의 3/4이 치체와어를 이해할 수 있었던 반면 단지 5%만이 영어를 이해하고 있었다. 1994년 이후부터 다른 토착어들의 지위와 사용을 높이려는 노력이 있어 왔다. 그러나 영어는 고등 교육이나 국가시험, 그 밖에 다양한 정부 기관에서 지배적이었다. 1994년 의회는 의원들이 토론할 때 영어를 사용할 수 있도록 요구했다. 정부 행정은 주로 영어로 수행되었다. 신문은 한두 페이지의 치체와어를 제외하고는 영어로 발행되었다. 마티키 사람은 토착어에 대한 사람들의 태도를 바꾸기 위해서는 거대한 사회 공학이 필요할 것이라고 믿고 있다.

언어학적인 관점에서 볼 때 거의 7백50만 명의 르완다 사람들 대부분이 같은 언어, 즉 키냐르완다어를 사용한다는 사실은 상황을 매우 단순하게 보이게 한다. 키냐르완다어는 국어이면서 공용어이지만, 프랑스어도 공적인 지위를 가지고 있을 뿐 아니라 스와힐리어를 사용하는 사람들도 있으며 영어를 선호하는 사람도 있다. 1990년 초의 대량 학살로 이어졌던, 지난 반세기 동안 있었던 후투족(인구의 84%)과 투치족(인구의 15%) 사이의 잔혹한 인종 싸움은 언어와 관계가 없다.

영어를 중등 교육과 고등 교육의 언어로 사용하는 아프리카의 국가들은 영어가 독자적인 공통어 그리고 토착 언어와 마찬가지로 더 상위의 기능을 하도록 준비하고 있는데 그 결과로 새로운 유형의 양층 언어 현상을 낳게 되었다. 파솔드(Fasold 2002)는 양층 언어 현상에 있어서 핵심은 두 언어 중 더 상위의 지위를 차지하는 언어가 해당 지역에서 기본적으로 사용되는 것이 아니라 공식적으로 습득되는 것이라고 한다. 이를 근거로 파솔드는 파라과이를 양층 언어 현상의 사례로 포함하고 있다.

루빈(Rubin 1968)의 고전적인 연구 이후 파라과이는 2개로 기능이 분화된 전형적인 사례로 간주되어 왔다. 사회경제적으로 극도로 높은 상위 계층이나 낮은 하위 계층을 제외하고 파라과이인들은 사회적 상황, 대화자 그리고 화제에 따라 스페인어와 과라니어를 교체하여 사용하는 이중 언어 화자로 보고되었다. 라틴아메리카에서는 예외적으로 스페인어와 동등한 지위를 얻은 토착어가 있다(Corvalan 1988). 토착어의 지위를 끌어올린 것은 경제적인 발전 때문이었다. 금광이나 은광 산업의 부재 속에서 경제는 지역적이었으며 이는 소에 의지하고 있었다. 값싼 노동력은 토착민 여성이 제공했고, 이 여성들의 아이와 스페인 지배자들은 혼혈인(mestizaje)을 발전시키는 데 큰 영향을 주었다. 파라과이는 스페인 이주민들의 대량 유입이 없었으며, 따라서 인구의 대다수는 혼혈이 되었다. 예수회의 영향을 받은 1867년까지 스페인어가 강조되었지만, 과라니어의 문해력도 발전되었으며, 이는 예수회가 추방된 이후에도 어느 정도 지속되었다. 이후 수백 년 동안 스페인어가 교육과 도시 지역으로 확장하면서 파라과이의 분리가 지속되었다. 삼국동맹 전쟁(War of Triple Alliance, 1865~1870) 기간 동안 과라니어가 국가동원령의 중심으로서 부각되기도 했지만, 1930년대 초반의 차코Chaco 전쟁부터 다시 억압받았다. 과라니어는 다시 공식적인 인정을 받기 위해 천천히 노력했으며, 1970년대에는 교과 과목으로 다시 도입되었다. 1967년의 국가 헌법은 스페인어를 공용어로, 과라니어를 국어로 인정했다. 언어교육 정책은 스페인어가 모든 영역에서 발전할 것이며, 과라니어는 듣기와 말하기 영역에서만 발전할 것으로 가정하고 있다. 그러나 최근에는 과라니어의 문해력을 장려하기 위한 노력이 있다. 1990년 이후로는 스페인어와 과라니어의 교육은 둘 다 모든 수준에서 의무적인 것이 되었다. 지난(Gynan 2001)은 과라니어에 대한 복잡한 정치적 역사를 추적했는데, 스트로에스네르의 35년 독재 기간에 있었던 지역 농민에 대한 장려 정책, 그리고 토착어에 대한 권리를 선언한 유네스코와 미주 기구의 성명 등에 영향을 받은 국가적인 이중 언어 정책의 수용 등을 다루고 있다.

싱가포르는 언어 정책을 성공적으로 수행한 사례로 자주 언급된다. 언어 공간을 분리한 것은 사회언어학적 상황의 복잡성, 그리고 많은 구체적인 언어 관리 결정이 필요하다는 점을 인정한 것이다. 여기에는 말라이어 즉 하나의 언어를 인정함으로써 3개의 다른 민족들 간의 통합을 통해 국가적 정체성을 확립하려는 것, 모든 중국어 화자들이 중국어를 사용할 것을 권장하는 것, 모든 국민이 영어에 기반을 둔 이중언어주의를 만들어 냄으로써 경제적인 잠재력을 발전시키는 것 등이 포함된다. 싱가포르는 4개의 공용어를 인정하고 있다: 말레이어(의식 행사에 사용되는 국어), 중국어, 타밀어, 그리고 영어. 가정의 언어는 다른 양상을 보여 준다. 2002년 조사에 따르면, 중국인 가정에서 45% 정도가 만다린을 사용하고 30% 정도가 다른 중국어 방언을 사용하며 24% 정도가 영어를 사용한다. 말레이시아인의 가정에서는 90% 이상이 말라이어를 사용하고 8% 가 영어를 사용한다. 인도인의 가정에서는 43%가 타밀어를 사용하고 35%가 영어를 사용한다(Wee 2002). 영어는  주요 민족 그룹 간의 정부, 무역, 의사소통을 위한 주요한 언어이다. 독립 이후부터, 정부의 언어 정책은 높은 수준의 영어 숙달도를 권장해 왔다. 식민지 정부하에서 교육은 4개의 언어로 제공되었는데, 영어는 엘리트 교육과 연계되어 사용되었다. 1959년의 정책은 말라이어를 국어로 공표했다. 그러나 1978년에 교육부는 영어에 기반을 둔 이중 언어 정책을 요구했는데 이는 싱가포르의 경제 발전을 강화하고 중국인의 영향력을 약화하려는 의도였다(Tickoo 1996). 1980년의 정책은 초등학교에서 영어의 교육을 증가시켰으며, 제2차, 3차 교육에서는 영어를 교육 언어로 사용하도록 했다. 계속해서 영어를 통한 교육은 초등학교에도 도입되었다. 티쿠 등은 이 정책이 성공적이었으며 싱가포르의 급속한 경제 성장에 기여했다고 믿었다. 최근에는 중국과의 산업 경쟁 그리고 그에 따라 중국과의 더 나은 무역 관계를 개설할 필요가 생김에 따라 더 많은 학교에서 중국어를 가르칠 실용적인 이유가 부각되고 있다.

**| 탈식민과 정착**

많은 나라들은 사회언어학적으로 식민지 시기에 유입된 상당한 규모의 이민자를 포함하고 있다. 어떤 경우에 그들은 유럽인이었는데, 이들은 식민지의 언어를 계속해서 사용하라는 요구에 더욱 힘을 실어주는 것이었다.

남아프리카의 새 헌법은 11개의 국어를 인정하고 있지만, 모든 상황에서 그들 전부에 대한 사용을 규정하고 있지 않고 있다. 그러나 모든 논의들은 수적으로 소수인 두 유럽 공식 언어인 네덜란드어(Afrikaans로 개명)와 영어 사이의 경쟁에 초점을 맞추는 경향이 있다. 영국이 19세기 초반 남아프리카를 식민화하기 시작하자 그들은 네덜란드어를 영어로 대체하기 시작했다. 1910년 연합국이 세워지자, 네덜란드어는 영어와 동등한 공용어가 되었으며, 그 권리는 헌법으로 보호되었다(Malherbe 1979: 176). 아프리카의 언어들은 주변으로 밀려났다. 1948년과 1976년 사이에 있었던 "대규모의 인종차별 정책"의 시기에 영어의 지배력은 서서히 약화되었다. 몇몇 아프리카 언어에 대한 교육이 장려되기도 했다(McLean and McCormick 1996). 백인인 영어 화자와 아프리칸 화자들, 그리고 유색 인종을 위한 모국어 교육은 일반적인 정책이었다. 두 언어 모두 학교에서 별개의 과정으로서 의무적이었다. 흑인 학교에서 모국어 교육은 처음 8년 동안 이루어졌으며, 영어나 아프리칸을 필수 제2언어로 배우게 되었다. 이후에는 흑인 아이들이 두 언어를 모두 공용어로 배울 것을 요구하도록 결정했으나, 1976년 소웨토의 폭동 이후에는 아프리칸에 대한 공식적인 요구는 사라졌다. 1976년부터 1990년까지 인종차별 정책으로서의 언어 계획은 아프리카의 언어들을 체계화하고 정교화하는 것을 포함했으나 발전은 실패했다. 소웨토 이후 영어는 모든 흑인 학생들에게 5년차부터 사용되기 시작했다. 2개의 국가로서 남아프리카 공화국의 사례는 현실보다는 인식의 개념이 더욱 중요하다는 점을 보여 준다. 아프리칸과 영어가 2개의 공용어인 한, 그들만이 우월한 것으로 인식되었다. 헌법상의 변화를 통해 새로운 남아프리카는 다중언어 사회로 인정되었으며, 이 정책들은 이전부터 존재하던 다양성을 새롭게 인정하려고 의도된 것이었다.

인종 청소나 이민자를 내보내거나 값싼 노동력을 제공하기 위해 새로운 공간을 탐색하는 등의 목적을 위한 강력한 인구의 이동은 사회언어학적 상황, 그리고 언어 정책의 발전에 주요한 영향을 미쳤다. 피지가 그 훌륭한 사례이다. 토착 멜라네시안 인구와 폴리네시안 요소가 혼재된 피지 제도는 19세기 말에 영국의 식민지가 되었다. 노동 집약적인 설탕 산업의 발전으로 피지인들이 특정한 조건하에서 일하는 것을 거부하자, 영국은 이에 대한 해결책으로 대규모의 노예 노동자들을 인도로부터 들여 왔다. 이들을 모집하기 위해 조건을 거짓으로 전달했고 잠재적으로 지역 사회의 지도자가 될 가능성이 거의 없는 교육받지 못한 노동자들만을 데려오도록 의도되었다. 이 프로그램은 인도인들이 인도로 돌아갈 가능성이 주어진 1919년까지 지속되었다. 그러나 인도인들의 대부분은 피지에 머물렀지만, 토착 피지인들로부터 농장을 구입하는 것은 법으로 금지되었다. 인도인들은 제한된 기간 동안 토지를 빌리고 또 상업으로 옮겨가는 것도 허용되었다. 1980년대까지 두 집단의 인구는 대체로 균형을 보이다가, 1987년의 군사 쿠데타와 헌법을 통해 인도인들이 이주했으며 그 결과 멜라네시아인이 약 85만 명으로 인구의 51%를, 인도인들은 44%를 차지하게 되었다. 영국의 지배하에서 영어가 공용어가 되었지만 피지어와 힌디어도 인정되었다. 교육은 처음에는 선교사들에 의해 이루어지다가 나중에는 지역 기관에서도 수행되었는데, 피지의 학교에서는 초등 교육에서 성경 번역을 위해 선택된 피지어 방언(영어 번역과 함께)을 사용했다. 인도인을 위한 학교는 지역 기관과 종교 단체에 의해서 운영되었는데, 여기서는 영어 번역과 함께 표준 힌두스탄어(많은 학생들의 모국어는 아니었던)를 사용했다. 1969년 피지교육위원회에서는 교육의 유일한 언어인 영어로 대체될 때까지는 임시 조치로 번역에 쓰일 용도로 민족 언어들을 계속 사용할 것을 권장했다. 모국어는 문화의 언어로만 유지되어야 했다(Benton 1981). 벤턴은 이중 언어 교육을 위한 지원이 거의 없었다고 보고했다. 영어는 다른 명백한 가치들과는 별도로 늘 충돌하는 두 커뮤니티를 위한 중립적인 공통언어로 기능했다. 몇몇 보고서에서는 영어가 멜라시안과 인도 학교에서도 현재 유일한 교육 언어로 사용되고 있다고 보고하고 있지만, 다른 보고서에서는 초기에 사용되던 지역 언어의 사용이 계속되고 있다고 언급하고 있다.

## 모자이크식 다중언어주의 이해하기

램버트의 국민 국가에 대한 세 번째 범주에서 그는 일부 국가들을 복잡한 모자이크식의 다중언어주의로 분류하고 있다. 이러한 상황에 대한 도전은 명백하다. 2~3개의 언어를 인정하고 기능을 구분하는 단순한 결정은 수십 혹은 수백 개의 언어를 가진 국가에서는 유효하지 않을 것이다. 램버트는 이러한 복잡한 다중언어 국가들에서는 각 언어의 지위가 언어 정책에서 지속적인 관심이 될 것이라고 믿고 있다. 에스노로그의 넉넉하고 후한 집계에 따른다면 수십 혹은 그 이상의 중요한 언어를 포함하는 국가들은 표4와 같이 정리된다.

**표4. 12개 이상의 언어를 가진 국가들**(에스놀로그 제공)

| 국가 | 언어 수 | 헌법 인정 |
|---|---|---|
| 파푸아뉴기니 | 823 | |
| 인도네시아 | 726 | YES |
| 나이지리아 | 505 | |
| 인도 | 387 | YES(12) |
| 멕시코 | 288 | |
| 카메룬 | 279 | |
| 콩고민주공화국 | 218 | YES(6) |
| 중국 | 201 | YES |
| 브라질 | 192 | YES |
| 미국 | 176 | |
| 수단 | 174 | |
| 필리핀 | 169 | YES |
| 말레이시아 | 139 | |
| 탄자니아 | 135 | |
| 채드 | 132 | |
| 네팔 | 120 | YES |
| 바누아투 | 109 | YES |
| 부르마 | 107 | |
| 러시아 | 100 | YES |
| 베트남 | 93 | |
| 페루 | 92 | YES |
| 캐나다 | 90 | |
| 에티오피아 | 82 | YES |
| 라오스 | 82 | |
| 컬럼비아 | 78 | YES |
| 코트디부아르 | 77 | |
| 태국 | 75 | |
| 가나 | 70 | |
| 이란 | 69 | YES |
| 파키스탄 | 69 | |
| 솔로몬제도 | 69 | YES |
| 부르키나파소 | 66 | YES |
| 콩고공화국 | 61 | YES(3) |
| 케냐 | 61 | |
| 중앙아프리카 공화국 | 60 | |
| 과테말라 | 54 | YES |
| 베닌 | 51 | YES |
| 우간다 | 43 | YES |
| 토고 | 42 | |

| 가봉 | 41 | YES |
|---|---|---|
| 잠비아 | 41 | |
| 말리 | 40 | YES |
| 베네수엘라 | 40 | YES |
| 모잠비크 | 39 | |
| 방글라데시 | 38 | YES |
| 뉴칼레도니아 | 38 | |
| 볼리비아 | 37 | |
| 세네갈 | 36 | YES |
| 기니 | 33 | |
| 이스라엘 | 33 | |
| 이탈리아 | 33 | |
| 프랑스 | 29 | |
| 나미비아 | 29 | YES |
| 남아프리카 | 28 | YES(11) |
| 보츠나와 | 26 | |
| 독일 | 25 | |
| 부탄 | 24 | |
| 리베리아 | 24 | |
| 이라크 | 23 | |
| 시에라리온 | 23 | |
| 에콰도르 | 22 | YES |
| 싱가포르 | 21 | YES(4) |
| 기니비사우공화국 | 20 | |
| 니제르 | 20 | |
| 파라과이 | 20 | YES |
| 짐바브웨 | 20 | |
| 캄보디아 | 19 | |
| 미크로네시아 | 17 | YES |
| 네덜란드 | 16 | |
| 일본 | 15 | |
| 말라위 | 15 | YES |
| 로마니아 | 15 | |
| 수리남 | 15 | |
| 시리아 | 15 | |
| 아제르바이안 | 14 | |
| 파나마 | 14 | |
| 적도 기니 | 13 | |
| 그리스 | 13 | |
| 소말리아 | 13 | |
| 스페인 | 13 | YES |
| 에리트레아 | 12 | YES |
| 가이아나 | 12 | |

| 헝가리 | 12 | YES |
| --- | --- | --- |
| 몽골리아 | 12 | YES |
| 스위스 | 12 | YES(4) |
| 영국 | 12 | |

## 인도

인도의 언어 정책은 광범위하고 깊이 있게 연구되었다. 그 이유는 명백하다. 에스놀로그에 따르면 인도에는 387개의 살아있는 언어가 있다. 1948년도에 영국의 지배로부터 독립한 후 인도의 헌법은 11개의 언어를 공용어로 인정했다(아삼어, 벵골어, 구자라트어, 힌두어, 칸나다어, 카시미르어, 말라얄람어, 마라티어, 오리야어, 펀자브어, 산스크리트어, 신디어, 타밀어, 텔루구어, 우르두어). 영어는 준공용어로 인정되었다. 분명히 말해, 정치적, 문화적, 종교적, 언어적 다양성을 가진 인도와 같은 큰 국가들에서의 언어 정책을 이해하려고 시도하는 것은 이 장에서 서술되는 것보다 훨씬 많은 분량의 설명이 필요할 것이다. 심지어 그중 일부의 언어들에 대한 역사와 현재의 지위를 분석하는 데에도 몇 권의 책이 요구될 것이다. 그렇다면 이번 장의 목적은 모자이크식의 다중언어주의와 이중 언어 혹은 단일 언어 국가들을 구별하기 위한 주요 특성들의 일부를 확인하는 것이 될 것이다.

간단한 질문으로 시작해 보자. 인도에는 몇 개의 언어가 있는가? 최초로 진지하게 집계된 것은 그리어슨에 의해서였는데, 그는 1880년대의 조사에서 179개의 언어와 544개의 방언 목록을 제시했다(Pandit 1975). 1961년의 조사에서는 1652개의 언어명이 보고되었으며, 약 200개 언어가 분류되었다(Srivastava 1988). 1948년의 헌법에서는 11개의 언어와 영어만을 공용어로 인정했다. 힌디어는 5개 주와 2개 연방 지역의 공용어이다. 다른 11개 주에서는 다양한 공적인 목적을 위해서 11개의 주요 언어를 인정하고 있다.

실제로 이러한 다중언어주의는 어떻게 작용하는가? 인도에서 언어는 종종 갈등, 심지어는 폭력과 관련되어 있다. 올슨과 피어슨은 2001년에 투쟁이나 폭력을 야기한 언어와 관련된 주요 갈등이 있었던 27개의 사건을 연구했다. 22건에서 발생한 폭력은 특정 언어에 대한 차별이 포함된 언어 정책이 제안되었을 때 발생했다. 올슨과 피어슨은 "언어 정책 운동이 이제 사회적 격변을 발생시키는 데 중요하다."고 결론내렸다.

폭력의 원인으로 언어 갈등에 초점을 두는 이러한 논의가 다소 과정된 것이라고 볼 수도 있다. 예컨대 피시맨(Fishman 1989)에서는 국가의 언어적 이질성과 시민 갈등 사이의 명백한 관련성을 찾지 못했다. 치명적인 폭동에 대한 연구인 호로위츠(Horowitz 2001)에서도 최근의 인도에서 발생한 두 건의 혼란 이상의 관련성은 발견하지 못했다(이 두 건은 1965년에 인도 남부에서 힌디어를 공용어로 만들려는 제안에 대해 발생한 저항(2001:19)과 우르두어를 바이하르의 제2 공용어로 삼으려는 시도(2001:287)에 반대하는 폭동을 말한다). 인도에서 발생한 다른 많은 치명적인 폭동에 대한 분석에서 그는 관련된 주요 원인들이 언어적인 것이 아니라 종교적, 집단적 혹은 민족적이라는 것을 발견했다.

스리바스타바(Srivastava 1988)는 두 종류의 복수 언어에 숙달한 형태가 인도에서는 정상적이라는 것을 지적했다. 첫째는 엘리트층의 복수 언어로서, 이는 교육에 의해 만들어진 것으로 영어와 하나 혹은 그 이상의 인도 언어로 구성되어 있다. 둘째는 더 광범위하게 분포하고 있는 민중의 복수 언어로서, 가정이나 민족의 언어와 지역에서 우월한 지위에 있는 언어를 결합한 것이다. 해당 지역의 사회언어학적 상황에 따라 복잡한 다중언어 형태, 그리고 이와 연계된 복수 언어 사용 능력이 나타날 수도 있다. 일상생활의 의사소통은 다중언어 사회에서도 단일 언어 사회만큼 잘 이루어진다.

다중언어주의는 분명히 중앙 정부의 통제에 있어 실질적 문제를 발생시킨다. 고대와 중세 정부에서는 때때로 멀리 떨어진 속국에 지시를 내릴 때 통역가와 서기를 활용했지만, 현대의 활동적인 정부는 최대한 적은 수의 통역 서비스를 제공하면서 단일 언어로 지침을 전달하는 것이 가장 쉽다. 효율성의 관점에서 보더라도 어떤 정부라도 언어-관리 결정을 할 수밖에 없다.

다민족적, 다중 언어적 국가에서 교육 체계를 정립하기 위해서는 언어 문제에 관한 힘든 결정들을 필요로 한다. 영국이 인도를 정복하기 전에 2개의 교육 체계가 경쟁하고 있었다. 하나는 브라만으로서, 산스크리트어와 힌디어의 성스러운 문서들에 초점을 두고 있었으며, 다른 하나는 무슬림으로서, 코란에 초점을 두고 있었다. 영국이 세운 학교들은 그 둘 모두를 대체했다. 19세기에는 동인도회사와 영국 식민지 정부 사이에서 학교의 언어 정책에 관해 진지한 논쟁이 있었다. 회의록에서 자주 인용되는 맥콜리는 극단적인 영국식의 입장을 고수했다. 그는 인도에서 영국의 교육정책의 목표는 서양의 지식을 가르치는 것이었고 이것을 위한 가장 좋은 방법은 엄선된 엘리트들에게 영어를 가르치는 것이었다. 반대편의 동양주의자 측은 어느 정도 서양지식을 가르치는 것을 동의했으나 이것은 토착어로 이루어져야 한다고 믿었다. 이 입장은 서서히 받아들여졌지만 지역의 영어 기반 학교들을 대체하진 못했다.

19세기 동안 영국의 지배에 대한 반대 속에는 언어적 요소가 포함되어 있었다. 통합된 중앙지역에서는 힌두스탄어가 정부에 의해 지지되었지만 힌두스탄어는 페르시안 문자로 기록되었고 이는 우르두어와 유사했다. 힌두에 대한 의식이 성장하고 인도 국회가 설립되면서 데

바나가리 문자로 힌디어를 기록하는 것을 권장하려는 운동이 있었다(Mehrotra 1993). 국가주의자들은 자신의 고유 언어를 발전시킴으로써 영어와 경쟁했다. 무슬림들은 우르두어에서 페르시아 단어들을 사용함으로써, 힌두인들은 산스크리트에서 차용을 함으로써 힌디어를 발전시켰다. 두 변이는 점차 멀어졌다. 간디는 힌디어 개혁의 엘리트 주의자들 때문에 불행했는데, 그는 데바나가리나 페르시아 문자로 기록될 수 있는, 그래서 독립된 인도에서 힌두인과 무슬림이 통합할 수 있는, 도시적인 구어체의 힌디어를 발전시키기를 희망했다. 그러나 힌디어 개혁가들은 산스크리트의 입장을 지지했다.

이러한 모든 것이 1948년에 새롭게 독립을 맞이한 인도가 직면한 복잡한 언어 문제의 배경이 되었다. 힌디어를 공용어로 만든 것의 대가는 10개의 다른 공용어를 인정하는 것이었다. 만약 이 문제가 단순히 적절한 비중으로 모자이크적인 언어들을 걸러내는 차원이었다면 그 문제는 거기서 끝날 수 있었다. 가장 큰 언어인 힌디어는 국어이자, 공용어로 선택되었는데 이는 힌디어가 궁극적으로 인도의 통합을 보증한다는 것을 의미한다. 프랑스가 프랑스 대혁명이라는 힘으로 바스크어, 부르타뉴어, 프로방스어와 같은 주변 언어들에 대한 도전과 싸울 수 있었던 것과 같이, 인도는 독립과 함께 하나의 언어로의 통합을 시도할 수 있었다. 헌법 제31조에서는 연방정부가 "힌디어의 확산을 장려하고 인도 문화를 구성하는 모든 요소들을 위한 표현의 매체로 힌디어가 발전할 수 있기를 요구했다". 15년 내에 힌디어는 모든 공적인 목적에서 영어를 대체했다. 힌두어의 지지자들은 두 가지 입장(하나는 힌디어를 다른 잠재적인 언어들 중 첫 번째인 것으로 정립하는 것, 또 하나는 조만간 국제적인 힘을 보여줄 언어인 영어를 선정해야 한다는 것)과 싸워야 한다는 사실로 인해 이러한 과정은 쉽지 않게 되었다. 1963년에는 현실을 인정함으로써 공용어 법안은 공식적인 목적을 위해 영어를 계속 사용하는 것을 허가했다.

실제로 영어는 1948년까지 굳건히 자리를 잡았다. 국가 정책의 주요 초점은 영어를 힌디어로 대체하는 것이었지만, 가장 필요했던 첫 번째 단계는 영어를 지역 언어로 대체하는 것이었다. 그렇지 않으면 영어 사용을 제한하는 것은 예전에 힌디어가 지역 언어에 대해 했던 것과 같이 통합보다는 분열을 조장하는 것처럼 보일 것이다. 독립 이전 영국식 정책과 동양식 정책의 타협으로 인해 공립학교에서는 세 가지 언어적 양상이 전개되었다. 큰 도심지에는 엘리트 영어 학교들이 있었다. 소도시에는 영국 식민지 시대의 타협안이 자리 잡고 있었다. 즉 두 가지 차원의 학교들로서 초등 교육에서는 토착어를, 중등 교육과 고등 교육에서는 영어를 사용했다. 초등 교육만 제공되는 지방의 경우 모든 교육은 토착어로 이루어졌다(Khubchandani 1997).

독립 후 인도는 다른 신생 독립국가와 같이 세 가지 상반된 견해에 이끌렸다. 첫 번째는 공식 정책에서 토착어의 중요성을 인식하는 것이다. 두 번째는 모국어로 교육하는 것의 가치를 수용하는 것이다. 그리고 세 번째는 국어를 발전시켜 정치적 통합을 확립하려는 요구이다. 첫 번째 정책은 대도시의 식민 언어에 대한 거부를 뚜렷하게 함축하고 있는데, 이것은 이론상으로는 널리 받아들여지지만 효과적으로 이행되지는 못했다. 두 번째 정책은 모국어로서 중요한 것은 무엇인가에 대한 결정을 포함하고 있다. 쿠브찬다니에 따르면, 많은 인도의 교육자들은 문어적 전통이 발달한 언어들만을 모국어로 정의하고 싶어 했다. 그러나 인도에서는 언어적 소수에 대해 좀 더 정확한 해석을 마련했다. 모국어는 아이의 가정의 언어를 의미했다. 이와 같이 대립적인 목적을 달성하기 위해서 인도는 언어 다양성을 통한 국가통합을 위해서 세 가지 언어 공식을 발전시켰다. 거기에서는 초등교육 그리고 초급의 중등 교육 매개체로 가정의 언어를 사용하는 것을 수용했다. 힌디어는 몇 해 동안 교육되었으며 인도 전역에서의 폭넓은 의사소통과 국가적 통합을 위한 공식적 매체와 언어로서 기능했다. 영어는 더 높은 차원의 교육과 지적, 국제적 소통을 위해 유지되었다. 인도의 다양한 지역에서 세 가지 언어 공식은 다르게 해석되었다. 어떤 주들은 산스크리트어와 다른 추가된 지역 언어를 포함하기도 했다.

이 정책을 계획하고 수행하는 것은 극히 어려운 것으로 증명되었다. 1980년대 중반쯤에는 200개의 언어들 중 67개의 언어가 교육에 사용되고 있다. 더 상위의 고등교육에서 영어는 사실상 무소불위였다. 사실상 인도에서는 이중 언어 교육이 존재한 것으로 보아야 하는데, 이는 다중 언어가 인도에서 널리 퍼져 있었기 때문이다. 대부분의 지방 학교들이 토착어를 교육 언어로 사용한 반면, 도시의 유명 학교들은 영어를 기초 교육 단계부터 사용했다.

그 결과, 두아(Dua 1996)는 인도에서 영어가 독립 이후 오히려 영국의 식민지 시절보다 더 널리 퍼져 지배적 지위를 가지게 되었다고 보았다. 두아는 서양화와 연계된 근대화에 대한 압박 때문에, 교육 제도를 바꿀 기회는 거의 없었다고 보았으며, 영어는 지역 언어를 사용하는 공립학교를 제외하면 계속 교육 언어로 사용되었다. 최근에도 영어의 지위는 의심받지 않고 있으며, 두아는 영어의 확산이 멈출 것인지에 대해 회의적이다.

인도의 사례는 여러 언어의 모자이크로 이루어진 정치 체제는 주로 다양한 언어들의 경쟁과 관련되어 있다고 말하는 것이 너무 단순한 진술이라는 점을 보여 준다. 첫 번째, 이러한 경쟁은 지역 언어 육성(cultivation)의 단계에 강한 영향을 받는다는 점이다. 사실 언어 육성 단계에서의 여러 노력들은 언어 관리의 중요한 부분이 된다. 이를 넘어서, 영어의 확산이 점점 더 증가하는 것은 독립 이전의 식민 지배뿐만 아니라 세계화의 결과이기도 하며, 그래서 이러한 모자이크의 존재는 하나의 국어를 선택하는 것과 반대되는 영어에 대한 추가적인 지원을 제공하는 것이다.

### 그 밖의 다중 언어 국가

인도처럼 500개가 넘는 언어가 사용되는 인도네시아는 언어 관리에 있어 중대한 문제를 가지고 있었는데, 이는 국가적 통일성과 효율적 행정을 정립하는 데 중요한 것이었다. 인도네시아어는 아마도 이 지역에서 유일하게 스스로 국어를 정립하는 데 성공한 언어일 것이다. 1926년 첫 의회(the Youth Congress)에서는 언어 문제에 대해 논의했으며, 1928년 제2차 의회(Second Congress)에서 말레이어가 국어로 선택되었고 인도네시아어로 개명되었다. 이미 말레이어가 공통 언어(lingua franca)로 사용되고 있었기 때문에 말레이어를 사용하지 않는 화자들에게서도 반대는 없었다. 말레이어를 선택하는 것은 네덜란드어를 거부하는 것이었으며, 이는 다른 국가들이 영어를 거부하는 것보다 쉬웠다. 1945년 인도네시아가 독립했을 때, 헌법은 이 언어를 국어로서 바하사 인도네시아어로 명명했다. 이후 몇 년 동안 언어 기관들이 설립되고, 개명되고, 다시 조직되고, 마지막으로 1993년에 정부 기관의 지위로 승격되어 토착어들에 대한 철자법이나 용어 개발에 대한 책임과 관리도 담당하게 되었다. 1989년의 헌법에서는 토착어들도 초급 교육 과정에서 사용될 수 있다고 규정했다. 영어는 제1외국어로 교육되었으나 그리 성공적이진 못했다. 인도네시아어는 민족 간의 소통을 위한 언어로 널리 받아들여지고 있었지만, 유일한 실증적 연구에 의하면(Goebel

2002) 이는 지역 언어와 번갈아 가면서 사용되었다.

인구가 매우 많고 역사가 길고 복잡하며 다양한 사람들과 언어와 사투리가 존재하는 중국은 언어 정책을 개발하려는 사람들뿐만 아니라 언어 정책을 연구하고 기술하려는 사람들에게도 큰 어려움을 갖게 했다. 중국의 언어 개혁은 19세기부터 시작되었다. 1911년 신해혁명 이후, 정부는 국어를 장려하며 고유의 글쓰기 방법을 개발하고 알파벳을 도입하기 시작했다(Youguang 1986). 1958년 중화인민공화국은 언어 개혁을 위한 세 가지 과제를 제시했다. 간체자, 표준어(보통화) 보급, 알파벳(병음) 재정비. 중국어의 변이형(방언)이 얼마나 많이 남아 있는지는 여전히 논란거리이다. 여우구앙(Youguang 1986:7)은 8개의 지역 방언을 제시하며, 제일 큰 만다린을 4개의 소지역 언어로 나눴다. 마샬(Marshall 1990:10)은 56개의 소수 민족이 있으며, 한 민족을 제외하면 모두 다른 언어를 사용한다고 파악했으며 대부분이 민족어위원회를 가지고 있다고 보았다. 홍카이(Hongkai 1992:10)는 55개의 소수 민족 중 15개는 2개 이상의 언어를 사용한다고 덧붙였다.

국가의 구어는 관리들의 언어인 '관화'로 불렸으며, 흔히 '만다린'이라고 번역되었다. 이는 나중에 '국어'로 불렸고 1955년부터 '보통화'로 알려졌다. 1924년부터 만다린은 천 년 동안 수도였던 베이징에서 사용되는, 표준으로 받아들여지는 억양으로 간주되었다. 1982년 헌법에 다음과 같은 구절이 추가되었다. "국가는 전국에서 표준으로 쓰이고 있는 보통화를 장려해야 한다." 보통화 확산 캠페인의 성공은 알려져 있지 않다. 베이징 응용 언어 연구소는 중국 전체의 언어 사용에 대한 설문 조사를 시행하여 보통화가 사용되는 지역과 기능을 조사할 뿐이다. 그 기관은 구두로 이루어지는 보통화 능력 시험을 준비하고 관장하기도 한다.

중국 헌법은 모든 민족의 동등함을 인정하며, 각 소수 민족이 자신의 고유 언어를 발전시킬 권리를 인정한다. 이중 언어는 소수 민족 지역에서 장려된다. 어디든 가능하다면, 지역 언어는 학교의 교육 언어로 사용되어야 하며, 초등학교 마지막 2년에는 국어 교육이 시작되어야 한다(Yaowen 1992:37). 그러나 예상할 수 있듯이 이 정책은 실제 시행에 있어서는 매우 다양한 변화가 있었다. 민족적 커뮤니티가 크고 개발되지 않은 국경과 산악에 위치한 자치주들은 교육받은 극소수의 사람들만이 중국어를 안다. 그것보다 더 개발된 지역에서는 민족 언어가 지배적이라도 상당수의 성인이 이중 언어 사용자이다. 다양한 민족이 있는 곳에서는 이중 언어가 더 일반적이다. 일부 민족은 중국어를 수용했다. 비슷하게 이중 언어 교육에는 다양한 패턴이 있으며, 어느 지역은 민족어를 중학교와 고등학교의 일부 과목에서까지 사용하기도 하지만, 일부 지역은 좀 더 빨리 중국어로 넘어간다. 또 다른 지역에서는 중국어가 중학교 때부터 이미 민족어와 나란히 쓰이기도 하며 또 다른 곳에서는 민족어가 2~3년 동안만 쓰이기도 한다. 이중 언어 교육의 발전은 역시 철자법 시스템의 존재에 의존하고 있다. 화이트(White 1997)는 일부 언어가 오랜 시간 동안 문자를 가졌던 것을 지적한다. 몽골어, 위구르어, 카자흐어와 한국어. 일부 또 다른 언어들은 예전의 문자 체계를 가지고 있다. 또한 선교사들에 의해 만들어진 상당수의 알파벳 시스템도 있다. 새로운 문자 시스템을 만들기 위한 노력도 계속되고 있다.

다중 언어는 아프리카에도 큰 장애물이다. 카메룬은 270개가 넘는 언어와 국토의 일부가 프랑스 식민의 역사를 가졌기 때문에 영어와 프랑스어를 공용어로 채택했다. 1972년 영국령 카메룬의 남부가 프랑스의 영역으로 편입되어 카메룬 연방 공화국이 되었다. 영어와 프랑스어는 최소한 이론적으로는 동등한 지위를 가진 공용어이다. 식민지 시기에 교육되었던 토착어는 독립 이후 무시되었다. 대신 영어와 프랑스어의 이중 언어가 중시되었다. 그럼에도 불구하고 모국어 교육을 위한 상당한 노력이 있었다. 그러나 수많은 토착어들이 존재한다는 점, 그리고 이들이 공식적 지위를 가지지 못했다는 점에서 한계를 가질 수밖에 없었다. 피진 영어는 널리 쓰였지만 공인되지 못했다. 프랑스어는 지배적 공식어로 남았으며 어떤 언어 정책도 소수 언어 권리를 보장하지 않았다(Chumbow and Bobda 1996).

1990년 이후 남아프리카 공화국에서도 언어 정책에 대한 상당한 논쟁이 있었다. 일부는 영어만이 유일한 공용어가 되어야 한다고 주장하는 반면 다른 한편에서는 영어가 아프리칸스어나 다른 언어들과 함께 공동으로 공용어가 되어야 한다고 보았다. 아프리칸스어의 화자들이 억압받는 그룹에 속한다는 점을 제외하더라도, 이 언어는 아파르트헤이트[1]와 연관되었다. 새 헌법은 11개 언어를 인정했다. "남아프리카 공화국의 공용어는 세피드어, 세소토어, 세츠와나어, 스와티어, 치벤다어, 시총가어, 아프리칸어, 영어, 은데벨레어, 쇼사어, 줄루어"(1996-7 Constitution) 이다.

헌법은 정부에게 "이 언어들의 지위를 높이고 사용을 장려할 것, 이들 언어와 다른 모든 언어들(Khoi, Nama, San languages), 수어 등을 담당할 남아프리카언어협회를 설립할 것, 모든 지역 언어들(독일어, 그리스어, 구자라트어, 힌디어, 포르투갈어, 타밀어, 텔루구어, 우르두어)과 남아프리카 공화국에서 종교적인 목적으로 사용되는 모든 언어들(아랍어, 헤브루어,

1 (옮긴이 주) 아파르트헤이트는 남아프리카 공화국에 존재했던 인종차별 정책을 말한다.

산스크리트어 등)에 대한 존중을 장려할 것"을 요구했다.

이 정책을 실제로 실행하는 것은 어려웠고, 교육에서 영어는 더 강력한 역할을 획득하고 있었다(McLean and McCormick 1996). 카망가말루(Kamwangamalu 2000)는 이를 토착 언어 육성의 필요성 인식과, 영어를 공통 언어로 만들려는 강력한 경향이라는 두 가지 힘의 계속된 긴장 관계로 보았다. 그는 영어와 아프리칸스어의 오래된 경쟁 관계가 다시 떠오르는 것을 인정했지만 그것은 부차적인 문제로 보았다. 그래서 남아공에서는 토착 언어를 공인하라는 압력(실제로 이를 통해 28개의 남아프리카 언어 중 11개가 헌법에서 지위를 인정받았다)은 실제 언어 상황, 언어권에 대한 개념, 민족 정체성에 대한 관심 등에 의해 지지받을 수 있는 것으로 보인다. 이에 대한 반대 관점의 원천은 바로 19세기와 20세기 아프리칸스어와 경쟁 관계였고 21세기에 세계화를 주도하고 있는 영어의 존재이다.

스완(Swaan 2001)에서는 아프리카의 많은 지역에서, 신생 독립 국가들은 식민지 시기에 널리 퍼진 언어들의 기세를 꺾을 의지도 능력도 없다고 지적했다. 필립슨과 스쿳납-캉카스(Phillipson and Skutnabb-Kangas1995: 335)는 이를 냉소적으로 언급했다. "아프리카인 다수는 그들이 이해하지 못하는 언어로 통치되고 있으며, 아프리카 국가들 가운데 극히 일부만이 언어 정책에 진지한 관심을 기울이고 있다." 그들은 경제, 사회, 정치적 문제를 인식했으며(미래에는 건강 문제까지도) 언어 정책의 실패가 국가의 적법성을 약화시킨다고 보았다. 아프리카 통합 기구가 1976년에 국어 교육에 관한 결의안을 채택했음에도 불구하고, 거의 실행되지 않고 있으며, 아프리카의 국가들은 본질적으로 식민지 시기의 언어 정책을 답습하고 있다. 현지 언어들은 낮은 지위만을 보장받고 있으며 언어 권리는 계속 무시되고 있다. 외부의 교육 지원 대부분은 과거 식민지의 언어를 알고 있는 교육받은 엘리트층과 대중의 간격을 넓히는 데 일조했다. 스와힐리어가 비교적 성공적으로 안착한 탄자니아에서도 일부 토착어들은 초등 교육에서만 구조적으로 연결되어 있으며 중등 및 고등 교육에서는 영어가 사용된다. 잠비아에서 영어는 1학년부터 공식적으로 사용된다. 필립슨과 스쿳납-캉가스는 이러한 모자이크 언어의 문제들은 성공적으로 처리되지 못했으며, 식민 언어에 대한 의존이 오래도록 지속되었다고 주장한다. 심지어 화자들이 하나의 언어를 주로 사용하는 국가에서조차 영어는 정규적으로 장려되었다. 150만 인구의 90%가 세스와나라는 통일된 언어를 사용하는 보츠와나에서도 이 언어는 공식 언어로 인정되지 않으며 영어가 초급 학년 이후부터 교육에서 사용될 뿐 아니라 법적, 행정적 및 다른 상위의 영역에서 쓰인다. 그러나 이런 부적절한 시행은 결국 그곳에서도 상당한 언어 혼재의 양상이 있다는 것을 말해준다. 이 상황에서 다른 소수 언어들은 무시된다(Nyati-Ramahobo 2000).

나미비아는 토착어보다 영어를 선호하고 아프리칸스어가 널리 퍼진 또 다른 아프리카 국가이다. 이들의 인구는 백 80만 명이며, 28개가 넘는 언어와 방언을 사용한다. 아프리칸스어는 18세기 말에 유입되었다. 1884년부터 1915년까지의 독일 지배 기간에는 독일어가 공식 언어로 사용되었으며, 이후 1915년부터 1990년까지 남아공의 지배 기간에는 영어가 공식 언어로 사용되었다(Fourie 1997). 선교사들은 일부 토착어의 정서법을 개발했다. 1915년에 위원회는 반투어가 초등 교육의 언어로 사용할 것을 권장했다. 1958년의 위원회는 미션스쿨을 공동체 학교로 개조하여 모국어를 교육 언어로 사용할 것을 제안했다. 세 번째 위원회의 추천으로, 토속어를 발전시켜 교육 언어로 사용할 수 있도록 모국어 관리국(Native Language Bureau)이 1963년에 설립되었다. 토착 언어들은 초등 교육에 사용되기 시작했다. 하지만 흑인 교육에 대한 지원은 저조했다. 영어와 아프리칸스어는 공용어였고 이 둘에 독일어를 더한 것이 국어였다. 토착 언어는 민족이나 부족의 언어일 뿐이었다. 1990년 헌법은 영어를 유일한 공용어로 지정했지만 나미비아의 토착 언어들과 아프리칸스어까지를 국어로 인정해 초등 교육에서 사용할 수 있게 했다. 7학년 이후로는 영어가 교육 언어였다. 토착어의 중요성을 인식하도록 설득하려는 노력이 이루어졌지만 토착어 교육을 위한 교사들과 교육 자료의 발전은 매우 느리게 이루어졌다고 푸리에는 보고했다.

시바옌(Sibayan 1974)에서 지적했듯이 필리핀 언어 정책의 근본적인 문제는 세계적인 지식을 얻기 위한 영어 습득의 필요성과 하나의 국가로서 필리핀이 통합하기 위해 필리핀어를 배우는 것의 균형을 맞추는 것, 그리고 큰 규모의 지역적인 계승 언어들을 어떻게 보존할 것인가이다. 시바옌은 필리핀에는 80개의 중요한 언어들이 있지만, 인구의 86%는 8개 주요 언어 중 하나를 사용하는 것으로 1960년 조사에서 나타났다고 보았다. 인구 1/4의 제1언어(하지만 1960년 조사에서는 가장 규모가 큰 언어는 아닌)인 타갈로그어는 1937년에 국어로 채택되었고 1940년에 처음 학교에서 교육되었으며 1959년에 필리핀어로 다시 이름 붙여지면서 지역적 한계를 극복했다. 영어는 1900년에 미국의 점령 이후 학교에서 사용되었으며, 400년 동안의 스페인 점령이 낳은 스페인어 지배를 대체했다. 그러나 스페인어는 여전히 현재 대학에서 요구되고 있다. 1957년 토착어로의 첫 교육이 이루어졌으나 타갈로그어를 제외한 11개 언어들의 교육 자료는 10년 후에야 만들어졌다. 1972년에서야 헌법의 제정으로, 필리핀어 인정에 대한 강력한 반대가 나타났으며 영어와 스페인어를 보편적인 국어가 채택되기 전까지 공용어로 채택해야 한다는 움직임이 일어났다. 1987년 헌법은 언어 공인에 대해 복잡한 패턴을 보이기 시작했다. 필리핀어(P가 아니라 F로 시작한다는 점에 유의하라)는 국어로 선언, 권장되었고, 정부의 결정에 따라 공용어와 교육 언어로서의 지위를 가지게 되었다. 영어 또한 공용어로 사용되고 교육에도 사용되었지만 법에서 지정된 분야에서는 제외되었다. 지역어들은 교육에서 보조적으로만 사용되었다. 스페인어와 아랍어는 원하는 경우 사용될 수 있었다. 국립언어위원회는 이것들을 전부 시행하는 것이었다.

시바옌과 곤잘레스(Sibayan and Gonzales 1996)에 의하면 영어는 1/4세기가 넘는 미국 지배 기간 동안 공통어로 사용되었으나, 국어가 의무화되면서 중요성이 감소하기 시작했다. 1960년 즈음에는 인구의 46%가 국어를 사용했고 1990년에는 84%까지 그 수가 증가했다. 결과적으로 영어의 공통어(lingua franca)로서의 영향력은 줄어들었고 그 쓰임이 학교, 과학, 기술, 고급 비즈니스와 국제적 소통에 한정되었다. 국어는 매스컴이나 영화 등 다른 영역까지 잠식해 들어갔다. 영(Young 2002)에 따르면 같은 시점에 토착어로서의 초기 교육은 큰 문제로 남아 있었다. 국어의 지배력 확산과 영어에 대한 접근성 강화를 위해 모든 노력이 집중되자, 초등 학년에서의 토착어 교육은 뒤쳐지기 시작했다. 그 문제는 지역 언어를 가르치려는 실험적인 노력과 결부되어 있는데, 그 지역어는 대다수 학생들의 모국어가 아닐 뿐 아니라 학생들에게는 국어와 영어를 습득하도록 기대되었기 때문이다.

《에스노로그(Ethnologue)》에 따르면, 2백만 명 정도의 인구를 가진 세계에서 유일한 불교 왕국 부탄은 24개의 언어를 가지고 있다. 대부분 부탄인들은 주요 4개 언어 중 1개나 그 이상의 언어를 구사한다. 여기에는 헌법은 없지만 공식 국어는 종카어이다. 전통적으로, 대부분의 공식적이고 종교적인 문서는 고전 티베트 문자인 초위chhokey로 쓰였으며 부탄어 필기체 문자는 개인적인 소통에 사용되었다. 정부 교육 프로그램을 통해 종카어는 1970년대 즈음 부탄에서 널리 이해할 수 있게 되었다. 1950년대까지 일부 사립학교를 제외하면 부탄에 존재하는 공식 교육은 수도원을 통해서만 이루어졌다. 1950년대에는 일부 사립 세속 학교들이 세워졌다. 1950년대 후반, 이곳에는 29개의 공립 초등학교와 30개의 사립 초등학교가 있었으나 2천 5백 명 정도의 아이들만이 수용되었다. 중등 교육을 받으려면 인도까지 유학을 가야 했다. 결국 사립학교들은 정부에 의해 인수되었다. 중요한 교육 개혁은 1960년대에 시작되었으나 1988년 취학 대상 아동의 1/4 정도만 초등학교에 다녔고 상급 학교에 다니는 비중은 더 낮았다. 전통 문화를 지원하고 현대적인 국가 정체성을 강화하려는 정부의 노력의 한 부분으로 종카어의 학습이 강조되어 왔다. 세계 곳곳의 수많은 사례들로부터 다중 언어 사회를 유지하는 데에는 비용이 수반된다는 것은 명백한 것임을 알 수 있다.

## 단일 언어, 이중 언어, 모자이크 형태의 언어―공통점이 많은가 차이점이 많은가?

램버트가 언어 다양성의 정도에 따라 국가들과 그들의 언어 정책을 분류한 것은 경험적으로 유용한 자료인 것으로 증명되었다. 언뜻 보기에 단일 언어 국가들은 국어의 지위에 대해 걱정할 일이 없을 것으로 보인다. 그러나 우리가 보아 왔듯이 보통 단일 언어 국가에서도 자신의 언어가 외부로부터의 위협에 놓이는 경우가 있다. 명백한 외부의 간섭은 크게 두 가지이다. 즉 세계화로 인한 영어의 확산, 그리고 국가주의적 언어 권리 보호에 따른 소수 언어에 대한 제한적인 보호이다. 이중 언어 및 다중 언어 국가에서는 언어의 지위에 대한 경쟁이 문제이다. 이것은 보호 정책의 단계가 매우 중요한 주제이며, 지역 언어가 차지하는 지위와 기능의 재설정은 해결되지 않은 많은 정책 관련 이슈들을 남긴다. 20세기 말 즈음 세계어로서 영어가 확산된 현상은 국어 정책의 요소들에 큰 변화를 가져왔다는 것 또한 명백하다. 이러한 완벽한 조화가 없다는 사실을 제외해도, 언어 상황들(언어 실제 혹은 언어 생태의 유형), 믿음, 이데올로기, 관리와 계획의 종류에 대한 명백한 조화의 신호들이 나타나고 있다.

# 12 언어 전이에 대한 저항

## 언어 전이에 대한 저항

이 책에서 다룬 언어 정책에 대한 이론은 세 가지의 주요 구성 요소를 지니는데, 그것은 언어 사용, 언어에 관한 이념, 그리고 언어에 대한 계획과 통제이다. 언어 사용은 사회적 맥락을 기반으로 발전하고, 맥락의 영향을 크게 받는다. 또한 이는 다양한 언어의 형태 중에서 선택을 하는 필수적인 과정을 포함하는데, 이 선택은 사회적 이념을 바탕으로 각각의 형태에 대한 가치를 평가하여 이루어진다. 한편 언어 통제는 타인의 가치관과 언어 사용을 변화시키려는 행위를 의미한다.

피에르 부르디외의 언어적 습관과 언어 시장에 관한 연구에서도 유사한 모델이 제시되었다. 또한 고고린(Gogolin 2001a, 2001b)에서도 이를 확인할 수 있다. 습관은 사회적 경향성이라 볼 수 있는데, 이는 개인의 특정 행위와 반응을 유도한다. 대체적으로 자신의 지위를 유지, 또는 상승시키기 위해 특정 분야나 시장에서 저마다의 역할을 수행한다. 개인의 언어적 습관은 언어 행위와 더불어 언어의 가치나 스타일에 대한 개인의 판단을 결정하는 역할을 한다.

제7장에서는 인구학적, 경제적 시스템의 변화가 언어적 다양성에

어떤 영향을 미칠 수 있는지에 대해 다루었다. 개인의 지위, 분야, 또는 시장에 변동이 생기면서 혹은 세계화가 진행되어 연관된 언어적 체계의 범위가 확장되면서 언어 간의 중요도에 있어 차이가 생긴다. 하지만 이는 그저 한 종류의 가치에 불과한데, 이것을 드 스완(De swaan 2001)은 Q-value라 명명했다. 부르디외의 모델은 경제적, 문화적, 사회적 가치를 비롯한 여러 종류의 가치가 존재하고 이러한 가치의 축적은 부나 명예의 형태로 나타난다고 본다. 언어 이념이 선택에 영향을 미치는 과정을 포착하는 한 방법은 요약 선택 가치를 측정하는 것이다. 즉, 특정 상황에서 다양한 가치들을 어떻게 합산할지를 결정하는 방식을 파악해야 한다. 세계화에 이어 영어가 확산된 것, 혁명 이후 프랑스령에서 프랑스어가 확산된 것과 같은 현상들을 Q-value를 이용하여 설명할 수 있는 반면, 기존의 정체성을 유지하고자 하는 여러 가치들을 통해 높은 Q-value로 인한 반강제적 언어 변동에 대한 저항 현상을 설명할 수 있다. 특히 민족 국가의 가장 흔하고 영향력 있는 가치는 민족적, 종교적, 또는 지역적 정체성일 것이다.

현재의 독립된 국가에는 언어가 처한 상황, 소규모 언어에 대한 국가 차원의 개입부터 문화 다원주의까지 만연하는 언어 선택 이념들, 영어를 세계 공용어로 이끄는 세계화의 힘, 그리고 언어 권리를 위한 내적, 외적인 압박, 이 네 가지의 힘이 존재한다. 각각의 가치가 상이한 만큼 그 결과로 언어 정책 또한 다양한 양상을 보인다.

민족 국가 내의 소수 민족, 종교와 같은 소규모 집단은 언어 정책을 변화시키려 노력한다. 이러한 집단들은 저마다의 관습과 이념을 지니는데, 이들은 자립할 능력을 갖추고 있으면서 자신의 집단에 속한 사람들의 언어 사용이나 이념에 영향을 준다. 이들이 제안하는 모든 언어 정책의 핵심은 바로 이러한 점에서 비롯된 것이다. 소수 집단은 나아가 정치적 독립, 자치권, 그리고 명시적인 언어에 대한 권리를 요구하는 등 자신의 사회에 영향을 미치려 한다. 1890년대 팔레스타인에서 유대인들에 의해 진행된 헤브루어 부활 운동은 다른 유대인들이 자신의 자녀에게 그들만의 언어를 가르치도록 독려하기 위해, 최소한 공적 장소에서는 그 언어를 사용하도록 하기 위해 시작되었다. 그러나 1918년, 영국군의 예루살렘 입성 이후 헤브루어를 공용어로 부활시키기 위한 정치적 캠페인이 영국에서 이루어졌다. 퀘벡에서 프랑스어 대신 영어를, 스페인에서 스페인어 대신 카탈로니아어나 바스크어를 사용하는 등의 언어 역행 현상(reverse language shift)은 앞선 사례와 유사하게 정치적 독립, 자치와 더불어 경제적 평등을 도모하기 위한 정치적 목적의 변화였다. 이 사례들과 최근의 웨일스와 스코틀랜드의 내정 자치를 허용한 영국의 사례는 지역에 따라 자치권을 부여한 것으로 새로 수립된 지방 정부에 언어 정책에 대한 책임을 넘긴 것이다. 인도 역시 지역적 해결책이 영어 대신 힌디어를 국어로 지정하는 과정에 지장을 주지 않기를 바랐다. 네덜란드의 프리지안인들은 순전히 언어적 자치만으로도 만족한 것으로 보였다. 미국에서 스페인어를 영어와 동급으로 대우하자는 운동은 사회, 정치, 경제적 평등을 비롯한 시민의 평등권과 맞물려 있고, 지역에 따라 그 영향력의 편차가 큰 것으로 보인다. 이러한 양상은 비교적 대규모이고 핵심적인 집단에서 나타난다. 소규모의 집단 중 특히 인구 밀도가 낮은 (영국 전역에 퍼진 로마와 같은) 집단은 외부로부터 인식되기 어렵고 지원을 받을 가능성이 더 낮은 것으로 나타났다.

최근 언어 권리에 대한 인식이 높아지면서 소수 언어가 관심을 받을 가능성이 커졌다. 문화 다원주의적 사고로 다양한 언어의 가치를 논리적으로 수용하든 언어 권리에 대한 강한 인식으로 인한 것이든,

이중 언어 사용의 인지적 가치를 지닌다는 실용적인 관점이든, 다양한 언어 자원의 경제적인 가치를 인식하든 민족 국가가 소수 언어 보호의 필요성을 느끼게 할 수 있다면 위기에 처한 언어들의 생존 가능성이 상승할 것이다.

소수 언어 집단이 자신의 언어를 보존하기 위한 노력에 대한 연구는 조슈아 피시맨의 독창적 역량으로 개척된 분야이다. 그가 언어 통제와 영어 확산에 대한 연구를 시작할 무렵 그는 동시에 스스로 언어 역행이라 부르는 분야도 연구하기 시작했다. 언어 역행(Fishman 1991)과 십 년 뒤 편집한 속편(Fishman 2001)에서 그는 자신의 연구에 대한 다른 연구자들의 의견을 물었다. 피시맨은 특정 언어 또는 언어의 변형의 존속 가능성을 설명하기 위해 '등급화된 세대 사이의 단절 규모(graded intergenerational disruption scale)'라는 모델을 사용했다. 또한 이 지표는 언어의 추가적인 손실을 막거나 초기의 지위를 회복시키기 위해 사용자들이 취할 수 있는 언어 유지 활동을 제안한다. 지표는 총 8개의 단계로 나뉘는데, 단계가 높을수록 언어가 소실되기 쉬움을 의미한다. 피시맨은 다음과 같이 각 단계를 설명한다.

> 8단계: 소수의 노인만 이 언어를 사용하고 성인에게 언어를 재구성하여 교육시킬 필요가 있음.
>
> 7단계: 이 언어를 사용하는 사회적으로 통합된 집단이 존재하지만 출산 가능 연령 이상임. 언어 유지를 위해서 재활성화, 재건 과정이 필요하며 아이들에게 이 언어를 사용해야 함.
>
> 6단계: 상당한 수의 언어 사용자가 존재하며 서로 공통된 제도를 따름. 이 단계의 언어 사용자는 자녀를 대상으로도 이 언어를 사용한다는 것이 가장 큰 특징임. 즉, 이러한 언어는 스튜어트(1968)가 생명력이라 칭한 특징을 지

니고, 자연스러운 언어의 세대 간 전달이 이루어짐. 이 특징들을 지니지 못한 언어는 쇠퇴하거나 죽어가고 있다고 보아도 무방함.

5단계: 언어가 말로 쓰이고 동시에 가정, 공동체, 학교에서 글로 의미를 지니고 지역 사회로부터 지원을 받음. 그러나 이러한 활동에 대한 외적 지원은 존재하지 않음. 특정 언어 공동체가 스스로의 학교를 세울 권리가 있다고 인식된다면 해당 언어는 이 단계에 속한다고 볼 수 있음.

4단계: 언어가 주립 또는 공립 유치원과 의무 초등 교육에 사용됨.

3단계: 언어가 공동체 외부의 직장에서 다른 언어 사용자와의 의사소통에도 사용됨.

2단계: 언어가 지방 정부 업무에 사용되지만 대중 매체 이상의 단계에서 사용되지는 않음.

1단계: 고등 교육, 직업, 정부, 그리고 매체에서도 어느 정도 해당 언어를 사용하지만 정치적 독립은 이루지 못한 상황.

피시맨(Fishman 2001)에 대해 몇몇 저자들은 이러한 특징들이 실제로 지표를 형성하는지, 언어 역행을 위해 필요한 단계들인지, 세대 간 전달이 얼마나 중요한 것인지 등 그 양상에 대해 의문을 제기한다. 그러나 이러한 분류 체계는 위기 언어 사용, 이념, 그리고 운영에 대한 발견법으로서 매우 높은 가치를 지닌다.

위기에 처한 언어란 무엇인가? 위기의 언어란 대체적으로 세상에 존재하는 6천여 종의 언어 중 이번 세기 안에 명맥이 끊어질 것으로 예상되는 언어를 지칭한다(Hale 1991; Krauss 1991). 흔히 큰 규모의 언어도 위기에 처했다고 보는 사람들이 있다. 프랑스어 정책은 영어의 성장을 염두에 두고 진행된 것이다. 나아가 실제로 미국 내에서는 영어가 위기에 처했다고 생각해 영어 유일 운동을 지지하고 외국어가 영어가 차지하는 자리를 장악하는 것을 방지하고자 노력한다.

이러한 경우를 배제하기 위한 방법은 현재로선 불투명하다. 피시맨의 체계에서의 1단계에 "정치적 독립을 통한 추가적 안정감"이라는 조건을 추가하면 이를 구별하기 위한 방법을 제시한다고 볼 수 있다. 그러나 영어 유일(English Only) 운동의 지지자들은 미국이 정치적으로 독립적이지만 언어에 대해 헌법 차원의 보호를 해 주지 못한다는 점에서 영어가 여전히 위기에 처한 언어라고 주장한다. 프랑스와 같이 영어에 의해 자국의 언어가 위협받는다고 느끼는 국가는 세계화 앞에서 정치적 독립만으로는 부족하다고 주장한다. 또한 아일랜드어와 같이 헌법적으로, 제도적으로 고려되고 있으나 잘 사용되지 않아 위험에 처한 경우도 포함하기 힘들다.

나는 이러한 진퇴양난의 상황을 해결하려 애쓰기보다는 피시맨이 그의 두 저서에서 선택한 경우의 수를 받아들이기로 한다. 그의 책에 풍부한 정보가 들어 있기 때문에 나는 그저 그가 제시한 사례들을 다시 훑어보면서 특이한 사례들을 추가적으로 소개할 것이지만 되도록 이 책의 모델에 맞도록 분류하고자 한다. 피시맨이 연구하는 사례는 다음과 같은데, 1은 Fishman 1991, 2는 Fishman 2001을 의미한다.

> 아일랜드어(1,2), 바스크어(1,2), 프리지아어(1,2) 나바호어(1,2) 미국 스페인어(1,2-뉴욕의 푸에토 리코 출신), 미국 이디시어(1,2), 마오리어(1,2), 호주 토착 언어, 이민자 언어(1,2), 이스라엘 히브리어, 퀘벡 프랑스어(1,2), 스페인 카탈로니아어(1,2), 오토미어(2), 케추아어(2), 오코어(2), 안다만어(2), 아이누어(2).

이 사례들을 분류할 때 가능한 정치적 자치권을 차지하기 위한 정치적 노력의 정도와 그것의 성공 정도, 그리고 언어 운영에 대한 통제력에 따를 것이다. 따라서 사례들을 살펴볼 때 언어 역행의 성공 여부는 고려되지 않을 것이다.

## 독립 또는 자치

### 아일랜드어와 히브리어

두 언어 모두 언어 정책과 계획에 대한 문헌(literature on language policy and planning)에서 잘 다루어졌다. 피시맨(Fishman 1990:122-3)은 아일랜드어의 사례를 하나의 긴 문장으로 요약한다.

> 문화적, 경제적, 정치적, 인구 통계학적인 다양한 요인들이 조합되면서(점령, 전쟁, 인구 이동, 후에 전체가 영어를 사용하도록 하는 도시와 교외 [또, 국가의 무역, 산업, 부와 정치 권력의 중추가 되는 지역]에서의 영어를 사용하는 지배 계급의 등장, 지역 토착의 삶과 전통을 파괴한 반복되는 기근, 아일랜드어에 대한 법적 규제, 대부분의 주요 교회 당국에 의해 사실상 방치된 중요한 시기, 지역적으로 중요하면서 세계적 관심에 대한 확고한 신념을 지닌 앵글로 아이리쉬 문화의 등장, 그리고 마지막으로 현재까지도 지속되는 영어가 지배적으로 사용되는 국가로의 이민, 이 모든 것이 다양한, 그리고 상당한 노력과 약 100년에 걸친 언어 역행 현상을 대표하는 반복되는 창의력(첫 30년은 자발적 후원으로, 나머지 70년은 자발적 후원과 정부의 후원 공동)에도 이들이 초기의, 현재까지의, 그리고 앞으로도 계속되는 아일랜드어의 쇠퇴의 원인이 되었다.

오리어겐(Ó Riagáin 1997)은 아일랜드에서 벌어진 백년 간의 언어 통제가 실패한 이유가 사회적, 경제적 계획과 연계하는 데 실패했기 때문이라고 설명했다. 아일랜드 서부, 게일어가 여전히 사용되는 지역에서의 경제적, 언어적 운영 방식 사이에는 지속성이 없었다. 경기 침체로 인해 아일랜드어를 사용하는 거주자들이 미국 또는 다른 영어권 국가로 또는 더 아일랜드 내에서도 더 발전된 영어권 도시로 이주하게 되었다. 즉, 영어 사용자들이 학교에서 아일랜드어를 배우고 있는 동안 아일랜드어가 여전히 사용되는 지역에 대해서는 어떠한 지원도 이루어지지 않았다. 곧 정책은 뒤바뀌었고 미개발된 게슈트어권에 대한 지원이 이루어졌다. 그러나 그 결과 영어권 도시 지역뿐 아니라 해외에서도 인구가 유입되는 현상이 벌어졌다. 이로 인해 사회, 경제적으로 지역 발전을 이루어 낼 수 있었지만 오히려 아일랜드어의 소실은 가속되었고 아일랜드어 보존이 이루어지기 가장 용이한 지역마저 잃게 되었다.

아일랜드어의 사례에 대한 대부분의 학술적 조치는 아일랜드어 부활의 실패를 설명하고자 했다. 바버(Barbour 2000: 37)는 아일랜드어에 대해 유럽 독립국의 국어로서는 유일하게 인구의 극소수만이 이 언어를 사용한다고 평했다. 아일랜드어는 영토, 국가의 문화, 그리고 국교와 같이 독립 운동의 상징으로서 경쟁력을 갖추어야 했다. 언어가 정치적, 사회적 장벽이라는 만연하는 인식에 대해 언어적 국가주의는 경합을 벌여야 했다. 아일랜드의 국가주의가 발전했을 때 이미 아일랜드어 원어민의 수는 심각한 수준으로 감소한 뒤였다.

따라서 아일랜드어는 언어 통제 실패를 대표하는 사례로 활용된다. 피시맨의 주장대로 외력에 의해서든 오리어겐이 주장한 설계 오류에 의해서든 영어로의 전환은 비가역적이었다. 오라로어르(Ó Laloire 1996)가 생각한 대로 아일랜드의 언어적 정체성은 영어의 아일랜드식 변형으로서 사람들에게 남아 있다. 아일랜드어 사용자가 감소하는 추세에 있다는 증거를 기반으로 게슈트어에 대해서는 1926년에 정해지고 1956년에 마지막으로 수정된 게슈트어 국경을 인구 조사 이후에 재설정해야 한다는 의견이 제시되고 있다. 코디와 오라로어르(Coady and Ó Laloire 2002)가 제시한 또 다른 설명에서는 학교 교육이 아일랜드어 부활에 대해 가장 큰 책임이 있다고 본다. 그들은 아일랜드 학교는 계속 존재했으나 아이들이 학교에서 배우는 아일랜드어에 대해 가정에서나 외부의 공동체에서 해당 언어의 필요성을 느끼지 못했다고 간주한다. 1990년대에는 이러한 원초적 노력에도 불구하고 교육부는 아일랜드어와 영어를 모두 고급으로 구사하는 것을 목표로 하는 이중 언어 교육을 포기했다. 오히려 대중은 아일랜드어 사용이 아니라 아일랜드어에 대한 지식을 보유하는 것만으로 상징적 중요성을 유지하는 것에 만족한다.

아일랜드어의 사례는 흔히 히브리어와 대조된다(Ó Laloire 1996; 1999). 아일랜드어의 부활을 위한 노력이 19세기 말의 아일랜드 국가주의 운동과 연관되었듯이 히브리어는 유대인의 영토적 국가주의의 핵심적 요소였다. 하지만 그 결과는 사뭇 달랐다. 아일랜드어 사용은 지속적으로 감소하고 아일랜드가 점차적으로 영어권 국가로 변화한 것과 달리 현대 히브리어는 재활한, 재정착한, 다시 표준화된, 세속화된, 그리고 현대화된 언어로 변화했고 현재 이스라엘의 지배적인 언어가 되었다.

피시맨의 등급화된 세대 간 분열 규모상에서 19세기 히브리어는 이례적이었다. 원어민이 없었기에 8, 7, 6단계는 해당하지 않았지만 5단계에 따른 상당한 수의 고급 히브리어 사용자가 존재했고 유대인 사회 외에서는 사용되지 않았기에 4, 3, 2, 1단계에도 해당하지 않았다. 히브리어는 단지 종교적, 문학적 용도로만 보존되었다. 2천 년가량 히브리어의 보존은 지역 사회가 지원하는 교육 시스템의 책임이었고 모든 남자 아이들이 히브리어 문식 능력을 갖추도록 했다. 유대인이 사용한 토착어 중에는 히브리어에서 차용된 단어가 다수 존재했다.

1890년에 히브리어 부활을 위한 노력을 시작한 이후 50년 만에 히브리어는 현대 국가의 공용어로 사용되었다. 즉, 아이들에게 가정에서 전해지고, 모든 계층의 일상어로서 토착화되었고, 사전, 문법, 그리고 유치원에서 대학원 과정까지 교육 체계를 갖추었다는 점에서 체계화되었으며, 스포츠, 물리학, 정치학, 그 어떤 분야에서라도(Spolski and Shohamy 1999) 사용되었다는 점에서 현대화되었다. 이러한 언어 사용의 대규모 변화는 언어 변화를 일으키는 데 실패한 아일랜드어의 사례와 대조적으로 성공적인 언어 정책의 결과로 여겨진다. 따라서 이 사례는 언어 역행이나 자국 언어의 지위를 복귀시키는 데 관심을 가지는 모든 사람에게 매력적인 사례가 된다. 피시맨(Fishman 1991:291)은 이러한 예측에 대해 경고했다. 먼저, 그는 히브리어의 사례가 신성함과 문식률을 이미 갖춘 언어를 일상에서 사용하도록 하는 것으로, 재토착화만큼의 언어적 부활은 아니었다고 한다. 그것은 기존의 언어적 상호작용으로부터의 신속하고 깔끔한 변화가 강한 언어적, 국가주의적 움직임에 기반한 것으로 기적이 아니라 매우 희귀하고 우연하게 언어와 국가에 대한 이념, 엄정한 집단적 의지, 그리고 외세로부터의 거리감이 맞물린 결과라고 본다.

스폴스키와 쇼하미(Spolski and Shohamy 2001)는 일반적 언어 역행 현상(RLS)과의 차이를 강조했다. 그 현상을 2천 년이나 된 언어 변동으로부터의 역행이라고 설명하는 것이나, 계몽주의 이후 지속적으로 약화된 종교 기반의 히브리어 문식 교육을 복구시키기 위한 19세기 말의 세속화된 시온주의 운동에 기인한 것이라는 설명은 적절하지 않다. 오히려 그것은 변화의 초점을 잡기 위한 국가의 언어 선택이라는 것이다.

언어 통제를 위한 단일한 조직은 존재하지 않았다. 이 이상주의적인 운동은 동유럽에서 발전했지만 이디시어를 사용하고 소규모 농업 공동체를 형성한 동유럽 유대인에 의해 오토만 팔레스타인에서 진행되었다. 19세기 말에 그들은 교사들이 오직 히브리어만 사용하도록 요구했다(Nahir 1988, 1998). 십 년 후, 키부츠 운동의 창시자인 두 번째 사상적 시온주의 사회주의자들은 일상생활이 개방되는 노동, 농업, 공동체 사회로 변화하는 것에 대해 새로운 각오가 되어 있었다. 모든 사회활동은 새로운 언어인 히브리어를 기반으로 이루어져야 했다. 세 번째의 중요한 사건은 1906년에 첫 히브리 도시, 텔아비브가 설립된 것이다. 이곳의 학교는 언어 전파의 중추적인 역할을 했다. 1893년에 창립된 히브리 교조는 히브리어 외의 언어를 사용하는 교사는 인정하지 않았다. 1907년 팔레스타인의 노동 운동에서는 공식적인 기관지를 히브리어로만 출판하기로 결정했다. 1913년에는 격한 공적 토론 끝에 현실적으로 가능한 부분에 대해서는 과학과 기술을 포함한 3차 교육 역시 히브리어를 기반으로 이루어져야 한다고 결정했다. 결국 팔레스타인을 영국 정부가 통치했을 때 히브리어는 유대인들 사이에서 공용어로 확고히 자리잡았고 갈수록 더 많은 원어민을 보유하게 되었다. 튀르크가 장악하던 팔레스타인을 정복한 영국 정부는 영어, 아랍어와 마찬가지로 히브리어를 공용어로 지정하게 되었다.

추후 20년간 팔레스타인은 영국의 지배하에 있었고 그 동안 정부에서는 영어를 주로 사용하면서 히브리어와 아랍어는 사람들 사이에서 널리 쓰였다. 이 시기의 새로운 이민자들은 유대인 사회에 합류했고 이념적, 실용적인 이유로 히브리어를 습득해야만 했다. 히브리어는 반시온주의 학교와 예시바를 제외한 모든 학교에서 통용되었고, 예루살렘의 히브리 대학과 하이파 테크니온Haifa Technion에서도 마찬가지였다. 신문은 계속해서 여러 언어로 출판되었지만 핵심적인 유대인 신문은 히브리어로 되어 있었다. 1930년대에 이르러서는 상당한 수의 히브리어 원어민이 존재하게 되었다.

1948년, 영국령의 일부에서 벌어진 이스라엘의 건립은 언어 정책에 있어서는 큰 변화를 일으키지 않았다. 새 정부는 영어의 공용어 자격을 박탈시켰다. 유대인 학교와 대학들은 계속해서 히브리어를 통해 교육을 진행했고 정부의 활동 역시 영어보다는 주로 히브리어를 사용하게 되었다. 히브리어에 대한 지식 없이 이민한 많은 사람들에게는 히브리어를 공부하도록 독려했고 직업상의 자격이 있는 사람에게는 정부 지원하에 5개월의 풀타임 히브리어 집중 교육 프로그램인 울판 ulpan을 제공했다. 이민자의 자녀들은 학교 시스템 내에서 히브리어를 자연스럽게 습득했다.

아일랜드어는 정부의 공식적인 지지를 얻기까지 30년이 걸렸다. 히브리어는 50년이 걸렸지만 그 시간 동안 언어 부활에 있어 전례 없는 성과를 이루어 냈다. 이것이 무엇을 의미하는지 명확히 할 필요가 있다. 부활한 언어는 다른 방식으로 변화한 언어와 어휘뿐 아니라 음운론적, 문법적 차이를 보인다. 이는 부활한 언어를 사용하는 사람들이 다양한 언어를 사용하기 때문인데 어린 나이의 언어 습득, 그리고 히브리어 사용자가 된 이민자들의 다양한 모국어에 의한 것이다.

언어 운영에 있어 중요한 한 가지 결정은 독립 직전에 내려졌다. 유대인 학교에서는 히브리어를 사용하고, 아랍어권 구역에서는 아랍어를 사용하는 등 각 학교가 학생들 중 다수가 사용하는 언어를 교육의 수단으로 삼아야 한다는 것이었다. 즉, 처음부터 이스라엘은 아랍어를 사용하는 소수 집단을 위해 2차 학교 마지막 학년까지의 모든 학생을 위한 지침을 마련했다. 실제로 이 정책을 적용하는 데에는 어려움이 따랐다(Amara and Mar'I 2002). 역설적으로 이 이스라엘의 시스템은 북아프리카 아랍 국가들보다 아랍 국가들로부터 더 많은 지지를 받았는데, 이는 북아프리카 아랍 국가들이 중등 교육 단계에서 프랑스어로 바꿔야 할 필요를 느꼈기 때문이다. 그러나 이스라엘의 공적 생활에서 히브리어는 지배적이다. 아랍어의 공식어로서 지니는 명목적 지위는 공적인 신호에서 찾아볼 수 있지만 대부분 공용어가 아닌 영어와 함께 사용한다. 1990년대 구소련으로부터 이루어진 1백만 명가량의 인구 유입의 결과는 길거리와 신호에서 더욱 널리 사용된 러시아어로 반영되었다.

히브리어의 부활이 가져온 결과 중 하나는 아랍어를 제외하고 다른 언어들이 위기에 처했다는 것이다. 유대인의 언어는 수세기의 디아스포라와 외부의 비유대인 이민자들의 언어를 통해 발전했는데, 그것이 점차 사라지고 있는 추세이다. 이를 통해 히브리어의 부활은 '성공'했다고 볼 수 있는데, 여기에서 성공이란 대부분의 민족 국가가 선호하는 것과 같이 한 국가에 한 언어만 존재하도록 함을 의미한다.

그럼에도 이스라엘을 단일 언어 국가라고 단정할 수도 없다. 첫째, 다양한 언어가 실생활에서 사용되고 있다. 둘째, 가장 큰 소수 민족의 언어인 아랍어가 존재한다. 셋째, 다양한 국가로부터의 증가하는 이민자들로 인해 언어적, 문화적 다원주의에 대해 지속적으로 논의하고 있다. 넷째, 영어의 세계 공용어로서의 영향력이 커지고 있고, 이것이 다수의 영어를 사용하는 이민자들과 국외의 영어를 사용하는 공동체와의 교류에 의해 뒷받침되고 있다.

아일랜드와 이스라엘이 같은 문자를 사용하고 언어 부활을 위한 그들의 노력이 동시대에 이루어졌다는 점을 제외하면 이 두 사례에서는 공통점보다 차이점을 더 많이 찾아볼 수 있다.

**스페인의 카탈로니아와 바스크어, 퀘벡의 프랑스어**

이 세 사례는 정치적 맥락을 공유하는데, 이 언어들은 소수 언어로서, 지역의 민족 집단이 자치권을 부여받기 위해 집중적으로 사용한 수단이었으며 이후 정부 지원을 받는 대규모의 집단으로 성장할 수 있게 한 동력이었다.

영국과의 전쟁에서 프랑스의 패배로 인해 캐나다에는 이중적인 양상이 펼쳐졌다. 프랑스어를 주로 사용하던 퀘벡, 특히 몬트리올은 이민자들로 인해 2개의 언어를 사용하게 되었다. 1940년대에 2개의 주요 종교 집단(천주교와 개신교)은 1867년의 헌법을 통해 2개의 차별화된 학교 시스템을 보장했고, 영어를 사용하는 공동체와 프랑스어를 사용하는 공동체를 각각 유지할 수 있었다. 사업 부분에서는 영어 사용자들의 영향력이 지배적이었기 때문에 프랑스어 사용자들만 이중 언어를 필요로 했다. 이후 15년 동안 경제적 상황이 나아졌지만 프랑스어 사용자들이 영어의 지배력에 대해 경각심을 품기 시작했다. 1960년부터 1970년까지의 10년은 조용한 혁명의 기간이었다. 이 동안 지방 선거 시스템을 개혁하기 위한 시도가 이어졌고 프랑스어 고등 교육의 산업화와 발전이 국영화되었다. 이 시기가 끝나갈 무렵 많은 퀘벡 국가주의자들은 이민자들이 교육의 언어로 영어를 선택한다는 점을 지적했다. 1970년의 선거에서 퀘벡 국가주의는 저력을 보였다. 1973년의 선거 이후 법22조는 프랑스어를 퀘벡의 공용어로 인정했고, 이곳의 직장에서 프랑스어 사용을 독려하기 위한 정부 기관을 신설했다. 영어에 능통한 학생만 영어를 사용하는 중학교에 진학할 수 있었다. 언어 문제가 중점이 된 선거가 끝난 뒤 퀘벡당은 프랑스어 헌장과 같은 법101조를 채택했다. 국회나 법정에서 프랑스어는 유일한 공용어가 되었다. 또한 부모 중 한 쪽이라도 퀘벡에서 영어로 된 중등 교육을 받았어야만 영어를 사용하는 학교에 입학할 수 있었다. 산업체는 홍보 목적으로는 프랑스어만을 사용할 수 있도록 했다.

이에 대해서는 영어 사용자들의 반발이 있었고 다수의 젊은 고학력 영어 사용자들이 이 지역을 떠나게 되었다. 1980년대에 퀘벡은 연방 대법원으로부터 법101조에 대해 시정 명령을 받았다. 1990년대 초에는 법101조가 성공적으로 이민자들의 자녀를 프랑스어를 사용하는 교육체계로 끌어들였다는 것을 확인할 수 있었다. 한편, 퀘벡에서의 영어를 사용하는 교육은 계속되었다. 직장에서 프랑스어의 사용 빈도는 증가했고 프랑스어 사용자들의 경제적 지위가 향상되었다. 프랑스어는 지배적인 언어가 되었지만 영어는 여전히 문자 언어로써 굳건히 존재했다.

피시맨(Fishman 1991: 316-18)은 세기말 퀘벡의 프랑스어 지지자들은 여전히 영어로부터 상당히 위협받는다고 느꼈고 법101조를 위해 투쟁할 준비가 되어 있다고 지적했다. 10년 후 보리스(Bourhis 2001:133)는 이 견해에 동의했고 언어 정책을 통해 프랑스어 사용자들이 '의미 있는 이익'을 얻은 것이 분명하지만 여전히 인구 통계학적으로 프랑스어 사용자가 소수자이기 때문에 위협을 받고, 동시에 영어 사용자는 수가 감소하고 있기 때문에 불안해하는 양상을 보인다고 했다.

퀘벡과 카탈로니아의 가장 큰 차이는 퀘벡의 영어권 이민자들이 수적으로는 소수였지만 정치적, 경제적으로 더 강력한 집단이었던 반면 경제적 이유로 카탈로니아로 이주한 스페인어권 이민자들은 카탈로니아 사람들에게 계속해서 정치적, 경제적으로 지배받았다는 점이다. 피시맨(Fishman 1991: 319)에 따르면 1986년에 이르러서는 카탈로니아에 거주하는 대부분의 인구가 카탈로니아어를 구사할 수 있었다. 카탈로니아 사용자들은 매니저나 상점 소유주, 그리고 부유층과 같은 고위직을 차지했다.

카탈로니아어는 충분히 현대 언어로서의 지위를 갖추었기 때문에 스페인 제2공화국으로부터 공동 공용어의 지위를 부여받았지만 프랑코에 의해 카탈로니아어의 공식적 사용은 제한되었다. 이 지역이 1979년에 자치권을 획득했을 때 언어에 대한 기능적 제도화가 이루어졌고 카탈로니아어 사용자의 문해 재구축, 그리고 수동적 능력을 지닌 스페인어 사용자들이 적극적으로 카탈로니아어를 사용하도록 해야 했다. 카탈로니아어는 초등학교와 중학교에서 의무 교육의 대상이었다. 1983년에 채택된 언어 표준화를 위한 법은 모든 정부 부처에서 카탈로니아어에 스페인어와 동등한 지위를 부여했고, 언어 정책 총국을 세워 언어 운영에 앞장서도록 했다. 스페인어 사용자들이 헌법으로 보호되었기 때문에 표준화 정책은 조심스럽게 다루어져야 했고, 퀘벡에서 영어를 약화시키기 위해 했듯이 법률적인 수단을 동원할 수는 없었다. 스터벨(Sturbell 2001)은 카탈로니아어를 읽고 말할 수 있다고 주장하는 사람의 수가 증가했다고 한다. 그러나 그는 스스로의 판단을 보류했고 카탈로니아어가 완전히 복구되려면 언어 정책을 다시 표준화하기 위한 공적 담론이 요구된다고 했다.

바스크어는 스페인어와 경쟁 구도에 있다는 것과 스페인어로부터 지역적 자치권이 부여된 정부의 지원을 받는다는 점에서 카탈로니아어와 유사하다. 동시에 바스크어는 강경한 바스크 국가주의와 분리주의로 인해 그 지위가 위태롭다는 특징을 지닌다. 바스크어 사용자들은 스페인 내 3개의 주를 차지하는 바스크 자치 공동체의 1/4정도를 구성한다. 인근 지역인 나바르와 프랑스에도 바스크어 사용자들이 존재한다. 역사적으로 바스크어는 정부, 문학, 또는 학문적 용도를 위한 언어로 잘 사용되지 않았다. 고립된 지방에서만 토착어로써 사용되었고,

바스크어 사용자들은 근대화와 교육을 목적으로 스페인으로 이주한 사례가 많았다.

자신의 통치에 따르지 않는 바스크어 사용자들을 거칠게 다룬 프랑코 사후 중앙 정부는 빠르게 자치법을 마련했고 1979년에 이르러서 바스크 정부가 형성되었다. 1982년에 바스크 정부는 바스크어 표준화 기본법을 채택했고 이는 바스크어를 스페인어와 같은 지위를 부여하는 것을 의미했다. 피시맨(Fishman 1991: 152)은 표준화가 가장 정확한 표현은 아니라고 말했는데, 그것은 이 행동이 스페인어를 통해 이미 수행되고 있던 기능들을 바스크어에 옮긴 것이기 때문이라고 한다. 바스크어의 당시 상태를 고려하면 이 일은 상당한 규모의 것이었다. 대부분의 전통적인 언어는 구전되었고 바스크 언해에 대한 대중의 지지가 부족했다. 자연스러운 언어의 세대 간 전승은 소규모 마을에서만 이루어졌다. 프랑코 시기에 바스크어는 금지되었기에 바스크어를 사용하는 교사의 수도 부족했다. 1986년의 학생 중 20%가 바스크어 특성화 학교, 또는 준특성화 학교에 등록했고 공립 이중 언어 학교의 진학률 역시 증가했다. 이 아이들의 대부분에게는 여전히 스페인어가 지배적인 언어로 남아 있었다.

스페인 헌법으로 인해 바스크 정부는 채용을 위해 바스크어에 대한 지식을 요구할 수 없었지만 이중 언어를 점차 장려하는 방식으로 나아갔다. 지역명은 바스크어로 쓰여 있었고 정부 서류에서도 사용량이 증가하는 모습을 보였다. 몇몇 신생 대학은 바스크어로 수업을 진행하기도 했다. 피시맨(Fishman 1991)은 바스크 정부의 자치 공동체에서 진행한 언어 관리 활동이 언어의 존속에 희망을 불어넣었다고 보았다.

10년 후 아주르먼디 외(Azurmendi et al. 2001)는 피시맨의 설명에 다른 지역에 대한 정보를 추가했다. 나바라 자치 공동체는 1986년에 바스크 정부의 법을 채택했고 3개의 언어 구역을 만들었는데, 이 중 하나에서는 인구의 75%가 바스크어를 사용했고 정책을 통해 두 언어 모두에 공용어로서 지위를 부여하면서 바스크어 유지를 위해 노력했다. 전체적으로 바스크어 사용 인구가 증가했다는 것은 확실하다. 물론 바스크어만 사용하는 인구는 반절이 되었지만 언어의 실제 사용자와 잠재 사용자인 이중 언어를 사용하는 사람의 수는 증가했다. 요약하자면 언어의 사용보다는 언어에 대한 지식이 증가했다고 볼 수 있다. 자연스러운 언어의 세대 간 전승은 크게 증가하지 않았다. 정치적 힘의 중요성으로 인해 바스크 자치 공동체 이외의 지역에서 바스크어는 여전히 취약했다.

헬러(Heller 1999)는 언어적 소수자들은 퀘벡과 카탈로니아의 사례처럼 이중 언어를 어쩔 수 없이 수용하지만 이념적으로는 프랑스 혁명에서 선언한 것과 같이 단일 언어의 국가를 추구하고 그저 누가 통치를 할지에 관해서만 논쟁하기를 바란다고 주장했다.

### 언어 전이를 되돌리기 위한 정치적 노력

피시맨(Fishman 1991)에서 다루어진 다른 사례에는 정치적 독립을 얻지 못한 소수 민족 집단이 지닌 세력의 정도에 따라 성공의 정도가 상이하게 나타난다. 따라서 내적 동기만 중요한 것이 아니라 다수 집단의 정부가 자신의 활동을 인식하고 지원하도록 설득하는 것이 중요하다.

## 프리지아어와 마오리어

피시맨(Fishman 1991: 149)은 프리지아어를 바스크어와 같은 부류로 묶었는데, 서양의 민주 국가 내에 존재하는 토착 소수 민족이라는 공통

점에 근거했다. 특히 이 지역들은 풍요로워 이민자들이 매력을 느끼는 지역이다. 프리슬란트는 네덜란드 동북부의 지역으로 60만 가량의 인구를 지니고, 이 중 절반 이상이 모국어로 프리지아어를 사용한다 주장하고, 75%가 그 언어로 말을 할 수 있다고 한다. 지방 정부가 존재하지만 바스크와 같이 문화적 분야에서 자치권을 지니는 것은 아니다. 그런 이유로 프리지아어를 마오리어와 함께 다루어 보고자 한다.

피시맨(Fishman 1991)은 프리지아어에 대한 위협 요소로 프리지아어를 모르는 이민자, 프리지아어 사용자와 독일어 사용자 간의 혼인(50% 이상), 프리지아어보다 독일어를 선호하는 아이들의 경향, 프리지아어 사용자들의 이촌향도 현상으로 인한 독일어의 변화 등이 있다고 한다. 프리지아어 보존을 위한 노력도 있었다. 극장과 그 외 문학과 같은 문화적 활동, 교회에서의 사용, 성인 언어 교육을 위한 소규모 프로그램, 과목으로서 프리지아어 교육을 위한 모금, 직장에서의 사용, 짧은 시간의 라디오 방송, 정부에서 사용하도록 하기 위한 다양한 노력, 그리고 고등 교육에서의 드문 사용 등이 있다.

10년 후 고터(Gorter 2001)는 중요한 변화에 대한 보고를 했다. 1985년 프리슬란트 지역 의회는 언어 계획에 대한 보고서를 채택했는데, 그 내용은 프리슬란트 내의 공적 행정이나 법률 관련 상황에서 프리지아어에 독일어와 동등한 지위를 부여하도록 하는 것이었다. 중앙과 지방정부 간의 4년에 걸친 협상 끝에 타협점을 찾았으나 이는 별도의 법이 존재하지 않는 한 모든 행정은 독일어로 이루어져야 한다는 대법원의 결정에 의해 무산되었다. 프리지아어는 유럽의 소수, 지역 언어를 위한 헌장에 의해 네덜란드 토착의 소수 언어로 인정받았고, 그 결과 언어 유지 활동을 위한 기금이 마련되었다. 1990년대의 노력은 독일어를 네덜란드의 언어로 지정하는 헌법을 개정하기 위한 2/3의 인원을 만족시키지 못해 부결되었지만 독일어를 행정을 위한 언어로 사용하되 프리지아어 사용을 위한 일부 조항을 포함한 법안을 통과시켰다. 고터는 프리지아어 사용자의 절대적 수와 그 능력은 안정적이라고 했으나 언어가 가정에서는 덜 사용되고 있으며 이중 언어 사용의 비중이 늘고 있다고 했다. 학교에서의 발전은 미미했으나 1993년 중학교의 첫 단계에서 프리지아어를 의무 교육으로 만든 것은 효과가 있었다.

마오리어는 피시맨(Fishman 1991)에서 한 장의 단독 분량을 차지했다. 많은 차이점이 존재하지만 프리지아어와 같이 묶은 이유는 두 사례 모두 분리주의나 정치적 독립을 목표로 하지 않은 정치적 행위에 의해 토착어를 부활시키기 위한 노력이 나타났다는 것이다.

두 언어 사이에는 물론 중대한 차이들이 존재한다. 프리지아어는 이론적으로는 독일어와의 언어적 관계로 인해 소수 언어라기보다는 스웨덴의 스카니아어와 같이 방언으로 다루어졌다. 반면, 마오리어는 사모아어, 통가어, 하와이어와 같이 폴리네시아어 계열이고, 영어와는 명백히 다르다. 프리지아어는 이웃 언어와 비슷하지만 마오리어는 민족적(문화적, 외양적)으로 차이가 난다. 두 사례의 언어 정책의 과제는 공통적으로 정치적, 민족적 활동이 언어 관리에 어디까지 영향을 미쳤는가, 그리고 언어 운영이 언어 사용과 언어 역행 변화에 얼마나 영향을 미쳤는지를 파악하는 것이다.

유럽인들의 침범 이후 마오리 언어가 겪은 운명의 변화는 두 집단 사이에 이루어진 끊임없는 협상에 의한 것이라 보아도 무방하다(Spolski 2003). 두 집단이 접촉한 초기에 마오리족은 새로운 이념과 물건, 그리고 외부 세상에 대해 알고자 했기에 선교사들로부터 영어를 적극적으로 배웠다. 이러한 친선관계는 영어권 이민자 수가 증가한

1840년을 거쳐 1860년대 영토에 대한 전쟁이 발발하기 전까지 유지되었다. 전쟁 이후 정부는 선교 학교를 직접 운영했고 마오리어를 교육의 수단으로 삼고 정부와 마오리 지도자 모두 영어로 전환하기 위해 노력을 기울였다. 이것은 하루아침에 일어난 것이 아니고 20세기 초반 마오리족이 도시 지역으로 이주하면서 대규모의 마오리어 소실이 이루어졌다(Benton 1991).

남아 있는 마오리어 사용자가 40대를 넘어가고 몇몇 아이들만이 이 언어를 배우며 성장하는 언어의 위기에 마오리어 부활 운동이 시작되었다. 와이탕이 의회의 조약은 마오리어 보호를 위한 조약을 추가하게 되었고 마오리 언어법은 마오리를 공용어로 지정하면서 마오리언어위원회를 설립했다.

이러한 법적 절차와 더불어 마오리어 교육 프로그램도 성장했다. 1979년 성인 대상 언어 교육을 중시한 테 아타랑이 운동이 그 시작이었다. 그다음에는 조부가 조손에게 언어를 사용하게 하는 코항가 레오 운동이 있었다. 이는 급속도로 전파되었는데, 1980년대에 시작된 두 프로그램은 1988년에는 520개, 1994년에는 819개로 불어났다. 성공에 정도의 차이는 있었지만 코랑가 레오는 언어 행동주의의 초점이 되었다. 마오리어를 모르는 대부분의 부모 세대는 주립 학교에서 마오리어를 가르치도록 요구했고, 만족스럽지 못한 경우 쿠라 카우파파 운동의 일환으로 직접 사립학교를 설립하기도 했다. 1997년에 이와 같은 학교는 44개에 달했고 마오리어를 이용하고 영어 수업이 주당 몇 시간으로 제한된 중등 교육 프로그램도 포함되어 있었다. 이중 언어와 몰입 수업은 주립 학교에서도 제공되었고 1998년에는 472개 학교의 3만 명 이상의 학생이 마오리어를 이용한 어떠한 형태의 교육이든 받았다.

피시맨(Fishman 1991)은 이 모든 발전이 쿠라 카우파파 마오리가 아직 소규모였고 정규 학교 프로그램이 적었을 때부터 시작되었다고 본다. 피시맨은 이러한 교육이 가정과 공동체 내에서의 언어 사용에는 변화를 주지 못하고 그저 수동적인 지식을 지닌 아이를 만들어 내게 된다는 점을 걱정했다. 따라서 1989년에 이러한 발전에도 과거와 같이 언어가 세대 간 전승될 일이 없을지 모른다는 우려를 표했다.

벤튼과 벤튼(Benton and Benton 2001)은 다음 10년 동안의 활동을 파악했다. 1996년의 통계는 마오리어를 아는 인구의 절반이 25세 미만임을 나타내 새로운 교육 프로그램의 효과를 입증했다. 그러나 아이들이 일상생활에서는 이 언어를 잘 사용하지 않는 것으로 나타났다. 학교에서의 사용과 거리가 있는 마오리 문학의 발달이 없었던 것이다. 지속적으로 문서나 자료에 대해 마오리어로 접근하도록 압박을 받은 공적 부분을 제외한 직장에서의 마오리어 사용은 파악하기 어려웠다. 요약하자면 마오리어의 전망은 아직도 낙관적이지 못했다.

1990년대 말에 정부 정책과 관련된 여러 중요한 발전이 있었다. 1997년부터 일련의 취업 서류는 마오리어 부서에 속해 있는 소규모 언어 계획 집단에 의해 작성되었고 내각에 제출되었다. 그 결과 정부는 마오리 언어 정책의 다섯 가지 목표에 동의했다. 더 나은 학습의 기회, 높은 언어에 대한 전문성, 더 많은 사용 기회, 언어의 구축과 현대화, 그리고 언어에 대한 개선된 인식이 있다. 1998년에 이러한 목표들은 번역되어 정부와 비정부 단체의 활동 지침이 되었다. 또한 마오리어로 된 라디오 방송과 TV 프로그램 공급에 대한 수요가 계속되었다. 언어 변화에 대해 저항하는 가장 핵심적이고 언어 재활에 필수적인 조건은 만족시키지 못하지만, 교육과 정치 분야의 노력은 언어를 회복하고 그 지위를 향상시키는 데 중요한 역할을 하고 있다(Spolski 2003).

**미국의 소수자 언어, 스페인어·나바호어·이디시어**

피시맨(Fishman 1991)은 미국 내의 언어적 소수자로 스페인어, 나바호어, 이디시어 사용 집단을 제시한다. 사실 이는 셋 이상의 집단을 가리키는데 이디시어는 일반 이디시어와 초정통주의 이디시어로 나뉘고 스페인어도 출신 국가나 현재 지역에 따라 큰 차이를 보인다.

2000년에 이루어진 미국의 인구 조사에서는 3천5백만 명이 히스패닉 또는 라디노 계열이고, 2천만 명이 멕시코인, 5백만 명이 푸에르토리코인, 1백2십만 명이 쿠바, 그 외 천만 명이 존재한다고 나타났다. 스페인어 사용자들이 미국 인구의 10%를 차지하고(6세 이상), 뉴멕시코, 텍사스, 캘리포니아, 애리조나, 플로리다, 네바다, 뉴욕, 뉴저지에서는 이보다 수치가 높다. 스페인어는 미국에서 영어 다음으로 가장 영향력이 큰 언어인 것이다. 하지만 피시맨(Fishman 1991)은 스페인어 사용자들이 하나의 문화적, 민족적 기반을 두고 있는 것은 아님을 분명히 했다. 남서쪽에 자리잡은 멕시코계 미국인은 스페인 식민 지배 시기의 상위 계급부터 최근의 중하위층까지 넓게 분포한다. 푸에르토리코 사람들은 주로 보스턴과 워싱턴까지의 도시 지역에 자리잡았는데 정착한 지 오래되지 않았고 빈곤층을 이루는 경우가 많다. 플로리다 남부의 쿠바인들은 단단하고 부유한 중산층을 형성한다. 캐리비안, 중앙아메리카, 또는 남아메리카 사람들은 푸에르토리코 사람들과 같이 비교적 최근에 정착한 빈곤층이다. 쿠바인들을 제외하고는 유색인종이라는 차별에 맞서야 했다.

스페인어 사용자 수가 증가하기는 했지만 동시에 영어 사용자도 증가했다. 추가적인 이민 없이 스페인어 사용자의 수는 급속도로 감소할 것이다. 대부분의 히스패닉 계열 성인은 스페인어를 능숙하게 구사할 수 있지만 미국에서 한 세대를 거치면서 아이들의 스페인어 능력은 계속해서 감소하는 양상을 보이고 있다. 스페인어 문해율을 증가시키기 위한 사회적 노력은 거의 이루어지지 않았다. 언어 유지를 위한 교육 분야의 노력은 주로 시민권에 의한 프로그램으로 이중 언어 교육과 관련이 있었다. 피시맨(Fishman 1991)은 미국에서의 스페인어 유지는 이민의 지속성에 달려 있다고 결론지었다.

십 년 후 푸에르토리코 사람들을 조사하자 가르시아, 모린, 리베라(Garcia, Morin, Rivera 2001)는 영어로 많이 전환했음에도 이 집단들이 사회적, 문화적 융합을 이루지 못했고 소수자 집단의 낙인이 남아 지속적인 차별의 대상이 되었음을 알 수 있었다. 뉴욕의 학교 프로그램 중 이중 언어 프로그램에서 스페인어를 사용하지 않는 학생들은 사실 대부분 2, 3세대 푸에르토리코 출신이다. 이러한 프로그램이 언어 손실에 대해 어느 정도의 대안이 되기는 했지만 푸에르토리코 공동체의 시선은 긍정적이지 않았다.

스페인어는 미국 내에서 가장 큰 소수 언어일 뿐 아니라 독립 이전에 이미 미국에서 사용되고 있었고 이민에 의해 확대된 프랑스어나 독일어를 대표한다고 볼 수도 있다. 언어 역행 현상을 연구하기 위해 피시맨(Fishman 1991)이 선정한 두 번째 언어는 나바호어다. 나바호어는 토착어 중 가장 많은 사용자들이 존재하기에 미국의 토착어에 대한 대표성을 지닌다. 사용자의 수 그리고 미국 남서부에 고립되어 있다는 특징으로 인해 나바호가 가장 토착어를 잘 보존하고 있을 것이라 여겨졌다. 그러나 1980년대 말 나바호 지역의 절반은 더 이상 나바호어를 사용하지 않았다.

1990년의 미국 인구 조사는 총 22만 명의 나바호 사용자가 존재하고 그중 15만 명은 보호 구역 내에 있다고 보고했다. 제2차 세계 대전 이전에 나바호족에게는 영어 사용이 제한적이었지만 1970년대 중반에는 대부분 두 언어를 할 수 있었고 약 10%는 이미 영어밖에 사용하지 못했다. 입학하는 아이들의 대부분이 나바호어 사용자였던 것은 사실이나 영어로 교육받으면서 나바호어는 기초적인 수준밖에 구사하지 못하는 학생들이 늘고 있었다(Spolski 1975).

나바호어 문해는 몇몇 교회와 나바호어 사용자의 이중 언어 학교에서만 지원되었다. 학교는 세 집단으로 나뉘었다. 기숙학교는 연방 인디언 담당국에 의해 운영되었다. 공립학교는 지역별로 4개의 주 교육위원회(애리조나, 뉴멕시코, 콜로라도, 유타) 중 하나가 관리했고, 세 번째 집단은 사립학교이다. 이들은 연방 정부와의 계약을 통해 설립되고 지역의 학부모들에 의해 운영되었다. 나바호 민족의 부족의회는 교육 분야를 직접 지배하지는 않았다. 처음부터 나바호 보호구역의 학교에서는 엄격한 영어 정책이 펼쳐졌고 나바호어 사용을 강력히 통제했다(McCarty 1998). 1970년대에는 법률 제7조 프로그램의 지원으로 이중 언어 교육을 하는 몇몇 학교들이 나타나기도 했고, 소수의 사립학교만이 심화된 나바호어-몰입 프로그램을 보유했다.

리와 맥롤린(Lee and McLaughlin 2001)은 나바호어에서 영어로의 변화에 대해 자신들이 비관론적, 때로는 운명론적인 견해를 보인 것에 대해 사과했다. 1992년에 헤드스타트 프로그램에 참여한 나바호 아이들의 절반은 영어 사용자였다. 이듬해에는 나바호족 유치원생의 1/3이하만이 나바호어를 유창하게 구사할 수 있었다. 몇몇 학교만이 나바호어 중급 과정을 진행했고, 이미 존재하던 나바호어 수업은 국가고시에 맞추어 수업을 진행하기 위해 사라지는 추세였다. 나바호족의회가 한때 순수한 나바호족을 상징했다면 이후에는 영어와 나바호어, 두 언어를 혼용하기에 이르렀고 결국 영어가 회의에서 중추적인 역할을 맡게 되었다.

20여년 전까지만 해도 나바호어가 강건했던 사립학교에서도 나바호어 교육의 양과 질이 감소했다. 최근의 연구(McCarthy 2002; Spolski 2002b)는 영어로의 변화를 돌이킬 수 있다고 보지만 현실화되기 위한 그 어떠한 움직임도 현재는 보이지 않는다.

결국 두 사례에서 모두 언어 역행을 위한 노력의 효과가 미미하다는 결과가 도출된다. 스페인어 사용자와 나바호어 사용자 모두 언어 역행을 위한 동기, 힘 어느 하나도 충족시키지 못했던 것을 보인다. 그 결과 두 언어의 미래는 불투명해졌다. 그러나 최근 미국 내에서 스페인어 사용자들의 정치적 지위가 상승하고 있음이 보여 준다. 예를 들어 공직을 위한 유세에서 최근에는 스페인어로 연설을 하는 경우가 있다고 한다. 또한 공화당이 행정 명령 13166호를 돌이키지 않은 이유도 캘리포니아, 애리조나, 플로리다와 텍사스 등 정치적으로 중립인 주들에 거주하는 언어적 소수자들의 표를 얻기 위한 것이었다. 정치적 힘은 존재하지만 언어 유지를 위해 행동하지는 않는 것이다.

피시맨(Fishman 1991)이 선택한 세 번째 언어는 이디시어로 독립 이후의 이민자들을 대표한다. 독일어나 스웨덴어와 같은 다른 이민자 언어와 마찬가지로 이디시어는 새로운 이민자들로부터 의미 있는 지원을 기대하기 어렵다. 하지만 이디시어는 다른 두 언어보다 더욱 위태로운 위치에 있었는데, 그 이유는 이디시어의 민족적, 문화적 기반이 된 동유럽 지역이 나치에 의해 궤멸된 것과 1930년대부터 1980년대까지 지속된 소련의 이디시어 억압이 있었기 때문이다(Fishman 1991:193). 미국에는 2개의 이디시어 사용자 공동체가 존재한다. 하나는 주로 외국에서 태어난 이민자와 그들의 자녀로 이루어져 있다. 이들 중 오직 소수만이 이디시어를 지지하고 언어와 그 문화를 보존하기 위해 노력한다. 언어 유지를 덜 의식하지만 더욱 성공적으로 해낸 집단은 15만 명 정도의 초전통주의(근본주의) 유대인이다. 특히 자신들의 정체성을 유지하기 위해 이 언어를 가정, 학교 공동체에서 사용하는 하시딕 집단의 언어 보존력이 뛰어났다.

하시딕을 포함한 거의 모든 이디시어 사용자들은 영어를 사용할 줄 안다. 주로 19세기에 발달한 이디시어 고급 문학은 세속주의자들 사이에 보존되었고 그것을 유지하고 가르치기 위한 노력이 계속되었다. 근본주의 이디시어 사용자 사이에서는 히브리어로 된 신성한 문학이 중요한 것이고 여학생에게 이디시어로 된 문학을 가르치는 프로그램에서는 세속적인 내용을 피하기 위해 노력했다. 남녀 하시딕 아이들을 위한 교육은 각 지역의 언어 정책을 따르면서 분리된 학교에서 제공되었다. 남자 아이들에게는 이디시어로 진행되는 수업에서 전통적이고 종교적인 히브리, 아람 문헌을 학습하는 데 하루의 대부분을 보낸다는 것을 의미하고 오후의 몇 시간은 영어로 세속적인 학문을 배운다는 것이다. 남자 아이들과 다르게 여자 아이들은 종교적 문헌을 공부하지 않기에 더 많은 시간을 영어로 배우는 세속적 학문에 투자했고 이디시어를 체계적으로 학습할 기회가 많았다. 두 이디시 공동체는 이념과 생활면에서 완전히 별개의 집단이었다.

피시맨(Fishman 2001)은 속편을 냈다. 계속되는 감소에도 이후 10년간 세속적 이디시어를 지원하는 활동이 지속되었다. 문화적, 문학적 운동과 토론이 이루어져 소규모이지만 영향력 있는 집단이 언어에 대한 이념적 지지를 나타냈고 몇몇 젊은 사람들이 이 언어를 계속해서 배우고자 하는 의지를 보였다. 반면 근본주의 이디시어 사용자의 수는 계속해서 증가했고 미국에서만 약 30만 명에 달하게 되었다. 다양한 유대인 집단 간의 결혼으로 인해 초전통주의 집단은 계속해서 그 중요도가 상승할 수밖에 없었다. 종교적 문헌이나 지역 신문에서도 이디시어의 성장이 관찰되었다. 모든 연구 대상 언어 중에서 이디시 정통주의의 성공은 위기의 언어가 언어 역행에 성공할 가능성이 있다는 것을 의미했다.

이 사례는 궁극적으로 피시맨(Fishman 1966)의 이론 중 몇 가지를 증명해 준다. 계속되는 이민이 소수 언어 사용자의 수를 유지시켜 줄 것이지만 언어 사용자의 수는 그것 자체만으로는 언어 유지를 보장하지 못한다. 물리적 고립은 도움을 줄 수 있지만 현대 사회에서는 그 효과가 사라지는 추세이다. 언어 중심의 이념적 소속감은 언어 유지의 문제를 화두에 두었지만 언어 변화를 막지는 못했다. 언어가 민족적, 종교적 운동의 핵심 화제가 되고 정치적 힘을 얻지 못하는 이상 언어 운동은 성공적이지 못할 것이다. 이념적 지지를 바탕으로 언어뿐 아니라 한 공동체를 다른 현대 문명으로부터 절단시키려는 종교적, 분리주의적 운동을 기반으로 해야 소수 언어가 외부 사회에 만연하는 지배적 언어로부터 독립된 정체성을 유지할 수 있을 것이다.

### 호주

피시맨(Fishman 1991)이 선정한 사례들은 거의 다 특정 국가의 소수자 언어를 다루었다. 그러나 그중 한 장에서는 호주라는 하나의 국가 내에 존재하는 두 집단에 대해 다루었다. 호주에서는 토착 언어와 제2차 세계대전 이후의 이민자 언어를 기반으로 다양한 활동이 이루어졌다. 이 두 단체를 함께 살펴본 이유는 언어적 이익에 있어 민족 공동체, 외국인 교사, 영어와 글쓰기 교사 그리고 언어학자와 같은 면에서 협동을 이루었고 1987년 호주의 국가적 언어 정책에 성공적으로 영향을 주었기 때문이며(Lo Bianco 1987) 1990년대에는 12명 중 한 명 정도는 가정에서 영어가 아닌 언어를 사용했는데, 여기에는 호주의 인구 통계학적 변화가 반영되었다. 유럽인들이 호주 원주민을 150년가량 학살했다는 것은 널리 알려진 사실이다. 이 기간에 원주민의 수는 25만에서 8만으로 줄었다. 지난 50년간 처우와 환경이 좋아졌지만 피시맨(Fishman 1991: 254)은 호주의 원주민들에게서 세계에서 가장 높은 알코올 중독, 질병, 차별적 구속 및 처벌, 실직, 자살 등의 개인적, 사회적 혼란의 징후가 나타난다는 것을 발견했다. 최초의 접촉 당시에는 270여 개의 호주 원주민 언어가 존재했으나 현재는 80%가량이 사라지거나 사용자가 백 명 이하로 남아 있다. 18개의 언어만이 5백 명 이상의 사용자를 보유하고 있다. 따라서 대부분의 언어는 남아 있는 몇 안 되는 사용자들로부터 언어에 대한 정보를 기록하고 분석하는 활동밖에 할 수 없다. 여러 세대에 걸친 공동체는 남아 있으나 재정착 정책과 원주민들이 처한 가난에 의해 언어 역행 변화 활동은 없었다고 보아도 무방하다. 원주민들이 주로 거주하는 교외 지역에 분포하는 소수의 공동체에서는 3% 정도의 원주민을 위한 환경을 조성하려고 노력한다. 극소수의 공동체에서만 성인 대상 문해 프로그램을 진행한다. 문화를 중시하는 몇몇 원주민 사립학교가 존재하기는 하지만 이들의 중심은 언어에 있는 것이 아니고 그 중에서도 극히 일부만이 토착어를 교육한다. 토착어로 진행되는 라디오 방송도 존재하긴 한다. 피시맨(Fishman 1991: 277)은 소수의 운 좋은(정부로부터 친절하게도 방치된) 토착어만이 모국어로서 세대 간 전승이 존재하기에 존속할 수 있다고 했다. 그러나 근본적으로는 한때 호주에 토착 민족의 풍부한 언어적 다양성이 존재했다면 현재 호주는 급속도로 죽어가는 언어들의 무덤이 되어갈 뿐이었다.

호주의 이탈리아어, 독일어, 크로아티아어, 그리스어, 마케도니아어, 중국어, 베트남어, 러시아어, 히브리어 등의 제2차 세계대전 이후 언어를 살펴보며 피시맨(Fishman 1991)은 언어 역행을 위한 노력이 그저 이민자 언어 손실의 속도를 늦추는 데에 불과했다는 것을 파악했다. 이민자들은 주로 도시 지역에 정착했고 비록 정착한 첫 세대에는 인구가 밀집되는 지역이 존재했으나 사회 변동에 따라 이 효과는 급감했다. 따라서 언어 관리는 사용자 거주지 간의 인접성이 아닌 민족 기반의 상점, 학교, 교회, 가족과 친구 같은 것에 더욱 의존한다. 그러나 사실 공동체의 지원을 받으면서 방과 후나 주말에 모이는 민족 학교가 다수 존재했다. 1980년대에는 이러한 학교가 1200여 개 존재했고, 그 학생 수는 6만5천 명에 달했으며 51개의 언어를 학습했다. 이러한 학교를 지원하기 위한 정부의 모금 활동이 있었으나 모금을 상징하는 것 이외의 기능을 수행할 정도의 규모가 되었는지는 불명확하다. 또한 공동체, 주로 종교 단체의 후원을 받는 종일 학교(all-day school)도 50개 존재했는데 이들의 교육과정에는 공동체 언어 수업이 포함되어 있었다. 그중에서도 기독교 학교에서는 이탈리아어, 독일어, 폴란드어, 스페인어, 포르투갈어, 베트남어를 가르쳤고 전통주의 학교에서는 그리스어, 유대인 학교에서는 히브리어와 이디시어를 가르쳤다. 다양한 정부 정책으로 몇몇 외국어, 그리고 공동체 언어의 교육이 증가했으나 그 영향력은 제한적이었다. 피시맨(Fishman 1991: 277)은 최근의 이민자 언어를 유지하기 위한 호주의 언어 정책을 긍정적이나 효과적이지 못하다고 요약했다.

속편에서는 토착어와 이민자 언어가 별개로 다루어졌다. 이 판단에 동의한 로 비안코와 리드웬(Lo Bianco and Rhydwen 2001)은 호주 토착어가 충분히 다양한 환경에 처해 있어 일반화하기 어렵다고 보았다. 그들은 이 언어의 사용자들이 복잡한 다중 언어, 다중 방언 공동체에 거주하고 서양 주류 사회와 다른 언어적 환경에 놓여 있다는 것을 강조했다. 이것은 피시맨의 모델을 적용하는 데 문제가 있음을 의미했다. 20여 개의 언어는 여전히 강한 생존력을 지니고 있었고 모국어로서 세대 간 전승이 공동체 내에서 이루어지고 있었다. 50에서 60개의 언어는 세대 간 전승이 없어 위기에 처했고 170에서 180개의 언어는 유창한 언어 사용자가 없거나 심지어는 어느 정도까지 구사하는 사람조차 없었다. 사용자 감소는 급격했고 다음 세대에는 현재 언어의 절반가량이 위기에 처할 것이다. 지난 10년간 꽤나 사회적으로 논의가 되었으나 지속적이고 실현 가능한 정책으로 이어진 것은 그중에 없었다.

언어들이 대부분 부활이 불가능할 정도로 위태로워 보였으나 계속해서 다수의 언어 부활과 유지를 위한 계획이 진행되었다. 동북 아른헴 지역에서는 6천 명가량이 욜릉구 마타Yolngu Matha라는 방언군을 사용한다. 언어가 생명력이 있어 보였지만 많은 지역의 욜릉구족 아이들은 구마지를 기반으로 하는 공통어의 일종인 두와야어를 사용했다. 이 언어는 성경 번역과 학교 이중 언어 프로그램에 사용되었다. 다른 지역에서도 국제어가 부족의 언어를 대체하기 시작했다. 가끔 학교들은 해당 지역의 토착어가 아닌 다른 지역의 토착어를 가르치기도 했다. 언어에도 변화가 생겼다. 아이들 사이에서 사용되는 리피리어와 티위어는 영어의 영향을 받은 징후가 포착되었다. 호주 북부에서 사용되는 크레올인 크리올과 토레스 스트레이트 크레올은 학교 프로그램에서, 그리고 국제어로서 널리 사용되었다. 최소 4개 사례에서 언어 회복을 위한 노력이 성공적이었다. 현 호주에서의 상황을 요약하면서 로 비안코와 리드웬(Lo Bianco와 Rhydwen 2001: 418)은 호주의 토착어를 강화하기 위한 이러한 노력이 현재의 세계적 경쟁과 경제적 이성주의와 같은 이념에 정면으로 맞선다고 했다.

호주의 이민자 언어를 보면서 클리네(Clyne 2001: 364-5)는 1986년과 1996년에 이루어진 인구 조사의 결과 모든 집단에서 영어로의 전향이 이루어지고 있음을 발견했다. 세대 간 전승의 몇몇 징후가 포착되기는 했으나 대부분 피시맨이 예측한 것과 같이 인구의 사회적 유동성과 낮은 밀집도는 공동체, 가족, 이웃 간의 연결을 끊어 놓았다. 민족 공동체 기반의 학교는 남아 있었으나 언어 관련 교육을 주당 두세 시간밖에 배정하지 않았다. 종교적 사립학교는 계속해서 공동체 언어를 지원했다. 주립 학교에서의 외국어 교육은 언어 유지를 돕지 않았고 오히려 국가고시위원회는 이민자 학생이 모국어라는 이점을 이용해 해당 언어를 학습하는 다른 학생들보다 우위에 설 수 없도록 하는 방법을 강구해냈다. 이민자 언어로 된 라디오 방송은 계속되었고 이전보다 그 수가 증가했다. 그러나 정책 면에서는 변화가 있었다. 1987년의 국가 정책은 공동체 언어의 유지와 발전을 위한 지원을 포함했다. 잇따른 정책에서는 공동체 언어에 대한 지원을 개별 주의 관할로 격하시켜 각 주에서 우선시되는 언어를 지원하게 되었다. 1994년의 새로운 정책은 초점을 경제적 가치가 있다고 여겨지는 일본어, 인도네시아어, 중국어, 그리고 한국어에 맞추었다. 클리네(Clyne 2001: 388)는 호주에서는 언어 유지와 언어 변동 지연을 위한 기회는 많았지만 언어 역행이 널리, 그리고 성공적으로 이루어지지는 못했다고 결론지었다.

### 심각한 위기에 처한 언어

1권에서 다루어진 12개의 언어에 피시맨(Fishman 2001)은 5개의 언어를 추가했는데 그것은 중앙 멕시코의 오토미어, 남아메리카의 케추아어, 나이지리아의 오코어, 벵골만 제도에서 사용되는 안다만어, 일본의 아이누어다. 이들은 비교적 덜 알려진 언어 역행 시도를 대표하고 더 큰 위기에 처한 언어들에는 무슨 일이 일어나고 있는지에 대해 알려 준다.

먼저 위기에 처한 언어가 무엇을 지칭하는지 정의를 내릴 필요가 있다. 당연히 우리가 미국의 영어 유일 운동(English Only)의 입장을 취한다면 위기에 처한 언어란 존재하지 않을 것이다. 반면 니틀(Nettle 1999)에 따르면 지리적으로 고립된 지역의 공동체 내에서 사용되고 경제적으로 자립할 수 있으면서 최소 150명의 사용자가 있는 언어는 단기적으로는 위기에 처하지 않은 언어이다. 전체 언어의 10%를 차지하는 600개의 언어는 150명 이하의 사용자를 보유해 가장 위기에 처해 있다. 니틀은 모든 언어에 대한 사용자 수의 중간 값이 5천 명이라고 본다. 따라서 1만 명의 사용자가 존재한다면 그 언어는 중단기적으로 존재할 것이라고 여겨지지만 이 기준이라면 60%의 언어가 이 무렵 소실될 것이다. 니틀이 더 현실적이라고 생각한 기준인 10만 명을 필요한 사용자 수로 한다면 80%의 언어를 잃게 될 것이다. 더 크게 1백만 명으로 잡는다면 95%로 그 수가 늘어날 것이다. 이는 북아메리카, 중앙아메리카, 호주, 파푸아 뉴기니, 태평양의 모든 토착어, 그리고 남아메리카 대부분의 토착어를 포함하는 것이 된다.

케추아어는 이러한 예측을 검증하는 데 도움이 된다. 세 국가에서 케추아어는 1백만 명 이상의 사용자를 보유하고 있다. 페루에 440만 명, 에쿠아도르에 220만 명, 볼리비아에 160만 명이 있다. 게다가 아르헨티나에 12만 명, 브라질에 몇 백 명이 더 있다(Hornberger and King 2001). 수적으로 케추아어는 안전해 보인다. 스페인어권 지배자와 정착민에 의한 케추아어 사용자에 대한 사회적, 정치적 처우는 케추아어의 지위를 격하시켰고 그 결과 점진적으로 스페인어로 사람들은 전향하게 되었다. 남아메리카 대부분의 원주민은 히스패닉의 지배를 받게 되었다. 에쿠아도르, 페루, 볼리비아가 19세기 초에 스페인으로부터 독립했을 때 계속해서 스페인어를 사용했고 토착 언어와 문화를 무시하거나 억압했다. 최근에는 토착적 요소를 중시하는 정치 운동이 증가해 정부가 언어 유지를 위해 노력하게 되었다. 페루에서는 케추아 단일 언어 사용자 퍼센트가 1940년에 31%에서 1982년에 11%로 감소했고, 스페인어 단일 언어 사용자는 같은 기간 50%에서 70% 이상으로 증가했다. 케추아어 손실은 점진적이었고 점차 많은 지역이 스페인어에 의해 점령되었다. 물론 그 양상은 국가별로, 지역별로 차이가 있고 언어 자체에도 상당한 차이점이 있었다(에스노로그는 케추아어가 47개 종류로 되어 있다고 본다). 혼버거와 킹(Hornberger and King 2001)은 언어 역행을 위한 다양한 노력을 찾아보았다. 그 중에는 '순수' 케추아어 사용자들을 모아 언어를 발전시키려는 시도도 있었고, 젊은층이 케추아어를 사용하도록 설득하려는 시도도 있었으며, 가정에서 케추아어보다 스페인어를 사용하는 추세를 늦추고자 노력했다. 몇몇 기관은 케추아 문해율을 높이려 했고, 주립 학교나 공동체 소속의 학교에서 언어와 문화를 유지시키려 했고, 케추아어가 전통적 공동체 외의 장소에서도 때때로 사용되었으며, 몇몇 관공서(소수 페루의 보건소 포함)에서 케추아어 서비스를 제공하고, 대학에서 지역적으로, 국제적으로 케추아어를 학문으로서 가르쳤다. 케추아어 비사용자 집단에서도 이 운동을 지지했고 이 운동은 국제적으로 퍼져 나갔다. 그러나 혼버거와 킹은 케추아어가 장기적으로 존속할 가능성은 희박하다고 보았다.

중앙 멕시코의 언어인 오토미어는 지난 한 세기 사용자 수와 영토가 감소하여 상당한 어려움을 겪었다(Lastra 2001: 147). 1980년의 인구 조사에서는 단일 언어 사용자와 이중 언어 사용자를 합해 30만 명의 사용자가 있는 것으로 나타났으나 1990년의 조사에서는 28만 명으로 줄었다. 라스트라는 언어 변동의 주원인이 스페인어로 이루어지는 학교 교육이라고 보았다. 또한 거주자들의 이동, 스페인어 사용자들의 이주, 그리고 다시 그들이 도시 지역으로 이주한 것도 원인이 된다. 오토미족이 대체적으로 경제적 약자였기에 언어 역행을 위한 활동은 시도조차 할 수 없었다. 많은 지역에서 이 언어는 사실상 멸종되었다. 전통적 멕시코 언어 정책은 토착어에 대해 차별적이었고 비록 1964년에는 과도기적 이중 언어 교육에 대한 명목적 지원이 있었지만 핵심은 '과도기'라는 점에 있었다. 한 소규모 단체는 1986년에 언어 역행을 위해 학원을 설립했는데, 이곳에서는 성인을 대상으로 문해 교육을 진행했고, 노래 대회를 지원하고 소수의 이중 언어 학교를 위한 자문 역할을 수행했다.

오코어는 나이지리아에 존재하는 500여 개 언어 중 하나이다. 오코어는 3km 떨어진 두 마을에서 사용되는데 지역 언어와 문화 유지를 위해 많은 노력을 기울인다는 특징을 지닌다(Adegbija 2001: 288). 이 두 마을이 사용하는 다른 언어로는 에비라어(근친 결혼이 가능한 집단), 요루바어(목사들이 사용한 언어), 영어(공문서, 영국 성공회 소속 교회, 그리고 대화에서 부모를 소외시키려는 젊은층)가 있다. 오코어는 모든 연령층에 의해 사용되지만 도시 지역으로 이주한 사람들은 더 이상 그 언어를 사용하지 않을 것이라 추측할 수 있다. 오코어를 읽고 쓸 수 있는 능력은 희소하고 공식 정책은 공교육에서 모국어를 사용하도록 하고 있지만 실제로 이 정책을 따르는 학교는 나이지리아에 거의 없다. 이 언어는 공동체 외부의 직장에서 사용되지 않고 하우사어, 요루바어, 이그보우어만이 최하 단계의 정부 기관에서 공식적으로 사용될 여지가 있고 이외의 나이지리아어는 공식적으로 사용될 가능성이 없다. 이 세 언어만이 고등 교육 과정을 가지고 있다. 요약하자면 아데비야는 언어가 여전히 마을 내에서 사용되고 있지만 마을로부터 도시 지역으로 이주한 사람들에게는 사어가 되었을 가능성이 높다고 보았다.

1858년 인도의 영국 정부가 안다만 제도에 범죄자 식민지를 구축했을 때 그곳의 원주민은 10개의 민족 집단으로 구성되고 서로 연관된 방언을 사용하며 존재했다(Annamalai and Gnanasundaram 2001: 310). 인구는 학살과 질병으로 인해 급감했고 1951년에는 23명만 남았다. 1971년에 생존해 있던 다섯 민족 집단 출신 20명은 남안다만의 스트레이트 섬으로 이동되었다. 1998년에 이르러서는 인구가 65명으로 증가했다. 현재 안다만 사람들이 사용하는 언어는 다양한 사어가 혼합된 것이다. 섬에는 이제 일곱 가구가 존재하고 집단 내에서 족장을 선출한다. 근친상간과 혼인 관련 법은 완화되었다. 또한 집이 지어졌고 정부는 의류와 카누를 제공했다. 그러나 이 지역의 풍속이 상당히 문란하다고 보고되고 있다. 이제 모든 안다만 사람들은 힌디어를 이중 언어로 사용할 수 있다. 몇몇은 벵갈어와 버마어도 사용할 수 있다. 40세 이상의 인구는 계속해서 안다만어를 잘 사용했다. 반면 아이들은 힌디어에 중심을 두고 안다만어도 계속해서 학습했다. 1996년까지 학교는 영어로 수업을 진행했고 그 이후에는 안다만어를 사용하다가 힌디어로 전환했다. 학교 외에는 안다만어를 읽을 수 있는 사람이 없었다. 공동체 전체적으로는 언어 유지를 원하고 있었지만 세대 간의 언어 전승은 약화되고 있었다.

일본에는 인종적, 언어적 소수자가 존재하지 않는다고 사람들은 주장해 왔지만 최근 문화 다원주의의 수용은 아이누족을 재조명했다. 1997년 법원에서 일본 헌법에 따라 정부가 아이누족을 포함한 소수 집단을 보호할 의무가 있다고 판결을 내린 것이 그 시발점이 되었다. 19세기 중반까지 일본의 정책은 아이누족 흡수에 대해 반대했지만 후에 전통적인 공동체가 해체되자 세기 말에는 모두 일본어를 의무적으로 배워야 했다. 1991년 UN 인권 규약에 따라 아이누가 소수 집단으로 지정되자 1980년대 중반에 공적 행동주의가 시작되었다. 1997년에는 일본어 교육을 의무화하는 백년된 법이 폐지되었고 아이누 문화 증진법이 통과되었다. 아이누어에 유창한 사람이 몇이나 있는지는 불명확하지만 30명 정도로 추정되고 모두 연령이 80대이다. 아이누족의 인구는 2만5천 명에서 5만 명 사이인 것으로 보이며 이보다 더 많을 수도 있다. 새로운 법은 언어 센터에서 언어 교육을 하는 것과 같은 문화증진을 목적으로 하지만 공립, 사립학교에는 적용되지 않는다. 사실 아이누어를 배우는 사람들 중에는 아이누 민족이 아니라 일본인인 경우가 많다.

언어 역행과 관련된 집단에 이 그룹이 추가되면서 다양한 언어적 상황에 내재된 복합성과 풍부함을 명확히 할 수 있다. 언어 통제는 상황에 따라 다양한 역할을 가진다. 케추아어의 사례에서는 수세기에 걸친 식민 지배의 결과 형성된 사회 경제적 상황으로 인해 소수 언어가 지닌 권리에 대한 정부의 빈약한 인식이 언어 손실을 극복할 가능성을 낮게 만들었음을 보여 준다. 비슷하게 멕시코 정부의 문화 다원주의에 대한 인식은 오토미어를 살리기에는 너무 부족하기도 했고 시기적으로도 늦었다. 저학년에서의 오코어 사용은 조금 도움을 줄지 모르지만 계속되는 도시로의 이주로 인해 오코어가 오랜 시간 생존하지는 못할 것으로 보인다. 안다만어의 사례에서는 고립된 공동체의 강제적 이주는 정체성을 조금은 유지시킬 수 있도록 했지만 이로 인해 발생하는 사회 경제적, 문화적 고통은 이러한 현상을 긍정적으로 바라볼 수는 없게 한다. 아이누어가 사어가 되기 직전이기는 하지만 언어와 연관된 민족 운동과 정부의 문화 다원주의에 대한 인식이 합쳐지면 언어가 문화적으로 부활할 가능성을 보여 주기도 하지만 언어 교육이 아직 학교에까지 퍼지지는 못했음을 보여 준다.

이외에도 세계 각지에서 다양한 소규모 프로그램들이 진행되고 있다. 2개의 소규모 미국 원주민 집단이 가능성을 보이고 있다. 뉴멕시코의 푸에블로 마을들은 오랜 시간 동안 정체성을 유지해 왔지만 그들 역시 최근 극심한 언어 손실의 고통을 겪었다. 아코마 푸에블로에서 사용되는 언어는 케레스어의 일종이다. 이 공동체에는 3천 명이 보호지역에 거주하는 것으로 등록되어 있고 추가로 2천 명이 직장을 찾기 위해 마을로 이동했다(Sims 2001). 영어로 된 학교 교육은 20세기 초반에 시작되었다. 1980년대 들어서는 점차 더 많은 입학생들이 영어를 모국어로 사용하고 가정에서 부모와 영어로 대화했다. 1997년의 설문조사에서는 30대와 40대의 인구가 푸에블로어를 제한적으로 사용한다는 것이 드러났다. 학생을 대상으로 한 두 번의 짧은 몰입 교실은 공동체 단위의 접근을 계속하기 위한 계획과 언어에 대한 열정을 증가시켰다.

천 명 정도로 이루어진 '푸에블로 드 코치디'라는 뉴멕시코의 공동체도 케레스어의 일종인 언어를 사용한다. 1993년에는 35세 이상의 인구만이 유창하게 언어를 구사할 수 있었다(Pecos and Blum-Martinez 2001). 그러나 언어가 종교 활동에서 중추적인 역할을 했기에 언어를 부활시키려는 의지가 강했다. 1995년에는 부족 사무실에서 성인을 대상으로 한 언어 교육이 진행되었다. 아이들을 가르치려는 시도는 6주 과정의 여름 프로그램을 통해 1996년에 이루어졌다. 이 시도가 성공적이었기에 이를 기반으로 헤드스타트와 유치원 프로그램에 언어 교육을 도입하고, 성인 대상 수업을 계속하고, 학생을 위한 방과 후 언어 교육 활동을 제공하기 위한 다양한 계획이 수립되었다.

어떻게 한 언어가 다른 모든 언어를 대표할 수 있을까? 지난 몇 년간 위기 언어 기금(http://www.ling.yale.edu/~elf/grants2002.html)은 다양한 프로젝트를 후원하기 위해 소규모의 보조금을 마련했다. 2002년에는

50개의 후원 신청이 들어왔고 그중 12개를 지원할 수 있었다. 각 신청자가 제안서를 작성할 능력을 지닌 언어학자라는 점에서 다소 편향되긴 했으나 언어 손실을 막기 위한 노력을 더 풍성하게 해 손실 방지에 기여했다.

남아메리카에서 진행된 5개의 프로그램에 보조금이 제공되었다. 약 2천 명의 사용자가 있는 페루 자퀴어의 일종인 카와키어의 유창한 사용자 중 최연소자는 카추이 지역에서 40명 정도의 아이를 가르치고 있다. 보조금을 통해 수업에 필요한 물품을 구매할 수 있도록 할 것이다. 자파라어는 동에콰도르 파스타자의 열대 우림 지역에서 사용되는데 현재 세 명의 유창한 사용자들이 존재한다. 프로젝트를 통해 자파라어를 5개의 공동체에서 다시 학교 교육 과정에 도입시키기 위한 교재를 개발할 것이다. 마지막 남은 이퀴토 공동체는 페루의 아마존 지역에 있는 샌안토니오다. 150명가량이 이 언어를 사용한다. 최근 이 공동체는 언어 재활을 위한 프로젝트를 시작하기로 했다. 이 프로젝트를 통해 언어 사용자들은 스스로 언어학자가 될 것이다. 투피족의 문두루쿠가에서 사용하는 코로아야어는 오직 5명의 나이 많은 사용자만 남아 있고 일상어로서는 이 언어를 사용하지 않는다. 프로젝트를 통해서 이 언어로 된 어록과 글을 수집하는 것을 목표로 한다. 콜로라도어는 에콰도르 안데스 서부에 거주하는 7개 집단, 2천 명가량의 인구로 구성된 차칠라 사람들이 사용한다. 아이들은 계속해서 이 언어를 배우고 있으나 차칠라족은 전체적으로는 지배적인 스페인 문화로 인해 압박을 당하고 있다. 여기에서의 프로젝트를 통해서는 사전을 만드는 데 도움을 주고자 한다.

4개의 프로젝트는 북아메리카에서 진행된다. 머스코기 크리크 인디언 교회에서 사용되는 노래들이 수집될 것이다. 더 복잡하고 더 의미 있는 노래들은 더 쉽고 반복적인 음악에 비해 수요가 적어 더 빠르게 사라지고 있다. 아타파스카 어군에 속한 탈탄어는 브리티시 컬럼비아에 백 명도 되지 않는 성인 사용자들만 남아 있어 상당히 위태롭다. 탈탄어로 된 우화나 주소 형태를 띠는 것들이 수집될 것이다. 스플라스틴Splatstin은 브리티시 컬럼비아에 있는 슈스왑Shuswap 국가를 구성하는 열일곱 부족 중 하나이다. 남아 있는 16명의 언어 사용자들은 이 살리샨Salishan 언어의 동부 방언을 유창하게 사용한다. 또한 이들에게 언어를 배운 네 명은 어느 정도 유창하게 이 언어를 구사할 수 있다. 프로젝트를 통해서는 어휘 목록을 작성할 것이다. 10개의 남파이우트 부족 중에서도 동쪽으로 가장 멀리 분포해 있는 산후안 파이우트 부족은 애리조나와 유타에 거주하고 4백 명 중 30명가량이 언어를 유창히 구사할 수 있으며 한 명의 네살배기 아이가 언어를 습득하고 있다. 이 부족은 짧은 몰입 캠프를 비롯한 언어 부활 프로그램을 개시했다. 이 프로젝트에서는 전통적 화법을 촬영할 것이다.

유럽, 시베리아, 파푸아 뉴기니 등의 지역에서도 여러 프로젝트가 진행되고 있다. 프랑코 프로방스어의 일종인 파에타어는 남이탈리아의 산꼭대기에 위치한 두 마을, 파에토와 첼레 세인트 비토에 7백 명가량의 사용자를 보유한다. 프로젝트를 통해 맞춤법을 고안해 파에타어가 학교에서 자리잡을 수 있도록 할 것이다. 1930년에 유픽 에스키모어가 시베리아의 교육 과정에 도입되었을 때 모든 학생들은 여전히 그 언어를 모국어로 사용하고 있었고 교육의 목표는 문해를 위한 방법을 가르치는 것이었다. 60년 동안 이어진 인구적, 사회적, 경제적 압박과 공식적인 교육, 그리고 과정 교육의 결과 큰 변화가 생겼다. 이제 학령기의 아이들은 러시아어를 주로 사용하고 민족의 언어를 제2언어로서 오히려 그 언어에 유창하지 않은 선생님들로부터 배운다. 미국 쪽의 베링 해협에서의 언어적 상황은 이보다는 좀 더 낫다. 로렌스 섬에 있는 대부분의 아이들은 여전히 유픽 에스키모어를 사용한다. 정치적 상황이 변했기 때문에 이제는 유픽인들이 해협 반대편에 있는 친족을 만나 볼 수 있다. 러시아 쪽에서는 매우 드물게 사용하더라도 이들의 공통된 언어는 유픽어다. 유픽어가 국제어로 승격한 것은 언어의 품격을 높여 시베리아의 유픽인들이 그것을 배우도록 자극했기 때문이다. 이들은 프로젝트를 통해서 현장에서 수년간 수집한 자료들을 활용해 실용 회화 교재를 만드는 것을 목표로 했다. 우퉁Wutung은 파푸아뉴기니의 서북단 끝에 위치하고 인도네시아와 국경을 맞대고 있는 작은 해안 마을이다. 샌돈 지역은 110개 정도의 언어가 존재하는 언어적으로 엄청난 다양성을 지닌 지역이다. 이 언어들 중 그 어느 것도 자세히 연구된 적이 없다. 따라서 여러 문헌들을 수집해 호주에서 책으로 만들고 학교나 지역 공동체에서 사용하도록 돌려 줄 계획이다. 이러한 각각의 사례는 근본적으로 인구, 사회, 경제, 정치 등 비언어적 요소들로 인해 언어 변동이 일어나고 있음을 보여 주며 이러한 점에서 언어 통제를 위한 노력이 예정된 언어 손실을 지연시키는 것 이상은 하지 못할 것으로 보인다.

런던의 SOAS가 받은 2천만 파운드의 기부금을 통해 이와 같은 활동을 위한 새로운 지원이 이루어질 예정이다. 프로그램의 목적은 소멸해 가는 언어들의 학술적 보존에 있다. 한 프로그램에서는 언어 문서화와 분석의 석사 학위, 언어학의 박사 학위를 제공한다. 또 다른 프로그램에서는 현장 연구와 언어 문서화를 위한 기금을 마련한다. 그리고 또 다른 프로그램을 통해서는 SOAS에서 위기 언어 기록 보관소를 만들 것이다. 이러한 프로그램들은 언어 다양성 보존에 관련된 사람이라면 기록 보관소에 언어의 문법과 어휘, 그리고 언어 사용 예시를 담는 것으로 충분하다는 것을 암시한다. 물론 이러한 활동이 남아 있는 언어 사용자들이 스스로의 가치를 파악하도록 하는 역할을 하겠지만 초점은 언어 사용자가 아닌 언어 자체에 있다.

## 언어 역행은 언어 중심적인가?

언어 역행에 관한 피시맨의 이론은 위기에 처한 언어의 보존을 돕기 위한 언어 통제를 이해하는 데 크게 공헌했다. 아직 해결해야 할 문제는 이 이론이 모든 언어 정책 관련 이슈를 약한 다윗과 위협적인 골리앗 사이의 고민과 같이 이분법적인 선택의 문제로 바라보는 경향이 있다는 것이다(Lambert 2002).

두 번째 의문은 이 이론이 언어와 언어 통제에 지나치게 집중해 언어 변동에 있어 핵심적인 언어 사용과 이념의 변화를 야기하는 사회적 경제적 요소를 간과하게 하느냐 하는 것이다. 이러한 중요한 요소들이 주변적인 것으로 취급되는 경우가 많지만 어느 시점에서는 언어 역행을 위해 언어 통제 활동이 보이는 취약점을 보여주는 일도 있다.

크리스탈(Crystal 2000:130)은 "언어 재활에 대한 이론을 위한 가정"으로 삼기 위해 여섯 가지의 요소를 살펴보았을 때 이것을 알아챘다. 이 요소들은 언어 사용자들이 지배적 공동체에 속했을 때 증가하는 긍지, 지배적 공동체와 연관된 언어의 사용자들이 보이는 부의 증가, 지배적 공동체의 시점에서 보기에는 상승된 '정당한 힘', 언어 사용자들에 대해 교육 분야 내에 존재하는 '강한 존재감', 그리고 언어를 위한 표기법과 전자기기에 대한 언어의 접근성 등이 있다. 이중 단 하나, 언어의 표기법만이 언어 유지 활동으로 여겨지고, 나머지는 사회, 경제, 정치, 그리고 기술적인 요소이다.

즉, 언어 역행을 이루어 낸 것이 소규모 공동체가 현대 사회에서 자신의 정체성을 유지하고 적응하며 살아가기 위해 한 분야에서 성공을 거둔 것인지에 대해 논란이 있다.

또한 책임감에 대한 문제도 남아 있다. 생태학적 다양성이 필요하다는 것에 비유해 세계와 각 정부에 언어를 유지해야 하는 도의적인 책임이 있다고 보는 사람들은 언어적 권리에 대해 더 큰 합의점을 얻기 위해 주장하는 것에 문제가 없다. 지금까지 그들의 주장은 국가들과 그들이 속한 공동체를 설득하지 못했다. 몇몇 명예로운 예외가 있지만 언어학자들은 자신들의 전공으로서 그들이 죽기 전에 언어를 기록하는 것에 만족하는 것으로 보인다. 이것은 책임감을 가장 적합한 인물인 언어의 사용자에게 넘기는 것이다. 언어 정책과 사회적, 경제적, 종교적, 정치적 세력에 그 어떤 논리적 비난이 내려지더라도 언어적 다양성은 다른 언어 사용자들의 영향을 받아서라기보다는 자멸하는 경우가 많다.

# 13 결론

## 모델-부문

언어 정책은 선택과 관련된 것이다. 즉 언어 정책은 언어의 특정한 소리, 표현, 변이 등에 대한 선택일 수 있다. 언어 정책은 개인이나 사회적으로 정의된 집단의 선택일 수도 있으며, 그러한 집단에 대한 권위를 가진 기관의 선택일 수도 있다. 언어 정책은 개인이나 집단의 언어적 행동(언어 관습)에서 발견될 수 있다. 언어 정책은 또한 개인이나 집단의 언어에 대한 이데올로기나 신념에서 발견될 수 있다. 마지막으로 언어 정책은 권위를 가진 기관의 공식적인 언어 통제나 계획 결정에서 명시적으로 나타날 수 있다.

가장 기초적인 단계에서 개인 화자와 집단 화자는 이러한 선택의 일부는 나쁘거나 바람직하지 않고 다른 선택은 좋거나 가치가 있다는 등의 신념을 보여 준다. 성장해서 사회화가 된 아이들은 점차 좋은 말과 나쁜 말을 구별하는 방법을 배울 것으로 기대된다. 아이들의 멘토와 보호자들은 첫째 폭넓게 이해되는 언어의 사용을 권장하고, 둘째 우호적으로 받아들여지는 언어 사용을 장려하도록 도와줄 책임을 가진다. 어떤 언어의 변이형이 다른 변이형보다 더 좋다는 신념, 그리고 이것이 화자들에게 더 좋은 변이형을 선택하는 데 영향을 미칠 것이라는 신념은 언어 통제에 있어서 근본적인 것이다.

그러나 언어 관습, 신념, 관리가 항상 잘 조합되는 것은 아니다. 그 각각은 다른 언어 정책으로 나타날 수 있다. 사람들이 말하는 방법과 말해야 한다고 생각하는 것, 그리고 다른 사람들이 말해야 한다고 생각하는 것 사이에는 차이가 있을 수 있다. 잘 정립된 국가들의 언어 정책을 살펴보면, 헌법에 명시된 언어 정책과 사회의 실제 언어 현상 사이에는 큰 불균형이 있음을 쉽게 발견하게 된다. 사회 집단 내에서는 다양한 언어 선택들의 가치에 대해서 서로 상충하는 믿음을 발견하는 것도 보편적인 현상이다. 따라서 어느 것이 실제 언어 정책인가에 대한 의문을 마주하는 것은 일상적인 일이다. 많은 국가들에서 복잡한 언어 사용의 다중언어적 생태학과 헌법에 언어 관리 결정이 포함된 단순한 이데올로기적 단일언어주의 사이에서 어려운 선택을 강요받는다.

가장 현실적인 대답은 언어 실제 안에 있다. 화자들이 실제로 하는 것을 보아야 하며, 화자들이 해야 한다고 생각하는 것 혹은 다른 사람들이 화자가 하기를 원하는 것을 보지 말아야 한다. 언어 통제는 그것이 실행되기 전까지는 이상 속에 있을 뿐이며, 실행을 위해 중요한 것은 언어공동체의 관습, 이데올로기와 얼마나 조화를 이루느냐에 달려 있다.

한 국가 혹은 다른 단위의 언어 정책을 살펴보면, 복잡한 언어 상황을 포착하려는 노력으로 시작하는 것이 적절하다. 이를 통해 한 국가 안에서 사용되는 명명되거나 명명되지 않은 다양한 언어 변이의 존재와 속성을 분석할 수 있으며, 여기에 포함된 지정학적, 영토적, 기능적 분포도 분석 가능하다. 생태학적 접근은 언어를 넘어 사회, 정치,

민족, 종교, 경제 및 문화적 구성과 이들 각 요소가 언어와 상호 작용하는 방식을 요구한다. 이 첫 번째 분석으로부터 각 변이들의 의사소통적인 가치에 대한 증거가 존재할 것이다. 두 번째 단계는 변이들의 상징적이고 실용적인 잠재적 가치에 대한 신념을 표하기 위해 시도하는 것이다. 이러한 배경하에서 특정한 언어 관리 및 언어 계획 결정을 찾아 낼 수 있으며 실제로 이들이 언어 신념이나 언어 관습에 어떤 영향을 미쳤는지 탐구해 볼 수 있다.

## 모델–맥락

생태학적으로 언어 정책을 살펴보는 것은 두 가지 다른 함의를 가진다. 첫째, 그것은 대상이 되는 커뮤니티의 사회언어학적 모든 변이들, 즉 공식적이라고 간주되는 변이뿐 아니라 특정한 민족 집단을 나타내는 변이들까지 모두 포함하는 것을 고려하겠다는 것이다. 대부분의 벨기에 사람들이 사용하는 언어가 프랑스어나 네덜란드어가 아니라 그 중 한 방언이라는 점을 인식하지 못한다면 이는 학교 언어와 가정 언어 차이의 본질에 대한 심각한 오해로 이어질 수 있다. 그렇다면 사회언어학적 레퍼토리에는 다양한 언어 항목들, 변수와 변이들을 포함하지만 이들은 적절한 비언어적 요인들–인구학, 위치, 화제, 기능 등과 서로 연결되어 있다. 두 번째 함의는 언어 정책이 인간 사회를 구성하는 더 폭넓은 사회적, 정치적, 경제적, 문화적, 종교적, 이데올로기적 맥락 속에서 존재한다는 점을 인식하는 것이다. 이러한 문맥적 요인들에 대한 고려가 없다면 언어 정책에 대한 어떠한 기술도 심각하게 제약될 수밖에 없을 것이다.

## 모델-힘

이 책을 통해 다양한 사례들을 분석해 오면서 우리는 여러 언어 정책과 공존하는 네 가지 주요한 힘을 발견했다. 힘이라는 말은 인과성을 함축하고 있기 때문에 너무 강한 뜻을 가진 단어일 수 있다. 여기서는 언어 정책과 함께 나타나는 조건들로 이해하는 것이 더 나을 것이다. 이 가운데 첫 번째 조건은 사회언어학적 상황으로 여기에는 언어의 수와 종류, 각 언어 화자의 수와 종류, 해당 집단의 안팎에서 각 언어가 가지는 의사소통적인 가치 등이 포함된다. 여기서 중요한 요인은 상황이라는 조건이 일반적인 인식만큼 사실적이 아니라는 점이 밝혀졌다. 따라서 한 지역사회는 주변적인 많은 언어들, 혹은 주변적인 구성원이 사용하는 많은 언어들을 무시한다는 점이 밝혀질 것이다. 많은 단일 언어 지역들은 면밀하게 살펴보면 실제로는 다중 언어적이라는 점이 드러난다.

두 번째 조건은 지역사회 안에서 작동하는 국가적, 민족적, 혹은 그 밖의 정체성과 관련되어 있었다. 현대의 국가에서 국어라고 느끼는 것이 가지는 상징적인 가치는 언어 통제를 시도하고 기획하는 데 있어서 중요하게 작동하는 힘이다. 학교는 국어를 가르칠 것이고, 시민들은 공적인 영역에서 국어를 사용할 것으로 기대된다. 이와 같이 통합적인 힘과 반대로 작용하는 것이 국가 내에서 민족적, 종교적 하위 집단이 사용하는 언어들과 결합된 정체성이 될 수 있는데, 이들 중 대다수는 자신의 언어가 국어와 나란히, 혹은 대신해서 인정되도록 하는 것을 목표로 할 것이다. 권위를 얻게 된다면 앞선 소수 집단은 자신의 언어에 대한 우월성을 주장하게 된다.

보빗(Bobbitt 2002)의 분석에 따르면 언어 정책에 대한 국가적 관심의 집중도는 시간이 지나면 축소되거나 시대에 뒤떨어지게 된다. 보빗은 복지 발전에 대한 자신의 분석에 기초하여 입헌국들의 발전 단계를 제안하고 있다. 30년 전쟁은 왕립 국가의 발전을 이끌었고, 이는 18세기 초에 영토 국가에 의해 대체되는데, 영토 국가에서의 군주는 국가의 첫 번째 공복이 되었다. 프랑스 혁명과 나폴레옹은 민족 국가로의 변화를 이끌었는데, 민족 국가에서는 우리가 살펴본 많은 언어 정책의 근간을 이루는 민족적 정체성이 그 중요성을 획득했다. 민족 국가에 대한 견해는 민주주의자, 파시스트, 공산주의자들 사이에 상충되는 부분이 있으나 언어 선택을 통한 민족의 정체성을 형성하는 데 기여했다는 점에서는 모두 동의하고 있는 듯하다. 파시즘의 패배, 그리고 약 반세기 후의 공산권의 몰락 이후 민족 국가는 보빗이 명명한 시장 국가로 변화했다. 시장 국가의 첫 번째 버전인 워싱턴 모델은 민족주의에 더 이상 관심이 없다. 두 번째 버전인 도쿄 모델은 지속적으로 민족 정체성과 문화적 배타성을 중시한다. 세 번째 버전인 베를린 모델은 민족 국가 시기의 복지 체제를 유지하려고 시도하고 있으나 현재 세계화와 이민 문제라는 도전에 직면하고 있다. 보빗은 9·11 이후 국제 정세의 변화도 인식하고 있는데, 그는 가상의, 비영토 시장 국가로서 테러리스트의 위협에 대해서도 주목하고 있다. 보빗의 모델에서 도전적인 것은 세부적인 것에 있을 수 있는데, 그것은 언어 정책에서 변화하는 국가적 관심사들의 관련성에 대해 흥미로운 문제를 불러일으킨다.

세 번째 힘(혹은 조건)은 세계화의 결과로 지난 수십 년간 세계에서 일어났던 변화와 관련되었다. 세계화의 결과로 영어의 물결은 거의 모든 사회언어학적 레퍼토리로 밀려들어 갔다. 이는 가장 넓은 의사소통의 언어에 대한 숙련도를 높임으로써 경제적으로 유리한 네트워크에 접근할 수 있는 도구적 가치를 가지게 되었음을 의미한다. 지난 수십 년간 이 힘의 효과가 급증했으며, 언어의 선택 가능성을 좁혔다. 그 결과 현재 대부분의 사회는 세계화의 효과에 대해 세계어인 영어의 숙련도를 더욱 높이는 방향으로 급격히 이동하고 있다.

이것은 국가의 언어 정책에 대한 다양한 효과를 가져 온다. 한편으로 이러한 현상은 영어의 영향력에 대항하기 위한 언어 통제의 목표가 되기도 한다. 또 다른 측면에서 이러한 현상은 언어 습득 계획과 덜 개량된 토착어를 대체하기 위한 자연스러운 목표가 된다. 심지어는 영어가 언어 통제에는 영향을 미치지 않더라도 언어 선택을 통한 영향을 미치기도 한다.

네 번째 조건은 언어 선택이 인권과 시민권의 중요한 부분이라는 인식이 증가하고 있다는 점과 관련되어 있다. 국가의 자립성이 약화되고 있다는 징후들이 있다. 국가의 주권과 영토의 한계라는 제한이 있음에도 불구하고 국제 협약의 비준이나 초국가 기구들의 영향력은 언어적 다원주의에 대한 가치를 증대시키고 개인과 집단이 자신의 언어를 사용할 권리를 인정하도록 요구하고 있다. 결과적으로 점점 더 많은 국가들이 헌법이나 법률 및 규정에 자국어 이외의 언어 화자들을 위한 제한된 권리를 인정하는 조항을 포함하고 있다. 그 제한은 보통 영토인데, 정의된 지역에서 살고 있는 인구의 상당수가 해당 언어를 사용할 때 그 언어를 사용할 권리가 인정된다. 그 제한은 또 인구학적일 수도 있다. 언어권은 이민자보다는 토착민 집단에 부여될 가능성이 훨씬 높으며, 외국인 노동자처럼 소수자들에게는 더 부여되기 어렵다. 기능적인 제한이 있을 수도 있다. 즉 국가는 언어로 교육 서비스를 제공하는 것보다 다른 언어 화자들을 위해 국가의 서비스에 접근할 수 있도록 하는 책임을 맡을 가능성이 더 크다. 기껏해야 대부분의 국가에서는 소수 민족 언어 공동체가 소수 민족의 언어와 함께 자국어를 가르치는 조건으로 교육을 허가할 것이다.

이러한 힘들의 복잡한 상호작용에서 최종적인 이슈는 인권과 시민권의 관점에서 사회의 지배적인 언어를 통제하지 못하는 사람들의 문제에 주의를 기울여야 한다는 인식이 증가하고 있다는 점이다. 여기에는 모든 시민들에게 지배적 언어를 가르치는 것, 소수 언어로 최소한 공공 서비스에는 접근할 수 있도록 하는 것, 그리고 언어적 소수자들이 자신들의 언어 유지를 위해 일하는 것을 허용하는 것 등이 모두 포함된다. 언어 다양성의 유지가 생물학적 다양성의 유지와 마찬가지로 국가의 책임이라고 주장하는 사람들이 있는 반면, 또 일부 사람들은 모든 사람들이 자신이 구사할 언어를 자유롭게 선택해야 하며, 또 소수 언어를 사용하지 않을 것을 선택하는 것도 자유로워야 한다고 주장한다.

관련된 요인들의 복잡함 그리고 이들이 다른 방향으로 전개될 것이라는 확실함 때문에 언어 정책에 대한 간결한 이론이 아직 합의에 이르지 못했다는 점은 그리 놀랄 만한 일이 아니다.

일정하게 발생하는 다른 요인들이 있지만, 일반적으로 위의 네 가지 힘 가운데 하나에 포함될 수 있다. 예를 들어 경제적 이익을 추구하거나 특정한 문서 자원에 접근하기 위한 언어 정책은 일반적으로 첫 번째 조건(사회언어학적 상황)에 해당할 것이다. 두려움과 관련된 언어 정책은 그것이 내부 집단에 대한 것인지, 외부 집단에 대한 것인지에 따라 두 번째 혹은 세 번째 조건에 포함될 것이다.

## 모델 – 예측

이론적인 모델을 개발하는 데 있어서의 어려움은 아직 연구되지 않은 사례를 예측하려고 시도하는 것이다. 우리는 몇 가지 가설을 제시할 수 있을까? 피시맨(Fishman 1971)에서 제안된 일반화를 능가하기엔 어려운 것으로 보인다. 합의된 위대한 전통과 개량된 언어를 가진 국가는 대체로 단일 언어 정책을 가질 것이다. 경쟁하는 위대한 전통들과 개량된 언어를 가진 국가는 그렇게 할 수만 있다면 영토적 혹은 인구학적 타협책을 만들어 내기 위해 노력할 것이다. 위대한 전통이 없고 개량된 토착어를 가진 국가는 식민지 시기의 언어를 계속 사용하거나 영어와 같은 국제적인 언어를 활용할 것이다. 사회적, 경제적 고립을 감수하면서까지 정체성을 유지할 만한 강력한 동기가 없다면 대부분의 작고 약한 언어들은 해당 언어 화자들이 가장 가까운 더 강력한 언어로 전환하지 않도록 하기 위한 힘이 없다.

이 모든 면에서 언어 통제의 성공 가능성은 언어 상황, 합의된 이데올로기나 언어 신념, 영어가 사회언어학적 영역에 침투한 정도, 언어 권리에 대한 최소한의 인정 정도 등과 얼마나 조화를 이루느냐에 달려 있다.

## 진정한 언어 정책은 지속될 것인가?

이러한 분석이 함의하는 바는 실제 지역사회의 언어 정책이 언어 통제의 실행 속에서 발견될 가능성이 높다는 것이다. 언어 통제가 언어 관습과 신념들 그리고 그 밖의 다른 맥락적 조건들과 조화를 이루지 못하면, 헌법과 법률에 명시적으로 언어 정책이 기록되어 있다고 하더라도 이는 학교 교사들이 바른 언어를 선택하라고 장려하는 것보다 사람들이 어떻게 말하느냐에 더 이상 영향을 미치지 못할 것이다.

고려해야 할 또 다른 문제들이 있다. 지역사회 속의 여러 단체들은 각각 상충하는 정책들을 가질 수도 있다. 미국처럼 연방 정부와 주 정부 사이에 차이가 있거나 자신들만의 정책을 개발하기 위해 활동하는 강력한 이익 단체들 사이에 차이가 생기는 사례들이 있다. 이러한 이유 때문에 일반적으로 그 사회의 언어 관습에서 드러나는 언어 정책을 살피는 것이 합리적이다.

언어 통제가 존재한다는 것은 언어 통제자가 실제 언어와 바람직한 언어 상태 사이에 불일치가 있다는 것을 인식했다는 것을 의미한다. 대부분의 국가에서는 언어 선택을 둘러싼 갈등이 지속되고 있으며, 일부 사람들은 다른 사람의 언어 관습을 수정해야 한다는 압박을 지속해서 느끼고 있다. 언어 통제가 단순히 현재의 상황이나 이상적이지만 실현 불가능한 상태를 기록하는 것 이상을 수행하기 위해서는 현재의 언어 관습에 대해 이념적으로, 실제적으로 달성할 수 있는 수정을 보여 주어야 한다. 이것은 다음의 중요한 질문과 관련된다.

## 언어 정책이 성공할 수 있을까?

언어 정책을 수강하는 학생들은 자연스럽게 두 그룹으로 분류된다. 한 그룹은 낙관적인 그룹으로, 이들은 언어 통제가 가능하다고 믿는 부류이고, 다른 그룹은 언어는 통제 불능이라고 믿는 비관적인 그룹이다. 기록에 따르면 비관적인 그룹이 더 선호되는 것으로 보이는데, 왜냐하면 언어 통제가 의도한 결과를 산출한 사례는 거의 없기 때문이다. 정부의 권력과 이념적인 힘이 결합해서 통제되지 않는다면 언어 전환 활동이 반대로 진행되는 것과 같은 엄청난 실패들이 있는데, 이들은 보통 지속적인 쇠퇴를 막는 데 실패했다.

몇 가지 사례를 살펴보자. 지난 2세기 동안의 프랑스 언어 정책은 중요한 영향력을 가졌지만, 주변 지역의 언어를 파괴하거나 과거 식민지의 토착 언어를 대체하거나 성장하는 영어의 위협을 막지는 못했다. 아일랜드어를 부활시키기 위한 정부의 노력과 정치적인 지원이 있었던 지난 한 세기는 아일랜드어에 대한 지식을 증가시키는 데에는 성공했지만 아일랜드어의 사용을 유도하지는 못했다. 소련의 거칠고 잔인한 언어 정책은 문맹을 퇴치하고 많은 토착어들을 약화시키는 데에는 성공했지만 소련이 붕괴되면서 많은 토착어들이 자신들의 지배력을 확립하려는 적극적인 주장을 할 여지를 남기게 되었다. 히브리어의 재토착화와 부활은 초기 목표를 달성했지만 부활된 언어는 특성상 원래 언어와 많이 달랐으며, 다른 언어의 손실에 대한 비용은 매우 높았다. 과거에 식민지였던 많은 국가에서는 공적인 사용을 위해 토착어를 정립하기 위해 노력했으나 오히려 문제를 증폭시키는 것으로 밝혀졌다. 대규모의 이민이 있었던 국가에서는 새로운 사회언어학적 상황을 인정하는 언어 정책을 채택하지 않아 많은 사회 문제들을 일으키기도 하였다.

언어 정책의 실패가 경제 정책의 실패보다 더 나쁘지 않다고 주장할 수는 있을지라도 기록하는 것은 불가능하다. 하지만 이 책의 목적은 언어 정책을 옹호하려는 것이 아니었으며, 언어 정책이란 무엇이며 언어 정책이 어떻게 영향을 받을 수 있는지를 이해하려고 시도하는 것이다. 지금까지 우리는 언어 정책의 구조와 성격을 파악하고, 언어 정책의 다양한 부문들 사이의 상호작용을 살펴보기 위해 노력해 왔다. 이를 통해 우리는 언어를 통제하는 방법을 보여 주지는 못했지만 언어 통제와 관련된 내용을 이해하는 데 도움을 받을 수 있었다.

# 참고문헌


Adegbija, Efurosibina, 2001, Saving threatened languages in Africa: a case study of Oko, in Fishman (ed.), pp. 284–308.

Ager, Dennis E., 1996, *Language policy in Britain and France: the processes of policy*. London and New York: Cassell.

1999, *Identity, insecurity and image: France and language*. Clevedon, England, Philadelphia and Adelaide: Multilingual Matters Ltd.

2001, *Motivation in language planning and language policy*. Clevedon, England and Buffalo, USA: Multilingual Matters Ltd.

2003, *Ideology and image: Britain and language*. Clevedon, England: Multilingual Matters Ltd.

Aikhenvald, Alexandra Y., 2001, Language awareness and correct speech among the Tariana of Northwest Amazonia. *Anthropological Linguistics* 43 (4), 411–30.

Alexandre, Pierre, 1963, Les problèmes linguistiques africains vus de Paris, in Spencer (ed.), pp. 53–69.

Amara, Muhammad Hasan, and Mar'i, Abd Al-Rahman, 2002, *Language education policy: the Arab minority in Israel*. Dordrecht, Netherlands: Kluwer Academic Publishing.

Annamalai, E., 1989, The linguistic and social dimensions of purism, in Björn Jernudd and Michael J. Shapiro (eds.), *The politics of language purism* (pp. 225–31). Berlin and New York: Mouton de Gruyter.

Annamalai, E., and Gnanasundaram, V., 2001, Andamanese: biological challenge for language reversal, in Fishman (ed.), pp. 309–22.

Armstrong, Robert G., 1968, Language policies and language practices in

West Africa, in Fishman, Ferguson and Das Gupta (eds.), pp. 227–36.

Arutiunov, Sergei, 1998, Linguistic minorities in the Caucasus, in Paulston and Peckman (eds.), pp. 98–115.

Aunger, Edmund A., 1993, Regional, national and official languages in Belgium. *International Journal of the Sociology of Language 104*, 31–48.

Azurmendi, Maria-Josi, Bachoc, Erramun, and Zabaleta, Francisca, 2001, Reversing language shift: the case of Basque, in Fishman (ed.), pp. 234–59.

Bachman, Ronald D. (ed.), 1989, *Romania: a country study*. Washington, DC: Federal Research Division Library of Congress.

Bamgbose, Ayo, 2000, Language planning in West Africa. *International Journal of the Sociology of Language 141*, 101–18.

Barbour, Stephen, 2000, Britain and Ireland: the varying significance of language for nationalism, in Barbour and Carmichael (eds.), pp. 18–43.

Barbour, Stephen and Carmichael, Cathie (eds.), 2000, *Language and nationalism in Europe.* Oxford: Oxford University Press.

Bartsch, Renate, 1987, *Norms of language: theoretical and practical aspects.* London and New York: Longman.

Benton, Richard A., 1981, *The flight of the Amokura: Oceanic languages and formal education in the Pacific.* Wellington: New Zealand Council for Educational Research.

Benton, Richard A., and Benton, Nena, 2001, RLS in Aotearoa/New Zealand 1989–1999, in Fishman (ed.), pp. 422–49.

Berry, Jack, 1958, The making of alphabets, in Eva Siversten (ed.), *Proceedings of the VIII International Congress of Linguistics* (pp. 752-64). Oslo: Oslo University Press.

*Bilingual Education*, United States Senate, 90th Congress, First Sess. 681 (1967).

*Bilingual Education Programs*, House of Representatives, 90th Congress, First Sess. 584 (1967).

Blommaert, Jan, 2001, The Asmara Declaration as a sociolinguistic problem: reflections on scholarship and linguistic rights. *Journal of Sociolinguistics 5* (1), 131–42.

Bloomfield, Leonard, 1935, *Language*. London: George Allen and U nwin.

Bobbitt, Philip, 2002, *The shield of Achilles: war, peace, and the course of history*. London: Allen Lane, the Penguin Press.

Boneva, Bonka, 1998, Ethnicity and the nation: the Bulgarian dilemma, in Paulston and Peckman (eds.), pp. 80–97.

Bourdieu, Pierre, 1981, Structures, strategies, and habitus, in C. C. Lemert (ed.), *French sociology, rupture, and renewal since 1968*. New York: Columbia University Press.

1991, *Language and symbolic power*. Cambridge, UK: Polity Press.

2001, Uniting to better dominate. *Items and Issues 2* (3–4), 1–6.

Bourhis, Richard Y., 2001, Reversing language shift in Quebec, in Fishman (ed.), pp. 101–41.

Branson, Jan, and Miller, Don, 1998, Nationalism and the linguistic rights of deaf communities: linguistic imperialism and the recognition and development of sign languages. *Journal of Sociolinguistics 2* (1), 3–34.

Brecht, Richard D., and Rivers, William P., 2000, *Language and national security in the 21st century: the role of the Title VI/Fulbright-Hays in supporting national language capacity.* Dubuque, IA: Kendall-Hunt.

Breitborde, Larry B., 1983, Levels of analysis in sociolinguistic explanation: bilingual code switching, social relations and domain theory. *International Journal of the Sociology of Language 39*, 5–43.

Breton, Roland, 1991, The handicaps of language planning in Africa, in David F. Marshall (ed.), *Language planning* (vol. III of *Focusschrift in honor of Joshua A. Fishman on the occasion of his 65th birthday*, pp. 153-74). Amsterdam and Philadelphia: John Benjamins.

Brisk, Maria Estela, 1998, *Bilingual education: from compensatory to quality schooling.* Mahwah, NJ: Lawrence Erlbaum.

Brosnahan, L. H., 1963, Some historical cases of language imposition, in

Spencer (ed.), pp. 7–24.

Bugarski, Ranko, 2001, Language, nationalism, and war in Yugoslavia. *International Journal of the Sociology of Language 151*, 69–87.

Cabantous, Alain, 2002, *Blasphemy: impious speech in the West from the 17th to the 19th century.* New York: Columbia University Press.

Caxton, William, 1490, *Here fynyssheth the boke yf Eneydos, compyled by Vyrgyle, whiche hathe be translated oute of latyne in to frenshe, And oute of frenshe reduced in to Englysshe by eWyllm Caxton.* Westminster: William Caxton.

Cebollero, Pedro Angel, 1945, *A school language policy for Puerto Rico.* San Juan de Puerto Rico: Impr. Baldrich.

Cenoz, Jasone, 1998, Multilingual education in the Basque country, in Jasone Cenoz and Fred Genesee (eds.), *Beyond bilingualism: multilingualism and multilingual education* (pp. 175–91). Clevedon, England: Multilingual Matters Ltd.

Chaudenson, Robert, 1993, Research, politics, and ideology: the case of the Comité International des Etudes Créoles. *International Journal of the Sociology of Language 102*, 15–25.

Chomsky, Noam, and Halle, Morris, 1968, *The sound pattern of English.* New York: Harper and Row.

Chumbow, Beban Sammy, and Bobda, Augustin Simo, 1996, The life-cycle of post-imperial English in Cameroon, in Fishman, Rubal-Lopez and Conrad (eds.), pp. 401–30.

2000, French in West Africa: a sociolinguistic perspective. *International Journal of the Sociology of Language 141*, 39–60.

Clayton, Thomas, 1995, Restruction or resistance? Educational development in French colonial Cambodia. *Educational Policy Analysis Archives* 3 (19), 1–12.

1998, Building the new Cambodia: educational destruction and construction under the Khmer Rouge. *History of Education Quarterly 18*, 145–57.

2002, Language choice in a nation under transition: the struggle between

English and French in Cambodia. *Language Policy 1* (1), 3–25.

Clyne, Michael, 2001, Can the shift from immigrant languages be reversed in Australia? In Fishman (ed.), pp. 364–90.

Coady, Maria, and Ó Laoire, Muiris, 2002, Mismatches in language policy and practice in education: the case of Gaelscoileanna in the Republic of Ireland. *Language Policy 1* (2).

Conrad, Andrew W., 1996, The international role of English: the state of the discussion, in Fishman, Rubal-Lopez and Conrad (eds.), pp. 13–36.

Cooper, Robert L., 1984, The avoidance of androcentric generics. *International Journal of the Sociology of Language 50*, 5–20.

1989, *Language planning and social change.* Cambridge: Cambridge University Press.

1991, Dreams of scripts: writing systems as gift of God, in Cooper and Spolsky (eds.), pp. 219–26.

Cooper, Robert L. (ed.), 1982, *Language spread: studies in diffusion and social change.* Bloomington, IN: Indiana University Press.

Cooper, Robert L., and Carpenter, S., 1976, Language in the market, in M. L. Bender, J. D. Bowen, R. L. Cooper and C. A. Ferguson (eds.), *Language in Ethiopia.* London: Oxford University Press.

Cooper, Robert L., and Spolsky, Bernard (eds.), 1991, *The influence of language on culture and thought: essays in honor of Joshua A. Fishman's sixty-fifth birthday.* Berlin: Mouton de Gruyter.

Corvalan, Graziella, 1988, Bilingualism in Paraguay, in Paulston (ed.), pp. 356–77.

Coulmas, Florian, 1990, Language adaptation in Meiji Japan, in Brian Weinstein (ed.), *Language policy and political development* (pp. 69-86). Norwood, NJ: Ablex.

1991, The future of Chinese characters, in Cooper and Spolsky (eds.), pp. 227–43.

2003, *Writing system: an introduction to their linguistic analysis.* Cambridge: Cambridge University Press.

Covell, Maureen, 1993, Political conflict and constitutional engineering in Belgium. *International Journal of the Sociology of Language 104*, 65–86.

Cowan, J. Milton, and Graves, Mortimer, 1944, A statement on intensive language instruction. *Hispania 27*, 65–6.

Crawford, James, 2000a, *At war with diversity: US language policy in an age of anxiety.* Clevedon, England: Multilingual Matters Ltd.

2002b, Comment. *International Journal of the Sociology of Language 155/156,* 93–9.

2002c, Obituary: The Bilingual Education Act: 1968–2002, at http://ourworld.compuserve.com/homepages/JWCrawford/T7obit.htm.

2002d, Section G: Programs for English language learners, in *ESEA Implementation Guide* (pp. G1–G6). Small Axe Educational Communications.

Crowley, Tony, 2000, The language situation in Vanuatu. *Current Issues in Language Planning 1* (1), 47–132.

Crystal, David, 2000, *Language death.* Cambridge: Cambridge University Press.

de Swaan, Abram, 1999, *The language constellation of the European Union.* Paper presented at the International status and use of national languages in Europe: contributions to a European language policy, Brussels.

2001, *Words of the world: the global language system.* Cambridge, UK and Malden, MA: Polity Press and Blackwell.

Dittmar, Norbert, Spolsky, Bernard, and Walters, Joel, 2002, *Convergence and divergence in second language acquisition and use: an examination of immigrant identities in Germany and Israel* (Final scientific report No. Contract No. G-0500–157.04/96 GIF). Ramat-Gan and Berlin: Bar-Ilan University and Free University.

Djité, Paulin G., 1992, The arabization of Algeria: linguistic and sociopolitical motivations. *International Journal of the Sociology of Language 98*, 15–28.

Dornyei, Zoltan, and Csizer, Kate, 2002, Some dynamics of language attitudes and motivation: results of a longitudinal nationwide study. *Applied Linguistics 23* (4), 421–62.

Druviete, Ina, 1998, Republic of Latvia, in Paulston and Peckman (eds.), pp. 160–83.

Dua, Hans Raj, 1996, The spread of English in India: politics of language conflict and language power, in Fishman, Rubal-Lopez and Conrad (eds.), pp. 557–88.

Dunayer, Joan, 2001, *Animal equality: language and liberation.* Derwood, MD: Ryce.

Eisenstadt, S. N., 2000, The resurgence of religious movements in processes of globalisation – beyond end of history or clash of civilisations. *MOST Journal of Multicultural Studies 2* (1).

Ennaji, Moha, 1997, The sociology of Berber: change and continuity. *International Journal of the Sociology of Language 123*, 23–40.

European Commission, 2001a, *2001 Regular report on Estonia's progress towards accession* (No. SEC (2001) 1747). Brussels: Commission of the European Communities.

2001b, *2001 Regular report on Latvia's progress towards accession* (No. SEC (2001) 1749). Brussels: Commission of the European Communities.

Eurydice, 2000, *The position of foreign language in European education systems 1999/2000*, from http://www.eurydice.org/Documents/langues.

Evans, Stephen, 2002, Macaulay's Minute revisited: colonial language policy in nineteenth-century India. *Journal of Multilingual and Multicultural Development 23 (4)*, 260–81.

Fasold, Ralph W., 2002, The importance of community. *International Journal of the Sociology of Language 157*, 85–92.

Ferguson, Charles A., 1959, Diglossia. *Word 15*, 325–40.

1968, St. Stefan of Perm and applied linguistics, in Fishman, Ferguson and Das Gupta (eds.), pp. 253–65.

1977, Sociolinguistic settings of language planning, in Rubin, Jernudd, Das Gupta, Fishman and Ferguson (eds.), pp. 9–29.

1982, Religious factors in language spread, in Cooper (ed.), pp. 95–106.

Fernando, Chitra, 1996, The post-imperial status of English in Sri Lanka 1940–1990: from first to second language, in Fishman, Rubal-Lopez and Conrad (eds.), pp. 485–512.

Fishman, Joshua A., 1967, Bilingualism with and without diglossia; diglossia with and without bilingualism. *Journal of Social Issues 23 (2)*, 29–38.

1969, National languages and languages of wider communication in the developing nations. *Anthropological Linguistics 11*, 111–35.

1971a, National languages and languages of wider communication in the developing nations, in W. H. Whiteley (ed.), *Language use and social change: problems of multilingualism with special reference to Eastern Africa* (pp. 27–56). London: Oxford University Press for the International African Institute.

1971b, The politics of bilingual education, in James E. Alatis (ed.), *Report of the Twenty-first Annual Georgetown Round Table Meeting of Languages and Linguistics* (pp. 47–58). Washington, DC: Georgetown University Press.

1972, Domains and the relationship between micro-and macrosociolinguistics, in John J. Gumperz and Dell Hymes (eds.), *Directions in sociolinguistics* (pp. 435–53). New York: Holt Rinehart and Winston.

1977, Comparative study of language planning: Introducing a survey, in Rubin, Jernudd, Das Gupta, Fishman and Ferguson (eds.), pp. 31–9.

1983, Modeling rationales in corpus planning: Modernity and tradition in images of the Good, in Juan Cobarrubias and Joshua A. Fishman (eds.), *Progress in language planning: international perspectives* (pp. 107-18). The Hague: Mouton.

1989, Cross-polity perspective on the importance of linguistic heterogeneity as a “contributory factor” in civil strife, in Joshua A. Fishman (ed.),

*Language and ethnicity in minority sociolinguistic perspective* (pp. 605–26). Clevedon, England: Multilingual Matters Ltd.

1991, *Reversing language shift: theoretical and empirical foundations of assistance to threatened languages.* Clevedon, England: Multilingual Matters Ltd.

1995, On the limits of ethnolinguistic democracy, in Phillipson, Rannut and Skutnabb-Kangas (eds.), pp. 49–62.

1996, Summary and interpretation: post-imperial English 1940-1990, in Fishman, Rubal-Lopez and Conrad (eds.), pp. 623–42.

Fishman, Joshua A. (ed.), 1966, *Language loyalty in the United States: the maintenance and perpetuation of non-English mother tongues by American ethnic and religious groups.* The Hague: Mouton.

1977, *Advances in the creation and revision of writing systems.* The Hague and Paris: Mouton.

2001, *Can threatened languages be saved? Reversing language shift, Revisited: A 21st century perspective.* Clevedon, England: Multilingual Matters Ltd.

Fishman, Joshua A., Cooper, Robert L., and Conrad, A. W., 1977, *The spread of English: the sociology of English as an additional language.* Rowley, MA: Newbury House.

Fishman, Joshua A., Cooper, Robert L., and Ma, Roxana, 1971, *Bilingualism in the barrio.* Bloomington, IN: Research Center for the Language Sciences, Indiana University.

Fishman, Joshua A., Ferguson, Charles A., and Das Gupta, Jyotirinda, 1968, *Language problems of developing nations.* New York: Wiley.

Fishman, Joshua A., Rubal-Lopez, Alma, and Conrad, AndrewW. (eds.), 1996, *Post-imperial English.* Berlin: Mouton de Gruyter.

Fishman, Joshua A., Solano, Frank R., and McConnell, Grant D., 1991, A methodological check on three cross-polity studies of linguistic homogeneity/heterogeneity, in Mary E. McGroarty and Christian J. Faltis (eds.), *Languages in school and society: policy and pedagogy* (pp.

21-30). Berlin and New York: Mouton de Gruyter.

Fourie, David J., 1997, Educational language policy and the indigenous languages of Namibia. *International Journal of the Sociology of Language* 125, 29–42.

Galtung, Johan, 1980, *The true world: a transnational perspective.* New York: Free Press.

Garcia, Eugene E., 2002, Bilingualism and schooling in the United States. *International Journal of the Sociology of Language 155/156*, 1–92.

Garcia, Ofelia, Morin, Jose Luis, and Rivera, Klaudia M., 2001, How threatened is the Spanish of New York Puerto Ricans? Language shift with vaiven, in Fishman (ed.), pp. 44–73.

Garvin, Paul, 1973, Some comments on language planning, in Joan Rubin and Roger Shuy (eds.), *Language planning: current issues and research* (pp. 24–73). Washington, DC: Georgetown University Press.

Geerts, G., Van den Broeck, J., and Verdoodt, Albert F., 1977, Successes and failures in Dutch spelling reform, in Fishman (ed.), pp. 179–245.

Gibson, Heather, Small, Anita, and Mason, David, 1997, Deaf bilingual bicultural education, in Jim Cummins and David Corson (eds.), *Encyclopedia of Language and Education* (vol. 5, *Bilingual Education*, pp. 231-42). Dordrecht: Kluwer Academic Publishers.

Glinert, Lewis, 1995, Inside the language planner's head: tactical responses to new immigrants. *Journal of Multilingual and Multicultural Development* 16 (5), 351–71.

Goebel, Zane, 2002, Code choice in interethnic interactions in two urban neighbourhoods of Central Java, Indonesia. *International Journal of the Sociology of Language 158*, 69–87.

Gogolin, I., 2001a, Linguistic habitus, in Raj Mesthrie (ed.), *Concise encyclopedia of sociolinguistics* (pp. 650–2). Amsterdam: Elsevier.

2001b, The linguistic marketplace, in Raj Mesthrie (ed.), *Concise encyclopedia of sociolinguistics* (pp. 612–13). Amsterdam: Elsevier.

Gorter, Durk, 2001, A Frisian update of reversing language shift, in Fishman (ed.), pp. 215–34.

Greenwood, J. D., 1994, *Realism, identity, and emotion: reclaiming social psychology*. London: Sage.

Grenoble, Lenore A., 2003, *Soviet language policy.* Dordrecht: Kluwer Academic Publishers.

Grimes, Barbara A. (ed.), 2000, *Ethnologue: languages of the world* (14th ed.). Dallas, TX: SIL International.

Grin, Francois, 1995, Combining immigrant and autochthonous language rights: a territorial approach to multilingualism, in Phillipson, Rannut and Skutnabb-Kangas (eds.), pp. 31–49.

2001, English an economic value: facts and fallacies. *World Englishes 20* (1), 65–78.

Groeneboer, Kees, 1998, *Gateway to the West: the Dutch language in colonial Indonesia 1600–1850: A history of language policy* (Myra Scholz, trans.). Amsterdam: Amsterdam University Press.

Gynan, Shaw N., 2001, Language planning and policy in Paraguay. *Current Issues in Language Planning 2* (1), 1–52.

Hale, Ken, 1991, On endangered languages and the safeguarding of diversity. *Language 68* (1) 1–3.

Hall, Robert A., 1950, *Leave your language alone!* Ithaca, NY: Cornell University Press.

Harris, Judith Rich, 1995, Where is the child's environment? A group socialization theory of development. *Psychological Review 102*, 458–89.

Harshav, Benjamin, 1993, *Language in time of revolution.* Berkeley, CA: University of California Press.

Haugen, Einar, 1966a, *Language conflict and language planning: the case of Modern Norwegian,* Cambridge, MA: Harvard University Press.

1966b, Linguistics and language planning, in William Bright (ed.), *Sociolinguistics* (pp. 50–71). The Hague: Mouton.

1971, The ecology of language. *The Linguistic Reporter Supplement 25*,

19–26.

1987, *Blessings of Babel: bilingualism and language planning: problems and pleasures.* Berlin, New York and Amsterdam: Mouton de Gruyter.

Heller, Monica, 1999, Alternative ideologies of *la francophonie. Journal of Sociolinguistics 3* (3), 336–59.

Hennoste, Tiit, Keevallik, Leelo, and Pajusalu, Karl, 1999, Estonian sociolinguistics: introduction. *International Journal of the Sociology of Language 139*, 1–16.

Hernandez-Chavez, Eduardo, 1995, Language policy in the United States: a history of cultural genocide, in Phillipson, Rannut and Skutnabb-Kangas (eds.), pp. 135–40.

High Commissioner on National Minorities, 1996, *The Hague Recommendations on the Education Rights of National Minorities.* The Hague: Organization for Security and Cooperation in Europe.

1998, *Oslo Recommendations on Linguistic Rights of National Minorities.* The Hague: Organization for Security and Cooperation in Europe.

1999, *Report on the Linguistic Rights of Persons Belonging to National Minorities in the OSCE Area.* The Hague: Organization for Security and Cooperation in Europe.

Hoffman, Charlotte, 1998, Luxembourg and the European Schools, in Jasone Cenoz and Fred Genesee (eds.), *Beyond bilingualism: multilingualism and multilingual education* (pp. 143–74). Clevedon, England: Multilingual Matters Ltd.

Holm, Wayne, 1972, *Some aspects of Navajo orthography.* Unpublished Ph.D. dissertation, University of New Mexico, Albuquerque, NM.

Holt, Sally, and Packer, John, 2001, OSCE developments and linguistic minorities. *MOST Journal of Multicultural Studies 3* (2).

Hongkai, Sun, 1992, Language recognition and nationality. *International Journal of the Sociology of Language 97*, 9–22.

Hongxu, Huang, and Guisen, Tian, 1990, A sociolinguistic view of linguistic taboo in Chinese. *International Journal of the Sociology of Language*

*81*, 63–86.

Hornberger, Nancy H., 1999, Language education policy – Latin America, in Bernard Spolsky (ed.), *Concise encyclopedia of educational linguistics* (pp. 133–9). Amsterdam and New York: Elsevier.

Hornberger, Nancy H., and King, Kendall A., 2001, Reversing language shift in South America, in Fishman (ed.), pp. 166–94.

Horowitz, Donald L., 2001, *The deadly ethnic riot.* Berkeley, CA: University of California Press.

Hovens, Mart, 2002, Bilingual education in West Africa: does it work? *International Journal of Bilingual Education and Bilingualism 5* (5), 249–66.

Howell, Robert B., 2000, The Low Countries: a study in sharply contrasting nationalism, in Barbour and Carmichael (eds.), pp. 130–50.

Hunter, Melvin, 1991, Racist relics: an ugly blight on our botanical nomenclature. *The Scientist 5* (23).

Hymes, Dell, 1967, Models of the interaction of language and social setting. *Journal of Social Issues 23* (2), 8–38.

1974, *Foundations in sociolinguistics: an ethnographic approach.* Philadelphia, PA: University of Pennsylvania Press.

Ivić, Pavle, 2001, Language planning in Serbia today. *International Journal of the Sociology of Language 151,* 7–17.

Jackendoff, Ray, 1983, *Semantics and cognition.* Cambridge, MA: MIT Press.

Jernudd, Björn, 1995, Personal names and human rights, in Phillipson, Rannut and Skutnabb-Kangas (eds.), pp. 121–34.

Jernudd, Björn, and Thuan, Elizabeth, 1983, Control of language through correction in speaking. *International Journal of the Sociology of Language 44*, 71–97.

Jones, John Paul, 2001, *Constitution Finder*, from http://confinder.richmond.edu.

Jones, Mari C., 1998a, Death of a language, birth of an identity: Brittany and the Bretons. *Language Problems and Language Planning 22* (2),

129–42.

1998b, *language obsolescence and revitalization: linguistic change in two sociolinguistically contrasting Welsh communities.* Oxford: Clarendon Press.

Jordan, Peter, 1998, Romania, in Paulston and Peckman (eds.), pp. 160–83.

Judge, Anne, 2000, France: "One state, one nation, one language"? In Barbour and Carmichael (eds.), pp. 44–84.

Kakava, Christina, 1997, Sociolinguistics and Modern Greek: past, current, and future directions. *International Journal of the Sociology of Language 126*, 5–32.

Kamwangamalu, Nkonko M., 2000, The new South Africa, language, and ethnicity: a prognosis. *International Journal of the Sociology of Language 144*, 137–8.

Kaplan, Robert B., and Baldauf, Richard B., 1997, *Language planning from practice to theory*. Clevedon, England: Multilingual Matters Ltd.

Keefer, Louis E., 1988, *Scholars in foxholes: the story of the Army Specialized Training Program in World War II.* Jefferson, NC: McFarland.

Kermode, Frank (2002). Zounds. *London Review of Books 24*, 19–20.

Khubchandani, Lachman M., 1997, Language policy and education in the Indian subcontinent, in Ruth Wodak and David Corson (eds.), *Encyclopedia of language and education* (vol. 1: *Language policy and political issues in education*, pp. 179–87). Dordrecht: Kluwer Academic Publishers.

2003, Defining mother tongue in plurilingual contexts.

Kloss, Heinz, 1966, German-American language maintenance efforts, in Fishman (ed.), pp. 206–52.

1969, *Research possibilities on group bilingualism: a report.* Quebec: International Center for Research on Bilingualism.

1977, *The American bilingual tradition.* Rowley, MA: Newbury House Publishers.

Kratz, E. E., 2001, Islam in Southeast Asia, in Sawyer and Simpson (eds.), pp.

65–6.

Krauss, Michael, 1991, The world's languages in crisis. *Language 68* (1), 4–10.

Kroskrity, Paul V., 1998, Arizona Tewa Kiva speech as a manifestation of a dominant language ideology, in Bambi B. Schieffelin, Kathryn A. Woolard and Paul V. Kroskrity (eds.), *Language ideologies: practice and theory* (pp. 103–22). New York and Oxford: Oxford University Press.

Kulick, Don, 1992, *Language shift and cultural reproduction: socialization, self and syncretism in a Papua New Guinean village.* Cambridge: Cambridge University Press.

Labov, William, 1966, *The social stratification of English in New York City.* Washington, DC: Center for Applied Linguistics.

Lakoff, Robin, 1973, Language and woman's place. *Language in Society 2* (1), 45–80.

Lambert, Richard D., 1994, Problems and processes in US foreign Language planning. *The Annals of the American Academy of Political and Social Sciences 532*, 47–58.

1999, A scaffolding for language policy. *International Journal of the Sociology of Language 137*, 3–25.

2002, Review of Joshua A. Fishman, 'Can threatened languages be saved?' *Language Policy 1* (1), 99–104.

Landau, Jacob, and Kellner-Heinkele, Barbara, 2001, *Politics of language in the Ex-Soviet Muslim states: Azerbaijan, Usbekistan, Kazakhstan, Kyrgyzstan, Turkmenistan and Tajikistan.* London and Ann Arbor, MI: C. Hurst & Co. and the University of Michigan Press.

Lastra, Yolanda, 2001, Otomi language shift and some recent efforts to reverse it, in Fishman (ed.), pp. 142–65.

Laut, Jens Peter, 2000, *Das Türkische als Ursprache? Sprachwissenschaftliche Theorien in der Zeit des erwachenden türkischen Nationalismus.* Wiesbaden: Otto Harrassowitz.

Lee, Tiffany, and McLaughlin, Daniel, 2001, Reversing Navajo language shift, revisited, in Fishman (ed.), pp. 23–43.

Lewis, E. Glyn, 1972, *Multilingualism in the Soviet Union.* The Hague: Mouton.

1980, *Bilingualism and bilingual education: a comparative study.* Albuquerque, NM and Oxford: University of New Mexico Press and Pergamon.

Lewis, Geoffrey, 1999, *The Turkish language reform: a catastrophic success.* Oxford: Oxford University Press.

Lo Bianco, Joseph, 1987, *National policy on languages.* Canberra: Australian Government Publishing Service.

Lo Bianco, Joseph, and Rhydwen, Mari, 2001, Is the extinction of Australia's indigenous languages inevitable? in Fishman (ed.), pp. 391–422.

Lucas, Ceil (ed.), 2001, *The sociolinguistics of sign language.* Cambridge: Cambridge University Press.

Macias, Reynaldo F., 1997, Bilingual workers and language-use rules in the workplace: a case study of nondiscriminatory language policy. *International Journal of the Sociology of Language 127*, 53–70.

Maher, John C., 2001, Akor Itak – our language, your language: Ainu in Japan, in Fishman (ed.), pp. 323–49.

Malherbe, E. G., 1978, Bilingual education in the Republic of South Africa, in Bernard Spolsky and Robert L. Cooper (eds.), *Case studies in bilingual education* (pp. 167–202). Rowley, MA: Newbury House.

Manase, Bernadette, Luaao, Elisapeta, and Fiamalua, Mataio, 1996, American Samoa Language Arts and Culture Program, in Gina H. Cantoni (ed.), *Stabilizing indigenous languages* (pp. 150–2). Flagstaff, AZ: Center for Excellence in Education, Northern Arizona University.

Marshall, David F., 1986, The question of an official language: language rights and the English Language Amendment. *International Journal of the Sociology of Language 60*, 7–75.

Marshall, David F., 1990, Introduction: China as a linguistic area.

*International Journal of the Sociology of Language 81*, 9–13.
Martin, Terry, 2002, *The affirmative action empire: nations and nationalism in the Soviet Union 1923–1939*. Ithaca, NY: Cornell University Press.
Matiki, Alfred J., 2001, The social significance of English in Malawi. *World Englishes 20* (2), 201–18.
McCarty, Teresa L., 1998, Schooling, resistance and American Indian Languages. *International Journal of the Sociology of Language 132,* 27–41.
2002, *A place to be Navajo: Rough Rock and the struggle for self-determination in indigenous schooling*. Mahwah, NJ: Lawrence Erlbaum.
McLean, Daryl, and McCormick, Kay, 1996, English in South Africa 1940–1996, in Fishman, Rubal-Lopez and Conrad (eds.), pp. 303–38.
McRae, K. D., 1975, The principle of territoriality and the principle of personality in multilingual states. *International Journal of the Sociology of Language 4,* 33–54.
Mehrotra, Raja Ram, 1993, The first congress of Hindi, in Joshua A. Fishman (ed.), *The earliest stage of language planning: the "First Congress" phenomenon* (pp. 117–27). Berlin: Mouton de Gruyter.
Metz, Helen Chapin (ed.), 1994, *Madagascar: country studies,* Washington, DC: Federal Research Division Library of Congress.
Misra, Udayon, 2000, Sub-national challenges to the Indian state: an Assamese perspective. *Economic and Political Weekly*, 1727–30.
Mohanty, Panchanan, 2002, British language policies in 19th century India and the Oriya language movement. *Language Policy 1* (1), 57–73.
Mueller, Gerland, 2002, *Rama Indian lands and the protection of Nicaragua's cultural and biological diversity.* Gainesville, FL: University of Florida Levin College of Law.
Mufwene, Salikoko S., 2001, *The ecology of language evolution.* Cambridge: Cambridge University Press.
Murphy, Alexander B., 1993, Linguistic regionalism and the social

construction of space in Belgium. *International Journal of the Sociology of Language 104,* 49–64.

Nahir, Moshe, 1988, Language planning and language acquisition: the "Great Leap" in the Hebrew revival, in Paulston (ed.), pp. 275–95.

Nahir, Moshe, 1998, Micro language planning and the revival of Hebrew. *Language in Society 27*, 335–57.

Nekvapil, J., and Neustupný, J. V., 1998, Linguistic minorities in the Czech Republic, in Paulston and Peckman (eds.), pp. 116–35.

Nelde, Peter H., 1996, Language conflict, in Florian Coulmas (ed.), *The handbook of sociolinguistics* (pp. 285–300). Oxford: Blackwell.

Nelde, Peter H., Labrie, Normand, and Williams, C. H., 1992, The principles of territoriality and personality in the solution of linguistic conflicts. *Journal of Multilingual and Multicultural Development 13*, 387–406.

Nettle, Daniel, 1999, *Linguistic diversity*. Oxford: Oxford University Press.

Newman, Stanley, 1955, Vocabulary levels: Zuni sacred and slang usage. *Southwestern Journal of Anthropology 11*, 345–54.

Nic Shuibhne, Niamh, 2001, The European Union and minority language rights. *MOST Journal of Multicultural Studies 3* (2).

Niedzielski, Nancy A., and Preston, Dennis R., 2000, *Folk linguistics*. Berlin: Mouton.

Niño-Murcia, Mercedes, 2001, Late-stage standardization and language ideology in the Colombian press. *International Journal of the Sociology of Language 149*, 119–44.

Noro, Hiroko, 1990, Family and language maintenance: an exploratory study of Japanese language maintenance among children of postwar Japanese immigrants in Toronto. *International Journal of the Sociology of Language 86*, 57–68.

Nowak, Martin A., Komarova, Natalia L., and Niyogi, Partha, 2002, Computation and evolutionary aspects of language. *Nature 417*, (6889), 611–17.

Nyati-Ramahobo, Lydia, 2000, The language situation in Botswana. *Current*

*Issues in Language Planning 1* (2), 243–300.

Ó Laoire, Muiris, 1996, An historical perspective of the revival of Irish outside the Gaeltacht, 1880–1930, with reference to the revitalization of Hebrew, in Sue Wright (ed.), *Language and state: revitalization and revival in Israel and Eire* (pp. 51–75). Clevedon, England: Multilingual Matters Ltd.

1999, *Athbheochan na heabhraise: ceacht don Ghaeilge? [Revival of Hebrew: example for Irish]*. Baile Atha Cliath: An Clochohar Tta.

Ó Murchú, Mairtin, 1977, Successes and failures in the modernization of Irish spelling, in Fishman (ed.), pp. 267–89.

Ó Riagáin, Padraig, 1997, *Language policy and social reproduction: Ireland 1893–1993*. Oxford: Clarendon Press.

Ochs, Elinor, 1986, Introduction, in Bambi B. Shieffelin and Elinor Ochs (eds.), *Language socialization across cultures* (pp. 2-13). Cambridge: Cambridge University Press.

Olson, Marie L., and Pearson, Frederic S., 2001, Policy-making and connections to violence: a case study of India, *Working paper of the Program on Mediating Theory and Democratic Systems.*

O'Reilly, Camille C. (ed.), 2001, *Ethnicity and state* (vol. 2: *Minority Languages in Eastern Europe Post-1989*). Basingstoke, England: Palgrave.

Oyama, Susan, 2000, *Evolution's eye: a systems view of the biology-culture divide*. Durham, NC and London: Duke University Press.

Ozolins, Uldis, 1996, Language policy and political reality. *International Journal of the Sociology of Language 118*, 181–200.

Pandit, Prabodh B., 1975, The Linguistic Survey of India – perspectives on language use, in Sirarpi Ohannessian, Charles A. Ferguson and Edgar C. Polomé (eds.), *Language surveys in developing nations* (pp. 71–85). Arlington, VA: Center for Applied Linguistics.

Paul, Herman, 1909, *Prinzipien der Sprachgeschichte* (4th ed.). Halle: Max Niemeyer.

Paulston, Christina Bratt, 1997, Language policies and language rights. *Annual Review of Anthropology 26*, 73–85.

1998, Linguistic minorities in Central and East Europe: an introduction, in Paulston and Peckman (eds.), pp. 1–18.

Paulston, Christina Bratt (ed.), 1988, *International handbook of bilingualism and bilingual education*. New York: Greenwood Press.

Paulston, Christina Bratt and Donald Peckman (eds.), 1998, *Linguistic minorities in Central and East Europe*. Clevedon, England and Philadelphia, USA: Multilingual Matters Ltd.

Pauwels, Anne, 1998, *Women changing languages*. New York: Addison Wesley Longman.

Pavlenko, Aneta, 2002, "We have room for but one language here": Language and national identity in the US at the turn of the 20th century. *Multilingua 21* (2/3), 163–96.

Pecos, Regis, and Blum-Martinez, Rebecca, 2001, The key to cultural survival: language planning and revitalization in the Pueblo de Cochiti, in Leanne Hinton and Ken Hale (eds.), *The green book of language revitalization in practice* (pp. 75 82). New York: Academic Press.

Peicheng, Su, 2001, Digraphia: a strategy for Chinese characters for the twenty-first century. *International journal of the sociology of language 150*, 109–24.

Pennycook, Alastair, 1998, *English and the discourses of colonialism*. London and New York: Routledge.

Phillipson, Robert, 1992, *Linguistic imperialism*. Oxford: Oxford University Press.

Phillipson, Robert, Rannut, Mart, and Skutnabb-Kangas Tove (eds.), 1995, *Linguistic human rights: overcoming linguistic discrimination*. Berlin and New York: Mouton de Gruyter.

Phillipson, Robert, and Skutnabb-Kangas, Tove, 1995, Language rights in postcolonial Africa, in Phillipson, Rannut and Skutnabb-Kangas (eds.), pp. 335–46.

Pickering, W. S. F., 2001, Blasphemy, in Sawyer and Simpson (2001), p. 240.

Pitman, James, and St. John, John, 1969, *Alphabets and reading*. London: Pitman.

Plaza, Pedro, and Albo, Xavier, 1989, Educación bilingūe y planificación lingūistíca en Bolivia. *International Journal of the Sociology of Language 77*, 69–91.

Poulton, Hugh, 1998, Linguistic minorities in the Balkans (Albania, Greece and the successor states of former Yugoslavia), in Paulston and Peckman (eds.), pp. 37–80.

Pranjković, Ivo, 2001, The Croatian standard language and the Serbian standard language. *International Journal of the Sociology of Language 147,* 31–50.

Quirk, Randolph, and Stern, Gabrielle, 1990, *English in use.* London: Longman.

Raag, Raimo, 1999, One plus one equals one: the forging of Standard Estonian. *International Journal of the Sociology of Language 139,* 17–38.

Rajagopalan, Kanavillill, 2002, National languages as flags of allegiance, or the linguistics that failed us: a close look at emergent linguistic chauvinism in Brazil. *Journal of Language and Politics 1* (1), 115–47.

Rannut, Mart, 1995, Beyond linguistic policy: the Soviet Union versus Estonia, in Phillipson, Rannut and Skutnabb-Kangas (eds.), pp. 179–208.

Ricento, Thomas (ed.), 2001, *Ideology, politics and language policies: focus on English*. Amsterdam and Philadelphia: John Benjamins.

Rodriguez, Cristina M., 2001, Accommodating linguistic difference: towards a comprehensive theory of language rights in the United States. *Harvard Civil Rights-Civil Liberties Review 36*, 133–223.

Rosier, Paul, and Holm, Wayne, 1980, *The Rock Point experience: a longitudinal study of a Navajo school program*. Washington, DC: Center for Applied Linguistics.

Rubal-Lopez, Alma, 1996, The ongoing spread of English: a comparative analysis of former Anglo-American colonies with non-colonies, in Fishman, Rubal-Lopez and Conrad (eds.), pp. 37–84.

Rubin, Joan, 1968, *National bilingualism in Paraguay*. The Hague: Mouton.

Rubin, Joan, Jernudd, Björn H., Das Gupta, Jyotirindra, Fishman, Joshua A. and Ferguson, Charles A. (eds.), 1977, *Language planning processes*. The Hague: Mouton.

Ruiz Vieytez, Eduardo Javier, 2001, The protection of linguistic minorities: a historical approach. *MOST Journal of Multicultural Studies 3* (1).

Sadeghi, Ali Ashraf, 2001, Language planning in Iran: a historical review. *International Journal of the Sociology of Language 148*, 19–30.

Sadiqi, Fatima, 1997, The place of Berber in Morocco. *International Journal of the Sociology of Language 123*, 7–22.

Salmon, Vivian, 1999, Orthography and punctuation, in Roger Lass (ed.), *The Cambridge history of the English language* (vol. III: *1476 to 1776*, pp. 13–55). Cambridge, UK: Cambridge University Press.

Saulson, Scott B. (ed.), 1979, *Institutionalized language planning*. The Hague: Mouton.

Sawyer, John F. A., 2001, General introduction, in Sawyer and Simpson (eds.), pp. 1–3.

Sawyer, John F. A., and Simpson, J. M. Y. (eds.), 2001, *Concise encyclopedia of language and religion*. Amsterdam, New York, Oxford, Shannon, Singapore, Tokyo: Elsevier.

Schegloff, Emanuel, Jefferson, G., and Sacks, Harvey, 1977, The preference for self-correction in the organization of repair in conversation. *Language 53* (2), 361–82.

Schiffman, Harold E., 1996, *Linguistic culture and language policy*. London and New York: Routledge.

Schlyter, Birgit N., 2001, Language policies in present-day Central Asia. *MOST Journal of Multicultural Studies 3* (2).

Sealey, Alison, and Carter, Bob, 2001, Social categories and sociolinguistics:

applying a realist approach. *International Journal of the Sociology of Language 152*, 1–19.

Searle, John R., 1995, *The construction of social reality.* London: Allen Lane.

Shraybom Shivtiel, Shlomit, 1999, Language and political change in modern Egypt. *International Journal of the Sociology of Language 137*, 131–40.

Sibayan, Bonifacio, 1974, Language policy, language engineering and literacy in the Philippines, in Fishman (ed.), pp. 221–54.

Sibayan, Bonifacio, and Gonzales, Andrew, 1996, Post-imperial English in the Philippines, in Fishman, Rubal-Lopez and Conrad (eds.), pp. 139–72.

Sims, Christine P., 2001, Native language planning: a pilot process in the Acoma Pueblo community, in Leanne Hinton and Ken Hale (eds.), *The green book of language revitalization in practice* (pp. 63-73). New York: Academic Press.

Sirles, Craig A., 1999, Politics and Arabization: the evolution of post independence North Africa. *International Journal of the Sociology of Language 137*, 115–30.

Skutnabb-Kangas, Tove, 2002, Comment: (North) American ambiguities and paranoias. *International Journal of the Sociology of Language 155/156*, 179–86.

Skutnabb-Kangas, Tove, and Bucak, Sertal, 1995, Killing a mother tongue: how the Kurds are deprived of linguistic human rights, in Phillipson, Rannut and Skutnabb-Kangas (eds.), pp. 335–46.

Spencer, John (ed.), 1963, *Language in Africa.* Cambridge: Cambridge University Press.

Spolsky, Bernard, 1974a, Linguistics and education: an overview, in Thomas A. Sebeok (ed.), *Current Trends in Linguistics* (vol. 13, pp. 2021-6). The Hague: Mouton.

1974b, Navajo language maintenance: six-year-olds in 1969, in Frank Pialorsi (ed.), *Teaching the bilingual* (pp. 138–49). Tucson, AZ: University of Arizona Press.

1975, Prospects for the survival of the Navajo language, in M. Dale Kinkade,

Kenneth Hale and Oswald Werner (eds.), *Linguistics and anthropology, in honor of C. F. Voegelin* (pp. 597–606). Lisse: Peter de Ridder.

1989, *Conditions for second language learning: introduction to a general theory*. Oxford: Oxford University Press.

1995a, The impact of the Army Specialized Training Program: a reconsideration, in Guy Cook and Barbara Seidelhofer (eds.), *For H. G. Widdowson: principles and practice in the study of language: a Festschrift on the occasion of his sixtieth birthday* (pp. 323–34). Oxford: Oxford University Press.

1995b, *Measured words: the development of objective language testing*. Oxford: Oxford University Press.

2002a, Norms, native speakers and reversing language shift, in Sue Gass, Kathleen Bardovi-Harlig, Sally Sieloff Magnan and Joel Walz (eds.), *Pedagogical norms for second and foreign language and teaching: studies in honour of Albert Valdman* (pp. 41–58). Amsterdam and Philadelphia: John Benjamins.

2002b, Prospects for the survival of the Navajo language: a reconsideration. *Anthropology and Education Quarterly 33* (2), 1–24.

2003, Reassessing Maori regeneration. *Language in Society 32* (4).

Spolsky, Bernard, and Cooper, Robert L., 1991, *The languages of Jerusalem*. Oxford: Clarendon Press.

Spolsky, Bernard, and Shohamy, Elana, 1999, *The languages of Israel: policy, ideology and practice*. Clevedon, England: Multilingual Matters Ltd.

2001, Hebrew after a century of RLS efforts, in Fishman (ed.), pp. 349–62.

Spolsky, Ellen, 2001, *Satisfying skepticism: embodied knowledge in the early modern world*. Aldershot, UK: Ashgate.

Spolsky, Ellen, and Schauber, Ellen, 1986, *The bounds of interpretation: linguistic theory and literary text*. Stanford, CA: Stanford University Press.

Srivastava, R. N., 1988, Societal bilingualism and bilingual education: a study of the Indian situation, in Paulston (ed.), pp. 247–74.

Statistics New Zealand, 2001, *Provisional report on the 2001 Survey on the Health of the Maori Language.* Wellington: Statistics New Zealand for Te Puni Kokiri.

Stewart, William, 1968, A sociolinguistic typology for describing national multilingualism, in Joshua A. Fishman (ed.), *Readings in the sociology of language* (pp. 531–45). The Hague: Mouton.

Strubell, Miquel, 2001, Catalan a decade later, in Fishman (ed.), pp. 260–83.

Tabouret-Keller, André, 1968, Sociological factors of language maintenance and language shift: a methodological approach based on European and African examples, in Fishman, Ferguson and Das Gupta (eds.), pp. 107–27.

Thomas, Wayne P., and Collier, Virginia P., 2002, *A national study of school effectiveness for language minority students' long-term academic achievement.* Santa Cruz, CA: Center for Research on Education, Diversity and Education, University of Santa Cruz.

Tickoo, Makham L., 1996, Fifty years of English in Singapore: all gains, (a) few losses? In Fishman, Rubal-Lopez and Conrad (eds.), pp. 431–56.

Tollefson, James W., 1997, Language policy in independent Slovenia. *International Journal of the Sociology of Language 124*, 29–50.

Trim, John L. M., 1959, Historical, descriptive and dynamic linguistics. *Language and Speech 2*, 9–25.

Trim, John L. M., 2002, Review of Gabriella Hogan-Brun, national varieties of German outside Germany. *Language Policy 2* (1).

Tsilevich, Boris, 2001, Development of the language legislation in the Baltic states. *MOST Journal of Multicultural Studies 3* (2).

Tuominen, Anne, 1999, Who decides the home language? A look at multilingual families. *International Journal of the Sociology of Language 140*, 59–76.

Varennes, Fernand de, 1997, *To speak or not to speak: the rights of persons belonging to linguistic minorities.* Working paper: UN Sub-committee on the rights of minorities.

2001, Language rights as an integral part of human rights. *MOST Journal of Multicultural Studies 3* (1).

Vavrus, Frances, 2002, Postcoloniality and English: exploring language policy and the politics of development in Tanzania. *TESOL Quarterly 36* (3), 373–97.

Venezky, Richard L., 1970, Principles for the design of practical writing systems, *Anthropological Linguistics 12* (7), 256–70.

Vikor, Lars S., 2000, Northern Europe: languages as prime markers of ethnic and national identity, in Barbour and Carmichael (eds.), pp. 105–29.

Voegelin, Carl F., and Voegelin, Florence M., 1964, Languages of the world: Native American fascicle one. *Anthropological Linguistics 6* (6), 2–45.

Voegelin, Carl F., Voegelin, Florence M., and Schutz, Noel M. Jr, 1967, The language situation in Arizona as part of the South West cultural area, in Dell Hymes and W. E. Bittle (eds.), *Studies in Southwestern ethnolinguistics* (pp. 403–51). The Hague: Mouton.

Votruba, Martin, 1998, Linguistic minorities in Slovakia, in Paulston and Peckman (eds.), pp. 224–54.

Wallace, Mike, and Wray, Alison, 2002, The fall and rise of linguists in education policy-making: from "common-sense" to common ground. *Language Policy 1* (1) 75–98.

Watson-Gegeo, Katherine Anne, and Gegeo, David W., 1986, Calling out and repeating routines in Kwara'ae children's language socialization, in Bambi B. Shieffelin and Elinor Ochs (eds.), *Language socialization across cultures* (pp. 17–50). Cambridge: Cambridge University Press.

Wee, Lionel, 2002, When English is not a mother tongue: linguistic ownership and the Eurasian community in Singapore. *Journal of Multilingual and Multicultural Development 23* (4), 282–95.

Weeks, Theodore R., 2002, Religion and russification: Russian language in the Catholic Churches of the "Northwest Provinces" after 1863. *Kritika: Explorations in Russian and Eurasian History 2* (1), 87–110.

Weinstein, Brian, 1982, Noah Webster and the diffusion of linguistic innovations for political purposes. *International Journal of the Sociology of Language 38*, 85–108.

1989, Francophonie: purism at the international level, in Björn Jernudd and Michael J. Shapiro (eds.), *The politics of language purism* (pp. 53-80). Berlin and New York: Mouton de Gruyter.

White, Dob, 1997, The position and roles of minority languages and their writing systems in China. *International Journal of the Sociology of Language 97*, 47–57.

Wilcox, Sherman, 1999, Deafness and sign language instruction, in Bernard Spolsky (ed.), *Concise encyclopedia of educational linguistics* (pp. 249–55). Amsterdam and New York: Elsevier.

World Bank, 1993, *Indigenous people in Latin America: human resources development and operations policy* (HRO Dissemination Notes No. 8, June 7, 1993). Washington, DC: World Bank.

Wright, Sue Ellen, 2001, Language and power: background to the debate on linguistic rights. *MOST Journal of Multicultural Studies 3* (1).

Yahya-Othman, Saida, and Batibo, Herman, 1996, The swinging pendulum: English in Tanzania 1940–1990, in Fishman, Rubal-Lopez and Conrad (eds.), pp. 377–400.

Yaowen, Zhou, 1992, News from China: minority languages in perspective. *International Journal of the Sociology of Language 97*, 37–45.

Youguang, Zhou, 1986, The modernization of the Chinese language. *International Journal of the Sociology of Language 59*, 7–23.

Young, Catherine, 2002, First language literacy: literacy education in a multilingual Philippine society. *International Journal of Bilingual Education and Bilingualism 5* (4), 221–32.

Young, Robert W., 1977, Written Navajo: a brief history, in Fishman (ed.), pp. 459–70.

Zondag, Koen, 1987, "This morning the church presents comedy": Some aspects of Frisian in the religious domain. *International Journal of the Sociology of Language 64*, 71-80.

# 찾아보기

## |ㄱ|



## |ㄴ|

|ㄷ|



|ㄹ|



|ㅁ|

### |ㅂ|

|ㅈ|

|ㅊ|



|ㅋ|

## |ㅌ|



## |ㅍ|

|ㅎ|

# 언어 정책

**사회언어학의 핵심 주제**

초판 발행 2020년 10월 28일
초판 2쇄 2023년 9월 5일

지은이 버나드 스폴스키
옮긴이 김일환·이상혁

펴낸곳 고려대학교출판문화원
www.kupress.com
kupress@korea.ac.kr
(02841) 서울특별시 성북구 안암로 145
Tel 02-3290-4230, 4232
Fax 02-923-6311
찍은곳 한국컴퓨터인쇄정보

ISBN 979-11-90205-32-0 93700

값 28,000원